4·3 사건과
제주도인민유격대, 1764

도서출판 오색필

4·3 사건과
제주도인민유격대, 1764

저자 **박 기 남**

도서출판 오색필

1950년 8월 30일 학도병 입영환송

표지설명

　1950년 6월 25일 전쟁이 발발한 당시에도 제주도에는 여전히 제주도인민유격대의 투쟁이 계속되고 있었다.

　제주의 학생과 교사 3,000여 명(여학생 126명 포함)은 자유민주주의를 지키기 위하여 해병 3·4기 학도병으로 참전하였다.

　사진은 1950년 8월 30일 제주 북교에서 해병 4기 입대식을 마친 애월중학교 재학생 학도병들(16명)과 장도를 축하하는 후배들과 인솔 교사의 결연한 모습이다.

　저자의 아버지(박순도, 당시 애월중학교 4학년 재학중)는 앞줄 왼쪽에서 여덟 번 째이다.

이 책을
4·3 기간 중,
제주도인민유격대세력에 의해 무참하게 희생되신
박진경 연대장님,
이도종 목사님을 비롯한 1,764명의 영령들께 바칩니다.

2008년 건립된 제주 4·3 평화공원의 기념관에는 비문 없는 비석이 놓여 있다. 비석 앞에는 "언젠가 이 비에 제주 4·3의 이름을 새기고 일으켜 세우리라"는 글귀가 적혀 있다. 이는 백지(白紙)처럼 아무 글자도 새기지 않아, 사건의 명칭(봉기, 항쟁, 폭동 등)을 통일하지 못한 채 희생자들의 넋을 기린다는 의미를 담고 있다.

이는 2003년 정부가 「제주4·3사건 진상조사보고서」를 확정했지만, 사건의 정의를 내렸을 뿐 4·3 전체에 대한 성격이나 역사적 평가를 내리지 않았기 때문이다.

4·3은 매우 복합적인 국내·외적인 환경하에서 다양한 요인들에 의해서 발생 되었으며, 무려 9년[1]이라는 기간 동안에 걸쳐 지속되었던 사실 등이 그러한 작업을 어렵게 만들었다.

그럼에도 불구하고, 노무현 대통령은 2003년 10월 31일, 과거 국가권력의 잘못에 대해 4·3유족과 제주도민에게 공식 사과하였다.

---

1 정부보고서에서는 7년 7개월로 보고있음

정부에서 발간한 「제주4·3사건 진상조사보고서」는 진상규명보다는 피해자의 명예회복에 중점을 둠으로써 주민희생 등 정부 측의 인권침해 부분을 부각시킨 반면, 남로당이나 무장대의 사상문제, 불법행위, 그리고 인권침해 행위 등은 상대적으로 소홀히 다루었다.

그런데, 2019년 12월 발간된 「제주 4·3사건 추가진상 조사 보고서 I」 서문에서 당시 양조훈 평화재단 이사장은, "2003년 정부의 진상조사보고서는 4·3을 '국가 공권력에 의한 인권유린'으로 규정하고 진상규명과 명예회복을 위한 교두보가 되었다"라고 평가함으로써, 4·3사건 전체에 대한 성격과 역사적 평가를 내리고 있다.

이렇게 달라진 역사적 평가는 2020년 제72주년 4·3 추념식에 참석한 문재인 당시 대통령의 추념사에서도 재확인 되었고, 이후 여러 유명 유튜버들에 의해서 확대 재생산되어, 현재는 일종의 역사적 사실의 지위에까지 이르고 있는 듯하다.

나아가 필자는 지난 해 도저히 믿기지 않는 소식을 들었다. 그것은 김달삼에 이어 제주도인민유격대 사령관으로 활동하며 수많은 양민학살을 자행한 이덕구를 4·3 희생자로 신청하려는 움직임이 있다는 소식이었다.

이것은 "헌법의 기본원리 및 대한민국의 정체성을 훼손하지 않는 조화로운 해석을 한다면 무장유격대에 가담한 자 중에서 수괴급 또는 중간간부, 4·3의 발발에 책임이 있는 남로당 제주도당의 핵심간부, 살인 방화를 적극 주도한 자 등은 우리 헌법질서에서 보호될 수 없고, 따라서 특별법의 희생자 범위에서 제외되어야 한다"는 헌법재판소의 결정[2]을 정면으로 위반한 것이다.

아울러 4·3당시 국방경비대 내에서 남로당 프락치로 활동하며, 43명이나 되는 경비대원들을 탄환 14,000발과 함께 무장 탈영시킨후 대정지서를 습격, 5명의 경찰관원들을 살해하게 한 후 무장대에 입산시켰을 뿐만 아니라 다른 8명의 수하들과 함께 공모하여 연대장인 직속상관을 살해한 혐의로 체포되어 사형이 집행된 문상길 등의 행위를 추앙하고 미화하는 움직임도 많이 생겨나고 있다.

반면에, 1948년 5월 6일 제주도에 부임하여 연대장으로서 합리적이고, 효율적이며, 인격적으로 43일간 부대 운영을 하다 남로당 프락치 부하들에 의해 무참하게 암살당한 박진경 대령에 대해서는 삼인성호(三人成虎) 식의 비난과 더불어 위령비 옆에 전혀

---

2 헌법재판소 2001.9.27. 선고 2000헌마238, 302전원재판부결정

진실 되지 않은 '진실의 안내판'을 세워 부관참시 격의 비난을 하고 있는 작금의 현실을 개탄하지 않을 수 없다.

4·3을 이해하는데 생각의 차이가 있을 수 있다. 그러나 그것은 객관적 사실 위에서 이루어져야 한다.

4·3 희생자 중에서 상당수를 차지하는 것은 '토벌대에 의한 희생임'을 어느 누구도 부인할 수 없다고 생각한다. 그 과정 속에서 나타난 인권유린의 행태나 피해자 당사자, 그리고 그 가족, 친지들이 겪어야 했던 고통 또한 가늠하기조차 쉽지 않다. 뒤늦게나마 정부가 그들의 명예를 회복시켜주고, 피해보상 작업을 하고 있는데 대하여는 다행스럽다고 생각한다.

그러나 4·3을 객관적으로 이해하기 위해서는 무장대에 의한 민간인 희생도 기억해야한다. 아울러 토벌대와 무장대 간의 무력 충돌에 따른 희생이나 피해도 기억해야 한다.

나는 4·3의 주체들이 남긴 기록을 통하여 4·3의 진실 속으로 한 걸음 더 다가갈 수 있다고 생각한다. 소위 항쟁주체 세력의 활동중에서 부정적인 면에 대한 규명도 행해질 수 있을 때 기록은 보다 객관성을 갖게 될 것이기 때문이다.

4·3을 주도한 남로당 제주도당 인민유격대 총책으로서 해주에서 개최된 남조선인민대표자대회에 참석하여 제주사태를 보고한 김달삼의 연설문과 인민유격대의 활동을 기록한 「제주도인민유격대투쟁보고서」는 중요한 자료가 된다.

저자는 두 자료의 중요성을 인지하고, 널리 알리고자 하는 마음에서 자료의 소재와 접근방법을 소개함은 물론 최초로 영문으로 번역하여 첨부하였다.

두 자료를 통하여 「제주4·3사건 진상조사보고서」에 소개된 4·28 평화 회담과 오라리 방화사건을 독자들께서 새로운 관점에서 살펴볼 수 있는 혜안이 생기기를 기대한다.

4·3을 '국가 공권력에 의한 인권유린'으로만 규정하는 것은 무장대에 의해 희생된 1,764명의 희생자와 그 유가족들에게 어떤 위로도 되지 못한다. 그들의 인권은 안중에도 없는 4·3의 성격 규정으로 인권과 평화, 화해와 상생의 가치를 설파하는 것은 공허한 메아리에 지나지 않을 것이다.

　끝으로 이 책이 나오기까지 많은 분들의 도움이 있었습니다. 항상 친형님처럼 많은 격려를 해주시는 K형님, 많은 자료를 제공해주시고 고견을 들려주신 이동해 선생님, 이광후 선생님, 김영중 전제주도 경우회장님, 한철용 장군님, 김동일 자유논객연합회 장님, 그리고 원고 정리와 교정에 힘써주신 나광복 실장님, 도서출판 오색필 전장하 대표님과 임직원 여러분께 머리 숙여 깊은 감사의 인사를 전합니다.

2026년 2월 15일
제주도 애월읍 소길리 자택에서
박 기 남

목차

제3장 제주도인민유격대투쟁보고서

제4장 김달삼 이후의 사령관 계보와 주요활동

제5장 박진경 연대장의 '제주도민 30만명 희생'설 검토

제1장

현행 4·3의 정의관련 제반 문제점

I. 우리 일가가 겪은 4·3

나는 1967년 4월, 제주도 애월면(1980년 읍으로 승격됨) 곽지리에서 아버지 박순도, 어머니 김인아의 2남 4녀중 다섯째로 태어났다. 곽지리에는 나의 7대조이신 박필철 할아버지께서 터를 잡으신 이후 박씨 일가가 집성촌을 이루어 계속 살아오고 있다.

내가 두 살 되던 해 아버지께서 돌아가시고, 홀로 남은 어머니께서는 6남매를 키우시느라 정말 부지런히 해녀 일과 농삿일을 하셔야 했다. 내가 초등학교 다닐 때를 기억해 보면, 어머니는 항상 바쁘게 움직이셔서, '2~300 미터 떨어진 곳에서 봤을 때도, 우리 어머니가 밭에 가시는 구나' 하고 알아볼 정도로 항상 부지런히 움직이셨다. 그렇게 열심히 일하셨고 여섯 명의 자식들 중 네 명을 대학교 이상의 고등교육을 받게 하는 등 교육열도 뛰어나셨던 분이다.

그러면 우리 아버지는 어떻게 해서 내가 두 살 때 돌아가시게 되었는가? 4·3 사건의 간접영향 때문이다. 곽지 마을은 밀양 박씨 규정공파의 집성촌으로서, 나의 조부이신 박치언 할아버지와 이제 얘기할 박보현 할아버지는 6촌 형제 간이었다[3].

---

3 박치언의 부친 박시우와 박보현의 부친 박시욱은 사촌 형제이고, 박시욱은 1942년에 이미 사망한 상태였음

그런데 음력 1948년 12월 20일 한밤중에 죽창으로 무장한 폭도들이 곽지리 박보현 (당시 14살)의 집에 들이닥쳤다. 어머니와 누이를 무참히 죽창으로 찔러 살해하고, 박보현, 중현(당시 9세) 형제도 여러 군데 죽창에 찔렸으나 가까스로 돼지우리에 몸을 숨겨 살아날 수 있었다.

폭도들은 그날 같은 마을에서 고성지, 고승완 부자도 살해하였고, 집 4채를 방화하는 바람에 소 두 마리도 불에 타 죽었다.[4]

왜 무슨 이유로 이렇게 끔찍하고 안타까운 사건이 발생했던 것인가? 지금도 같은 마을에 거주하고 있는 신태익 할아버지[5]께서는 다음과 같이 기억하고 있다.

당시 마을에 폭도 앞잡이 고OO 이라는 사람이 살았다. 그는 힘도 장사였고, 누구도 못 말리는 인물로서 마을 사람들에게는 한마디로 공포의 대상이었다. 그리고 박보현 형제의 어머니는 당시에 곽지리의 동쪽 끝, 즉 납읍리 입구 쪽에서 닭을 기르고 있었는데, 어느 날 키우던 닭을 잃어버리자 고OO을 지칭하면서 욕을 한 모양이야. 그것 때문에 고OO이 앙심을 품고, 한밤중에 폭도들을 이끌고 와서 그 끔찍한 일을 저지른 거지. 당시 고OO은 속칭 '버들못' 위에 있는 궤(작은 굴)에서 생활하고 있었어. 곽지리 청년들이 그를 그대로 두면 큰 일 날 것 같다고 생각한 거 같아. 하루는 청년들 여럿이 그를 찾아가 불러낸 다음 고구마를 먹으며 이야기 하는 체 하다가 그를 돌로 쳐 죽여버렸지.

하루 아침에 고아가 된 박보현·중현 형제를 박치언 할아버지께서 집으로 데려다가

---

4 곽지마을지 편찬위원회, 곽지향토지, 제주콤, 2025, p. 534
5 제주시 애월읍 곽지리 거주(1938년생) 2026. 1.10 증언 녹취

자식처럼 키우게 되니, 2대 독자이신 나의 부친 박순도[6]와 함께 생활하게 된 것이다.

해가 바뀌고, 1950년 6월 25일 전쟁이 발발하였다. 같은 마을에 사는 혈족일가 형제가 남로당의 끔찍한 만행으로 귀중한 가족들의 생명과 재산을 잃고 하루 아침에 고아가 되는 것을 직접 목격한 나의 아버지 박순도 학생은 "나라가 망한 다음에 내가 살아서 무엇하겠나? 자유민주주의를 지켜야 한다"는 신념을 바탕으로 자원 입대원서를 혈서로 쓰시고 해병 4기 학도병으로 전쟁에 참전하셨다.

해병 4기생들(1,500명)은 당시 중학교 3~4학년생들이 주축을 이루고 있었고, 여기에는 여군 126명도 포함되어 있었으며,[7] 이들은 8월 26일 제주 주정공장에 집결하여, 4박 5일의 가입대 훈련을 받았으며 8월 30일 해병 입대식을 거행하고 군번을 부여받았다.[8] 이보다 앞서 입대한 해병 3기생들(1,500명)은 8월 5일 모슬포 훈련소에서 기초 군사 훈련을 받았다. 곽지리에서는 24명[9]이 해병 학도병으로 참전하였고, 육군으로도 29명이 6·25 전쟁에 참전하였다.

해병 3·4기 3,000여명은 1950년 9월 1일 11시 LST 홍천호 등 3척의 수송선에 함께 승선하고 제주항을 출발하여 이후 인천상륙작전, 서울수도탈환, 원산, 고성, 동양리, 함흥 검살령 등과 도솔산, 펀치볼 김일성고지, 장단 및 사천강 지구 전투 등에서 혁혁한 공훈을 세웠으나 그 과정에서 안타깝게도 1/10이 넘는 346명이 그야말로 꽃다운 나이

---

6 1931년생으로 애월중학교에 3회로 입학하여 4학년에 다니고 있었으며, 박보현 할아버지 보다는 4살 위였음

7 이들은 여고생과 여교사로 구성되었었고, 간호와 행정요원으로 근무했다.

8 곽지마을지 편찬위원회, 앞의 책, p.556

9 나의 외삼촌 김준학도 해병 제3기로 참전하였다.

에 전사하였다.[10]

　어린 나이에 참전하여, 사선을 넘나드는 수많은 전투에서 살아남아 제대후 귀향한 나의 아버지는 사회에 적응할 수가 없었다. 지금이야 PTSD 라는 병명이 있지만 1950년 대의 우리나라 사회환경에서 그런 사람들을 보듬어주고 치료해주는 제도나 시설은 전무하였다. 중학교 졸업장[11]을 받고 세무서에 취직도 하였으나 정상적으로 출퇴근할 형편이 안 되었고, 거의 매일 해병대 동기들과 어울려 다니면서 술 마시고 행패를 부리는 게 일상사여서, 그들은 '개병대' 라고 불리웠다고 한다. 그렇게 10여 년의 세월을 술로 보내다가 38세의 꽃다운 나이에(내가 두 살 때임) 허무하게 돌아가시게 된 것이다.

10　대한민국해병대3·4기전우회, 출정60주년기념:인천상륙·서울수복의 작전의 주역, 디딤돌, 제주, 2010, p.107

11　당시는 4년제로서 고등학교와 통합되어 있었음

II. 4·3사건의 정의관련 문제점 고찰

가. 4·3사건의 정의

2003년 제주 4·3사건진상규명및희생자명예회복위원회가 펴낸 제주 4·3사건진상조사보고서에는, "제주 4·3사건은 1947년 3월 1일 경찰의 발포사건을 기점으로 하여, 경찰·서북청년단의 탄압에 대한 저항과 단선·단정 반대를 기치로 1948년 4월 3일 남로당 제주도당 무장대가 무장 봉기한 이래 1954년 9월 21일 한라산 금족지역이 전면 개방될 때까지 제주도에서 발생한 무장대[12]와 토벌대 간의 무력 충돌과 토벌대의 진압 과정에서 수 많은 주민들이 희생당한 사건"이라고 정의되어 있다.[13]

아울러 제주4·3사건 진상규명 및 희생자 명예회복에 관한 특별법 제2조에는 "제주 4·3사건 이란 1947년 3월 1일을 기점으로 1948년 4월 3일 발생한 소요사태 및 1954년 9월 21일까지 제주도에서 발생한 무력충돌과 그 진압과정에서 주민들이 희생당한 사건을 말한다."라고 규정하고 있다.

---

12 무장대의 범주에는 무장대·유격대·자위대·인민군·폭도·공비·괴한 등이 포함됨

13 제주4·3사건진상규명및희생자명예회복위원회, 제주4·3사건 진상조사보고서, 2003, p536

한편, 4·3특별법 제2조 2호에 따른 '희생자'는 제주4·3사건으로 인하여 사망하거나 행방불명된 자 또는 후유장애가 남아 있는 자로서, 제주4·3사건위원회의 심의·결정을 거친 자를 말한다.

그런데, 우리 일가인 박보현의 어머니와 누이처럼 남로당 유격대에 의해 아무런 정당한 이유 없이 희생된 경우는, 4월 3일의 소요사태에 의한 것도 아니고, 무장대와 토벌대 간의 무력 충돌의 결과로 발생한 것도 아니며, 더군다나 토벌대의 진압과정에서 희생당한 사건도 아님은 명백하다. 따라서 희생자 발생의 원인에 있어 무장대의 무고한 인명살상에 대한 추가 규정이 필요하다.

나. 4·3사건의 정의에 부합하지 않는 사례

4월 3일의 소요사태에 의한 것도 아니고 무장대와 토벌대 간의 무력 충돌의 결과로 발생한 것도 아니며, 더군다나 토벌대의 진압과정에서 희생당한 사건도 아닌, '무장대에 의한 민간인 희생 사건'들을 살펴보고자 한다.

(1) 장전리 대청단[14] 간부 습격

1948년 4월 10일 애월면 장전리 대동청년단장 강상부(당시 34세)와 총무 고종언(당시 25세)이 한밤중에 각각의 집을 급습한 무장대의 공격을 받고 피살되었다. 특히 고종언 총무는 복면을 한 무장대에게 철창으로 난자당한 채 숨을 거두었는데, 그

---

14 대동청년단의 줄임말이다. 대동청년단은 1909년 10월 경상남도 동래에서 조직되어 만주까지 확대 된 항일 비밀결사이다. 일제에 의해 강제 병합되기 직전인 1909년 10월 경상도 지역의 개신(改新)유학자와 근대적 교육을 받은 청년을 중심으로 조직된 국권 회복 운동 단체였다. 일제강점기에는 교육을 통한 인재 양성 및 독립운동의 연락 기지 및 자금 지원 역할을 담당하였다.

때 방안에는 생후 8개월이 된 젖먹이도 있었는데 아기는 피투성이 된 아버지의 몸 위를 왔다가다 하다가 핏속에 묻혀 죽었다.[15]

고종언의 동생 고이언은 전날 조문을 갔다 오는 길에 길가에서 강00(당시 20세) 등 5~6명이 둘러 서서 이야기하는 것을 보았다고 한다. 강00은 지나가는 고이언에게 뒤에서 들으라는 듯 "내일 돗(돼지) 추렴할 곳이 두 집이나 된다"는 뜻 모를 이야기를 던졌다. 고이언은 그 말이 마음에 걸려 산 사람이 된 매부 강00(당시 30세)에게 의논했다. 매부는 '돗 추렴'은 '두 사람을 죽이겠다는 말이고 집에서 자지 말며 명심하라'는 주의를 줬다.

형이 죽은 뒤 고이언에게 남로당 가입 독촉이 이어졌으나 그는 끝내 거부했다. 거부하자 '반동분자 때려 죽이라'는 삐라가 집 안밖에 뿌려졌다. 그래서 고이언은 얼른 몸을 숨길 집 뒤쪽 냇가와 속칭 '상이동산' 두 곳에 길이 5m 쯤 되는 굴을 파고 숨어 지냈다고 한다.[16]

(2) 죽성·고다시·인다라 마을 습격

1948년 5월 8일 상오 9시께 얼굴에 숯검정을 칠하고 손에 죽창을 든 10여 명의 무리들이 죽성 마을구장 김경종(당시 42세)의 집에 들이닥쳐, 김구장의 어머니 박사일(당시 72세)와 딸 희진(당시 12세)을 죽창으로 찌르고[17] 집에 불을 질렀다. 김구장의 처 김죽현(당시 42세)은 이웃 집에 있다가 자기 집이 불타는 모습을 보고 2살짜리

---

15 제민일보4·3취재반, 4·3은 말한다3, 전예원, 서울, 1995, p.89

16 고이언(애월읍 장전리 거주, 2012.9.4. 증언 당시 86세) 제주자유수호협의회, 제주도의 4월3일은? 5집, 열림문화, 제주, 2012, p.351에서 재인용

17 박사일 여사는 다음 날 사망

젖먹이(김희석)를 업은 채 급히 집으로 달려오다 올레에서 죽창부대와 맞닥뜨려 젖먹이와 함께 피살되었다.[18]

같은 날 죽창부대는 대청단장 강익수의 집을 습격, 같은 대청단원인 강 단장의 동생 강천수를 살해하고, 인수를 납치해 갔다. 이 밖에도 죽성 마을에서 대청단원 가족인 이찬용의 어머니, 이윤형, 부계열, 부창숙 등도 잇달아 피살되었다. 또 양치기를 하던 안재철·하계현도 그날 피살되었다.

같은 날 죽창부대는 고다시 마을도 습격했는데 이때 대청단원 강상배와 그의 할머니가 피살되었다는 설과 강상배는 납치됐고 어머니와 처가 숨졌다는 증언이 엇갈리고 있다. 같은 날 오등리 이웃마을인 아라리 '인다라' 마을에서도 마을 선관위원장인 김영창의 처 현정춘이 피살되었는데, 같은 무리의 소행으로 추정하고 있다.[19]

(3) 입산거부자 살해

1948년 5월 9일 제주읍 도두리에 거주하던 윤상은(당시 26세)이 살해되었다. 그는 일본에서 권투선수 생활을 했고, 우리 말도 서툴렀는데 입산을 거부하고 버티다가 자기 집 근처에서 살해된 것이다.[20]

1948년 5월 10일 오후께 무장대는 중문면 상예2리를 습격, 마을 대청단장 김봉일 부부와 국민회 상예회장 오대호 등 3명을 납치해 갔다. 그들 3명은 이날 늦게 마

---

18 제민일보4·3취재반, 4·3은 말한다2, 전예원, 서울, 1994, p.215

19 위의 책 p.216

20 제민일보4·3취재반, 4·3은 말한다3, p.46

을에서 1km 가량 떨어진 속칭 '거린도근' 동쪽 소나무 밭에서 시체로 발견되었다. 소나무에 묶인 채 죽창으로 찔려 피살된 모습이었다. 이들은 선거 보이콧의 입산을 거부하다 피살된 것으로 알려졌다.[21] 당시 15세로서 자신의 아버지가 산사람들에게 끌려가 무참히 살해당한 현장을 목격한 사람은 아래와 같은 수기를 남겼다.[22]

부모님 사망경위 1

1948년도 4·3사건 당시 우리 가정은 부모님, 형님, 누님과 저 그리고 외할머님을 모시고 여섯 식구가 기독교 예수를 믿고 농사를 지으며 농촌에서 순박한 삶을 살고 있었다. 저희 아버지께서는 8·15 광복직후 우익 애국단체인 독립촉성국민회 상예2구 분회 회장직을 맡고 계셨다. 5·10선거 아침 철모를 쓰고 칼과 창, 몽둥이 등을 손에 든 중문리 출신 이00(일제때 면서기)의 인솔하에 오00(같은 동리 살던 저희 6촌형) 등 7,8명의 공산 폭도들이 침입하여 아버지는 잡혀갔고, 속칭 거린돌이란 지경 동쪽 소나무 밭에서 같은 부락 대동청년단장이며 선거관리부위원장인 김봉일과 그의 부인 김영옥이 함께 폭도들의 총칼에 의해 전신이 난자 갈기갈기 찢기고 목이 잘려 돌아가셨다. 이 사실은 당시 (5·10 선거일) 수 많은 동리 사람들과 함께 폭도들에 의해 산으로 끌려가다 도망쳐 집으로 돌아온 백부님의 작은 아들 오형도(사촌형님)가 도망쳐 나올 때 소나무 밭에 사람이 죽은 시체를 보았다고 말하므로 알게 되었다.

이튿날 중문지서 경찰들과 대동청년단원들이 현장으로 와서 확인하고 시체를 저희 집으로 모셔온 것을 두 눈으로 똑똑히 보았더니 아버지의 가슴과 등과 머리에는 창칼로 수 없이 찌르고 쑤셔서 살점들이 갈기갈기 찢기고 도려져 난자된 상태였으며, 뒷목 부위는 일본군도로 잘라 손바닥만하게 살점이 달랑달랑 붙어 있었고 목뼈가 보였다. 폭도들도 인간임은 틀림없는데 인간으로서 어떻게 그처럼 사람을 창칼로 잡아 난도질을 할 수가 있었는지 앞에서 그 모습을 지켜보시던 저희 어머니께서는 오열을 하며 그 자리에 주저앉아 쓰러져 기절을 하고 말았다.

---

21 제민일보4·3취재반, 4·3은 말한다2 p.231

22 현길언, 정치권력과 역사왜곡, 태학사, 서울, 2016, pp.110-112

그래서 저희 외할머니를 중심으로 3일째 되는 5월 12일 급히 서둘러 아버지의 장례를 치르고 그날로 양식도 살림도구도 다 둔 채 안덕면 화순리 이모님 댁으로 피신하게 되었다.

저희 어머니께서는 5월 11일 남편이 참혹하게 죽은 모습을 지켜보다 쓰러진 후 회복을 못하시고 2개월 후 7월 21일 안덕면 화순리에서 세상을 뜨셨다.

저는 그때 15세였으며, 대동청년단장이며 선거관리부위원장인 김봉일의 큰 아들 김문혁은 현재 서귀포시 상예동에 생존해 계신데 그의 말에 의하면 자기도 당시 17세 어린 나이로 부모님과 함께 폭도 오00에 의해 밧줄에 손이 묶여 속칭 거린돌이란 곳으로 잡혀 갔다가 그 현장에 있던 동리 어른들의 만류로 풀려나 집으로 돌아오게 되었지만 그 부모님들과 저희 아버지께서는 인민재판에 회부되어 악질 반동으로 몰려 죽게 된 것이라고 한다.

그리고 당시 현장에 있던 동리 사람들이 흘린 말에 의하면 소나무 밭에서 폭도 이00이의 주재하에 인민재판을 열어 저희 아버지와 청년단장과 그의 부인 이렇게 세 사람을 복판에 세워놓고 창칼을 든 폭도들을 둥그렇게 둘러서게 한 후 지금이라도 잘못을 빈성하고 자기들 말에 복종하면 살려 준다고 했으나 응하지 않자 가슴과 등을 창과 칼로 찌르며 재차 거듭 물었으나 여전히 불응하므로 몇 차례 창칼로 찌르며 이 악질 반동 새끼들하고 다시 창칼질을 할 때 세 사람 모두 그 자리에서 푹 하고 쓰러져 엎드려지자 창으로 몇 차례 쑤시고 일본 군도로 뒷 목을 두 번 내리쳐 목을 잘랐다는 것이다.

5월 11일 도두리 마을 선거관리위원장인 김해만(당시 53세), 대청 마을단장 정방옥(당시 31세), 단원 김용조(당시 23세) 등 3명이 산 쪽에 의해 납치되었다. 김해만의 두 아들이 열렬한 대동청년단원이어서 산쪽으로부터 지목을 받아 왔으며, 동동네 출신의 정방옥은 호인으로 힘도 장사였으나 김용조와 더불어 좌익 청년들과 노선이 다르다는 이유 하나로 납치 살해된 것이다. 김해만의 시신은 여태껏 찾지 못하고 있으며 정방옥·김용조는 한참 뒤에 십자가 모양의 말뚝에 박힌 채 숨진 모습으로 발견되었다.[23]

---

23 제민일보4·3취재반, 4·3은 말한다3, p.46

5·10 선거일 당일 아침 당시 17세로서 자신의 부모님이 산사람들에게 끌려가 무참히 살해당한 현장을 목격한 사람은 아래와 같은 수기를 남겼다.

부모님 사망경위 2

저는 서귀포시 상예동 767번지에서 농업에 종사하는 71세의 김OO입니다. 저는 4·3사건 당시 17세였고 아버지 김OO는 39세, 어머니 김OO는 44세로 두 분 모두 폭도에게 희생되었습니다. 폭도들이 저의 부모님을 살해한 이유는 아버지가 당시 대동청년단 상예2리 단장으로서 대한민국 정부수립을 위한 5·10 선거때 같은 마을 선거관리위원회부위원장으로 있었기 때문에 남로당 극렬분자들이 1차 테러 대상으로 지목하게 되었고, 어머니는 그 가족이라는 이유로 함께 죽임을 당했다고 봅니다.

아버지가 희생된 날은 1948년 5월 10일 선거일 이른 아침이었습니다. 집에 부모님과 누님, 남동생 둘, 여동생 셋, 본인 등 아홉 명이 있었는데, 폭도 20여명이 철모를 쓰고 일본도 또는 철창을 든 채 제 집을 습격하여 저의 부모님을 끌어내어 빨랫줄로 두 분의 손을 뒤로해서 포박하고 집안을 뒤져 궤짝 속의 책들을 모조리 찢어버린 다음 삐라를 기둥에 붙인후 본인을 결박하여 집에서 500~600미터 떨어진 속칭 거린돌 집결지로 끌고가서 저는 어리다는 이유로 방면되고, 부모님은 그곳에서 400미터나 더 떨어진 소나무 밭으로 끌고가 나무에 동여매고 철창으로 가슴 등 전신을 수 십 군데 찔러 죽였습니다. 특히 저희 어머니가 당한 모습은 처참했습니다.

저의 집을 습격한 폭도 20여명 중 제가 알 수 있는 사람은 동네 사람 오OO, 중문리 안OO, 색달리 이OO, 회수리의 이름 미상의 두 명 등이었습니다. 저를 직접 묶고 끌고 간 사람은 오OO인데, 집결지에 이르자 때마침 상예리 향사에 있는 투표함을 뺏어 집결지 부근에서 박살낸 팀과 합류하고 나를 방면한 다음 부모님을 끌고 갔습니다. 오OO를 희생자로 신고한 사람은 누이동생 오OO이며, 보증자는 상예2리 오OO(77세) 외 한 명입니다.

오OO는 당시 남로당 활동을 앞장서서 적극적으로 했고, 저와 부모님을 납치 살해한 일당 중 한 사람임을 저의 눈으로 직접 보았는데, 이런 자가 희생자로 선정되어 명예를 회복하고 보상을 받는다면 지하에 있는 저의 부모님 혼은 어떻게 되겠습니까? 그리고 오OO의 좌익활동을 충분히 알고 있는 오OO이가 아무리 시대가 바뀌었고 친족이라 하지만 희생자로 보증을 섰다는 것은 있을 수가 없는 일입니다.

　당시 저의 누님은 19세로 아팠는데, 부모님 참변 소식에 충격을 받고 일주일후 사망했으며, 저는 졸지에 17세로서 오남매를 거느린 가장이 되었습니다. 당시 막내 동생은 세 살이었는데 이듬해 죽었고, 제가 군에 입대할 때에는 온 가족이 뿔뿔이 흩어져 집안이 풍비박산되었습니다.[24]

(4) 명월리 습격

　1948년 5월 14일 새벽 폭도들은 명월리 임창현(당시 65세)의 집을 습격, 부인 박씨(당시 57세)를 살해하고, 집에 불을 질렀다. 일제시대 면장을 지냈던 임창현은 부재중이어서 화를 피하였으나, 이후 피습 소식을 듣고 임창현은 둘째 아들 임보국(당시 35세)과 손자 임승준(당시 19세) 등과 집으로 돌아와 장례 준비를 하던중 무장대에 의해 납치되었다.[25]

　거의 같은 시각, 한림에서 명월리 집으로 돌아오던 한림면사무소 직원 진윤종(총무계장), 진홍종(재무계장), 진한종(산업계장) 등 3명이 명월 지경에서 납치되었다. 또 이날 명월리에 방목하는 말을 보려고 나왔던 협재리 농민 박수석(당시 58세)도 납치되었다. 이들 7명은 납치된 지 22일째 되는 6월 5일 동명리 지경 속칭 '갯오름거리'에서 모두 시체로 발견되었다.[26]

(5) 금악리 습격

　1948년 5월 14일 밤 일단의 청년들이 금악리 김태화(당시 29세)의 집에 침입, 김

24　현길언, 앞의 책, pp.112-114

25　제민일보4·3취재반, 4·3은 말한다3 p.39

26　위의 책, p.40

태화와 그의 부인 이유생을 살해했다. 이어서 이웃집인 강안용의 집도 습격하였으나 강안용은 도망치고, 그의 부인 김임후[27](당시 36세)를 죽창으로 찔러 중상을 입혔다. 청년들은 이날 강문호의 본가를 비롯해 일곱 채의 민가를 불태우고, 강문호의 조카뻘 되는 강공오를 산중으로 납치, 살해했다.[28]

(6) 도두리 습격

1948년 5월 18일 제주읍 도두리에서 우익 집안의 아녀자와 자녀 등 6명이 무더기로 납치돼 충격을 던져주었다. 김해만의 처 장인동(당시 52세)과 딸 김순풍(당시 19세), 아들 김광홍(당시 9세) 어린이, 정방옥의 처 김순녀(당시 24세), 김용조의 처 문성희(당시 26세), 그리고 김성언의 어머니 고정달(당시 56세) 등이 산쪽에 납치되었다. 이들은 단순히 우익활동을 하던 아들과 남편, 혹은 아버지를 두었다는 이유 하나로 고귀한 목숨을 빼앗겼다. 희생자들의 시신은 그후 일 년여 뒤에 발견되었다. 토벌대에 붙잡힌 이 마을 입산자 박아무개의 취조과정에서 시신유기 장소가 밝혀진 것이었다.[29]

(7) 영락리 경찰관 가족 살해

5월 18일 당시 게릴라 총책인 김달삼의 고향인 대정면 영락리에서 경찰관 부모 등 그 가족 4명이 희생당했다. 희생자는 고성두(당시 63세), 송연화(당시 61세) 부부와 아들 고창홍(당시 20세), 딸 고일복(당시 18세) 등 한 가족 4명이다. 고성두의 아들

---

27 김임후 여인은, 남로당 활동을 하다 일본으로 피신하여 「제주도인민들의4·3무장투쟁사」, 「제주도혈의역사」 등의 저술을 남긴 김봉현의 친누나이다.

28 제민일보4·3취재반, 4·3은 말한다3 p.43

29 위의 책 p.47

들이 경찰관으로 근무하고 있었기 때문에 무장대에 의해 무참히 살해당한 것이다.[30]

(8) 서홍리 우익진영 습격

5월 25일 새벽 서귀면 서홍리 우익진영 5명이 무장대의 습격을 받고 살해되었다. 그 다음 날 1명이 살해됨으로써 이틀새 6명이 죽임을 당하는 피해를 입었다. 마을 사람들은 5·10 선거때 산쪽에 협조를 하지 않았기 때문이라고 생각하고 있었다.[31]

서동네 안카름에 살던 변시진(당시 37세)의 집을 필두로, 고찬경(당시 24세), 고찬하(당시 22세) 형제, 이어서 강남석(당시 42세) 등의 집을 습격하여 살해하고, 동동네 지장샘 부근에 살던 고평호(당시 49세)의 집을 덮쳐 그의 부인 양월규(당시 46세)를 칼로 공격했다. 고평호는 병원에서 치료받다 이틀 만에 사망했고, 양월규는 중상을 입었으나 살아났다. 피해를 당한 이유는 장남인 고찬순(당시 23세)이 산쪽에 가담하지 않고 육지로 피신했기 때문에 산쪽으로부터 반감을 샀다는 이야기가 있다.[32]

5월 26일 새벽 무장대는 변시진의 삼촌인 변기원(당시 66세)의 집을 습격하고 살해했다. 그는 머리맡에 손도끼를 놓고 잠자다 습격자의 팔목을 내리치는 저항을 하면서 숨을 거두었다. 그런데 뒤늦게 붙잡힌 산사람 가운데 팔목에 손도끼 자국이 있는 사람이 있었다. 그는 놀랍게도 같은 마을 청년이었다. 결국 그의 가족들은 마을에서 떠날 수 밖에 없었다.[33]

---

30 위의 책 pp.58-59

31 위의 책 p.69

32 위의 책 p.71-72

33 위의 책 pp.72-73

(9) 이도종 목사 생매장 살해[34]

　　이도종은 1892년 9월 13일 아버지 이덕연, 어머니 박열선 사이의 5남 3녀중 장남으로 애월면 금성리 598번지에서 출생했다. 그는 1910년 평양 숭실중학교에 입학하여 신학문을 접한다. 1919년 5월 7일 경성에서 독립협회 간부 김창규가 제주로 와서 조봉호를 만나게 된다. 조봉호는 귀덕마을(금성리 바로 옆 마을)의 부농에서 태어나 개화사상에 눈을 뜨고 경성에서 경신학교를 나온 후 평양의 숭실중학교를 졸업하여 성내교회 전도인으로 있던 사람이다. 김창규는 조봉호에게 제주에서도 독립희생회를 조직해서 독립을 위한 기금을 마련하여 상해 임시정부로 보내야 한다는 내용을 전했다. 이때 이도종은 조봉호 등과 적극 동참하여 즉각 행동에 돌입했다. 회원 4,450명을 모집하고 회원 1인당 2원 이상씩 보내기로 하여 모금된 1만원을 그 해 7월 상해 임시정부로 보냈다. 당시 쌀 1가마 가격이 4원었다. 나중에 군자금 문서가 일본 경찰에 발각되어 60여명이 체포되고 26명이 기소되었다. 이도종도 체포되었고 6개월 동안 진행된 조사과정에서 살인적인 고문으로 한쪽 다리에 심한 장애가 생겼다.

　　1926년 이도종은 평양신학교를 졸업하고 이듬해 전북 김제의 중앙교회에서 목회활동을 하다가 1929년 제주로 내려오게 된다. 제주에 귀향후 서귀포, 효돈, 중문, 표선, 성읍 등의 교회에서 목회활동을 하셨고, 남원, 신풍교회를 개척하셨다. 1930년 김재원 장로와 함께 제주노회를 창립하셨고, 1935년에는 지금의 제주 YMCA 건물자리에 제주성경학원을 세워 제주교회를 위한 교역자들을 양성하셨다. 1937년 2월부터 해방이후까지 고산, 용수, 조수교회에서 활동하셨다. 교회개척과 목회 활동을 열정적으로 하면서 나라의 주권을 되찾아야 한다는 내용의 설교를 함으로써 일본 경찰의 요시찰 대상이 되기도 하였다.

34　나종삼·박철균, 제주4·3사건과박진경대령, 프리덤칼리지장학회출판사, 서울, 2024, pp.538-543

　1948년 6월 18일 그는 교회 출석이 부실한 교인의 집을 방문하여 권면할 생각으로 고산리 집을 나섰다. 늘 이용하던 자전거를 타고 얼마쯤 가다가, 작전을 나왔다가 돌아가는 고산지서 대원들과 만나게 되었다. 인솔자가 이도종 목사를 알아보고 "목사님 오늘은 분위기가 심상치 않으니 안전한 해변 길을 이용해서 가시는 것이 좋을 것 같습니다"라는 말을 했다. 이도종 목사는 "그들도 사람일진대 하나님의 종을 어떻게 하겠습니까?"하고는 가던 길을 계속 갔다. 인향동 지경에 이르렀을 때 매복중이던 무장대원들에게 붙잡히게 되었다.

　며칠후 고산리 집에서는 이 목사가 돌아올 때가 되어도 오지 않자, 경찰에 신고를 하였고 고산지서에서는 수색조를 편성하여 인향동 지역을 샅샅이 수색하였으나 아무런 단서도 찾을 수 없었다. 그후 약 1년 정도의 시간이 흐른 다음 무장대가 식량을 약탈하러 민가로 내려왔다가 무장대원 1명이 붙잡히는 일이 일어났다. 이도종 목사의 동생 기종, 성종 형제가 마을 입구에서 보초를 서다가 붙잡게 된 것이다. 그의 이름은 김몽치였고, 바로 고산지서에 신병을 인계하였는데, 심문과정에서 몸 수색을 하다 보니 그와는 어울리지 않는 회중시계가 나왔다. 심문을 하던 경찰이 회중시계의 출처를 캐묻자 김몽치는 체념한 듯이 순순히 자백했다.

　　　김몽치의 자백내용
　　우리 부대가 1년 전쯤 인향동 지경에서 매복을 하고 있었는데 자전거를 타고 가는 사람을 붙잡게 되어서 대장에게 데리고 갔더니 자기의 신분을 목사라고 하였다. 무리 대장이 목사라는 사람과 몇 마디 대화하다가, "당신이 그렇게 믿는 하나님에게 우리가 이 전쟁에서 승리하게 해달라"고 기도를 요청하자 그 목사는 "나는 이 쪽 편도 아니고 저쪽 편도 아닌 사람이요. 다만 하나님의 종일 뿐이요. 내 한 목숨 부지하려고 마음에도 없는 기도를 할 수가 없소" 라고 하자, 우리 대장이 "이런 놈은 총으로 쏴서 죽이기에는 총알 값이 아까우니 산 채로 파묻어 버리라"고 해서 생매장 했습니다.

이 목사 가족과 교회 신도들은 목사님을 매장한 곳을 가르켜 달라고 다그쳤고, 김몽치가 매장장소로 안내했다.

매장장소를 발굴하니 시신은 부패했지만, 그날 집을 나설 때 입고 있었던 비둘기색 두루마기가 있어서 이도종 목사임을 확인할 수 있었다. 김몽치에 의하면 그 지역에는 일제 때 파놓은 1인용 참호가 많았다고 한다. 그 참호 하나를 이용하고자 이 목사를 참호 안으로 들어가게 하자, 이 목사는 자신의 가방을 달라고 하고서는 성경책과 찬송가 책을 꺼내고 안주머니에서 회중시계를 꺼낸 후, "나는 이제 하나님 앞으로 가니 이 물건이 나에게는 필요가 없게 되었소. 이것을 여러분께 선물로 줄 터이니 여러분도 예수 믿고 후일에 하늘나라에서 만나 봅시다"라고 한 후 무릎을 꿇고 기도하였다고 한다. 이후 김몽치 일행은 이목사에게 흙을 덮어 살해한 것이다.

(10) 백지투표 강요

1948년 7월 중순부터 남한은 때아닌 지하선거로 술렁거렸다. 치안의 손길이 미처 닿지 않던 산간 벽지는 밤만 되면 소리 없는 반공개 투표로 북적댔고, 농촌의 가가호호 안방도 이따금 북새통을 이루었다. 제주도 예외가 아니었다. 마을마다 연판장이 돌려지고 죽창을 든 사람들이 집집마다 돌아다니며 '도장 찍는 일'을 수행했다. 영문도 잘 모른 채 손도장을 눌렀다. 남한의 5·10 선거와 단독정부 수립에 대응하여 남한의 좌익 세력과 북한이 남북에 걸쳐 실시한 '8·25 지하선거'의 전초전이었다. 특히 남한에서는 밤중에 비공개적으로 시행되었기 때문에 지하선거라 불리었다.[35]

---

35 제민일보4·3취재반, 4·3은 말한다3 p.242

1948년 8월의 미군 「G-2 보고서」는 다음과 같이 기록하고 있다.

> 1948년 8월 19일 무장폭도 20명을 포함한 폭도 40명이 세화리에 침입하여 주민들에게 북한 선거를 지지할 것을 강요하며, 백지투표 용지에 강제로 서명하도록 했다. 보고에 따르면 폭도집단은 제주도의 모든 지역에서 주민들에게 백지에 이름을 기입토록 하고, 인민군을 지원하기 위해 돈과 식량을 제공할 것을 강요하고 있다. 마을 주민들은 폭도들로부터 양자 택일 할 것을 요구받았는데, "자신들에게 협조하는 사람은 최악의 경우 경찰에 체포되어도 며칠 구류를 살다가 풀려날 것이고, 협조를 거절하는 사람은 죽게 되며 그 집은 방화될 것"이라고 하였다. 8월 18일 제주도 중남부 지역에 위치한 서귀면에서 마을 주민 5명이 폭도들로부터 칼에 찔려 중상을 입었다. 그 이유는 북한 정부와 선거를 지지하는 청원서에 서명하기를 거부했기 때문이다.[36]

한편, 김봉현·김민주의 「제주도인민들의 4·3무장투쟁사」에 의하면 남한 총유권자 8,681,747명 중의 77.52%가 지하 선거에 참여하였으며, 제주도에서는 85%의 투표율을 보였다고 서술하고 있다.[37]

(11) 문봉협 사례

문봉협씨는 4·3때 어머니 김연제(당시 39세, 포목상 운영)와 문봉수(당시 1세)를 잃었다. 세화리에 거주하던 그의 일가는 1948년 음력 동짓달 초사흘 날 저녁에 무장대로부터 습격을 받게 된다. 그의 끔찍했던 경험담을 들어보자.[38]

36　HQ USAFIK, G-2 일일보고서, 1948.8.25.(no.920) 제주4·3사건진상규명및희생자명예회복위원회, 제주4·3사건료집7, 금성문화사, 서울, 2003, p.85에서 재인용

37　김봉현·김민주, 제주도인민들의 4·3무장투쟁사, 문우사, 오사카, 1963, pp.153-154

38　문봉협(당시 66세, 구좌읍 세화리 거주, 2002.9.13. 채록) 나종삼, 제주4·3사건의 진상, 아성사, 서울, 2013, p.407에서 재인용

당시 12살이던 나는 어머니가 급히 깨우는 바람에 일어나 보니 동네는 불에 타고, 비명소리와 고함소리 등으로 아수라장이 되었습니다. 그리고 일단의 폭도들이 철창이나 죽창을 들고 왔다갔다 하면서 우리집 곳간에서 쌀과석유 등을 꺼내고, 방안에 들어와서는 이불장에서 이불같은 것을 모두 들어다 무조건 마차에 실었습니다. 그러더니 두 놈이 아가를 안고 있는 어머니를철창으로 찔렀고, 다른 두 놈이 몸부림치며 신음하고 있는 어머님을 총으로두 발 쐈습니다. 나는 울면서 어머니한테 매달렸으나 한 놈이 나를 발로 걸어차서 뒹굴었는데, 일어나서 보니까 나도 어깨에 죽창을 맞아 관통돼 있었습니다. 조금 있으니까 이놈들은 우리 집에도 불을 놓았으므로 나는 방안에서울고 있던 여덟 살 난 동생을 업고 뛰쳐나와 돼지우리 속으로 들어가 숨었는데, 그 때까지도 어머님 품속에서 울고 있던 어린 동생은 그만 불에 타서 죽었습니다. 이날 세화리에서 무장공비 한테 죽은 사람이 어린이와 노인네들합쳐 44명이고, 부상당한 사람이 16명이며, 수 십채의 집이 불에 탔습니다.

(12) 동료학생 살상

좌익 학생들도 어른들 못지않게 비동조학생 살상을 서슴치 않았다는 사실은 경악을 금치 못하게 한다. 육사 5기로 임관하여 부산의 제5연대에 배치되었다가 4·3사건 초기 제주도에 간 김형룡 소위는 여러 명의 좌익학생들이 동조하지 않는 학생1명을 테러하는 상황을 직접 목격하고 다음과 같은 글을 남겼다.

내가 제주도에서 복무하고 있는 동안 잊혀지지 않는 사건이 하나 있다. 제주도에 차출된 병력을 재편성 겸 교육을 위해 제주고등학교에 주둔한 일이있다. 당시 나는 기숙사에 유숙하고 있었는데, 1948년 5월 어느 날 새벽 2시경이었다. 내가 자는 방 바로 앞에서 '사람 살리라'라는 비명과 함께 물 쏟아지는 소리가 났다. 그 학생의 목 부위가 칼에 찔려 있었다. 나는 즉시 비상용으로 휴대하고 있던 가제와 붕대로 싸매어 응급조치하고 사병 한 사람을 딸려 제주 도립병원으로 이송시켰다.

후에 안 일이지만 이 학생은 한림이란 곳에 살고 있었고 고등학교 학생회장이었다. 따라서 좌익계 학생들은 이 학생을 자기네 편으로 끌어 드리려고

했는데 이 학생이 말을 듣지 않으므로 반동분자로 낙인찍고, 좌익계 학생들이 그를 죽이려고 미행하자 자기 집에 있지 못하고 숙소를 옮겨가면서 생활했었다. 그러던중 사고가 난 날은 학교에 군인들이 주둔하고 있었기에 안심하고 기숙사에서 잠자다가 변을 당했다. 범인은 잡지도 못하였다. 이 학생은 응급조치한 것이 도움이 되었던지 생명에는 별 지장이 없었다. 이 한 가지 사건만 보더라도 당시 제주도가 얼마나 살벌했고 어지러웠는지 짐작되고도 남음이 있을 것이다.[39]

학교내에서 좌우익의 대립 실상에 대해서 '제주고 백년사'에서는 다음과 같이 기술하고 있다.[40]

1945년 겨울부터 교사는 물론 학생들 사이에서 이념적 갈등이 심화되어 교내에 적색기가 걸리고 교실에서 좌익 성향의 노래를 가르친 교사도 있었다. 좌익 성향의 대표적 인물은 남로당 제주도당 조직부 책임을 맡았던 고칠종인데, 그는 해방 공간에서 김달삼, 이덕구, 김용관, 김봉현, 문옥주 등과 더불어 거론되는 대표적인 좌익계 교사였다. 학생들 내부에서도 좌우익이 대립했다. 1947년 총파업 직후 김호산과 동창인 연동 출신 오남규는 수류탄으로 김호산 암살을 기도하였으나 실패했다. 4·3이 터지자 입산하였다가 다시 하산하여 선무공작에 나서기도 했으나 결국 죽임을 당했다. 김기환이 학교 기숙사 숙직실로 밤 10시쯤 뛰어들어 학련 멤버중 김인봉과 장두경에게 칼을 휘둘러 김인봉은 손에, 장두경은 목에 중상을 입었다.

이상의 사례들을 엄밀히 살펴보면, 정부 4·3사건진상조사보고서나 4·3특별법에서 정의한 4·3사건으로 인한 희생자로 보기는 어렵다. 왜냐하면 위에서 살펴본 사례들은, 4월 3일의 소요사태에 의한 것도 아니고 무장대와 토벌대 간의 무력 충돌의 결

---

39   김형룡, 「고교학생들 끼리도 刺殺企圖」(육사5기생회, 육사5기생) 1990.6 p.123 나종삼, 앞의 책, p.408에서 재인용

40   제주고등학교총동창회, 제주고 백년사, 미오미디어, 서울, 2011, p.242

과로 발생한 것도 아니며, 더군다나 토벌대의 진압과정에서 희생당한 사건도 아니기 때문이다. 그들은 무장대에 의해 희생된 무고한 민간인들이다. 당시 언론보도에 의하면 4·3기간중 무장대의 만행으로 인하여 일반공무원을 포함한 농민 등 양민이 납치 참살당한 인원은 1,300여 명에 이른다.[41]

다. 4·3 사건의 재정의 필요성

정부보고서에 기재된 4·3사건 희생자의 가해자별 현황을 보면, 제주도의회 신고서에는 토벌대 84.0%, 무장대 11.1%의 비중을 보였고, 4·3위원회 신고에서는 토벌대 78.1%, 무장대 12.6%로 나타났다.[42]

가해자별 현황

(단위: 명)

계 \ 구분	토벌대	무장대	기타	공란
합계	10,995	1,764	43	1,266
비율	78.1	12.6	0.3	9.0

(토벌대의 범주에는 경찰·군인·서청·자경대·응원대·민보단 등이 포함됨. 무장대의 범주에는 무장대·유격대·자위대·인민군·폭도·공비·괴한 등이 포함됨. 기타에는 자살·주민·정체불명 등이 포함됨)[43]

이러한 통계를 보더라도 앞에서 소개한 4·3당시 무장대에 의한 민간인 희생자 통계에 대한 언론 보도는 상당한 근거가 있는 것으로 보인다. 따라서 현행 4·3특별

41　제주신보 1957.4.3.(제주4·3사건진상규명및희생자명예회복위원회, 제주4·3사건료집3, 금성문화사, 서울, 2003, p.563에서도 확인 가능) 아울러 4·3기간중, 120명의 경찰관과 89명의 군인이 순직하였으며, 경찰관 137명, 군인 9명이 부상을 입었다고 한다.

42　제주4·3사건진상규명및희생자명예회복위원회, 제주4·3사건 진상조사보고서 p.373

43　위의 책 p.371

법이나 정부의 4·3진상보고서에는 '무장대에 의한 인명의 살상'을 반영시켜서 다음
과 같이 수정되어야 할 것이다.

제주4·3사건 진상규명 및 희생자 명예회복에 관한 특별법 제2조

(현행) 제주4·3사건 이란 1947년 3월 1일을 기점으로 1948년 4월 3일 발생
한 소요사태 및 1954년 9월 21일까지 제주도에서 발생한 무력충돌과 그 진압
과정에서 주민들이 희생당한 사건

(수정안) 제주4·3사건 이란 1947년 3월 1일을 기점으로 1948년 4월 3일 발
생한 소요사태 및 1954년 9월 21일까지 제주도에서 발생한 **무장대의 인명살
상**, 무력충돌과 그 진압과정에서 주민들이 희생당한 사건

제주4·3사건 진상조사보고서

(현행) 제주 4·3사건은 1947년 3월 1일 경찰의 발포사건을 기점으로 하여,
경찰·서북청년단의 탄압에 대한 저항과 단선·단정 반대를 기치로 1948년
4월 3일 남로당 제주도당 무장대가 무장 봉기한 이래 1954년 9월 21일 한라
산 금족지역이 전면 개방될 때까지 제주도에서 발생한 무장대와 토벌대 간의
무력 충돌과 토벌대의 진압과정에서 수 많은 주민들이 희생당한 사건

(수정안) 제주 4·3사건은 1947년 3월 1일 경찰의 발포사건을 기점으로 하
여, 경찰·서북청년단의 탄압에 대한 저항과 단선·단정 반대를 기치로 1948
년 4월 3일 남로당 제주도당 무장대가 무장 봉기한 이래 1954년 9월 21일 한
라산 금족지역이 전면 개방될 때까지 제주도에서 발생한 **무장대의 인명살상**,
무장대와 토벌대 간의 무력 충돌과 토벌대의 진압과정에서 수 많은 주민들이
희생당한 사건

Ⅲ. 4·3성격 규정의 변화와 본서 집필동기

가. 4·3성격 규정의 변화

2008년 건립된 제주 4·3 평화공원의 기념관에는 비문 없는 비석이 놓여 있다. 비석 앞에는 "언젠가 이 비에 제주 4·3의 이름을 새기고 일으켜 세우리라"는 글귀가 적혀 있다. 이는 백지(白紙)처럼 아무 글자도 새기지 않아, 사건의 명칭(봉기, 항쟁, 폭동 등)을 통일하지 못한 채 희생자들의 넋을 기린다는 의미를 담고 있다.

이러한 문제는 2003년 4·3사건 진상조사보고서 작성 때부터 있었던 듯하다. 그해 10월 조사보고서 최종 발간을 앞두고 위원장(국무총리) 명의의 서문을 보고서 검토위원회 민간인 위원들이 논의해서 결정하게 되었다. 당시 양조훈 보고서작성 수석전무위원은 언론에 "4·3특별법의 목적에 따라 사건의 진상규명과 희생자 명예회복에 중점을 둬 작성됐고, 사건의 성격이나 역사적 평가는 앞으로 새로운 자료나 증거가 발굴되면 보완할 수 있을 것"이라고 발표했다.[44] 당시 양조훈 위원의 의견은 주관위원인 신용하 위원의 아래와 같은 반대에 부딪혔다.

---

44 양조훈, 4·3진실을 찾아서, 도서출판 선인, 서울, 2021, p.406

　이 진상보고서는 4·3사건의 역사적 성격, 역사적 평가와는 관계없는, 4·3
사건으로 인한 희생자와 그 유족들의 명예회복과 관련된 피해실태보고서이
다. 본 보고서에 일부 역사적 평가 내용이 있더라도, 그것은 희생자와 유족들
의 명예회복을 위한 것으로, 정부의 입장은 아니다.[45]

　이 문제에 대해 며칠 동안 결론을 내리지 못하다가, 당시 강택상 지원단장의 절충
으로, "제주 4·3특별법의 목적에 따라 사건의 진상규명과 희생자 유족들의 명예회
복에 중점을 두어 작성되었으며, 4·3사건 전체에 대한 성격이나 역사적 평가를 내리
지 않았습니다. 이는 후세 사가들의 몫이라고 생각합니다"라고 수정되었다.[46]

　따라서 조사보고서의 서문에 제주4·3사건진상규명및희생자명예회복위원회의
위원장이던 고 건 당시 국무총리는 다음과 같이 기술하게 되었다.[47]

　제주 4·3 사건은 우리 현대사에서 한국전쟁 다음으로 인명 피해가 많았던
참으로 비극적인 사건이었습니다. 해방정국의 혼란기에 빚어진 이 사건으로
제주도민들은 엄청난 인명 피해 뿐만 아니라 재산 손실을 입었습니다. 그럼
에도 불구하고 반세기가 넘도록 사건의 진상에 대한 규명이 제대로 이루어지
지 않은 것은 안타까운 일이었습니다. 많은 분들의 헌신적인 노력과 여야 합
의로 마침내 지난 2000년 1월에 '제주 4·3 사건 진상규명 및 희생자 명예회복
에 관한특별법'이 제정·공포됨으로써 정부차원의 진상규명이 이루어지게 되
었습니다. 그동안 정부는 국무총리를 위원장으로 한 '제주 4·3 사건진상규명
및 희생자 명예회복위원회'를 두어 진상규명 및 희생자 명예회복을 위한 활동
을 해 왔습니다. 그리고 위원회 산하에 '진상조사보고서 작성기획단'을 설치
하여 진상규명을 위한 관련자료를 국내 외에서 수집해 분석하였습니다. 이런

45　위의 책, p.407

46　위의 책, p.408

47　제주4·3사건진상규명및희생자명예회복위원회, 제주4·3사건 진상조사보고서, 서문

작업의 결과, 위원회는 2003년 10월 15일 『제주4·3사건진상조사보고서』를 최종 확정하기에 이르렀습니다. 이 진상보고서는 제주4·3특별법의 목적에 따라 사건의 진상규명과 희생자 유족들의 명예회복에 중점을 두어 작성되었으며, 4·3사건 전체에 대한 성격이나 역사적 평가를 내리지 않았습니다. 이는 후세 사가들의 몫이라고 생각합니다.

얼마 후인 2003년 10월 31일 당시 노무현 대통령은 제2회 제주 평화포럼 기조연설에서 「제주 4·3사건 관련 말씀」을 통해 공식 사과했다.

저는 위원회의 건의를 받아들여 국정을 책임지고 있는 대통령으로서 과거 국가권력의 잘못에 대해 유족과 제주도민 여러분에게 진심으로 사과와 위로의 말씀을 드립니다.[48]

그런데, 2019년 12월 발간된 「제주 4·3사건 추가진상 조사 보고서 I」 서문에서 당시 양조훈 평화재단 이사장은, "2003년 정부의 진상조사보고서는 4·3을 '국가 공권력에 의한 인권유린'으로 규정하고 진상규명과 명예회복을 위한 교두보가 되었다"라고 평가함으로써 2003년에 했던 자신의 설명과는 달리 4·3사건 전체에 대한 성격과 역사적 평가를 내리고 있다.[49]

이렇게 달라진 역사적 평가는 2020년 제72주년 4·3 추념식에 참석한 문재인 당시 대통령은 추념사에서도 이어진다.

---

48 https://www.jejusori.net/news/articleView.html?idxno=53(2003.10.31)

49 제주4·3사건진상규명및희생자명예회복위원회, 제주4·3사건 추가진상조사보고서I, 2019, p.2

제주는 해방을 넘어 진정한 독립을 꿈꿨고,
분단을 넘어 평화와 통일을 열망했습니다.
제주도민들은 오직 민족의 자존심을 지키고자 했으며
되찾은 나라를 온전히 일으키고자 했습니다.
그러나 누구보다 먼저 꿈을 꾸었다는 이유로
제주는 처참한 죽음과 마주했고,
통일 정부 수립이라는 간절한 요구는
이념의 덫으로 돌아와 우리를 분열시켰습니다.
올 해 시행되는 고등학교 한국사 교과서에
4·3에 대한 기술이 더욱 많아지고 상세해졌습니다.
4·3이 '국가 공권력에 의한 민간인 희생'임을 명시하고,
진압과정에서 국가의 폭력적 수단이 동원되었음을
기술하고 있습니다.[50]

양조훈 전이사장의 '4·3을 국가 공권력에 의한 인권유린'으로 규정함이나 문재인 전대통령의 '4·3이 국가 공권력에 의한 민간인 희생'으로 표현함은, 바로 4·3사건 전체에 대한 성격이나 역사적 평가를 내리고 있는 것이다.

그 사이 시간에 "4·3사건의 성격이나 역사적 평가를 바꿀 만큼의 어떤 새로운 자료나 증거가 발굴되었는지?" 양조훈 전 이사장에게 묻지 않을 수 없다.

나. 유명 유튜버들의 4·3강의 내용

나는 최근에 많은 조회수를 기록하고 있는 유명 국사 교사 출신 유튜버 들의 강연을 듣고 매우 놀란 일이 있다.

---

50 문재인 전대통령, 제72주년4·3추념식 추념사(2020)

486만회의 조회수를 기록한 설민석씨의 「우리가 몰랐던 제주이야기#제주4·3, 4·3 역사특강」에서 다음과 같이 주장한다.[51]

그리고 새로운 연대장이 박진경 이라는 사람인데 이 사람이 새로이 연대장으로 부임하면서 어떠한 말을 했는가? 이렇게 얘길 합니다. "폭동사건을 진압하기 위해서는 제주도민 30만명을 희생시킨다 할지라도 나는 이건 무방하다고 생각한다" 그래서 부하들이 보다가 너무 심하게 탄압을 하니까 뭐 이런 사람이 있어 하면서 부하가 총을 쏴요 그러니까 부하한테 암살당하는 사건이에요. 아 얼마나 악랄하게 도민들을 탄압했으면....

다음으로 113만 구독자를 보유한 황현필씨는 「제주 4·3항쟁」 제하의 강의에서 다음과 같이 주장한다.[52]

토벌대가 중산간지대, 산간지대 있는 도민들은 전부 해안가로 내려오라고 소개명령을 내립니다. 그리고 다 불질러 버리겠다라고요. 그래서 말을 잘 듣는 도민들은 일정부분 이렇게 내려왔어요. 아니 그럼 내려왔으면, 먹을 걸 주고, 잠잘 곳 거처를 마련해 줘야 될 거 아니에요? 산간 지방에서 내려온 사람들을 무작위로 학살해 버립니다. 아니 그러니까 소개 명령을 내렸단 말이야. 너희 무장대 도와주지마, 너희가 무장대를 돕는 위치에 있으니까...해안가로 내려와 그래서 내려오면 살려줄게 해서...그래서 내려갔더니 그냥 싹 다 죽여 버렸다니까요

그리고 4·3평화재단이 주관하고 유명 유튜버 최태성 씨가 소개하는 「제주 4·3의

---

51 https://www.youtube.com/watch?v=9nHV38_ozjk

52 https://www.youtube.com/watch?v=iDv2CQXBp2E

진실」 제하의 영상물에서 최태성씨는 다음과 같이 언급한다.[53]

중산간 마을 주민들 남녀노소 가리지 않고 모두 총살됩니다. 바다로 둘러
싸여 고립된 섬 제주도는 거대한 감옥이자 학살터였습니다.

이상에서 살펴보았듯이, 대학에서 역사를 전공하고 학교에서 한국사를 강의하던
교사 출신의 유명 유튜버들도 4·3을 '국가 공권력에 의한 인권유린', 또는 '국가 공
권력에 의한 민간인 희생'이라고 정의하는 양조훈 전 이사장의 4·3 성격규정과 동일
한 시각에서 4·3을 이해하고 있는 것처럼 보인다. 나아가 이들의 유명세를 바탕으로
수 백만 명의 사람들이 그들의 강의 동영상을 시청하고 있기 때문에, 그러한 시각은
온 국민들 사이에서 확대 재생산되어 일종의 역사적 사실의 지위에까지 이르고 있
는 듯하다.

그들에게 묻고 싶다. 4·3을 '국가 공권력에 의한 인권유린', 또는 '국가 공권력에
의한 민간인 희생'으로만 본다면, 무장대에 의해 희생된 1,764명의 명예는 어떻게
되는가? 그보다 훨씬 많은 수의 인명이 국가 공권력에 의해 희생되었기 때문에, 소
수의 희생은 역사 속에 그냥 숨도 못 쉰 채 묻혀 지내야하는 것인가?

다. 본서 집필 동기 및 방향

4·3은 오래전에 발생했던 사건으로, 정부의 공식적인 진상규명 작업도 50여 년
이 지나서 시작되었고, 사건 자체도 오랜 기간 복합적인 요인에 의해 발생되고 전개

---

[53] https://www.youtube.com/watch?v=l_zGh8roI3g

되다 보니 하나의 단어로 명명하기도 곤란하고 따라서 4·3의 성격을 단정적으로 규정하기에도 아직은 매우 어려운 단계라고 생각한다.

때문에 4·3을 이해하는데 생각의 차이가 있을 수 있다. 그러나 그것은 객관적 사실 위에서 이루어져야 한다. 나는 4·3사건을 정직하게 이해하기 위해서 이 책을 쓴다. 역사의 주인은 역사이다. 그것은 어떠한 권력이나 이데올로기도 자의적으로 바꿀 수 없다. 그것은 역사의 질서를 훼손하는 무서운 폭력이고, 그러한 폭력은 반드시 대가를 치른다는 것이 본인의 소신이다. 보수니 진보니 하는 유희적 언어 놀음으로 진실을 매도하려는 것이 얼나나 무서운 폭력인가? 더구나 그것이 집단적으로 이루어진다면 다시 1948년 4월로 되돌아가는 것이다.

소위 사상이 뭔데, 그것이 다르면 친척도 친구도 모두 적으로 생각해서 미워하고 심지어 죽이기까지 했던 광기의 여운이 아직도 아름다운 섬의 곳곳에 괴력으로 자리 잡고 행사되고 있는 것처럼 느껴지는 것은 나만의 생각일까?

2025년 4월까지 제주도에 의해 집계된 4·3 희생자는 15,088명이다.[54] 희생자 중에서 상당수를 차지하는 것은 '토벌대에 의한 희생임'을 어느 누구도 부인할 수 없다고 생각한다. 그 과정 속에서 나타난 인권유린의 행태나 피해자 당사자, 그리고 그 가족, 친지들이 겪어야 했던 고통 또한 가늠하기조차 쉽지 않다. 뒤늦게나마 정부가 그들의 명예를 회복시켜주고, 피해보상 작업을 하고 있는데 대하여는 다행스럽다고 생각한다.

---

54 사망자 10,713명, 행방불명 3,763명, 후유장애 224명, 수형인 388명 등이다.

그러나 4·3을 객관적으로 이해하기 위해서는 무장대[55]에 의한 민간인 희생도 기억해야 한다. 아울러 무장대와 토벌대 간의 무력 충돌에 따른 희생이나 피해도 기억해야 한다.

1948년 6월 조선통신사 소속의 조덕송 기자는 「현지보고 유혈의 제주도」에서 당시 제주도민의 실상을 이렇게 묘사한 바 있다.

> 경찰의 비호가 있을 때에는 그들에게 귀순을 하나 폭도가 내려오면 그들의 일당화 하는 것이 이 중간지대의 부락민들이다. 폭도도 될 수 있고 양민도 될 수 있고 그들의 임시변통은 그러나 그것이 자율적이 아닌데 비극의 슬픔이 있는 것이다. 그들은 어느 편이고 경원(敬遠)한다. "밤이 되어도 4월 3일 이후로는 옷을 벗고 자지를 못하고 경찰이 와도 안심이 안되고 산사람(도민은 누구나 폭도를 산사람이라고 부른다)이 오면 또 언제 산으로 가야 할는지…" 되도록이면 그들은 말을 피한다.
> '산 사람'이 내려와서 협력을 요구할 때 그들은 '산 사람'의 말대로 움직인다. 그리고 나면 경찰은 그들을 폭도라고 처벌한다. 경찰이 도민의 안정 때문이라고 기부금을 요청하면 그들은 또한 말없이 제공한다. 그러고 나면 반역자에게 협력했다고 '산 사람'들의 제재를 받는다. 이럴 수도 없고 저럴 수도 없는 그들에게는 억지로 죽을 수 없는 목숨을 붙들고 모두가 다 "글쎄올시다" 식의 회의 속에 빠지고 마는 것이다.[56]

조덕송 기자의 관찰에서도 보이듯이, 4·3은 산사람(폭도)에 의한 피해와 토벌대(군과 경찰)에 의한 피해의 양면을 보아야 정확히 이해할 수 있을 것이다. 나는 4·3의 주체들이 남긴 기록을 통하여 4·3의 진실 속으로 한 걸음 더 다가갈 수 있다고 생각한다.

---

55 무장대의 범주에는 무장대·인민유격대·자위대·인민군·폭도·공비·괴한 등이 포함됨

56 조덕송, "현지보고 유혈의 제주도" 1948.6 https://www.minjok.or.kr/archives/132711 p.4

이 책은 무장대의 활동기록에 관한 책이다. 4·3을 주도한 남로당 제주도당 인민유격대 총책으로서 해주에서 개최된 남조선인민대표자대회에 참석하여 제주사태를 보고한 김달삼의 연설문과 인민유격대의 활동을 기록한 제주도인민유격대투쟁보고서는 중요한 자료가 된다.

김달삼의 연설문은 사태의 목적과 투쟁방향, 사회주의 국가 건설을 위한 큰 틀의 비전을 제시하였고, 4월 3일 이후의 전과도 소개하고 있다. 제주도인민유격대투쟁보고서에는 사건의 발발, 준비, 유격대의 조직, 무기 보유상황, 전과, 국경(국방경비대)와의 관계 등이 자세히 기록되어 있다. 연설문과 인민유격대투쟁보고서는 사진파일을 기초로 국한문혼용 원문을 재현하여 기록하고, 다시 읽기 쉽게 한글로 해석하였으며 4·3의 세계화를 위하여 저자가 직접 영문으로 번역하여 소개하였다.

1948년 8월 김달삼이 해주대회 참석을 이유로 제주를 떠난 후 이덕구, 김이봉, 허영삼, 김성규 등이 뒤를 이어 인민유격대 사령관이 되었고, 마지막 무장대원이 생포된 것은 1957년 4월 2일이다. 그 시기까지 제주도인민유격대의 중요한 활동에 대해 기술하였다.

4·3 주체들의 기록을 연구하던 와중에 박진경 대령의 소위 '제주도민 30만명 희생설'과 국가유공자 취소 관련 논쟁으로 시끄러워졌다. 따라서 이 부분도 다루려고 한다. 박진경 대령을 둘러싼 논쟁들을 정리하다 보니, 4·3사건진상조사보고서에 소개된 4·28 평화회담과 오라리 방화사건을 새로운 관점에서 살펴보아야 할 필요성이 생겼다. 두 가지 쟁점에 대해서도 살펴보도록 하겠다.

제2장

김달삼의 남조선인민대표자대회 연설문

I. 자료의 입수 경위 및 열람 방법

본 연설문은 1950년 10월 한국전쟁 당시 미군과 국군 연합군이 북한의 수도 평양을 점령했을 때 노획한 북한의 여러 문서들 중 하나이다.

노획된 문서들은 미국으로 옮겨져 '북한 노획 문서(Captured North Korean Documents)'로 분류되었으며, 현재 미국 국립문서기록관리청(NARA: National Archives and Records Administration)의 문서군(Record Group) 242에 소장되어 있다.

국립중앙도서관은 한국학 연구 지원을 위한 'NARA 사업'을 통해 미국에 있는 한국 관련 자료를 디지털화하여 수집해 왔다. 김달삼의 해주연설문이 포함된 「남조선 인민대표자대회 중요문헌집」 역시 이 사업을 통해 확보된 자료 중 하나이다.

본 연설문은 국립중앙도서관 홈페이지에서 별도의 로그인 없이 검색창에 「남조선 인민대표자대회 중요문헌집」을 입력하면 누구나 원문을 열람할 수 있도록 공개되어 있다.

국립중앙도서관, 김달삼 연설문 열람방법

Ⅱ. 김달삼(金達三)의 생애

　　본명은 이승진(李承晋) 이며, 1923년 대정읍 영락리 987번지에서 이평근의 장남으로 태어났다. 김달삼 이란 이름은 남로당 거물이었던 그의 장인 강문석(姜文錫)으로부터 물려받은 것이었는데, 원래는 강문석이 일제 강점기에 중국 상하이에서 항일 운동을 할 때 쓰던 가명이었다. 김달삼은 유년시절 부모를 따라 대구로 이주하였는데, 이는 작은 아버지 이용근이 대구에서 상업을 하며 비교적 윤택하게 살았기 때문이다. 그는 대구 심상소학교를 거쳐 중학교에 입학하였으나 바로 아버지를 따라 도일, 오사카(大阪) 이쿠노구(生野區)에 살면서 교토(京都)의 성봉(聖峰) 중학교를 졸업하고, 토오쿄(東京)에 있는 중앙대학에서 수학하던 중 학병으로 징집되어 복지산(福知山) 육군예비사관학교를 나와 일본군 소위로 임관하였다[57].

　　1945년 1월 일본에서 강문석의 큰 딸 강영애(姜英愛)와 결혼 하였는데, 그녀는 대정읍 인성리 태생으로서 일본으로 유학하여 당시에 오사카에 살고 있을 때였다. 조국이 광복되자, 김달삼은 강영애를 두고 귀국, 1946년 장인 강문석의 소개로 공산당 경북대표 장적우(張赤友), 경북인민위원회 위원장 이상훈(李相薰), 동 위원회 보안부장 이재

57　김관후, 4·3과 인물, 제주문화원, 제주, 2018, p.226

복(李在福) 등을 알게 되었고, 특히 이재복과 교분이 두터웠다. 남로당 군사부장으로 활동 중이던 이재복은 1948년 군사부원 이중업을 대동하고 강문석과 제주에 잠입, 김달삼을 집중 지도한 인물로 알려졌다.

1946년 말 대정중학교 교사로 재직하며 마르크스-레닌주의를 가르쳤다. 남로당 대정면당 조직부장으로 활동하던 1947년 1월 경찰에 체포되어 호송 도중 도망치기도 하였다. 동년 3·1 사건을 배후에서 조종하였고, 그후 군사부 책임자가 되어 1948년 4월 3일을 기하여 제주도를 남로당이 완전 장악한다는 계획하에 무장투쟁을 주도하였다.[58]

당시 남로당 무장대는 모든 권력기관과 우익 제단체 및 전 도민에 대하여 다음과 같이 호소하였다.[59]

(1) 친애하는 경찰관 여러분!

탄압하면 항쟁할 뿐이다. 제주도 빨치산은 민중을 수호하고 민중과 함께한다. 항쟁을 원하지 않는다면 민중의 편에 서라.

양심적인 공무원 여러분!

하루라도 빨리 선(조직 선)을 찾아가서 부여된 임무를 완수하고, 직장을 수호하며, 악질동료와 최후까지 용감하게 투쟁하라

양심적인 경찰, 장병 여러분!

여러분은 누구를 위하여 피를 흘리고 있는가? 한국 민중이라면 조국과 민중을 유린하는 외적을 내쫓는 투쟁에 서지 않으면 안된다.

조국과 민족을 팔아먹고 애국자를 학살하는 반역자를 타도하지 않으면 안된다. 총구는 놈들에게 향하라 결단코 여러분의 부모형제에게 향해서는 안된다.

---

58 위의 책, 같은 면

59 노민영, 잠들지 않는 남도, 온누리, 서울, 1988, p.143

(2) 경애하는 부모·형제 여러분!

4·3일 금일, 여러분의 아들, 딸과 형제들은 무기를 손에 들고 일어섰습니다. 매국적 단독선거에 반대하여 조국의 통일과 민족의 독립을 찾기위해! 여러분에게 고난과 불행을 강요한 압제자와 그 하수인의 압제의 사슬을 풀기 위해! 여러분의 골수에 사무치는 원한을 풀기 위해! 저희들은 오늘 분연히 떨쳐 일어섰습니다.

여러분들의 자유와 행복을 위하여 몸을 던져 싸우는 저희들에게 협조하시고, 저희들과 함께 조국과 민중이 인도하는 길로 결연코 일어서기를 바랍니다!

무장반격전을 기획하고 실행하던 중, 1948년 8월 21일부터 26일까지 황해도 해주에서는 조선최고인민회의 남조선대의원을 선거하기 위한 남조선인민대표자대회를 개최하였는데,[60] 제주도인민유격대 초대 사령관인 김달삼도 안세훈·강규찬·이정숙·고진희·문등용 등과 함께 참가하게 된 것이다.[61]

남한의 각 지역 대표 1,080명이 참가하게 되어있었으나, 입북과정에서 체포되거나 교통사정 등 여러 가지 이유로 78명이 불참했지만, 모두 1,002명이 참가한 가운데 8월 21일 대회가 열렸다. 1002명 중에는 제주도 대표 6명도 포함되어 있었다. 해주대회 첫날인 8월 21일, 35명을 뽑는 주석단 선거가 있었는데 20대 중반의 김달삼이 허헌·박헌영 등 좌파 거물들과 나란히 주석단의 일원으로 선출되었다.

이어 8월 25일에는 최고인민회의 대의원 선거가 있었다. 북한측 대의원 221명을 뽑는 총선거와 동시에 남한측 대의원 360명을 인민대표자대회에서 선출하는 일이었다.

---

60 남조선인민대표자대회중요문헌집, p.1

61 제주4·3사건진상규명및희생자명예회복위원회, 제주4·3사건진상조사보고서, p.240

이때 제주도 대표인 안세훈·김달삼·강규찬·이정숙·고진희 등이 최고인민회의 대의원에 뽑혔다. 김달삼은 8월 25일 최고인민회의 대의원 투표에 앞서 벌어진 입후보자 토론 시간에, '제주 4·3 투쟁에 관한 보고'를 하였고, 그 공로로 북한 최고인민회의 상임위원회에서 국기훈장 2급을 수여 받았다.

제1기 대의원들은 동년 9월 2일 평양에 모여 인공(人共) 창건을 위한 이른바 '조선최고인민회의 제1차 회의'에 참가하였는데, 김달삼은 김일성, 허헌 등과 함께 49명으로 구성된 조선민주주의 인민공화국 헌법위원회 헌법위원으로 선정되었으며, 9월 9일 김일성을 수상으로 박헌영·홍명희·김책을 부수상으로 하는 조선민주주의인민공화국 수립을 선포하게 되었다.

그후 김달삼은 강동정치학원에서 빨치산 간부교육을 받은 뒤 인민유격대 태백산 지구 총수(總帥)가 되어 남하, 유격투쟁을 벌이다가 사살된 것으로 알려져 있다[62].

---

62 김관후, 앞의 책, p.227

평양의 신미리에 있는 혁명열사묘역에 있는 김달삼의 가묘 표지석에는 '남조선혁명가'로, 출생년도는 1926년으로 표시되어 있다

Ⅲ. 김달삼 연설문 원본[63]

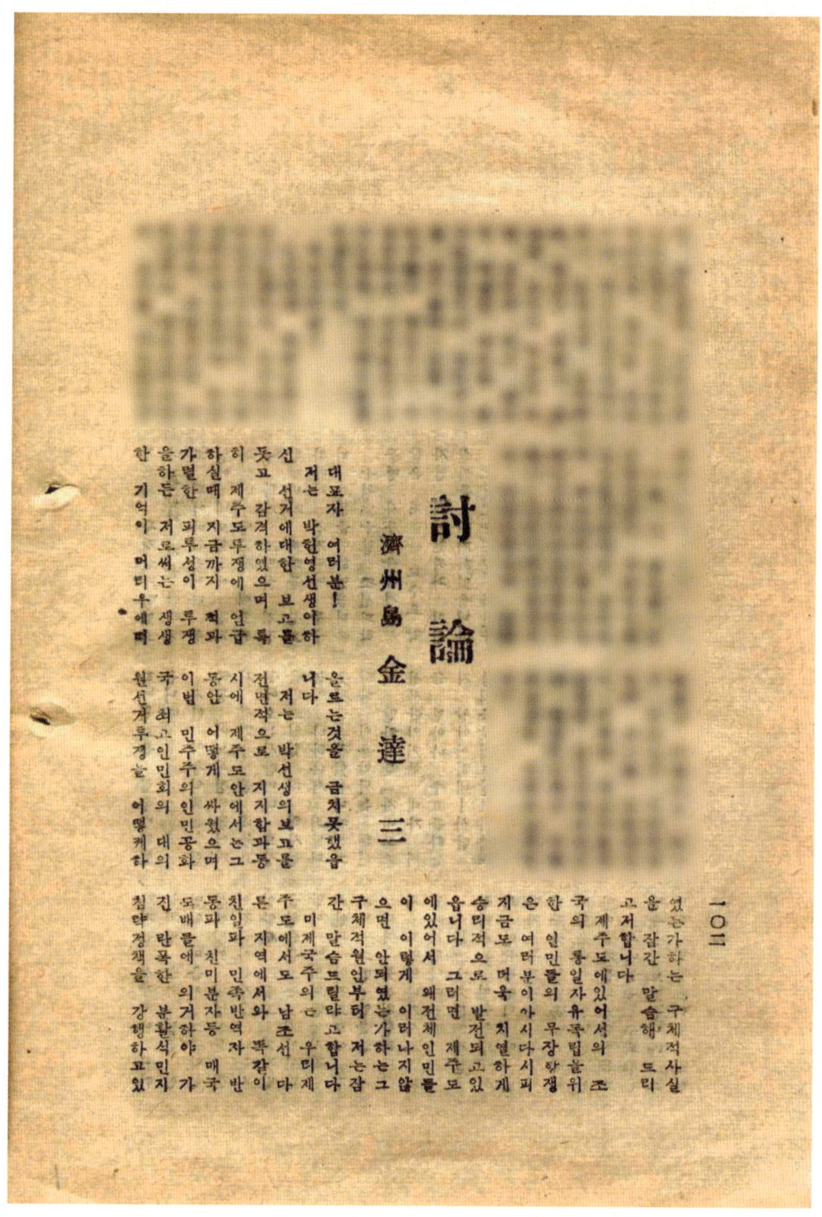

討論

濟州島 金達三

63 남조선인민대표자대회중요문헌집에 편철되어 있는 김달삼 연설문(제주 4·3 투쟁에 관한 보고)파일을 스캔하여 소개하고자 한다.

읍니다

민주의 애국자들과 무고한 일반인민들은 까닭없이 불법 체포 고문 루육 당하였음니다 일반농민과 어민들은 강제공출과 혹독한 착취에 신음하고 있으며 일반인민들은 무권리와 가렴주구에 신음하고있음니다 더욱히 지화정책에대하아 단호한 반항을행하였음니다 이는 ·一〇파업루쟁을 계기로하여 반동은 더욱 폭압과 테로를 강화하여 제주도는 조병지화정책에대하아 단호한 반항을행하였음니다

식은 모조리 묵지서서 이갈은 제주도 인민의 정망하고도 평화적인 항거에 눈매인 미제국주의와 그주구―반동경찰은 그탄압정책을 더욱잔인한 압살정책으로 강화시켰음니다 남조선근로인민의 유일한 전투적전위대—남조선로동당을비롯한 민전산하의 민주주의적애국단체롤은 가장 잔악한 탄압의 대상어되었습니다

그러나 인민은 굴리면 눌릴수록 더욱단결하며 더욱 강한힘으료 반항하고야마는 적업 더욱 폭압과 테로를강화하여 제주도는 조병옥친위대팔의 가장아수적인포 인민로벌장으로 변하였읍니다 이 때부터 금년四월三일즉 인민무장항쟁이 시작되던 그날까지 제주도에서는 일체의인민들의합법성이 모조리 박달당 군의 즉시동시철퇴 엔위원단의 퇴거 단선반대등의 표어를 내걸고 이러선 二·七총파업루쟁에 호응하여

다 그렇기때문에 제주도인민들은 이에 단호히 반대하야 결정적으료 투쟁을 전개하였읍너다 작년二·一〇루쟁에 있어서도 어린 국민학교아동들로부허 미직장에있어서 일체의요 하끄 적(敵)은 경관의 대량중원 서청테로단의 륙지로부터의 이입 모—든 관청 학교 감히 이러섰으며 이루쟁에서 제주도四만농민들은 시위모써 인민항쟁의 막을 여러놓았음니다 지난 二월二일을 기하여 남조선전지역에 결처서 쏘미양군의 즉시동시철퇴

드디어 제주도인민들은 지남 二월二일 지역에 결처서 쏘미양

一〇三

三월四일 쏘천면에서사 二十 김용철이마는 二세밖에안된 중학생을

一〇四

잡어다가 반동살인경찰가 사러있는때 석방했든 빨갱이라고 서내에다는 증명을 그가족으로서 구타고문한후 화침질을하며 공공연히 학살하고말았읍니다 그러나 김용철동무는 최후의순간까지「박헌영선생 절대지지」와「인민공화국사수」를 웨치면서 그놈들에게 항거하였든것입니다 사건은 이것만이 아넘니다 三월十四일 대정면에서 양운하다는 二十七세된 농민을 잡어다가 정신이 빽돈 하나남집없이 산히 부시어 죽어ᄂ혀오며 十八일에는 제주읍 도두리에사는 박모라는 一농민을 잡어다가 고룬하여 빈사의 경에 이르러 가족을 불러다 직전에…

…파다졌이며 그당시의 제주도 정세는「생지옥」이라는 한마디로써 충분히 표현할수있는것입니다 이와갈은 미제국주의의 직접지휘도되는 전고미문의 야만적 학살 그리고 탈속에서 신음하는 제주도인민에게 폭행을 한후 산에 매리고 가서 입본도로 二十四개소의 상처를 입한일이 있고 …하였으며 심지어는 중살 가옥 五호에 방화하고 이 근거지라는 구실도 선훌리에서는 빨갱이…

…다 이것이 제주도 四·三인민항쟁이 이러나지않을수없었던 원인이며 이것이 제주도 인민군 즉「산사람」들이 생기게된 원인것입니다 드디어 四月三日 오전二시를 기하여 인민의 울분에서 반동의… 군 즉「산사람」들은 총결기 했읍니다 …적으로 충렬기하였읍니다 …주도인민은 자연발생적으로 …서는 빠정도 소각되고 일개지서는 소각되고 일개지…

인민군은 미국 카ー빙 총기라 다수의 물품을 로획했읍니다 이리하여 그 빛나는 인민항쟁의 막을 연 제주도 무장반격투쟁은 그후 계속 발전강화되어 오늘날에 이르기까지 적에 대하여 견정적인 타격상을 주었으니 이는 다음의 수자적 종합 성파에 여실히 표현되여 있는 것입니다

전투ー지서습격회수 三十一회 야외접전회수 十五회이상 계 四十六회이상
숙청ー경관 一〇〇명이상 한민독청 서청대 四〇〇명 기타반동 三〇〇명이상 계 五〇〇명이상
부상ー경관 三〇명이상 반동 四〇명이상 계 七〇
지서소각ー五개반
지서파피ー九개
투항ー경관 五명 반동
二,〇〇〇명이상
포로ー三〇명이상
피검자탈환ー一八〇명이상
전선절단ー一八九三개소
도로파피ー七九개소
로획ー소총 탄환 창등 의복 천잔 군도 다수입니다

그러면 다음 중요한 제주도인민항쟁의 편모를 몇개 소개해드릴려고 합니다

四月十五日 애월면 광령 부락 웃산에서 우리 소수정예는 적 기동대 二十五명과 一킬로에 걸처 약 한시간 일대 산악전이 전개되었는데 이 싸움에서 적을 골먹서 일대 군중하여 다섯시간 이상 이와 다섯시간 이상

五月十三日 조천면함 은 조천지서에서 애국학생 三十여명을 숙청하고 피 탈환합 덕지서운 습격하여 마침내 지서를 작히고 있든 경관 六명을 숙청하고 피 탈환합 병속의 친위대이며 경찰 조

五月十四日에는 한림 면 장전과 수산사이 송 지난 五월七일 애월면 장전과 수산사이 송 여기서하나 특기할겨 면은 지난 五월七일 애월

적은 三명의 희생을 낸 데모를 전개하였읍니다 채 사체 一개를 유기하고 모수하여 버렸으며 먼 五月十四日에는 한림 조천지서에서 애국학생 三十여명을 주하여버렸으며 피검자 서를 완전히 소각하고 그적후 이에 호응하는 부락민과 합류하여 무장 시위를 단 장한 무장 시위를 행했읍니다

一〇五

一〇六

가렬한 전투끝에 적은 대장이하 二十二명이상의 사상자를내고 모주하여 버렸읍니다 그후 그들은 도저히 전루를 못하겠으니 서울로 돌려닥라고 드일간 명휴끝에 너머지는 十八명만 공포에떨면서 계주도룰 떠난 사실이 있읍니다 五月二十일에 국방경비대 개九렬대대원四十三명이 반기를들고 련 서물 습격하여 반항하 대룰 탈출하여 대정지는 악질경관六명을 숙청하고 지서룰 소각한후 산으로 올타와 인민군과 합유한사건도 있었읍니다 五月二十四日엔 안덕지서룰 급습하여 경판二五명과 접전끝에 그

들에게 사망자만六명을 내게하는 결정적타격을 수었읍니다 五월二十六일에는 대 정면 선평타 가로에서 적기동대 六十명이 주적三대에 타고가는것을 소수부대로써 우리는 포위습격한결과 적은 회생자十四명의 시체와 모자탄환등 다수 유기한채 도주하여 버린일도 있었읍니다 그러면 이러한 치열한 인민항쟁속에서 전위부대룰의 자기희생적루쟁의 몇가지룰 말슴드리려고합니다 四月三日 루쟁에있어 한림면여관에 서청태로단원七명이 숙박하고있는것을 一청년이 단신군

도 하나를 갖이고 맹습파하여 十五분이내에 전원을 숙청한다음 유유히 모다온일이있읍니다 四月十四日 제주읍회 북티에서는 우리동무六명이 경판대청합해서 二十五명에게 포위당하여 전멸의위기에빠겠을때 一청년은 가졌든 련총하나로써 이와 항전하여 적을 격퇴한후 전원무사히 탈출하여나온 사건도 있읍니다 四月十八日 애월면 애월티에서 청년二명이 련총하나룰 갖이고 가로에서 달려드는 경판四명과 대전하여 그중二명을 숙청한후 무사히 도라온 일도있읍니다 五月十日에는 단신으도 삼없한 경계망을 뚫

파하여 루표장소인 게 주 유사무소에 수류탄二받은 던지어 결국 그 루표장소료 하여금 일대혼란을 이르커 투표불가능케한후 무사히 탈출하여 도라온 청년도 있읍니다 그러나 이러한 치렬한 루쟁속에서 물론 우리도 극히 소수이기는 하나 귀중한회생을내지 않을수없었읍니다 김종유 강대욱 김봉히등의 동무들이 일선에서 적의 흥단에 쓰겠는데 그동무들이 우리 세상을 떠나면서 우리에게 부탁한말은무엇이겠읍니까? 뒷일은부탁한다 동무룰 믿고 나는 안심해서 죽는다 인민공화국만세! 모다가 이렇게

해서 죽었읍니다. 그걸 말슴드리면 자기 아들을 워주머 옷을 지여주머 빨 발휘하여 전도적 일대

마나 비장한 일이 아니겠 반동경관에게 읽은 七 대발 해주는동, 부락에 시위를 단행하였으며자

읍니까 十세넘은 노인은 자기 있으면서 쌀 부식물 선 기들의 원수인 반동분

이와같이 우리들은 동 자식의 원수를 갑는다 발등을 산으로 보내여 자들의 가옥을 군중적

지를의 시체를 넘으면 고 자기매누리와같이 인 주머 록히 녀맹에서 산 으로 습격했읍니다

서도 조곰도 죽엄을 무 려워하지않고 오즉 조국 민군의 행군에 종군하 주머 보내는 위문문과 이상과같이 전제주도

여 일선에서 싸운 일도 위문품을 山사람들을 위 인민들의 적극적 지지참

야 우리들은 항상 그 있읍니다 소년소녀들은 위문품은 山사람들은 가로써 전개된 제주도

싸우고 있읍니다 그리하 적의 발견방 자위대무써 부락의 자 투쟁은 드디어 五월十

위하야 소년소녀들은 지하며 또 전투가 끝 위에 당했는데 四月十 일 남조선단독선거를 완

수에 있어서도 머리에서 발 난뒤에 또 탈려가서 적 전히 제주읍과 八日까지의 전히 실패케하는 가장

끝까지 미국제식자에 의 유기품을 주어서 그 리 부락민과 격기 중요한 역할을 놀았음

무기로써 작반 산에 보내는 등 또위 二十五명이 연속 니다 북제주에서는 소

동살인대와 항전하야 언 문문을 써서 산으로 보내 대전하여 공수 위선거가 완전히 실시

체른자 그들에게 결정 인민군의 사기를 일 도 이를 완전히 되지 못하고 남제주에서

였읍니다 山사람들을 호 여 앙양시키는 둥 그 격퇴식한 가장 유권자의 불과 멫

적타격을 주어 피흡하 야말로 눈부신 활동을 가하고 영웅적 퍼ー센트만이 강제로 참

위루쟁도 실로 평장한 하고 있읍니다 부인들은 三투쟁이 터지자 대중 가하고 절대다수가 뽀

겻입니다 그중 몇가지 자진하여 혹은 산에 가 든 것입니다 더욱히 四, 이꼬트를

그중 몇가지 서 인민군의 밥을 지 아니 이꼬트를 행하였든 겻입니다

응지지하는 인민들의 자 아 자기들의 첫발력을 제二차 남북제정당사

서 결정한 남북통일선 회단책지도자협의회에

一〇七

一〇八

거로서 통일적립법기관을 창설하고 통일적중앙정부를 수립하자는 활동이 전개되자 전도주민들의 지지가 거대하게 폭발된것이 가장 필연적인것은 누구에게나 의심할 여지가 없는것입니다. 단선을 반대하는 투쟁에서 빛나는 성과를 거둔 제주도인민들은 이번 최고인민회의선거지투쟁에도 가장 빛나는 성과를 거두는것은 조곰도 피이할것이없읍니다. 륙지에서는 통일선거 실시가 七월十五일부터 실시되었지만은 제주도에서는 이 선거가 七월 二十일이 지내여 도착되였읍니다. 그러나 통일선거는 七월 헐만까지 벌써 유런자 승리를 갓어오게한것이 국적으로 공급지아니하였다면, 만약 적수광편으로 무장한 반동경찰을 격퇴하는 인민들의 위에서도 자위적원조가 없었다면 산중에서 三十만 제주도 전체인민들이 불따는 조국의 통일과 독립을 쟁취하기 위하여 두려워하지않고 용감히 싸우고있는 사람들의 투쟁이 오늘같이 발전치 못하였슬것입니다.

그와같이 강철같이 단결하여 미제국주의와 그 주구 매국노 리승만 도배들의 남조선 분할식민지 침략정책을 단호히 반대하고 조국의 통일과 독립을 쟁취하기 위하여 무려워하지않고 용감히 싸우고있는 인민군 즉 산사 구국투쟁의 위대한 애국적 인민들의 일환인까닭입니다. 이것은 일반인민대중의 탐들이 전국적투쟁을 전개하고 있는 환경은 적으로 하여금 우리제주도무 적국적으로 공 장루쟁을 적국적으로 공격할수없게하는 것입은 정보, 식탕둑슬격 격할수없게하는 것입은 형제들이 적의 포위를 까닭입니다. 만약 부모 전강화시키고있음 승리적으로 무쟁 선전체인민들의 일환인까닭 남조선인민들의.

인민의지지! 이것이야 말로 우리들의 승리의 가장 중요한 요인입니다. 이번 제주도 무장구국항쟁은 전조선인민들의 위대한 구국투쟁의 일환인까닭 선전체인민들의 일한인까닭입니다. 八〇퍼-센트는 八月十日 九〇퍼-센트에 가까웠든 것을 저는 여러분에게 보고할수있을것을 확신합니다. 대표자여러분! 이와같이 우리제주도 전체인민들은 용감하게 우리 조국의 통일과 독립을 쟁취하고 있읍니다.

우리들은 잘 알고 있읍니다 전체 조선인민들의 노생을 두려워하지 않고 최후의 승리가 올때까지 — 도 같은 투쟁 — 이것이 우리에게 빛나는 성과와 조국이 완전룡일 민주독립을 쟁취할때까지 싸울것을 굳게 맹서하고 있읍니다 룬일게한 기본원인의 하나입니다

이번 제주도 인민들의 거읍니다 대표자 여러분! 이제 우리는 남조선 대한 구국투쟁에서 우리들은 조국의 룡일과 독립을 위하여 싸우는 위대한 인민의 절대 다수의 투표로서 선거되여 통일 입법기관을 선거하고 우리의 손으로 통일중앙정부를 수립하게 되었읍니다 다 이것은 파멸위대한 주국매국모배들이 아모 티의 손으로 통일중앙정 안에는 미제국주의와 그 부를 수립하게 되었음니 티필사적으로 발악하므 마도 그들의 분활식민지 화의 홍모는 반드시 실패 승리입니다 재주도인민 이것이며 인민들은 얼고 함께 흥민피는 이제 헛 합것이며 인민들은 얼고 이 최후의 승리는 얼고 야만것을 더욱 확신하 되지않게 되었읍니다

인민의 원수 매국노 리승만 김성수 리범석도 배들이 인민의 재판에 서 임중한 판결을 받 을날이 가까워 왔읍니다 여러분! 조선최고인민회의 남 조선대의원선거를 성공적으로 완수합시다

一, 우리 조국의 해방군인 위대한 쏘련군과 그의 천재적 령도자 쓰딸린대원수 만세!

一, 민주조선 완전자주 독립만세!

재선(戰線)에 쓰러 디는 용감히 싸웁시다 도숙이 실시하도록 우 주개혁을 남조선에서 하 립국가건설의 분전척토 대를 이루는 북조선민 우리조국의 룡일과 독 진합시다 폭립을 위하야 끝까지매

굳게하여 미욱감히 리에의 희망과 화신을 제주도 전채인민을 승 게되었읍니다 그러므로 지는 그성공의 알길이 광범하게 썰디였읍니다

Ⅳ. 김달삼 연설문 원본(국한문혼용) 재현문[64]

토론(討論) - 제주도 김달삼

대표자 여러분!

저는 박헌영 선생이 하신 선거에 대한 보고를 듯고 감격하였으며 특히 제주도 투쟁에 언급하실때 지금까지 적과 가렬한 피투성이 투쟁을 하든 저로써는 생생한 기억이 머리우에 떠오르는 것을 금치 못했습니다.

저는 박선생의 보고를 전면적으로 지지함과 동시에 제주도 안에서는 그동안 어떻게 싸웠으며 이번 민주주의인민공화국 최고인민회의 대의원 선거투쟁을 어떻게 하였는가 하는 구체적 사실을 잠간 말슴해 드리고저 합니다.

제주도에 있어서의 조국의 통일자유독립을 위한 인민들의 무장 항쟁은 여러분이 아시다시피 지금도 더욱 치열하게 승리적으로 발전되고있습니다. 그러면 제주도에 있어서 왜 전체 인민들이 이렇게 이러나지 않으면 안되였는가 하는 그 구체적 원인부터 저

---

64 남조선인민대표자대회중요문헌집에 편철되어 있는 김달삼의 연설문을 독자들이 읽기 쉽게 원문 그대로 재현하였다.

는 잠간 말씀드릴랴고 합니다.

미 제국주의는 우리 제주도에서도 남조선 다른 지역에서와 똑같이 친일파 민족반역자 반동파 친미분자 등 매국도배들에 의거하야 가진 란폭한 분활 식민지 침략 정책을 강행하고 있습니다. 민주주의 애국자들과 무고한 일반인민들은 까닭없이 불법체포, 고문, 투옥 당하였습니다. 일반 농민과 어민들은 강제 공출과 혹독한 착취에 신음하고 있으며 일반 인민들은 무권리와 가렴주구에 신음하고 있습니다. 더욱이 남조선 근로 인민의 유일한 전투적 전위대 - 남조선로동당을 비롯한 민전 산하의 민주주의적 애국단체들은 가장 잔악한 탄압의 대상이 되었습니다. 그렇기때문에 제주도 인민들은 이에 단호히 반대하야 결정적으로 투쟁을 전개하였습니다. 작년 三·一0투쟁에 있어서도 어린 국민학교 아동들로부터 미군정 관리에 이르기까지 제주도 전체 인민들이 파업과 맹휴와 대중적 시위로써 미제국주의 식민지화 정책에 대하야 단호한 반항을 행하였습니다.

이 三·一0파업투쟁을 계기로 하여 반동은 더욱 폭압과 테로를 강화하여 제주도는 조병옥 친위대들의 가장 야수적인 포위 인민토벌장으로 변하였습니다. 이때부터 금년 四월 三일 즉 인민무장항쟁이 시작되던 그날까지 제주도에서는 일체의 인민들의 합법성이 모조리 박달탕하고 적(敵)은 경관의 대량 증원, 서청 테로단의 륙지로부터의 이입, 모―든 관청 학교 직장에 있어서 일체의 요직을 모조리 륙지 서북출신 악질 반동으로써 독점하는 등 단말마적 압박정책을 실시하였습니다.

그러나 인민은 눌리면 눌릴수록 더욱 단결하며 더욱 강한 힘으로써 반항하고야 마는 것입니다. 드디어 제주도 인민들은 지난 二월 七일을 기하여 남조선 전 지역에 걸쳐서 쏘미양군의 즉시 동시철퇴, 유엔위원단의 퇴거, 단선반대 등의 표어를 내걸고 이러선 二·七총파업 투쟁에 호응하여 용감히 이러섰으며 이 투쟁에서 제주도 四만 농민들은 시위로써 인민항쟁의 막을 여러놓았습니다.

이 같은 제주도 인민의 정당하고도 평화적인 항거에 놀래인 미제국주의와 그 주구-반동 경찰은 그 탄압 정책을 더욱 잔인한 학살정책으로 강화시켰습니다. 남로당을 비롯한 민전 산하의 민주주의적 애국단체에 대한 폭압은 더욱 악날화해졌으며 민주주의 애국자와 일반 인민들에 대한 살인, 방화, 강도, 파괴는 공공연히 자행되였습니다. 놈들의 비인간적 만행과 폭압이 얼마나 잔인무도 하였는가는 다음과 같은 실례들이 충분히 말하여 줍니다.

三월 四일 조천면에서 사는 김용철이라는 二十二세 밖에 안된 중학생을 잡어다가 반동 살인경찰은 빨갱이라고 서내에서 구타고문한 후 화침질을 하며 공공연히 학살하고 말었습니다. 그러나 김용철 동무는 최후의 순간까지 『박헌영선생 절대지지』와 『인민공화국사수』를 웨치면서 그놈들에게 항거하였든 것입니다. 사건은 이것만이 아닙니다. 연다러 三월 十四일 대정면에서 양운하라는 二十七세 된 농민을 잡어다가 전신의 뼈를 하나 남김없이 산산히 부시어 죽여버렸으며 十八일에는 제주읍 도두리에 사는 박모이라는 一농민을 잡어다가 고문하여 빈사의 경에 이르게 한 후 죽음 직전에 가족을 불러다가 사러있는때 석방했다는 증명을 그 가족으로부터 받은 일이 있었는데 결국 그 농민은 그 경찰서 문을 나와 五분만에 죽어버렸든것입니다. 二十일에는 애월면에서 송원하라는 지서장 놈이 애월리 거주 농촌 부인에게 폭행을 한 후 산에 데리고 가서 일본도로 란자하여 二十四 개소의 상처를 입힌 일이 있고 조천면 선흘리에서는 빨갱이 근거지라는 구실로 가옥 五호에 방화하고 가축 二十두 이상을 종살하였으며 심지어는 삼림에까지 방화한 사실이 있습니다.

이와 같은 것은 사실의 특징적인 것을 몇가지 례를 들어 말한 것에 불과한 것이며 그 당시의 제주도 정세는 『생지옥』이라는 한마디로써 충분히 표현할 수 있는 것입니다.

이와같은 미제국주의의 직접 지휘로되는 전고미문의 야만적인 테로와 학살 그리고 파괴, 약탈속에서 신음하여 오는 제주도 인민들에게 미국인들과 그 주구들이 조국의 분활을 공고화하고 남조선을 완전히 미국의 식민지로 맨들려는 단독선거 실시가 발표되자 인민들의 적에 대한 분노와 증오가 어찌 폭발되지 않겠읍니까. 이에 조국의 통일과 독립을 위하여 단호히 이러서라고 부르짖으면서 제주도 인민들은 자연발생적으로 총궐기하였읍니다. 이것이 제주도 四·三인민항쟁이 이러나지 않을 수 없었던 원인이며 이것이 제주도 인민군 즉 『산사람』들이 생기게 된 원인인 것입니다.

드디어 四月三日 오전 二시를 기하여 인민군 즉 『산사람』들은 총궐기했읍니다. 이날 인민의 원부이며 반동의 거점인 지서 十二개소를 일제히 습격하여 악질경관 十명과 十一명의 테로단, 서청원 그리고 악질반동 十명이 인민군의 애국정신에 불타는 정의의 총칼앞에 제재 되였으며 그외 경관 三명, 반동 五명이 부상되었으며 一개 지서는 완전히 소각되고 一개 지서는 반정도 소각되고 인민군은 미국 카-빙총, 기타 다수의 물품을 로획했읍니다.

이리하여 그빛나는 인민항쟁의 막을연 제주도 무장반격투쟁은 그 후 계속 발전 강화되여 오늘날에 이르기까지 적에 대하여 결정적인 치명상을 주었으니 이는 다음의 수자적 종합 성과에 여실히 표현되여 있는 것입니다.

전투 - 지서습격 회수 三十一회, 야외접전 회수 十五회이상 계 四十六회 이상
숙청 - 경관 一OO명 이상, 한민 독촉 서청 대청 기타 반동 四OO명 이상, 계 五OO명 이상

부상 – 경관 三0명 이상, 반동 四0명 이상, 계 七0명 이상

지서소각 – 五개반

지서파괴 – 五개

투항 – 경관 五명, 반동 二,000명 이상

포로 – 三0명 이상

피검자 탈환 – 八0명 이상

전선절단 – 八九三개소

도로파괴 – 七九개소

로획 – 소총, 탄환, 쌀, 의복, 철갑, 군도, 창 등 다수입니다.

그러면 다음 중요한 전투 몇개를 말슴해드려 제주도인민항쟁의 편모를 소개해 드리려고 합니다.

四月 十五日 애월면 광령부락 윗산에서 우리 소수정예는 적 기동대 二十五 명과 一킬로에 걸쳐 약 한시간 일대 산악전이 전개되였는데 이 싸움에서 적은 三명의 희생을 낸 채 사체一개를 유기하고 도주하여 버렸으며 가장 통쾌한 사실은 먼저 말슴드린 三月 四日 조천 지서에서 애국학생 김용철 동무를 고문치사 시킨 서북출신 악질순경 한 놈이 이 세 놈 가운데 끼여 죽었다는 것입니다. 김동무의 원수는 우리 인민군의 손으로 가펐읍니다.

五月 十三日 조천면 함덕지서를 습격하여 마침내 지서를 직히고 있든 경관 六명을 숙청하고 피검자 三十여 명을 탈환함과 동시에 지서를 완전히 소각해 버렸습니다. 이에 기뻐한 인민 대중들은 인민의 원수 악질 경관의 사체를 끌면서 일대 군중 데모를 전개하였습니다.

五월十四日에는 한림면 저지지서를 습격하였는데 적 十여명은 二명의 사체를 유기한채 도주하여 버렸으며 피검자 三十여명을 탈환한 후 지서를 완전히 소각하고 그 직후 이에 호응하는 부락민과 합류하여 굉장한 무장 시위를 단행했습니다.

여기서 하나 특기할 것은 지난 五월 七일 애월면 장전과 수산 사이 송림에서 소위 토벌대란 이름으로 특파되어 온 조병옥의 친위대이며 경찰전문학교 학생 一〇〇명중 六〇명이 첫 행동을 개시한 것을 탐지한 우리 소수정예는 이를 포착하여 이와 다섯 시간 이상 가렬한 전투 끝에 적은 대장이하 二十二명 이상의 사상자를 내고 도주하여 버렸읍니다.

그 후 그들은 『도저히 전투를 못하겠으니 서울로 돌려달라』고 三일간 맹휴 끝에 나머지 七十八명만 공포에 떨면서 제주도를 떠난 사실이 있습니다.

五月二十日에 국방경비대 제九련대 대원 四十三명이 반기를 들고 련대를 탈출하여 대정 지서를 습격하여 반항하는 악질경관 六명을 숙청하고 지서를 소각한 후 산으로 올라와 인민군과 합류한 사건도 있었습니다. 五月二十四日엔 안덕지서를 급습하여 경관 二五명과 접전 끝에 그들에게 사망자만 六명을 내게 하는 결정적 타격을 주었습니다.

五月 二十六日에는 대정면 신평리 가로에서 적 기동대 六十명이 추럭 三대에 타고 가는 것을 소수 부대로써 우리는 포위 습격한 결과 적은 희생자 十四명의 시체와 모자 탄환 등 다수 유기한 채 도주하여 버린 일도 있었습니다.

그러면 이러한 치열한 인민 항쟁속에서 전위 부대들의 자기 희생적 투쟁의 몇 가지를 말씀드려 그 편모를 소개해 드릴려고 합니다.

四월 三일 투쟁에 있어서 한림면 여관에 서청 테로단원 七명이 숙박하고 있는 것을 一청년이 단신 군도 하나를 갖이고 맹습하여 十五분 이내에 전원을 숙청한 다음 유유히 도라온 일이 있읍니다.

四月 十四日 제주읍 화북리에서는 우리 동무 六명이 경관 대청 합해서 二十五 명에게 포위당하여 전멸의 위기에 빠졌을 때 一청년은 가졌든 권총 하나로써 이와 항전하여 적을 격퇴한 후 전원 무사히 탈출하여 나온 사건도 있읍니다.

四月 十八日 애월면 애월리에서 청년 二명이 권총 하나를 갖이고 가로에서 달려드는 경관 四명과 대전하여 그중 二명을 숙청한 후 무사히 도라온 일도 있읍니다.

五月 十日에는 단신으로 삼엄한 경계망을 돌파하여 투표장소인 제주읍 사무소에 수류탄 二발을 던지어 결국 그 투표장소로 하여금 일대 혼란을 이르켜 투표불가능케 한 후 무사히 탈출하여 도라온 청년도 있읍니다.

그러나 이러한 치열한 투쟁속에서 물론 우리도 극히 소수이기는 하나 귀중한 희생을 내지 않을수 없었읍니다. 리종유, 강대옥, 김봉히 등의 동무들이 일선에서 적의 흉탄에 쓰러졌는데 그 동무들이 이 세상을 떠나면서 우리에게 부탁한 말은 무엇이겠습니까?『뒷 일을 부탁한다. 동무들을 믿고 나는 안심해서 죽는다. 인민공화국 만세!』모다가 이렇게 해서 죽었읍니다. 그 얼마나 비장한 일이 아니겠습니까.

이와 같이 우리들은 동지들의 시체를 넘으면서도 조곰도 죽엄을 두려워하지 않고 오즉 조국통일독립과 민족해방을 위하야 싸워왔으며 또 싸우고 있읍니다. 그리하야 우리들은 항상 그 수에 있어서도 압도적 다수일 뿐만 아니라 그 장비에 있어서도 머리에서 발끝까지 미국 최신식 정예무기로써 무장한 적 반동 살인대와 항전하여 언제든지 그들에게 결정적 타격을 주어 괴주케 하였읍니다. 山사람들을 호응, 지지하는 인민들의 자위 투쟁도 실로 굉장한 것입니다. 그 중 몇가지 말씀드리면 자기 아들을 반동 경관에게 잃은 七十세 넘은 노인은 자기 자식의 원수를 갚는다고 자기 메누리와 같이 인민군의 행군에 종군하여 일선에서 싸운 일도 있습니다. 소년소녀들은 담배를 말아서 인민군에 보급하며 또 수기 신호를 해서 적의 부락 침입을 미연에 발견방지하며 또 전투가 끝난 뒤에 곳 달려가서 적의 유기품을 주어서 그를 산에 보내는등 또 위문문을 써서 산으로 보내여 인민군의 사기를 일층 더 앙양시키는등 그야말로 눈부신 활동을 하고 있읍니다. 부인들은 자진하여 혹은 산에 가서 인민군의 밥을 지워 주며, 옷을 지여 주며 빨래를 해주는등 부락에 있으면서 쌀 부식물 신발 등을 산으로 보내여 주며 특히 녀맹에서 산으로 보내는 위문문과 위문품은 山사람들의 유일의 오락으로 되였읍니다. 청년들은 모도가 자위대로써 부락의 자위에 당했는데 四月 十六日부터 十八日까지의 三일간 제주읍 괴호리에서는 부락민과 적기동대 二十五명이 연속적으로 대전하여 공수공권으로 이를 완전히 격퇴식힌 가장 영웅적 부락 자위대 활동도 있었든 것입니다. 더욱히 四·三투쟁이 터지자 대중들은 누구의 지도도 없이 자기들의 창발력을 발휘하여 전도적 일대 시위를 단행하였으며 자기들의 원수인 반동분자들의 가옥을 군중적으로 습격했읍니다.

이상과 같이 전 제주도 인민들의 적극적 지지 참가로써 전개된 제주도 투쟁은 드디어 五月 十일 남조선 단독선거를 완전히 실패케하는 가장 중요한 역활을 놀었읍니다. 북제주에서는 소위 선거가 완전히 실시되지 못하고 남제주에서도 유권자의 불과 몇퍼-센트만이 강제로 참가하고 절대다수가 뽀이꼬트를 행하였든 것입니다.

제二차 남북제정당 사회단체지도자협의회의에서 결정한 남북통일선거로서 통일적

립법기관을 창설하고 통일적 중앙정부를 수립하자는 활동이 전개되자 전도 주민들의 지지가 거대하게 폭발된 것이 가장 필연적인 것은 누구에게나 의심할 여지가 없는 것입니다. 단선을 반대하는 투쟁에서 빛나는 성과를 걷운 제주도 인민들은 이번 최고인민회의 선거지지투쟁에도 가장 빛나는 성과를 거두는 것은 조금도 괴이할 것이 없읍니다.

류지에서는 통일선거 실시가 七월 十五일부터 실시되였지만은 제주도에서는 이 지시가 七월 二十일이 지내여 도착되였습니다.

그러나 통일선거는 七월말까지 벌써 유권자의 八0퍼-센트를 초과하였읍니다. 八月 十日 선거 마지막날까지는 적어도 九0퍼-센트에 가까웠을 것을 저는 여러분에 보고할 수 있을 것을 확신합니다.

대표자 여러분!
이와 같이 우리 제주도 전체 인민들은 용감하게 투쟁하고 있습니다. 우리 제주도 인민들은 미제국주의와 미군 즉접 지휘하에 있는 압도적 다수의 반동경찰 살인테로단 국방경비대의 필사적 공격에도 불구하고 이것을 결정적으로 분쇄하면서 더욱 승리적으로 투쟁을 발전 강화시키고 있습니다. 그러면 무엇이 우리들로 하여금 이러한 승리를 갖어오게 한 것이겠습니까?

그것은 첫째로는 이미 위에서도 말슴드린 바와 같이 三十만 제주도 전체 인민들이 불타는 조국애로써 강철같이 단결하여 미제국주의와 그 주구 매국노 리승만, 김성수, 리범석 도배들의 남조선 분활식민지 침략 정책을 단호히 반대하고 조국의 통일과 독립을 쟁취하기 위하여 죽엄을 두려워하지않고 용감히 싸우고 있는 까닭입니다. 특히 인민군 즉 산사람들이 일반 인민대중의 적극적 지지에 의하야 고무되고 격려되고 있는 까닭입니다. 만약 부모 형제들이 적의 포위를 뚫고 정보, 식량 등을 적극적으로 공급치 아니하였다면 만약 적수공권으로 무장한 반동경찰을 격퇴하는 인민들의 자위적 원조가 없었다면 산사람들의 투쟁이 오늘같이 발전치 못하였을 것입니다. 인민과의 연계! 인민의 지지! 이것이야말로 우리들의 승리에 가장 중요한 요인입니다. 둘째로 이번 제주도 무장 구국 항쟁은 고립된 투쟁이 아니라 전체 조선 인민들 특히 남조선 전체 인민들의 위대한 구국 투쟁의 일환인 까닭입니다. 남조선 인민들의 광범한 전국적 투쟁을 전개하고 있는 환경은 적으로 하여금 우리 제주도 무장투쟁을 적극적으로 공격할 수 없게 하는 것임을 우리들은 잘 알고 있습니다. 전체 조선인민들의 노도같은 투쟁 – 이것이 우리에게 빛나는 성과를 얻게 한 기본원인의 하나입니다.

이번 제주도 인민들의 거대한 구국 투쟁에서 우리들은 조국의 통일과 독립을 위하여 싸우는 위대한 인민의 단결된 힘 앞에는 미 제국주의와 그 주구 매국 도배들이 아모리 필사적으로 발악하드라도 그들의 분활식민지화의 흉모는 반드시 실패할 것이며 인민들은 반듯이 최후의 승리를 얻고야 말 것을 더욱 확신하게 되였습니다. 그러므로 제주도 전체 인민들은 승리에의 희망과 확신을 굳게 하여 더욱 용감히 더욱 줄기차게 죽엄과 희생을 두려워하지 않고 최후의 승리가 올 때까지 – 조국이 완전통일 민주독립을 쟁취할 때까지 싸울 것을 굳게 맹서하고 있습니다.

대표자 여러분!
이제 우리는 남조선 인민의 절대 다수의 투표로서 선거되여 통일 입법기관을 선거하고 우리의 손으로 통일중앙정부를 수립하게 되였습니다. 이것은 과연 위대한 승리입니다. 제주도 인민들이 전남조선형제들과 함께 흘린 피는 이제 헛되지 않게 되였습니다.

적선(敵線)에 쓰러진 우리의 동지들의 유지는 그 성공의 앞길이 광범하게 열리였습니다.

인민의 원쑤 매국노 리승만, 김성수, 리범석 도배들이 인민의 재판에서 엄중한 판결을 받을 날이 가까워왔읍니다.

여러분!
조선최고인민회의남조선대의원 선거를 성공적으로 완수합시다.

조선최고인민회의와 통일중앙정부의 기빨 밑에서 북조선 형제들과 공고한 단결로서 통일과 독립을 위하야 끝까지 매진합시다.

우리 조국의 통일과 독립국가건설의 물질적 토대를 이루는 북조선 민주개혁을 남조선에서 하루 속히 실시하도록 우리는 용감히 싸웁시다.

一. 민주조선 완전 자주독립만세!
一. 우리 조국의 해방 군인 위대한 쏘련군과 그의 천재적 령도자 쓰딸린 대원수 만세!

V. 김달삼 연설문(영문 번역)[65]

Discussion
Kim Dalsam (Jeju-do)

Representatives!
Upon listening to the report on the election delivered by Comrade Park Heon-young, I was deeply moved. In particular, when he mentioned the fight in Jeju-do, I could not suppress the vivid memories that rose before my eyes, memories of the fierce and blood-soaked battles we have waged against the enemy up to the present.

I fully support Comrade Park's report, and at the same time, I would like to briefly speak of the concrete facts: how we have fought in Jeju-do during this period, and how we carried out the struggle for the election of deputies to the Supreme People's Assembly of the Democratic People's Republic of Korea.

As you all know, the armed struggle of the people of Jeju-do for the

---

65 본항에서는 4·3의 세계화를 위하여 김달삼의 연설문을 저자가 직접 영문으로 번역하였다.

unification, freedom, and independence of the homeland is even now developing ever more fiercely and victoriously. Then why was it inevitable that the entire people of Jeju-do had to rise up in this way? I would like to begin by briefly explaining those concrete causes.

U.S. imperialism, in Jeju-do as well as in other regions of South Korea, is forcefully carrying out its violent policy of division and colonial aggression by relying on pro-Japanese collaborators, national traitors, reactionaries, pro-American elements, and other gangs of traitors to the nation. Democratic patriots and innocent ordinary people have been unlawfully arrested, tortured, and imprisoned without cause. Ordinary farmers and fishermen are groaning under forced requisitions and ruthless exploitation, and the general populace is suffering under a condition of rightlessness and oppressive extractions. Moreover, the only militant vanguard of the working people of South Korea, the South Korean Workers' Party together with the democratic patriotic organizations under the umbrella of the Democratic National Front, has become the object of the most brutal repression. For this reason, the people of Jeju-do resolutely opposed this and launched a decisive struggle. Even in last year's March 10 struggle, from young elementary school children to officials of the U.S. military government, the entire people of Jeju-do carried out work stoppages, unified student strikes, and mass demonstrations, resolutely opposing the colonialization policies of U.S. imperialism.

Taking the March 10 strike struggle as a turning point, the reactionaries further intensified their oppression and terror, and Jeju-do was transformed into the most savage arena of "people-suppression" by Cho Byeong-ok's personal guard units. From that time until April 3 of this year, the very day when the people's armed uprising began, all legality for the people in Jeju-do was completely trampled underfoot. The enemy carried out a death-throes policy of pressure, including the massive reinforcement of police forces, the transfer of Seocheong terror units from the mainland, and the monopolization of all key posts in government offices, schools, and workplaces by vicious reactionaries originating from the northwestern regions of the mainland.

However, the more the people are pressed down, the more they unite, and the more powerfully they resist. Finally, beginning on February 7, the people of Jeju-do courageously rose up in response to the February 7 general strike struggle that spread across all regions of South Korea under the slogans of the immediate and simultaneous withdrawal of the U.S. and Soviet armies, the expulsion of the United Nations commission, and opposition to the separate election. In this struggle, forty thousand farmers of Jeju-do rose in demonstrations, opening wide the curtain of the people's uprising.

Startled by this just and peaceful resistance of the people in Jeju-do, U.S. imperialism and its lackey-like reactionary police, further reinforced their repression into an even more brutal policy of massacre. The violent suppression of the South Korean Workers' Party and the democratic patriotic organizations under the Democratic National Front became ever more ferocious, and murder, arson, robbery, and destruction against democratic patriots and ordinary people were openly carried out. How inhuman and barbaric their atrocities and oppression were is sufficiently demonstrated by the following cases.

On March 4, in Jocheon-myeon, reactionary murderous police seized a middle-school student named Kim Yong-cheol, only twenty-two years old, branded him a "Red," beat and tortured him inside the police box, and finally burned and slaughtered him in full public view. Yet Comrade Kim Yong-cheol, until his final moment, resisted those beasts while shouting, "Absolute support for Comrade Park Heon-young!" and "Defend the People's Republic to the death !" This was not the only incident. On March 14, in Daejeong-myeon, a twenty-seven-year-old farmer named Yang Un-ha was seized and beaten to death, every bone in his body smashed without a single one left intact. On March 18, a day laborer named Park, living in Doduri, Jeju-eup, was arrested and tortured to the brink of death. Just before dying, his family was summoned, and the police obtained from them a written statement certifying that he had been released alive; yet that farmer died only five minutes after stepping out of the police station. On March 20, in Aewol-myeon, a police box chief named Song Won-ha assaulted a rural woman residing in Aewol-ri, dragged her into the mountains, and slashed her with a Japanese sword, inflicting twenty-four wounds. In Seonheul-ri, Jocheon-myeon, under the pretext of it being a "Red base," five houses were set on fire, more than twenty heads of livestock were slaughtered, and there were even cases of forests being set ablaze.

All of this is nothing more than the presentation of a few representative examples of the facts. The situation in Jeju-do at that time can be sufficiently expressed in a single phrase: a living hell.

Under this unprecedented barbaric terror, massacre, destruction, and plunder, carried out under the direct command of U.S. imperialism, the people of Jeju-do had long been groaning in suffering. When the Americans and their lackeys announced the holding of a separate election aimed at consolidating the division of the homeland and turning South Korea completely into a colony of the United States, how could the people's rage and hatred toward the enemy fail to erupt? Calling upon the people to rise decisively for the unification and independence of the homeland, the people of Jeju-do rose up in a spontaneous general uprising. This was the reason why the April 3 People's Uprising of Jeju-do was inevitable, and this was the reason why the People's Army of Jeju-do, that is, the "Mountain People," came into being.

Finally, beginning at 2:00 a.m. on April 3, the People's Army, that is, the "Mountain People," rose in a general uprising. On that day, they simultaneously attacked twelve police boxes, which were the enemies of the people and strongholds of reaction. Ten vicious police officers, eleven members of terror units including Seocheong personnel, and ten vicious reactionaries were punished before the righteous guns and blades of the People's Army, burning with patriotic spirit. In addition, three police officers and five reactionaries were wounded. One police box was completely burned down, another was partially burned, and the People's Army captured American carbines along with many other items.

Thus, the armed counteroffensive struggle of Jeju-do, which opened the brilliant curtain of the people's uprising, continued thereafter to develop and intensify, delivering decisive and fatal blows to the enemy up to the present day. This is clearly and faithfully expressed in the following numerical summary of results.

As for the results of the fighting: attacks on police box were carried out thirty-one times; engagements in open-field combat were conducted more than fifteen times, for a total of more than forty-six battles. Those purged numbered more than one hundred police officers, and more than four hundred members of the Hanmin, the Dokchong, the Seocheong, the Daechong, and other reactionaries, for a total exceeding five hundred.

The wounded included more than thirty police officers and more than forty reactionaries, for a total exceeding seventy.

Police boxes burned down numbered five and a half (five fully and one partially), police boxes destroyed numbered five.

Those who surrendered included five police officers and more than two thousand reactionaries.

Captured prisoners numbered more than thirty.

Those seized and then rescued numbered more than eighty.

Power lines were cut at eight hundred ninety-three locations.

Roads were destroyed at seventy-nine locations.

Seized items included rifles, ammunitions, rice, clothing, steel helmets, military swords, spears, and many other materials.

I would now like to speak of following several important battles in order to introduce a fragment of the course of the Jeju-do people's uprising.

On April 15, on the upper slopes of Gwangnyeong village in Aewol-myeon, our small elite unit engaged an enemy mobile force of twenty-five men in a mountain battle that unfolded over a distance of one kilometer and lasted approximately one hour. In this fight, the enemy suffered three fatalities, abandoned one corpse, and fled. Most gratifying of all was the fact that among these three was a vicious police officer of northwestern mainland origin who, as mentioned earlier, had tortured patriotic student Comrade Kim Yong-cheol to death at the Jocheon police box on March 4. The blood debt of Comrade Kim was repaid by the hands of our People's Army.

On May 13, we raided on the Hamdeok police box in Jocheon-myeon and in the end six police officers guarding the police box were purged. More than thirty detainees were rescued, and at the same time the building was completely burned down. Rejoicing at this, the masses of the people dragged the corpses of the vicious police officers, the enemies of the people, and unfolded a large-scale mass demonstration.

On May 14, We raided on the Jeoji police box in Hallim-myeon. More than ten enemy personnel fled while abandoning two corpses, and after rescuing more than thirty detainees, we completely burned down the police box. Immediately thereafter, our forces joined with the responding villagers and carried out a magnificent armed demonstration.

One incident that deserves special mention occurred on May 7, in the pine forest between Jangjeon and Susan in Aewol-myeon. A so-called "punitive force," police academy students, namely, Cho Byeong-ok's personal guard unit, one hundred in number, had been specially dispatched there. When sixty of them initiated their first action, our small elite unit detected and seized this opportunity, and after more than five hours of intense combat, the enemy suffered more than twenty-two casualties, including their commander, and fled. Thereafter, declaring, "We absolutely cannot fight any longer; send us back to Seoul," they staged a three-day strike, and only the remaining seventy-eight, trembling in fear, left Jeju-do.

On May 20, forty-three members of the 9th Regiment of the National Constabulary Reserve deserted their regiment, attacked the Daejeong police box, purged six vicious police officers who resisted, burned down the building, then went up into the mountains and joined the People's Army.

On May 24, the Andeok police box was raided, and after an engagement with twenty-five police officers, a decisive blow was delivered, inflicting six deaths upon them.

On May 26, at a roadside in Sinpyeong-ri, Daejeong-myeon, sixty enemy mobile troops were traveling in three trucks. Our small unit surrounded and attacked them, and as a result the enemy fled while abandoning fourteen corpses along with hats, ammunition, and many other items.

I would now like to speak of several examples of the self-sacrificing struggles of the vanguard units amid this fierce people's uprising.

On April 3, during the fight, when seven members of a Seocheong terror unit were lodging at an inn in Hallim-myeon, a single youth, armed only with a single military sword, launched a sudden assault and purged them all within fifteen minutes, then calmly returned.

On April 14, in Hwabuk-ri, Jeju-eup, when six of our comrades were surrounded by a combined force of twenty-five police officers and Daechong members and fell into a crisis of annihilation, one youth fought back using only a single pistol, repelled the enemy, and all comrades escaped safely.

On April 18, in Aewol-ri, Aewol-myeon, two youths, armed with a single pistol, engaged four police officers who charged at them on the road, purged two of them, and then returned.

On May 10, there was also a youth who, acting alone, broke through a dense and severe security cordon, threw two hand grenades into the polling station at the Jeju-eup office, thereby throwing the entire polling site into chaos and rendering voting impossible, and then safely escaped and returned.

However, amid this fierce struggle, it was inevitable that we too, though extremely few in number, would suffer precious sacrifices. Comrades Ri Jong-yu, Kang Dae-ok and Kim Bong-hi fell under the enemy's murderous bullets at the front lines. As these comrades departed this world, what were the words they entrusted to us? "Entrust what comes after to you. Trust the comrades, and I can die in peace. Long live the People's Republic!" All of them died in this way. How solemn and tragic this was.

In this way, we have fought and continue to fight without fearing death in the slightest, even as we step over the bodies of our comrades, solely for the unification and independence of the homeland and for national liberation. Thus, although the enemy reactionary killing squads confront us not only with overwhelming numerical superiority but also fully armed from head to toe with the latest American elite weaponry, we have at all times delivered decisive blows against them. The self-defense struggle of the people who support and stand in solidarity with those in the mountains is truly magnificent. To cite just a few examples, a man over seventy years of age, who had lost his son to reactionary police, joined the People's Army on campaign together with his daughter-in-law, vowing to avenge his child, and fought on the front lines. Boys and girls rolled cigarettes and supplied them to the People's Army. They also used hand signals to detect and prevent enemy incursions into villages in advance, and after battles they immediately rushed out to collect the enemy's abandoned items and send them to the mountains. They wrote letters of encouragement and sent them into the mountains, thereby further raising the morale of the People's Army, carrying out what can only be described as remarkable activities. Women, either voluntarily or by going into the mountains themselves, cooked meals for the People's Army, sewed clothing, and did laundry. Those who remained in the villages sent rice, side dishes, footwear, and other supplies into the mountains. In particular, the letters and relief goods sent by the Women's League became the sole source of comfort for those in the mountains. The youth all organized themselves into village self-defense units and took charge of village defense. From April 16 to April 18, over the course of three days, in Goeho-ri, Jeju-eup, villagers and an enemy mobile unit of twenty-five men engaged in repeated clashes and, through bare-handed combat, completely repelled them. This was an example of the most heroic activity of a village self-defense unit. Furthermore, when the April 3 uprising erupted, the masses, without any guidance from anyone, displaying their own initiative, carried out island-wide mass demonstrations, and collectively attacked the homes of reactionary elements, their sworn enemies.

As described above, the struggle in Jeju-do, which unfolded through the active support and participation of the entire people of Jeju-do, ultimately played the most important role in completely thwarting the separate election in South

Korea on May 10. In North Jeju, the so-called election could not be carried out at all, and even in South Jeju only a mere few percent of eligible voters were forcibly made to participate, while the overwhelming majority carried out a boycott.

When activities were launched, in accordance with the decisions of the Second Conference of Leaders of Political Parties and Social Organizations of North and South Korea, to establish a unified legislative body through a unified North-South election and to form a unified central government, the massive outpouring of support from the island's residents was something no one could reasonably doubt. Having achieved brilliant results in the struggle against the separate election, it is hardly surprising that the people of Jeju-do also achieved the most brilliant results in the struggle to support the election to the Supreme People's Assembly.

On the mainland, the unified election began on July 15, but in Jeju-do the direction did not arrive until July 21 had already passed.

Nevertheless, by the end of July the unified election had already surpassed eighty percent voter participation. I am confident that I can report to you, representatives, that by the final day of the election on August 10, the last day it would have approached at least ninety percent.

Representatives!
In this way, the entire people of Jeju-do are fighting courageously. Despite the desperate attacks of the overwhelmingly numerous reactionary police, murderous terror units, and the National Constabulary Reserve under the direct command of U.S. imperialism and the U.S. military, the people of Jeju-do are decisively smashing them and developing and strengthening the struggle ever more victoriously. Then what is it that has brought us such victories?

First, as I have already stated above, it is because the entire three hundred thousand people of Jeju-do, united like steel by burning patriotism for the homeland, are courageously fighting without fear of death in resolute opposition to the division of Korean peninsula and colonial aggression policies of U.S. imperialism and its lackey traitors, Syngman Rhee, Kim Seong-su, and Lee Beom-seok, and in order to win the unification and independence of the homeland. In particular, it is because the People's Army, that is, the Mountain People, are encouraged and inspired by the active support of the broad masses of the people. If parents and siblings had not actively broken through enemy encirclements to supply intelligence and food, and if there had not been the people's self-defensive assistance in repelling reactionary police armed to the teeth, the struggle of those in the mountains could not have developed to its present level. Unity with the people! Support of the people! Those, indeed, are the most important factors in our victory. Second, this armed patriotic struggle of salvation in Jeju-do is not an isolated struggle, but part of the great patriotic struggle of the entire Korean people, especially the entire people of South Korea. We know well that the environment in which the South Korean people are unfolding a broad, nationwide struggle prevents the enemy from launching an all-out attack against the armed struggle in Jeju-do. The surging, wave-like struggle of the entire Korean people, this is one of the fundamental causes that has enabled us to achieve such brilliant results.

Through this great patriotic struggle of the people of Jeju-do, we have come to an even firmer conviction that, before the united strength of the great people fighting for the unification and independence of the homeland, the schemes of division and colonialization pursued by U.S. imperialism and its lackey traitors will inevitably fail, no matter how desperately they may thrash about, and that the people will surely achieve final victory. Therefore, the entire people of Jeju-do, holding fast to hope and confidence in victory, solemnly pledge to fight ever more bravely and ever more tenaciously, without fear of death or sacrifice, until the final victory is won - until the homeland achieves complete unification and democratic independence.

Representatives!

Now, through the votes of the overwhelming majority of the people of South Korea, we have elected a unified legislative body and are establishing a unified central government with our own hands. This is truly a great victory. The blood shed by the people of Jeju-do together with all their brothers and sisters in South Korea has now not been shed in vain.

The wills of our comrades who fell on the enemy lines have opened wide the road ahead to that success.

The day is drawing near when the enemies of the people - traitors Syngman Rhee, Kim Seong-su, and Lee Beom-seok - will receive severe judgment in the people's tribunal.

Representatives!

Let us successfully complete the election of deputies from South Korea to the Supreme People's Assembly of Korea.

Under the banner of the Supreme People's Assembly of Korea and the unified central government, let us, in firm unity with our brothers in North Korea, devote ourselves to the end to the unification and independence of the homeland.

In order to swiftly implement in South Korea the democratic reforms of North Korea, which constitute the material foundation for the unification of our homeland and the construction of an independent state, we fight courageously.

一. Long live a fully independent, democratic Korea!
一. Long live the great Soviet Army, the army of liberation of our homeland, and its genius leader, Marshal Stalin!

제3장

제주도인민유격대투쟁보고서

I. 濟州道人民遊擊隊鬪爭報告書 입수경위[66]

濟州道人民遊擊隊鬪爭報告書는 1949년 6월 7일 당시 제주인민유격대 총사령관으로 활동하던 이덕구를 射殺하는 과정에서 입수되었다.

동 작전을 지휘한 경찰관은 당시 화북지서 주임으로 근무하던 문창송[67] 경위였다. 나(이광후)를 포함한 김태혁 前제주도 교육감, 前조선일보 기자 장승홍씨 등 3명은 2010년 10월경 故문창송씨 자택에서 면담하여 同투쟁보고서의 입수 경위를 청취함은 물론 그분의 허락하에 보관하고 있던 투쟁보고서를 사진 촬영할 귀중한 기회를 가졌다. 그분께 청취한, 이덕구의 사살 및 濟州道人民遊擊隊鬪爭報告書의 입수 경위를 간략히 소개하고자 한다.

이덕구의 사살은 1949년 3월 제주도지구전투사령부가 설치되면서 진압·선무 병용작전이 전개되는 가운데 이루어졌다.
이 시기 문창송 경위는 지속적인 귀순공작을 펴면서 당시 홍순봉 제주도

---

66 4·3연구가 이광후씨는 2010년 10월경 문창송 前화북지서 주임과의 면담과정에서 알게 된 '濟州道人民遊擊隊鬪爭報告書'의 입수과정을 2025년 8월 저자에게 설명하고, 당시 촬영된 同보고서의 사진 파일 일체를, 저자에게 양도하였다.

67 2012년 1월 2일 작고

경찰국장에게 '이덕구를 체포하고 말겠다'고 큰소리로 보고하곤 했다. 이는 문 경위가 귀순한 유격대원들의 생명을 보장하여 귀순공작이 순조롭게 이루어지고 있었기 때문이다.

첫 번째의 성공은 유격대의 소대장 이었던 허○○, 고○○ 씨등 2명이 귀순하고 이들은 '연대장을 체포하는데 도움을 주겠다'며 문 경위와 약속했다. 며칠 뒤 이들은 마침내 유격대 연대장 고○○을 유인, 경찰은 그를 생포할 수 있었다.

문 경위는 일반 유격대원의 경우는 귀순하면 그대로 귀가토록 했다가 이튿날 그 복장 그대로 지서로 오도록 했으나 연대장 고○○은 워낙 거물이므로 지서 유치장에 일단 보호조치를 하였다.

이튿날 그의 어머니와 딸을 면회토록 했다. 고○○은 깜짝 놀라 울부짖으며 하염없는 눈물을 흘렸다. 妻는 전투중에 이미 사망했고, 자신의 어머니와 어린 딸(당시 7세)이 살아있으리라고는 믿기지 않았기 때문에 감격했다.

경찰에 의해 죽었으리라 생각했던 어머니와 딸을 보고서는 만감이 교차했다. 하루를 아무 말 없이 고뇌하던 고○○은 문 주임을 찾고는 '사령관을 잡아 오겠습니다'라고 혈서를 썼다. 1949년 6월 6일 고○○을 석방했다. 그날 밤엔 비가 내렸다.

노심초사 기다리던 문 경위에게 고○○이 '이덕구 사령관의 위치를 알았다'는 연락이 왔다. 경찰관 10명, 민보단[68]원 10명으로 특공대를 조직하고 김영주 경사에게 지휘를 맡겨 그 날 밤 출동명령을 내렸다.

특공대원들은 이덕구가 있던 곳[69]까지 가서 암호[70]까지 통과되어 생포 직전의 상황까지 갔으나 경찰 신분이 탄로나는 바람에 교전이 벌어졌다. 이튿날인 7일 오후 4시쯤 속칭 작은 가오리 부근 정글에서 이덕구를 사살하는 한편 그의 호위병 양생돌을 生捕하였다. 그날 밤 10시쯤 이덕구의 시신[71]은 소달구

---

68 민보단은 향보단(鄕保團)에 연원을 두고 있는데, 향보단은 1948년 5·10 총선거를 앞두고 경찰의 협조기관으로 조직된 단체였다. 향보단은 선거 직후인 5월 25일 해산 조치되었지만, 같은 해 6월에 민보단이 조직되어 경찰의 보조단체로 활동하였다.

69 견월악 부근 용강리 북받친 밭

70 그날 밤 암호는 조국통일이었다고 함

71 이덕구의 시신은 "나무십자가에 묶어 하루 동안 제주경찰서 정문 앞에 전시했다가 남수각에서 화장 처리했다" 제주4·3진상조사보고서 p.334

지에 실려 화북지서로 옮겨졌고, 문 주임은 호위병 양생돌에게서 4·3의 진실
을 밝히는 귀중한 문서인 「濟州道人民遊擊隊鬪爭報告書」를 압수하였다.

　　이덕구를 사살한 김영주 경사는 1계급 특진, 경위로 승진하여 문 주임 후임으로 화
북지서 주임이 되었다. 그러나 모든 것을 지휘한 문 경위는 승진하지 못하였다. 특히 이
덕구의 체포 또는 사살에는 6백만원의 현상금이 내걸렸으나, 문 경위와 대원들에게는
내무부로부터 고작 2만원의 보상금이 주어졌다. 이는 軍이 이덕구를 사살한 것처럼 보
도하는 등 軍·警간에 공적 다툼이 있었기 때문이다. 4·3사건진상조사보고서에는 1949
년 6월 11일자 [동광신문] 의 보도내용을 실었다.[72]

72　동 보고서 p.334에는 "[제주발 합동] 제주도 반도 사령관 이 덕구는 지난 7일 경찰부대에게 사살되었다. 즉 제주경
찰서 화북지서 김영주 경사가 지휘하는 경찰부대는 지난 7일 오후 4시경 속칭 작은 가오리 부근 정글속에서 반도 사령
관 이덕구 부대와 교전 끝에 이덕구를 사살하는 한편 그의 보신부하 1명을 포로하였다 하는데 동시 이덕구 사체는 방금
제주경찰서에서 보관하고 있다 한다" 보도내용 인용

Ⅱ. 제주도인민유격대투쟁보고서 내용의 개요

　제주도인민유격대투쟁보고서에는 1948년 3월 15일부터 7월말까지의 상황을 기록하고 있는 바, 이는 김달삼이 인민유격대사령관으로 활동한 시기와 일치한다. 투쟁보고서는 크게 ①조직면, ②작전면, ③투쟁면, ④국방경비대 와의 관계로 나누어 서술하고 있다.

　조직면에서는 병력과 무기 그리고 5차에 걸친 조직개편 상황을 상술하고 있으며, 작전면에서는 6차에 걸친 작전의 개요를 요약하고 있다. 또, 투쟁면에서는 제주읍과 11개 면(애월, 한림, 대정, 안덕, 중문, 서귀, 표선, 남원, 성산, 구좌, 조천)에서의 활동을 일지로 작성했고 전과 일람표도 수록하고 있다. 국방경비대와의 관계에서는 9연대 창설 당시의 프락치 투입, 4·3 당시의 국경의 원조계획이 실행되지 못한 이유, 박진경 연대장의 암살모의, 국경 탈주병들의 입산 일지, 박진경 연대장의 암살, 국경의 작전에 의한 피해 상황 등이 고스란히 담겨있다.

　투쟁보고서에는 날짜의 오기와 더불어 날짜를 추정한 기록이 가끔 드러난다. 날짜를 오기하거나 추정한 이유는 다음과 같이 추측할 수 있다.

① 각 면당에서는 문건과 구두전달을 통한 상세보고와 대략적인 보고를 했고, 도당은 이를 토대로 정보를 수합하고 보고서를 작성했을 것이다. ② 정보 취합에 기간이 길다. ③ 최소 1개월 단위로 작성되었다. ④ 1948년 8월 21일부터 26일까지 황해도 해주에서는 조선최고인민회의 남조선대의원을 선거하기 위한 남조선인민대표자대회가 개최되었는데, 김달삼이 본대회 참석을 위해 제주를 빠져나간 8월 2일 직전에 집중적으로 작성된 것으로 보인다.

그럼에도 불구하고 제주도인민유격대투쟁보고서는 ① 제주 4·3사건이후 무장대 측에 의해 작성되었다는 점, ② 무장대 활동관련 사료로서 현재까지 유일하다는 점, ③ 상당 부분 사실을 기록하고 있어 신뢰성을 갖추었다는 점 등 사료로서 중요한 가치를 지니고 있다고 판단된다.[73]

---

73 장윤식, 제주4·3사건 초기 무장대의 조직과 활동-제주도인민유격대 투쟁보고서의 분석-, 제주대학교 대학원 석사학위논문, 2005.12, p.9

Ⅲ. 濟州道人民遊擊隊鬪爭報告書의 도서관 기증 및 열람방법

가. 기증경위

본 문건은 1995년 문창송의 증언과 함께 「한라산은 알고 있다」[74]를 통해 처음 공개되었고, 이후 2018년 7월 문창송의 후손들에 의해 국립중앙도서관에 기증되어 현재까지 보존되고 있다.

---

[74] 문창송, 한라산은 알고있다. 묻혀진 4·3의 진상, 대림인쇄사, 제주, 1995 pp. 99~146에 「제주도인민유격대투쟁보고서」 영인본이 편철되어 있다.

문창송 전화북지서장 후손들의 「제주도인민유격대 투쟁보고서」 기증자료 인수증

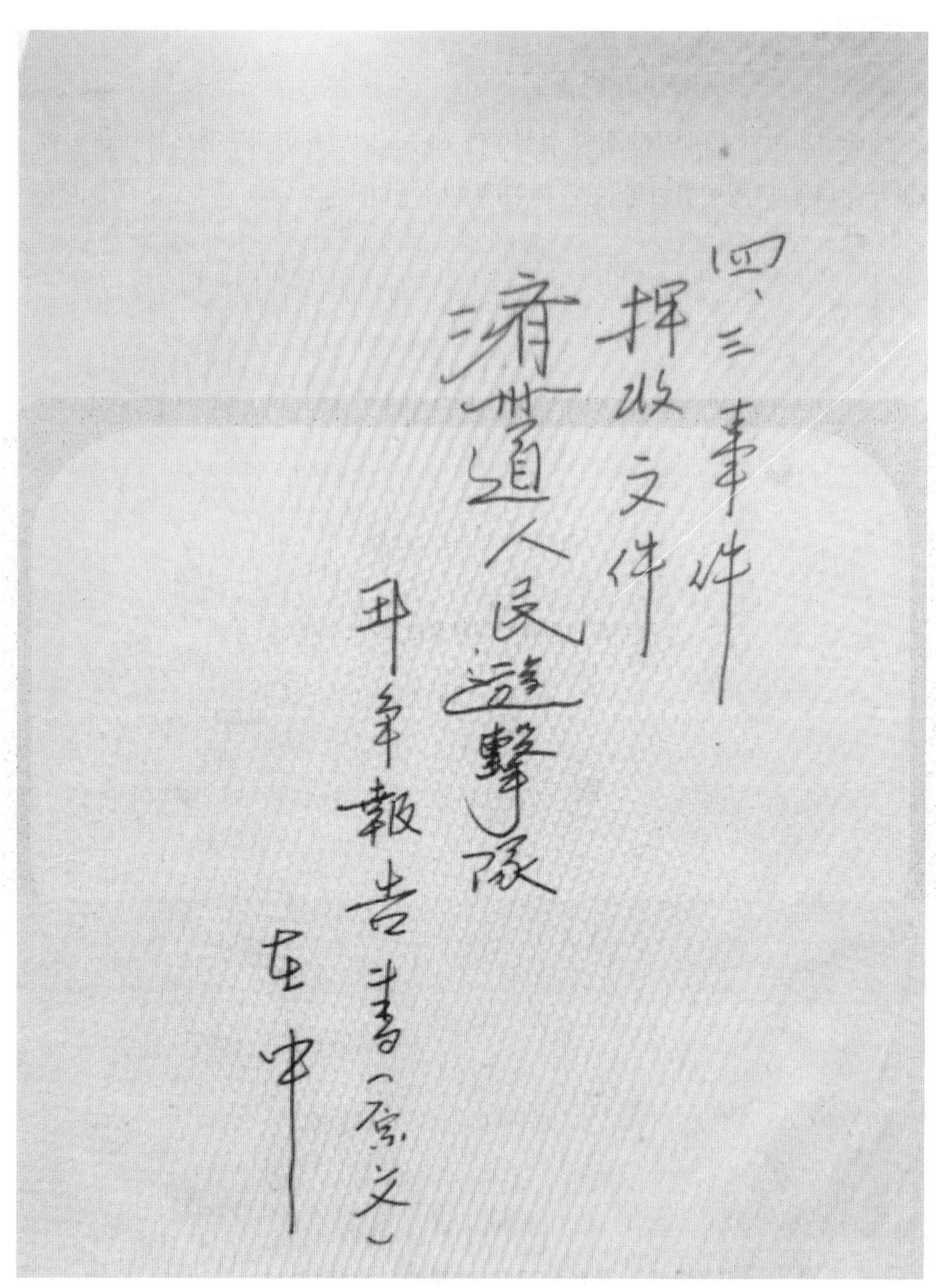

문창송님 친필 : 4·3사건 압수문건 제주도인민유격대 투쟁보고서(원문) 재중

국립중앙도서관 홈페이지 접속 검색창에 제주도인민유격대투쟁보고서를 입력
하면 누구나 원문을 열람할 수 있도록 공개되어 있다.

국립중앙도서관, 제주도인민유격투쟁보고서 열람방법

Ⅳ. 濟州道人民遊擊隊鬪爭報告書 사진[75]

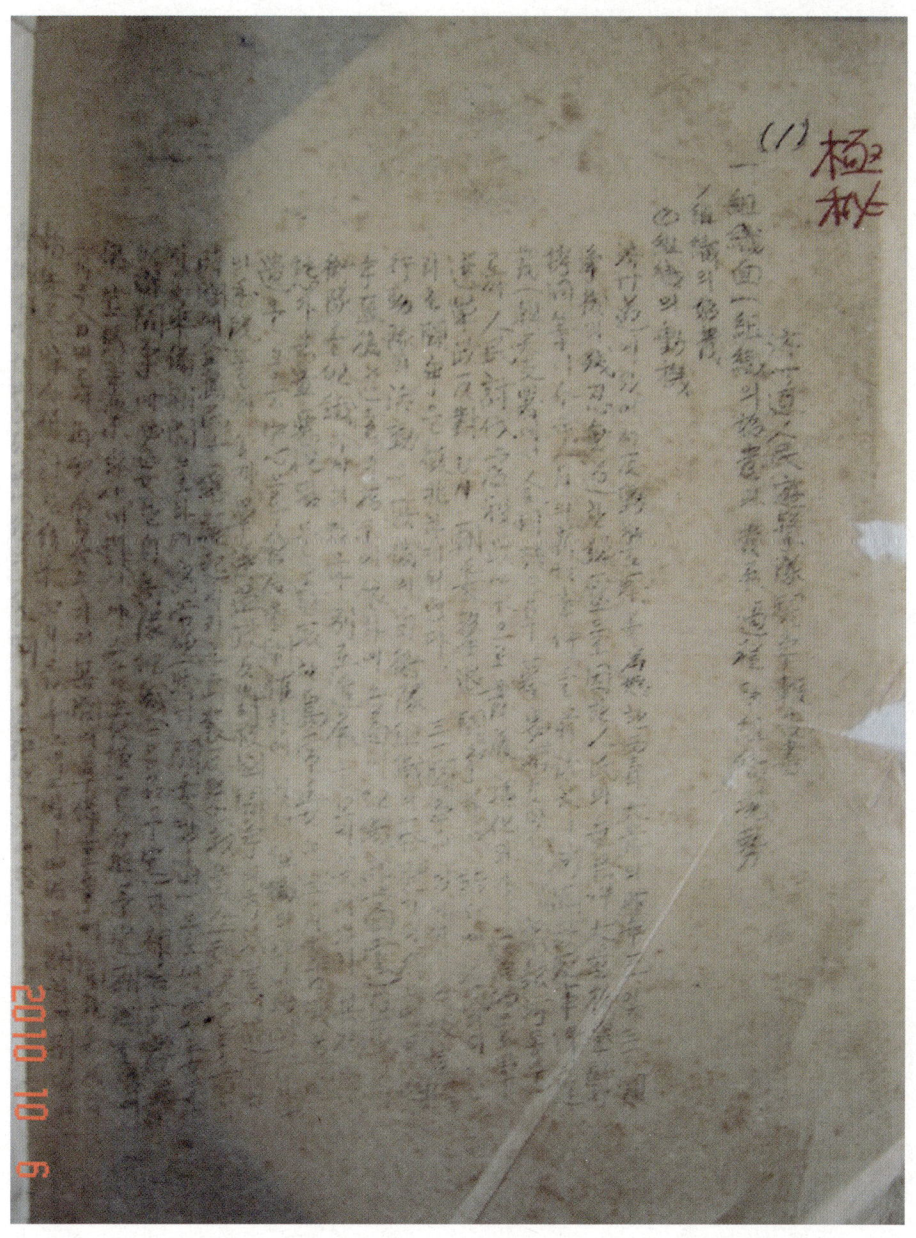

---

75 4·3연구가 이광후씨가 2010년 10월경 문창송 前화북지서 주임과의 면담과정에서 촬영한 濟州道人民遊擊隊鬪爭
報告書의 사진임

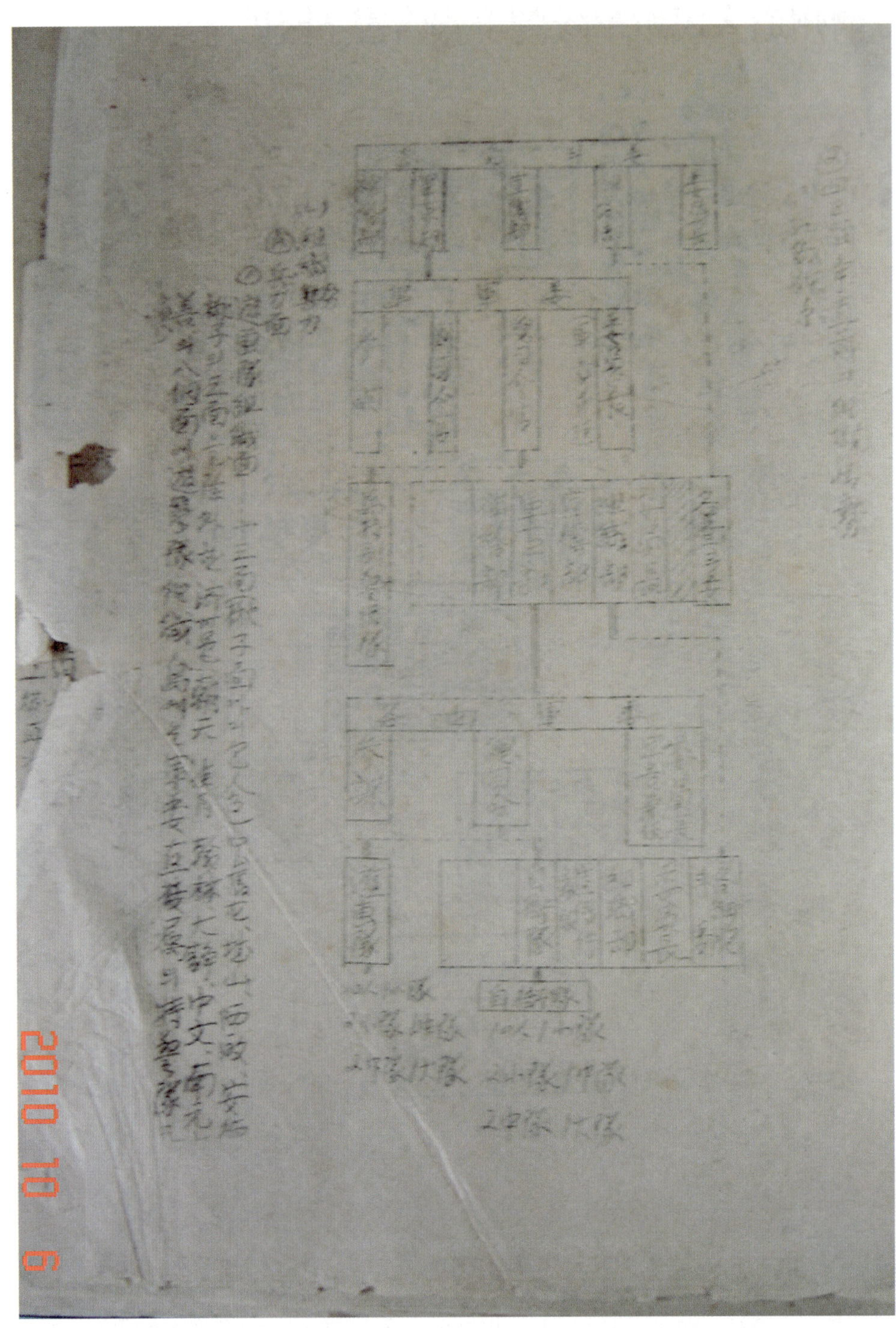

 | 4·3사건과 제주도인민유격대, 1764

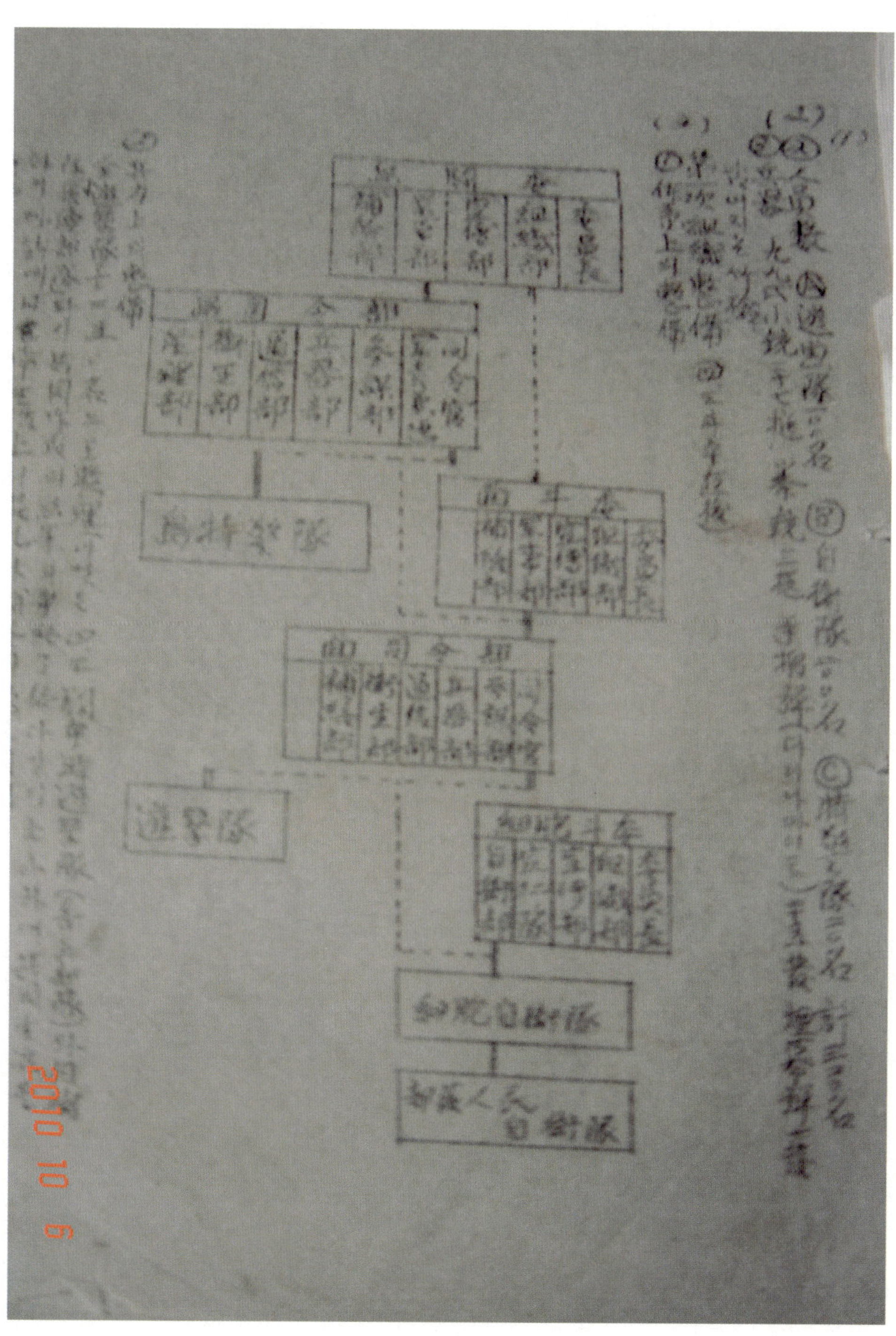

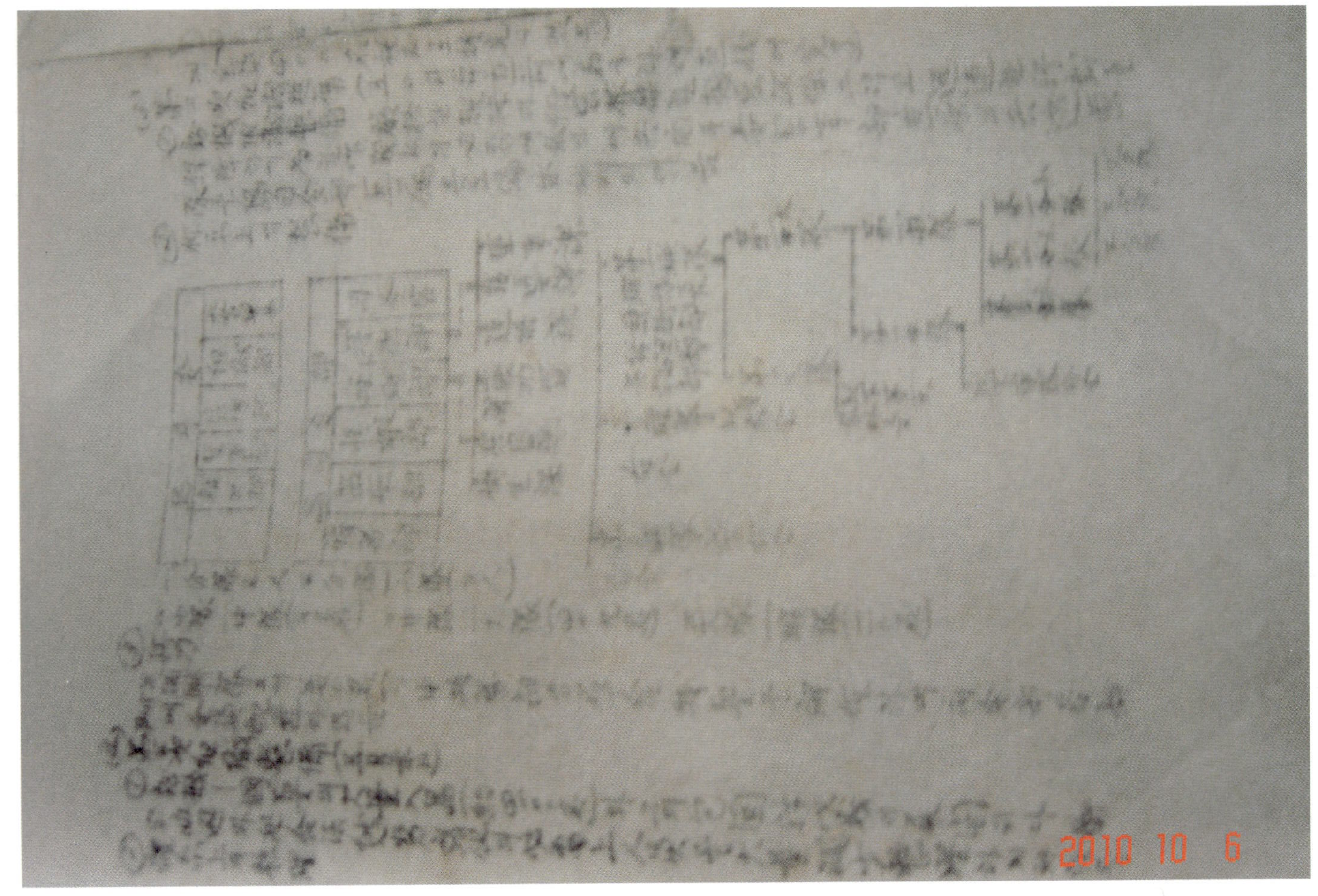

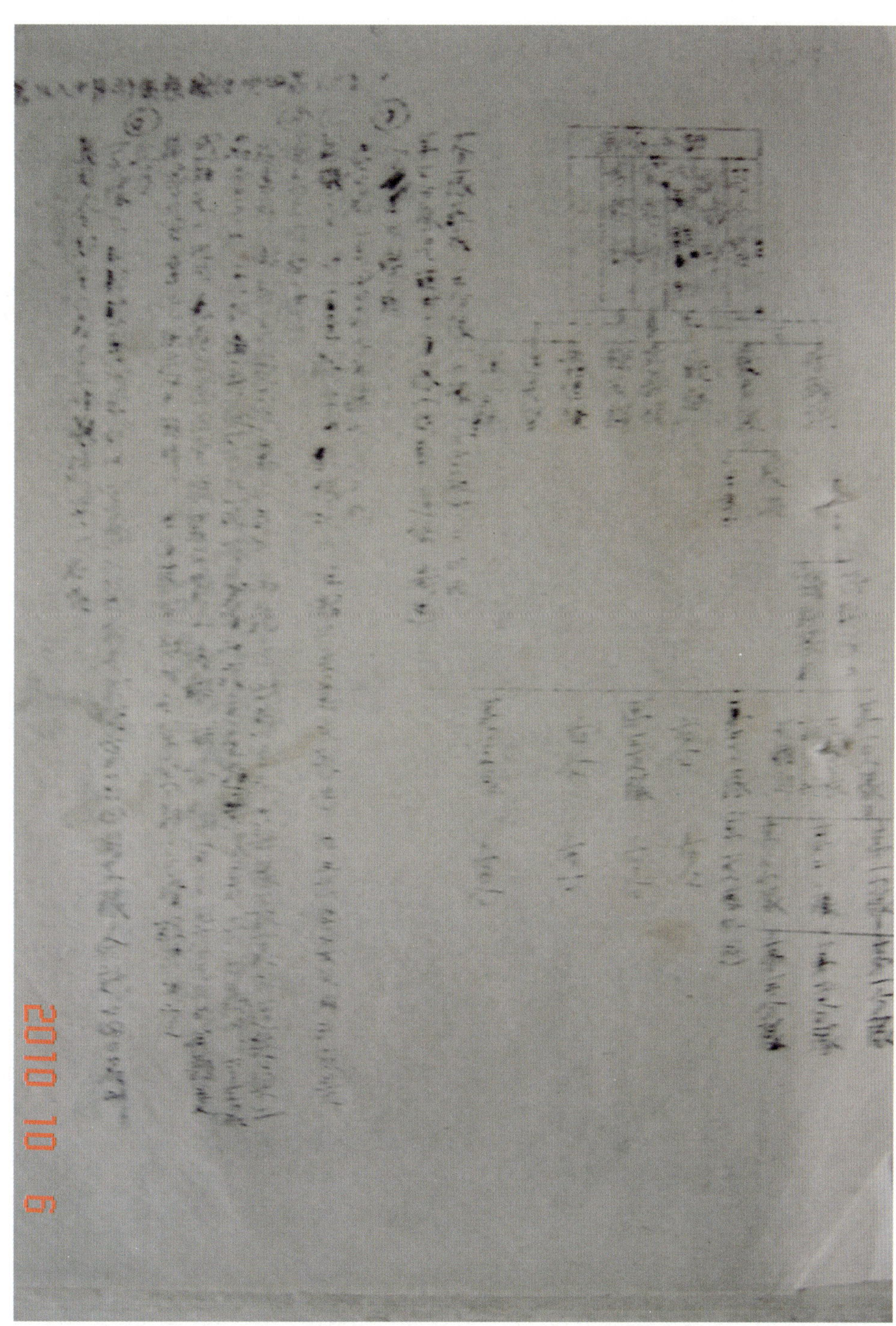

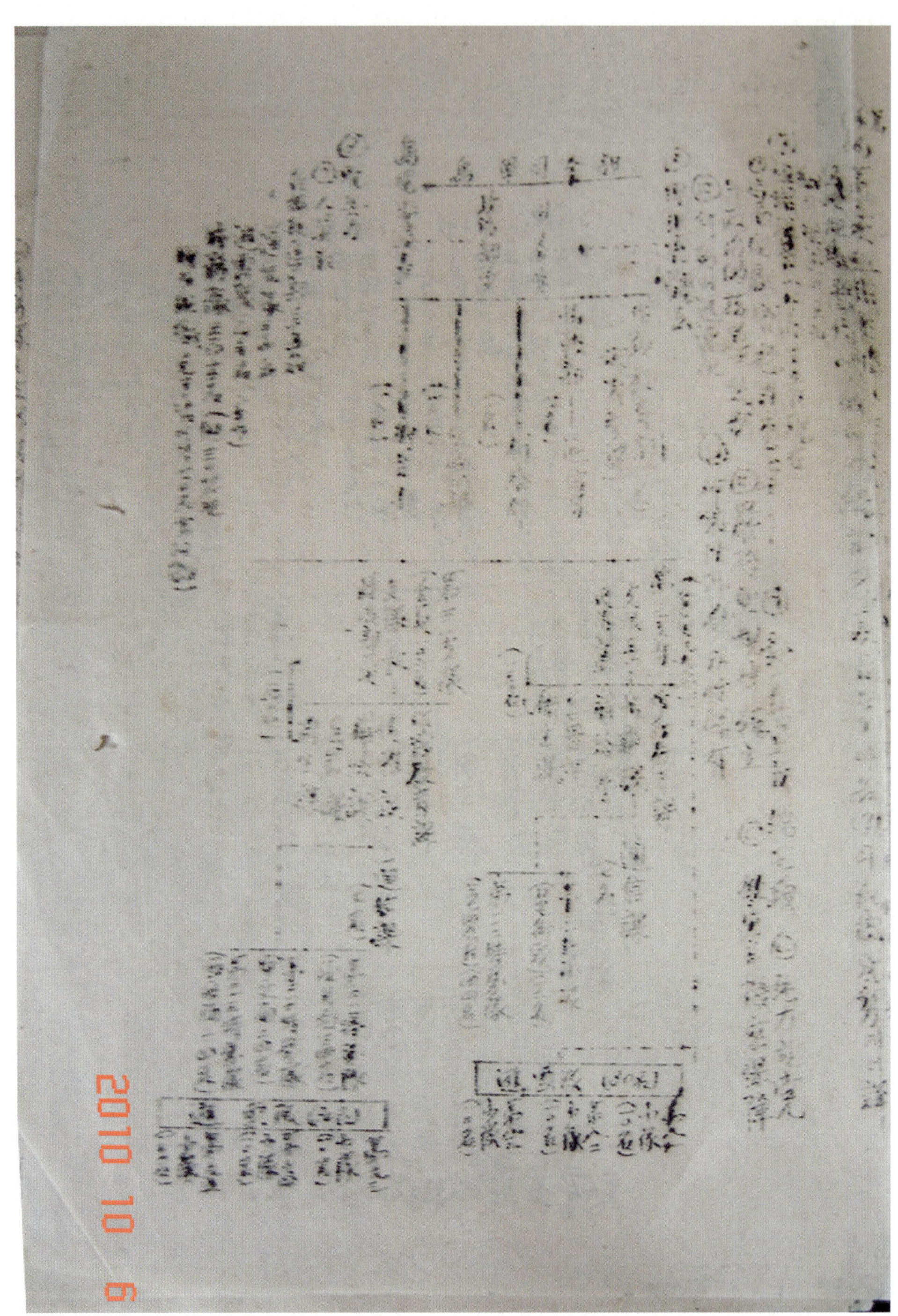

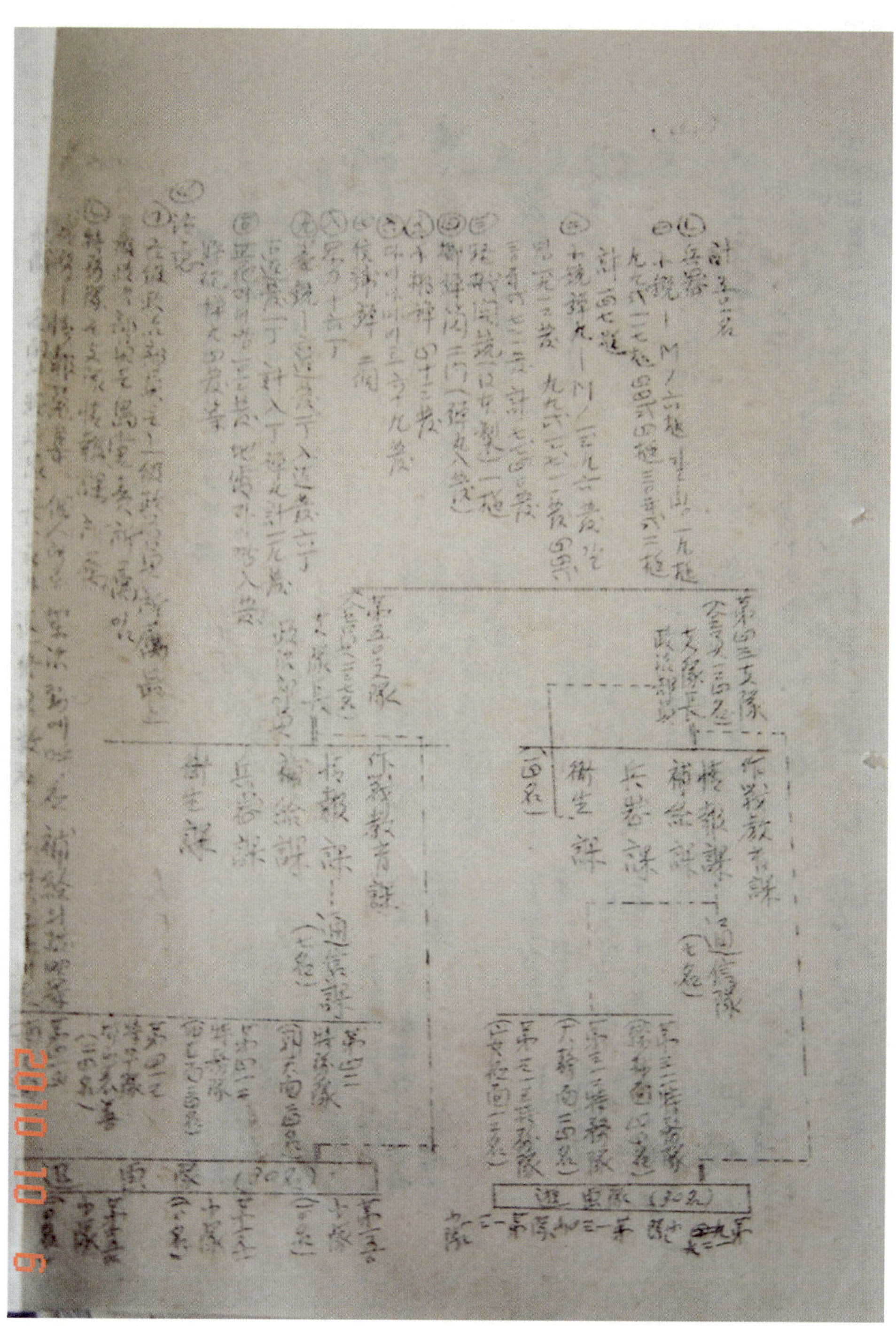

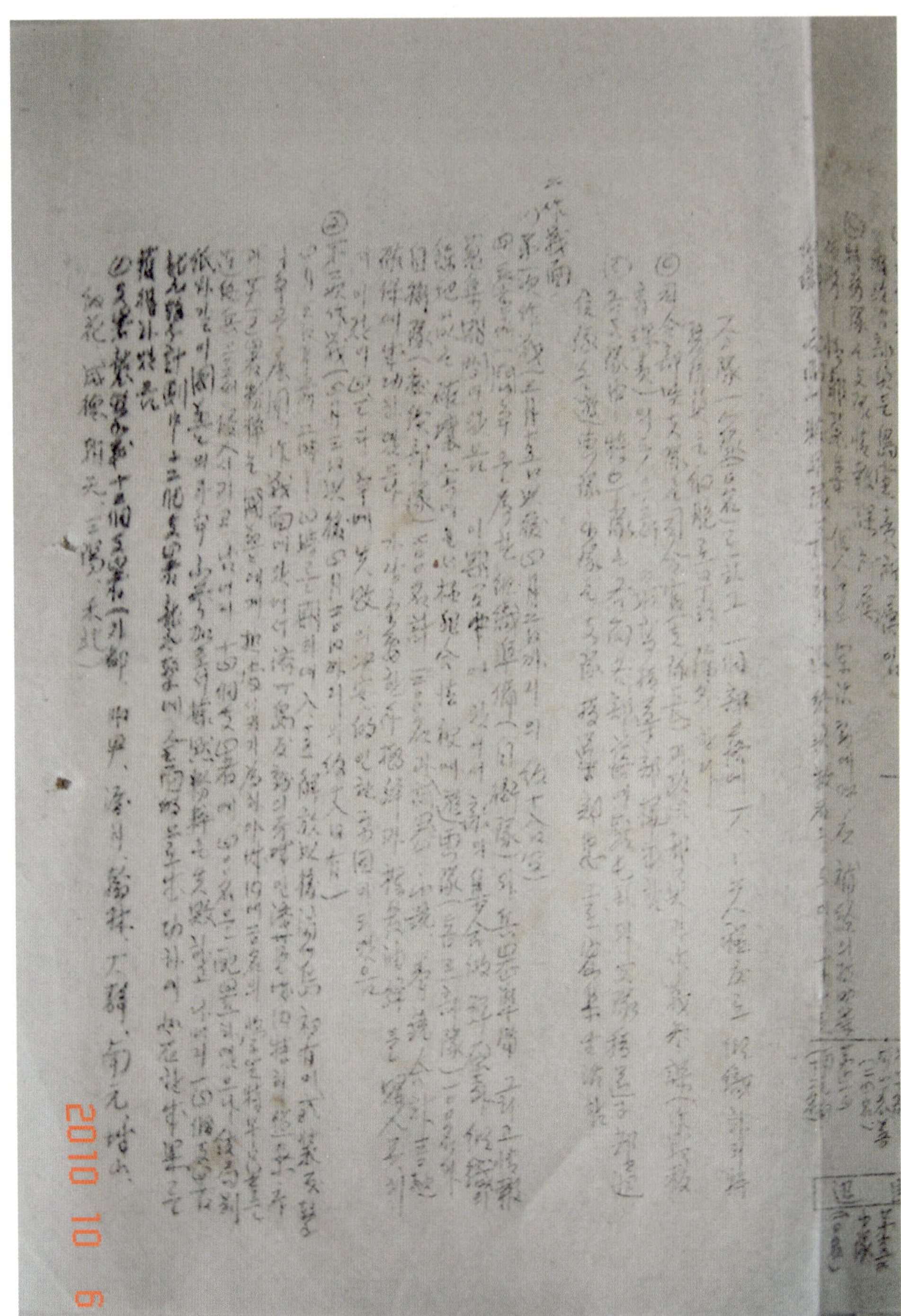

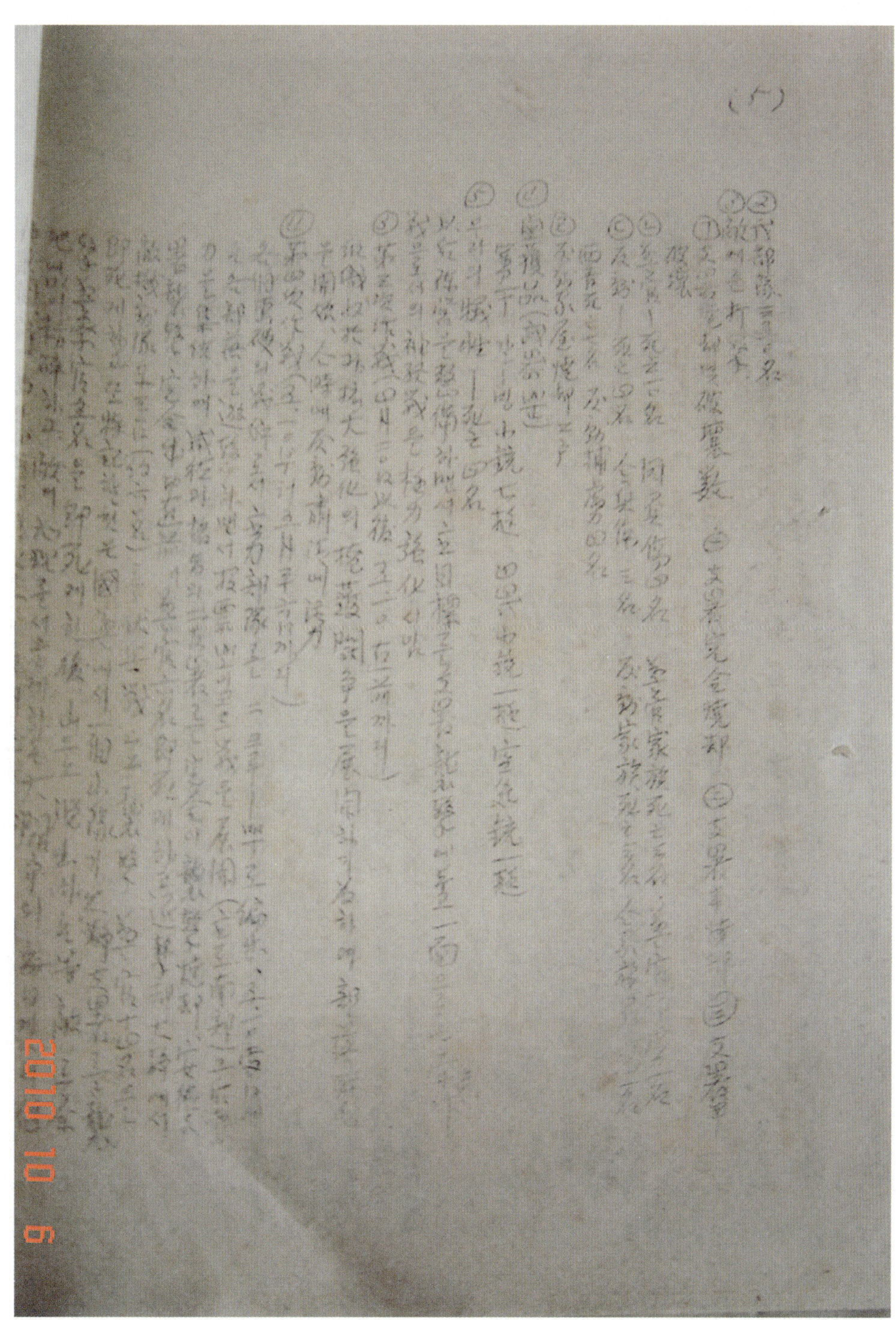

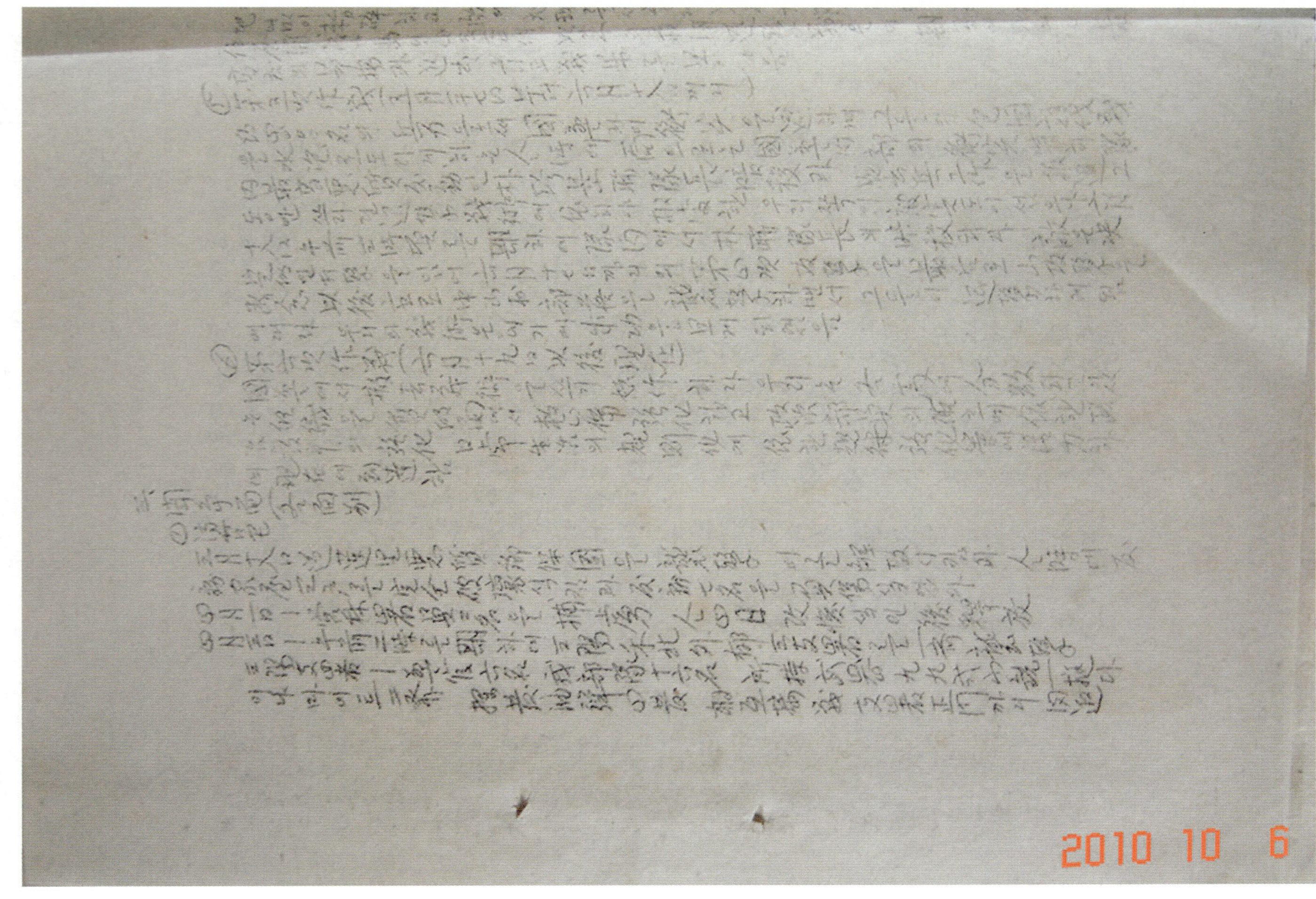

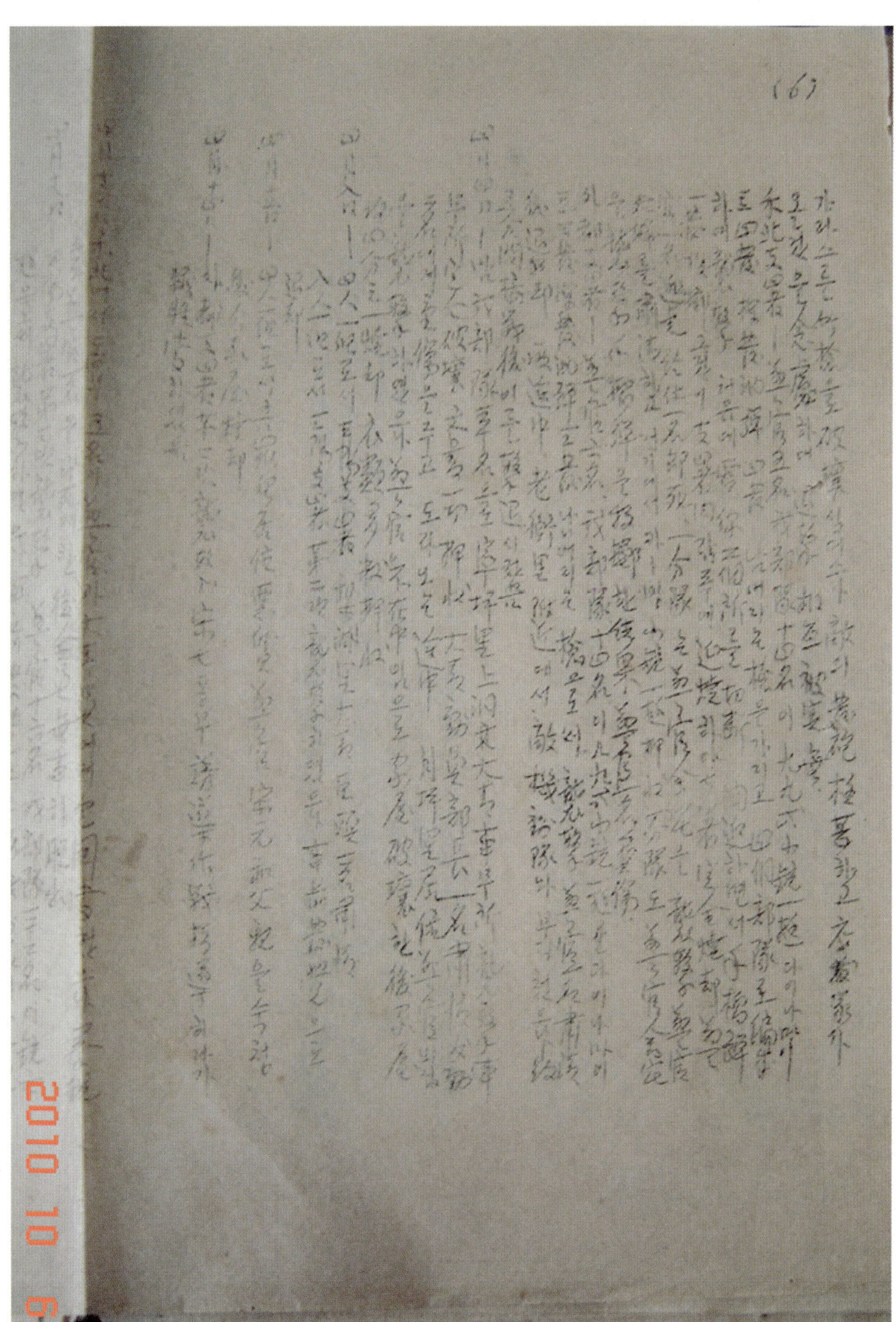

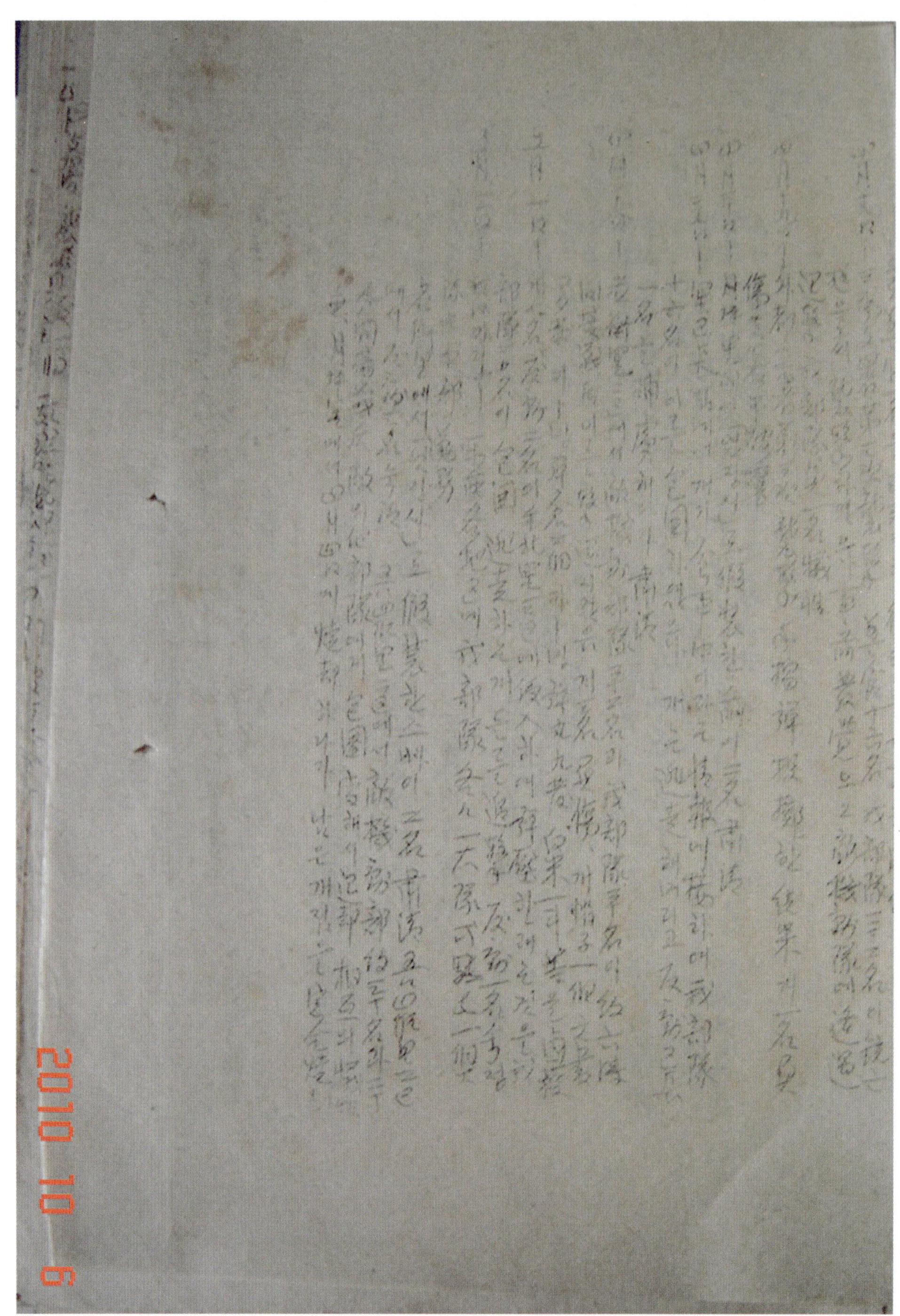

[illegible]

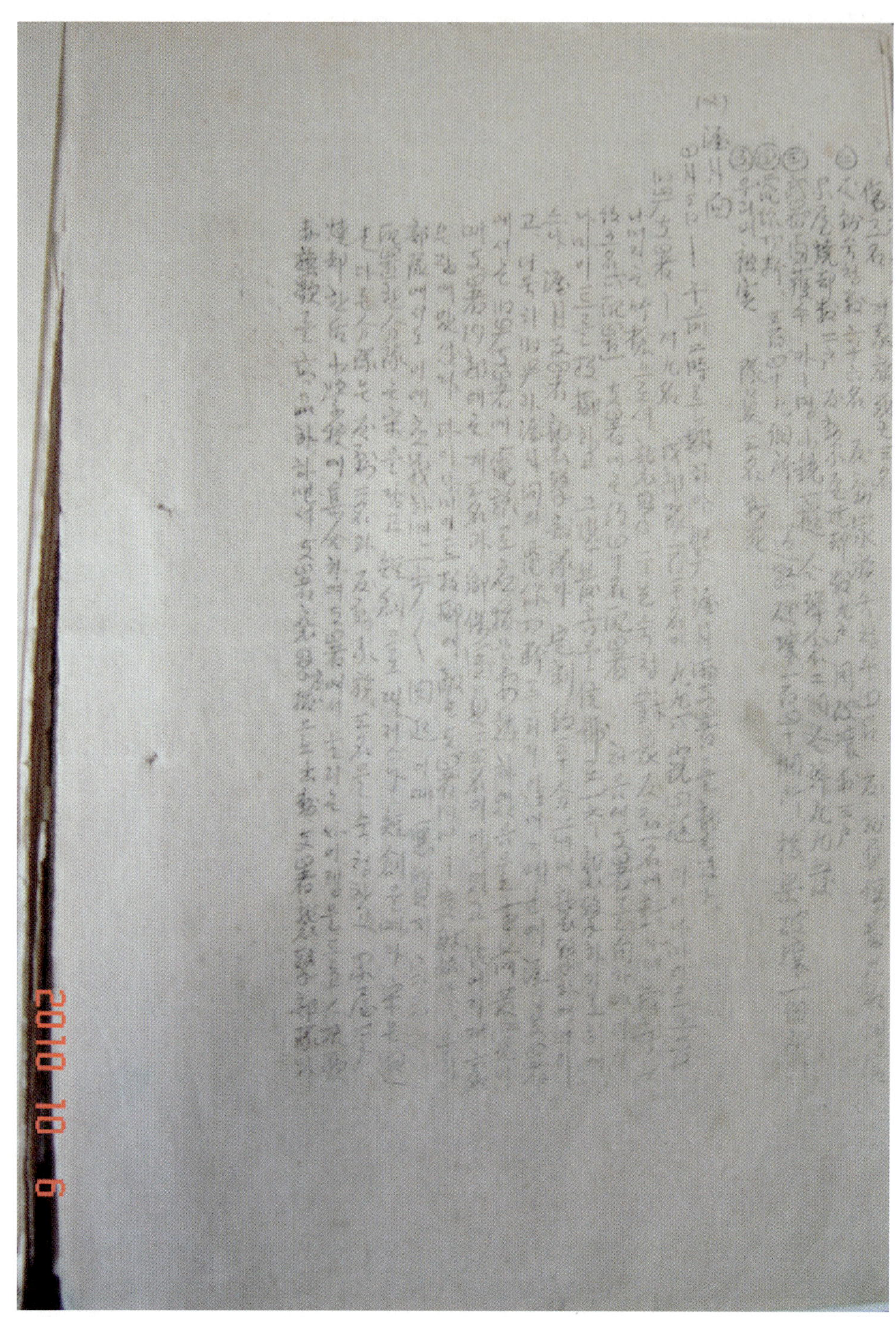

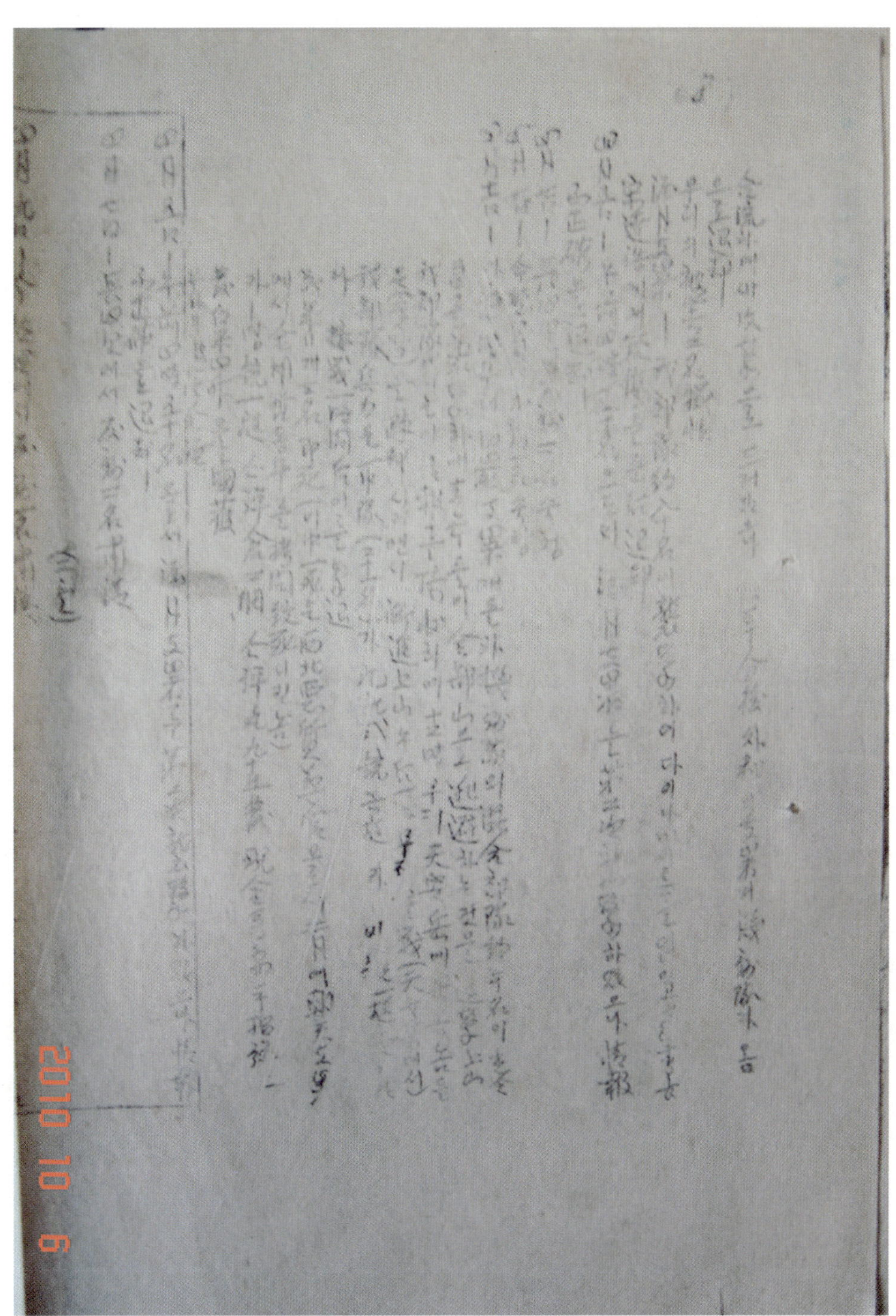

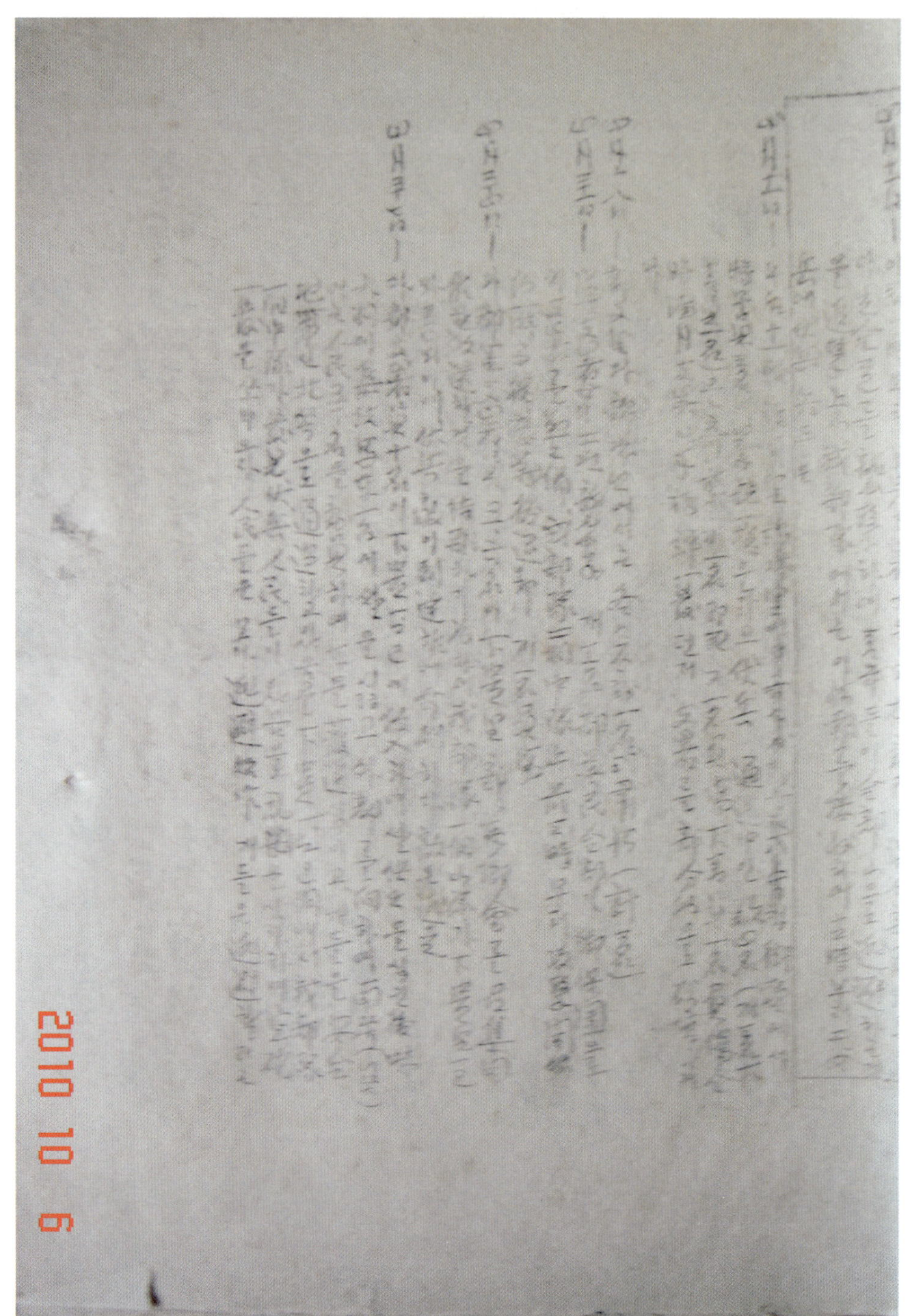

(45)

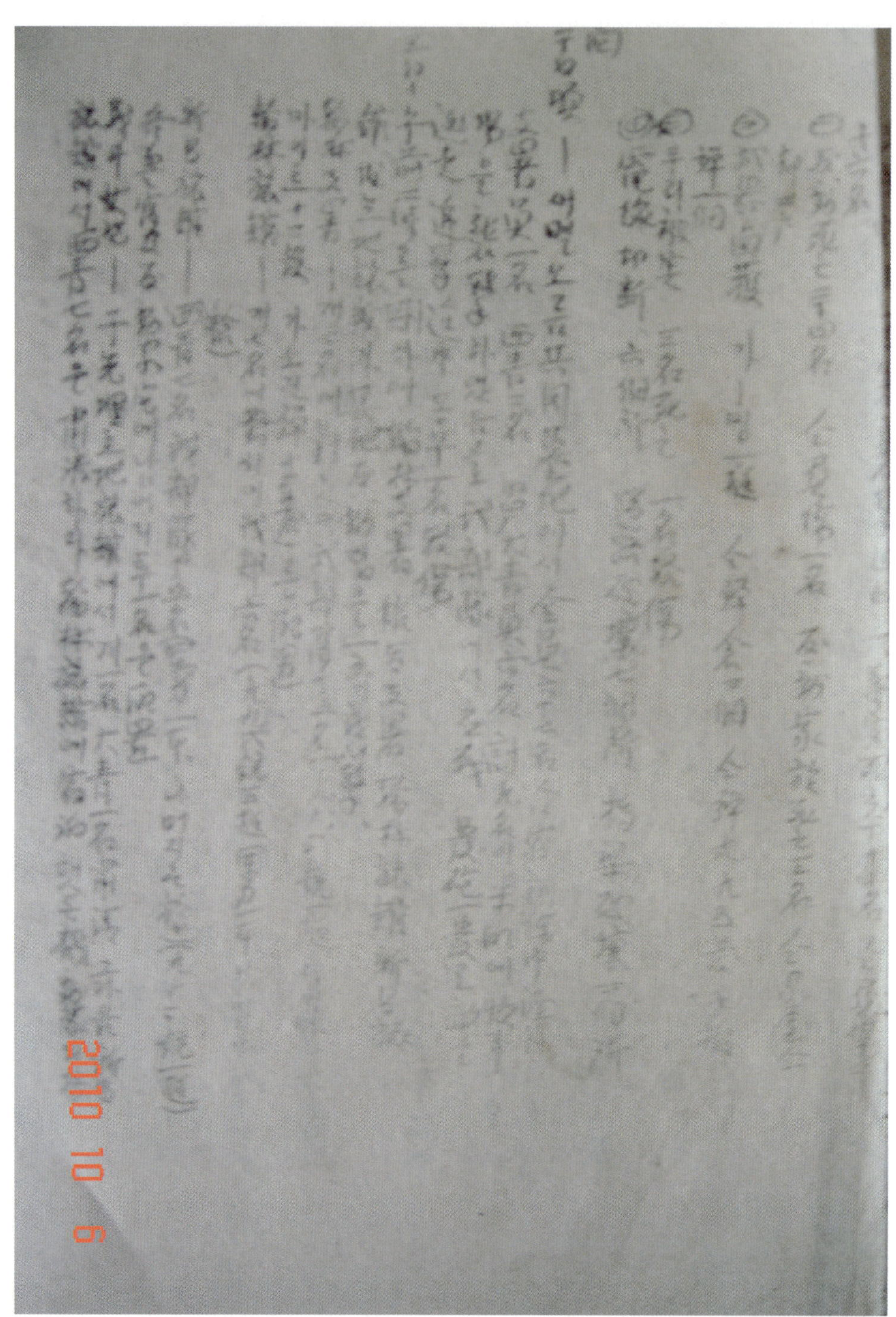

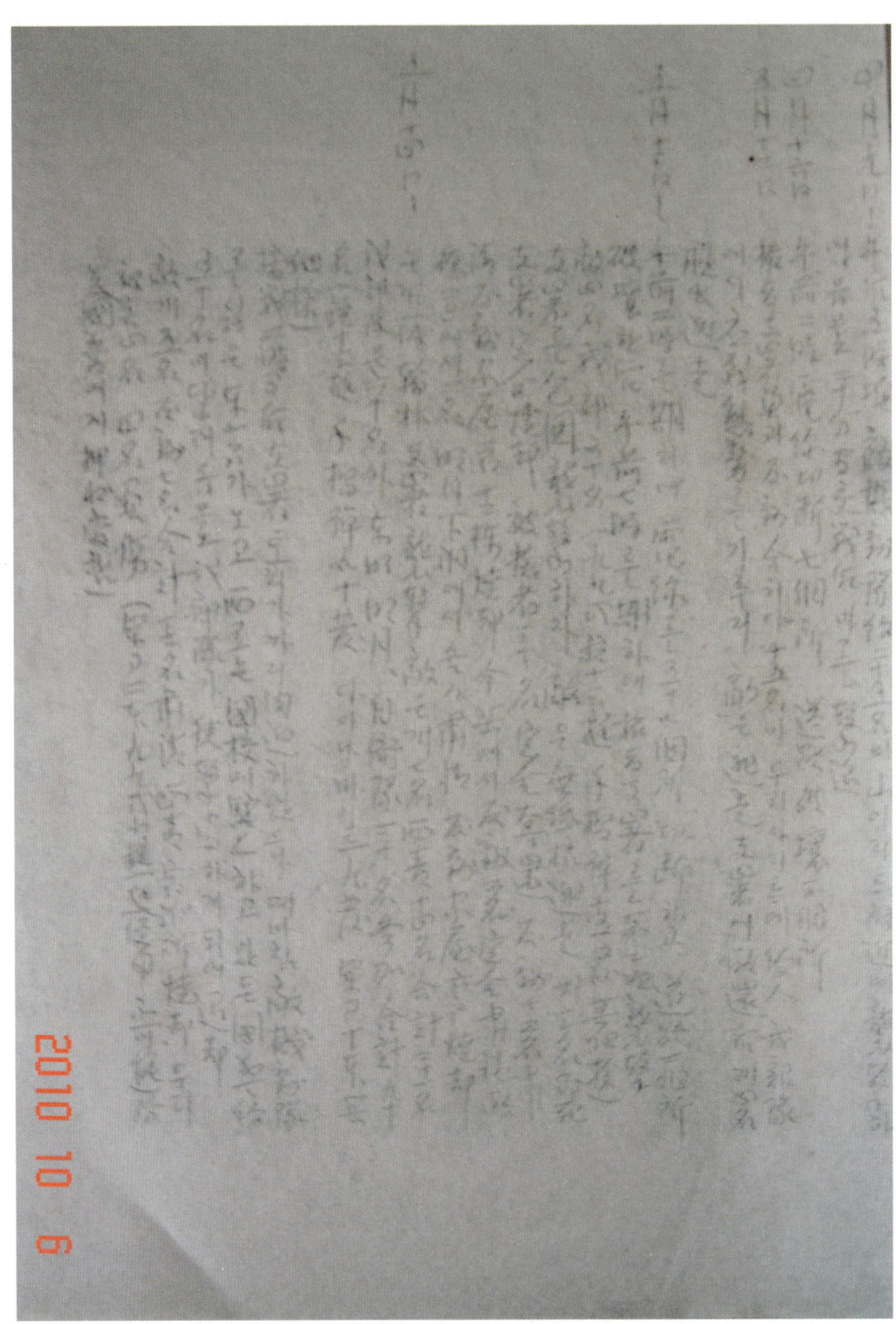

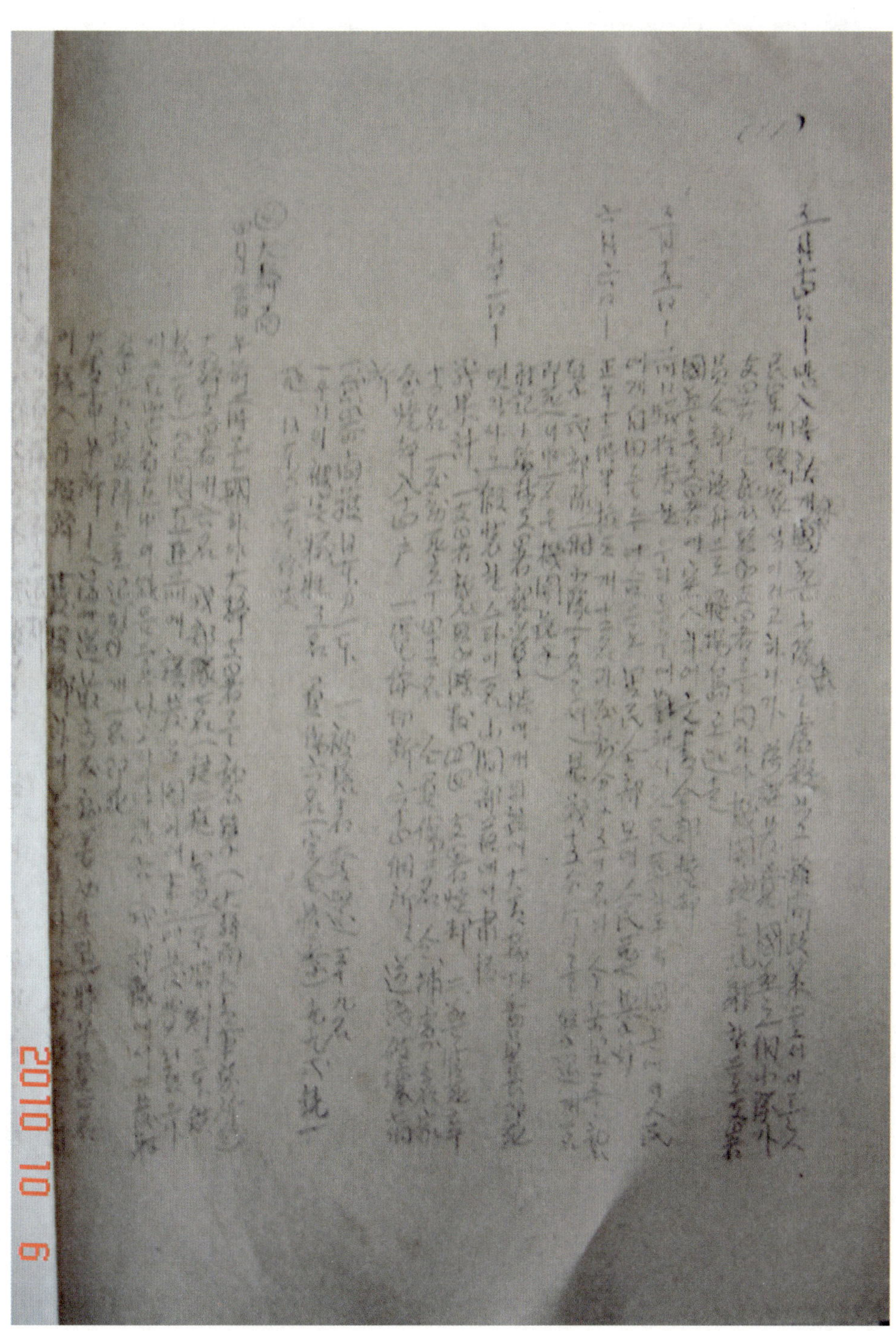

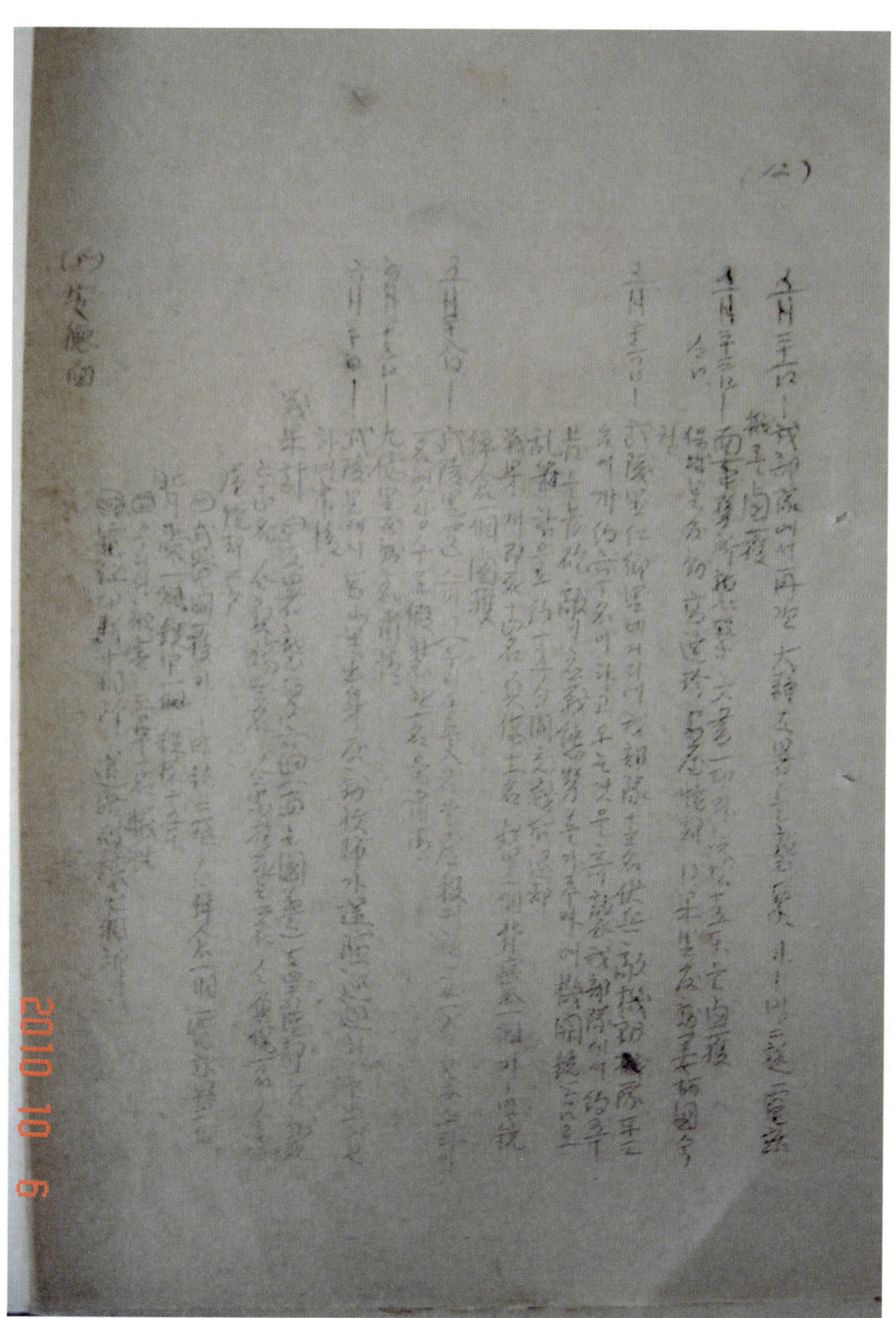

（二）

[illegible] [illegible] [illegible] [illegible] [illegible]

③ [illegible]

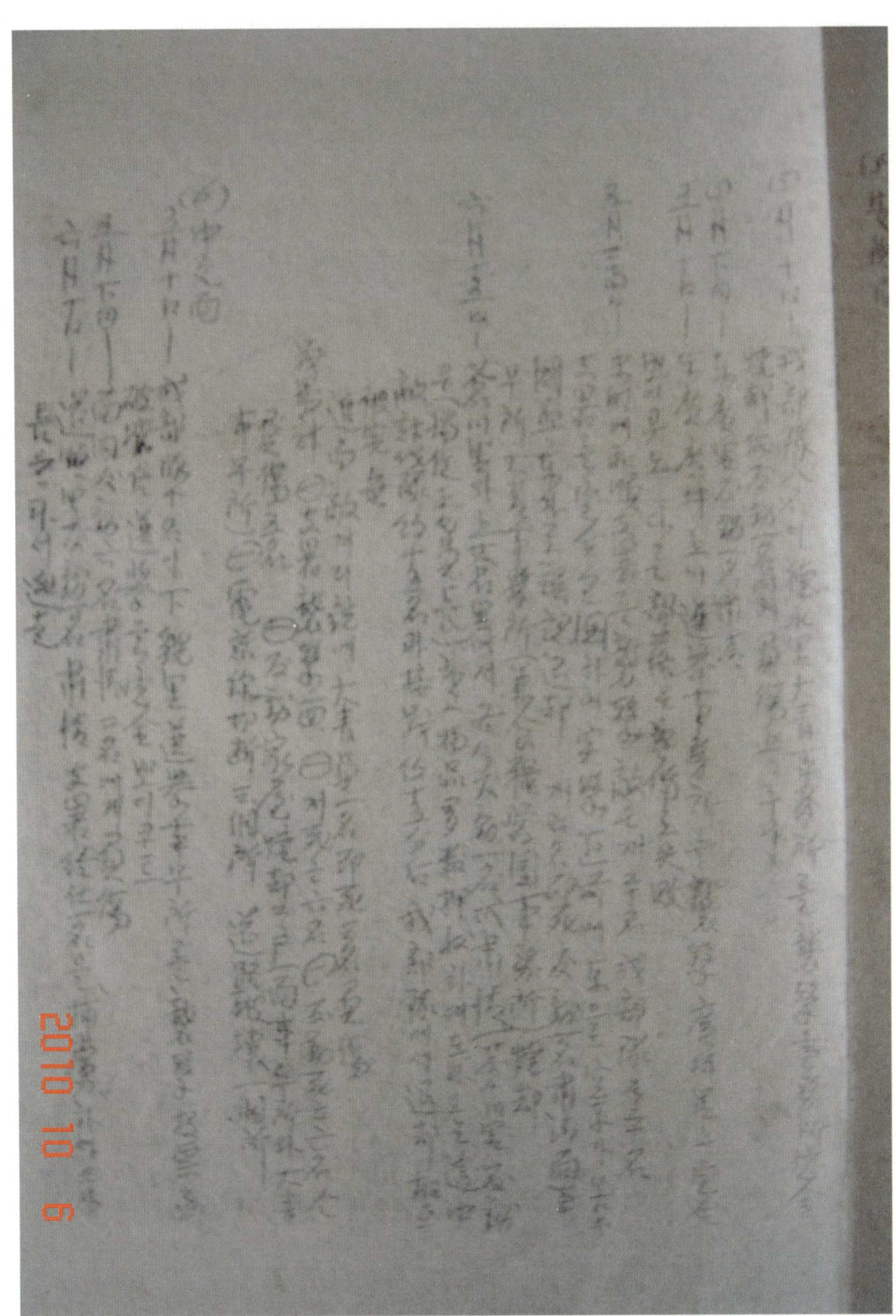

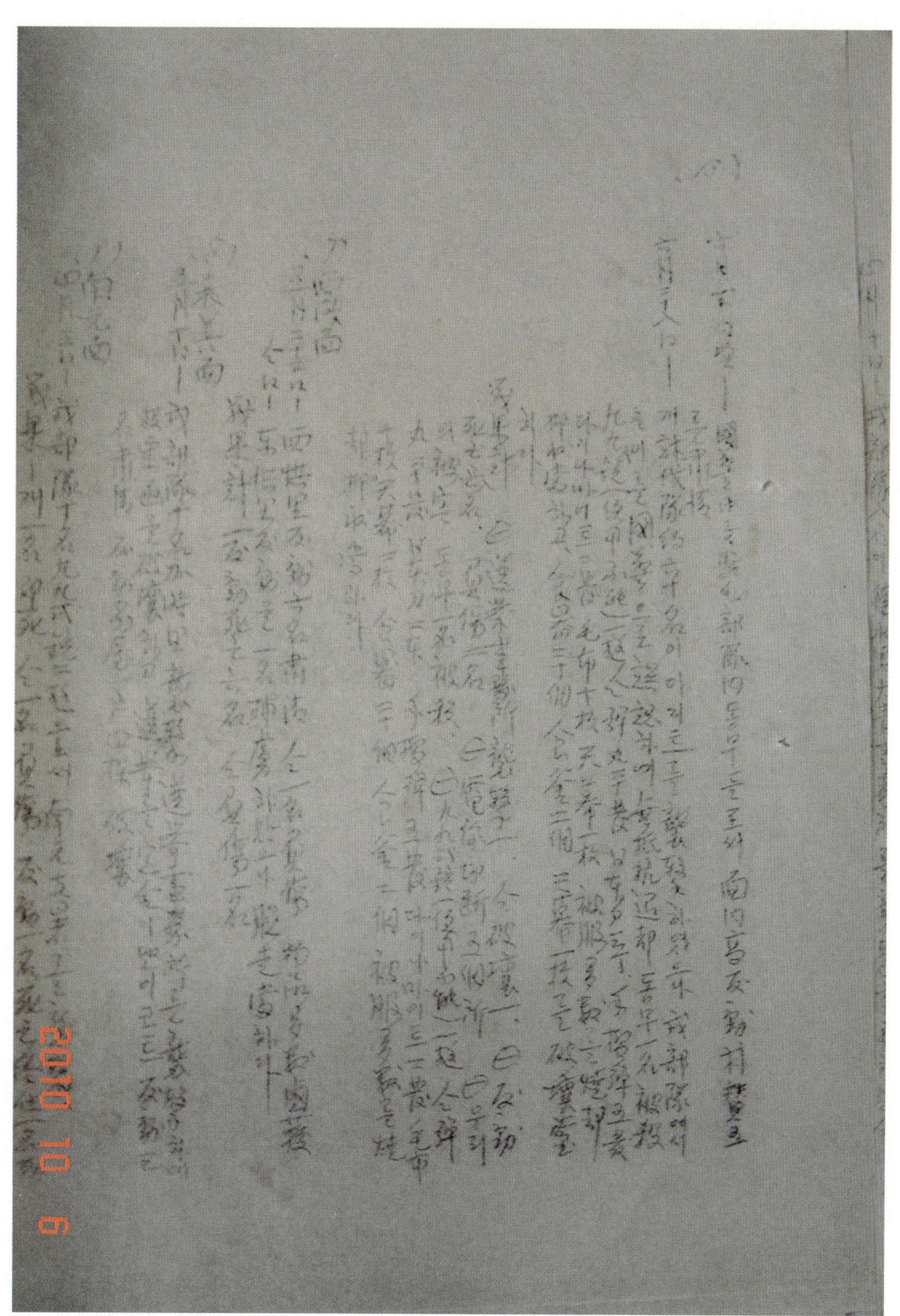

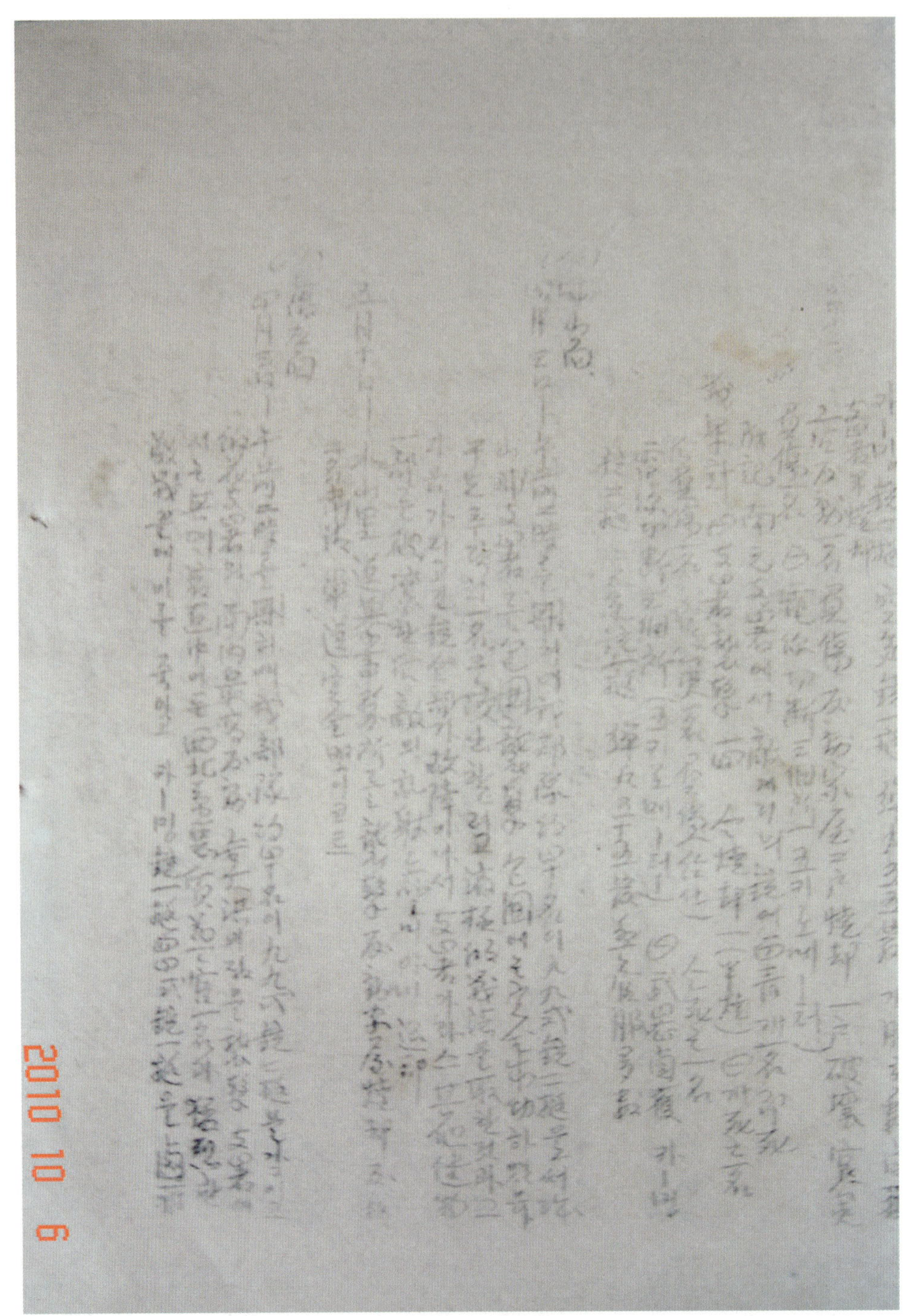

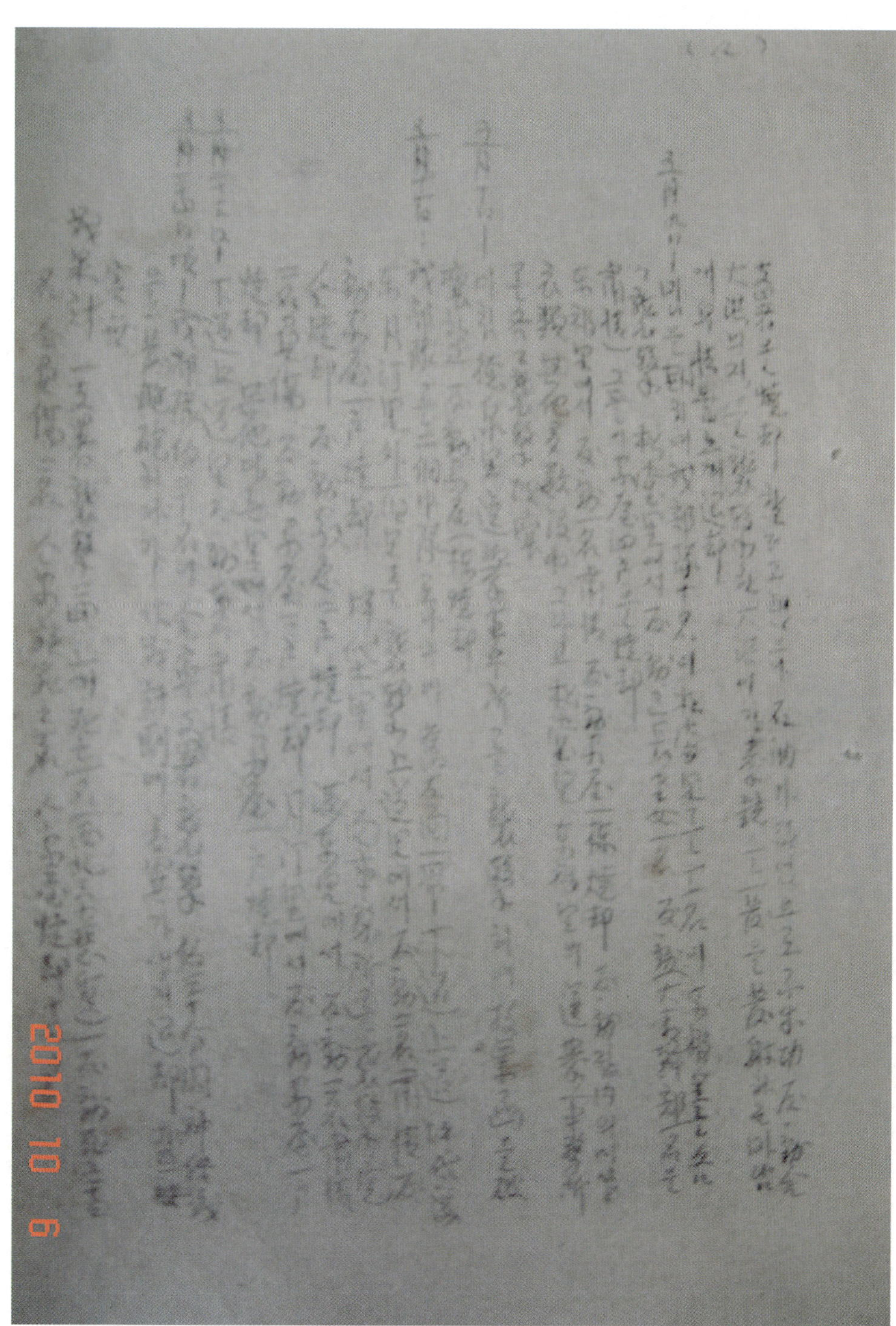

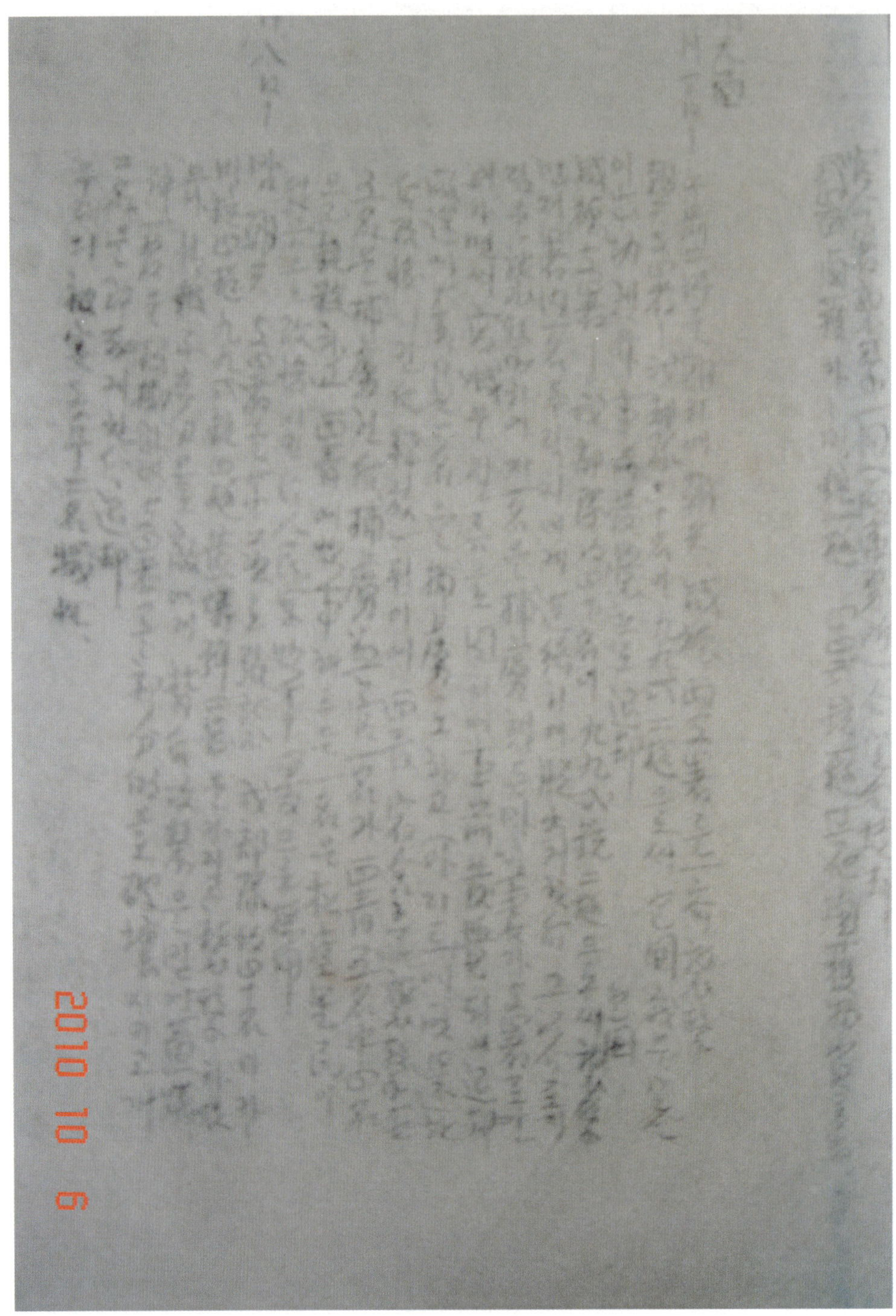

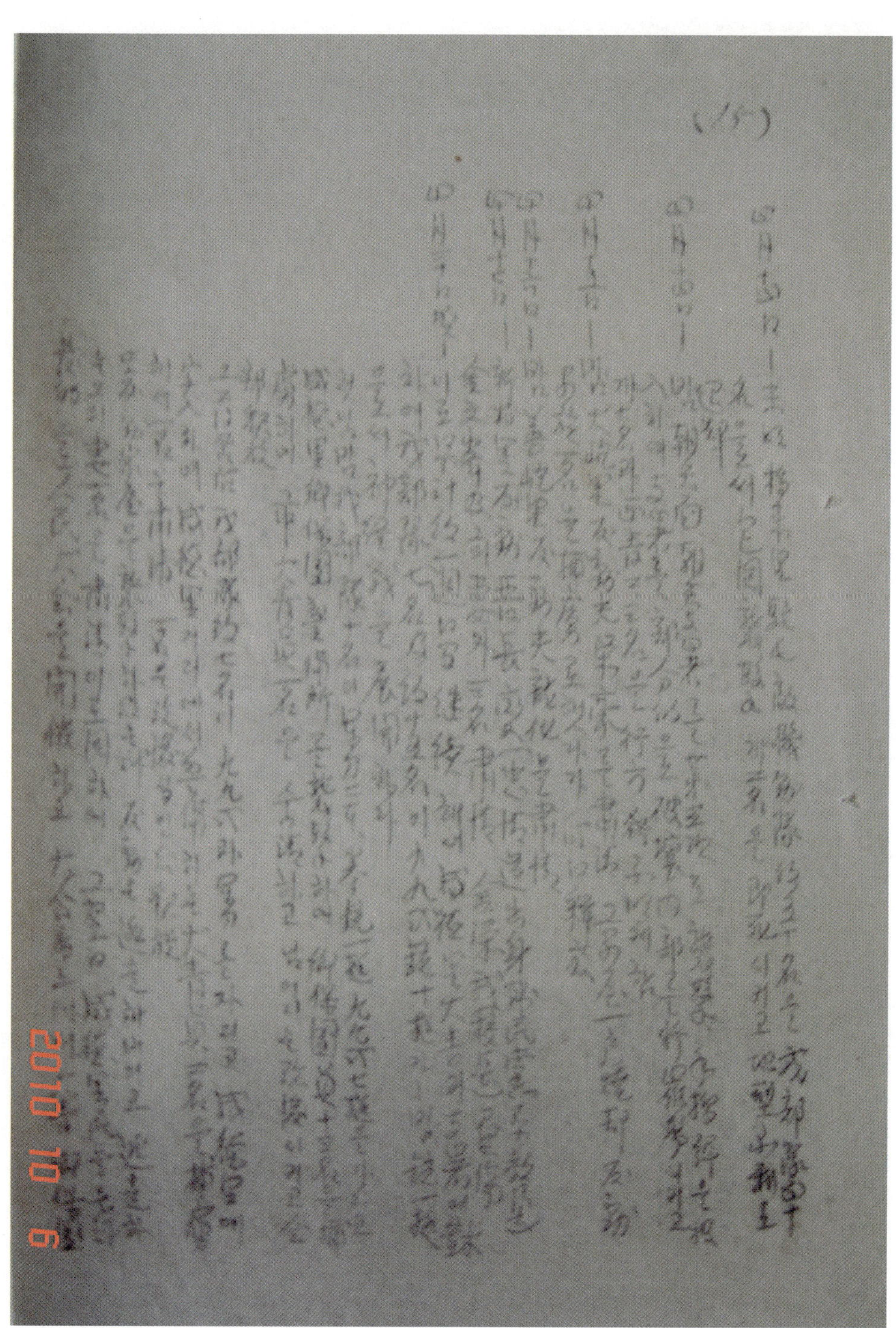

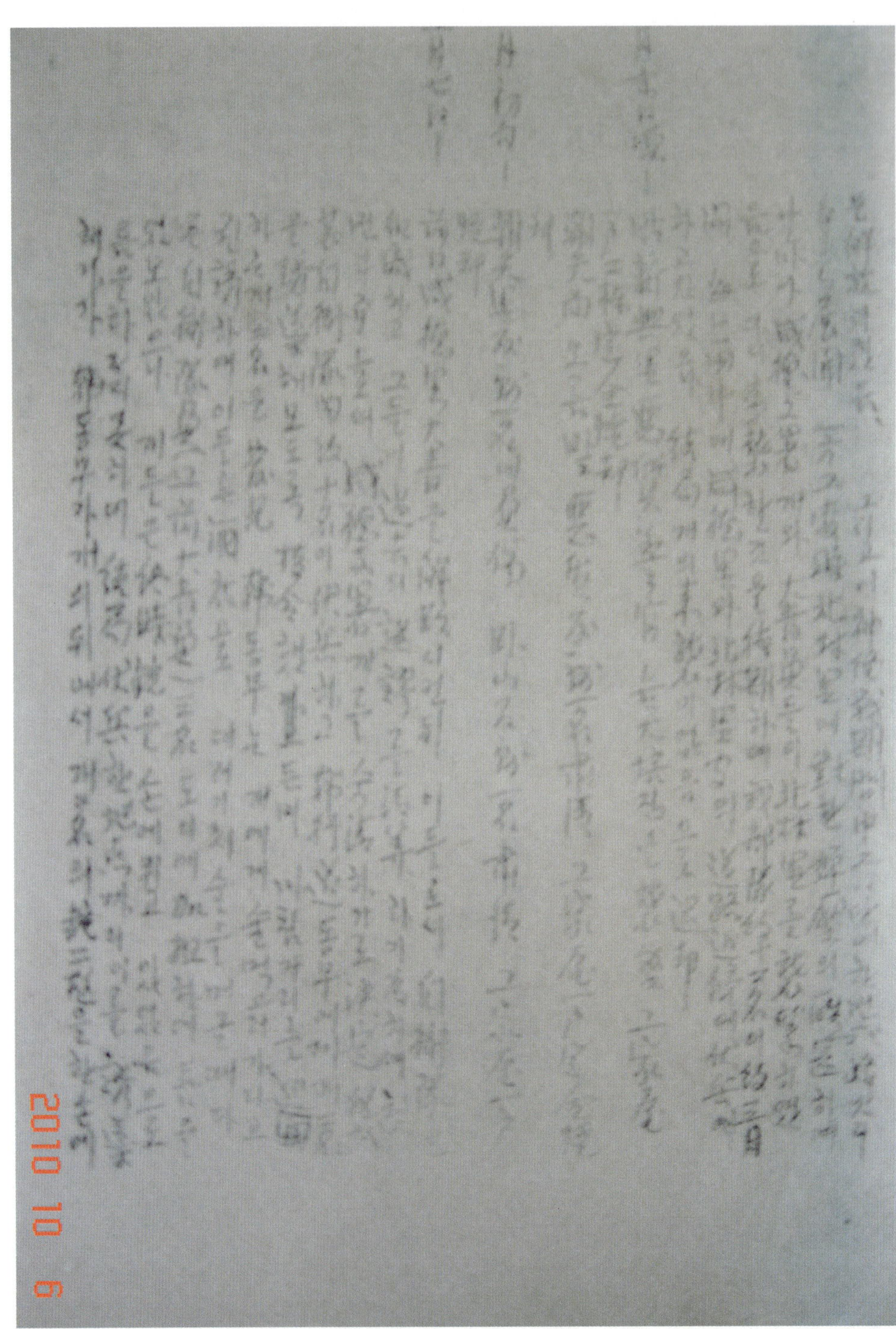

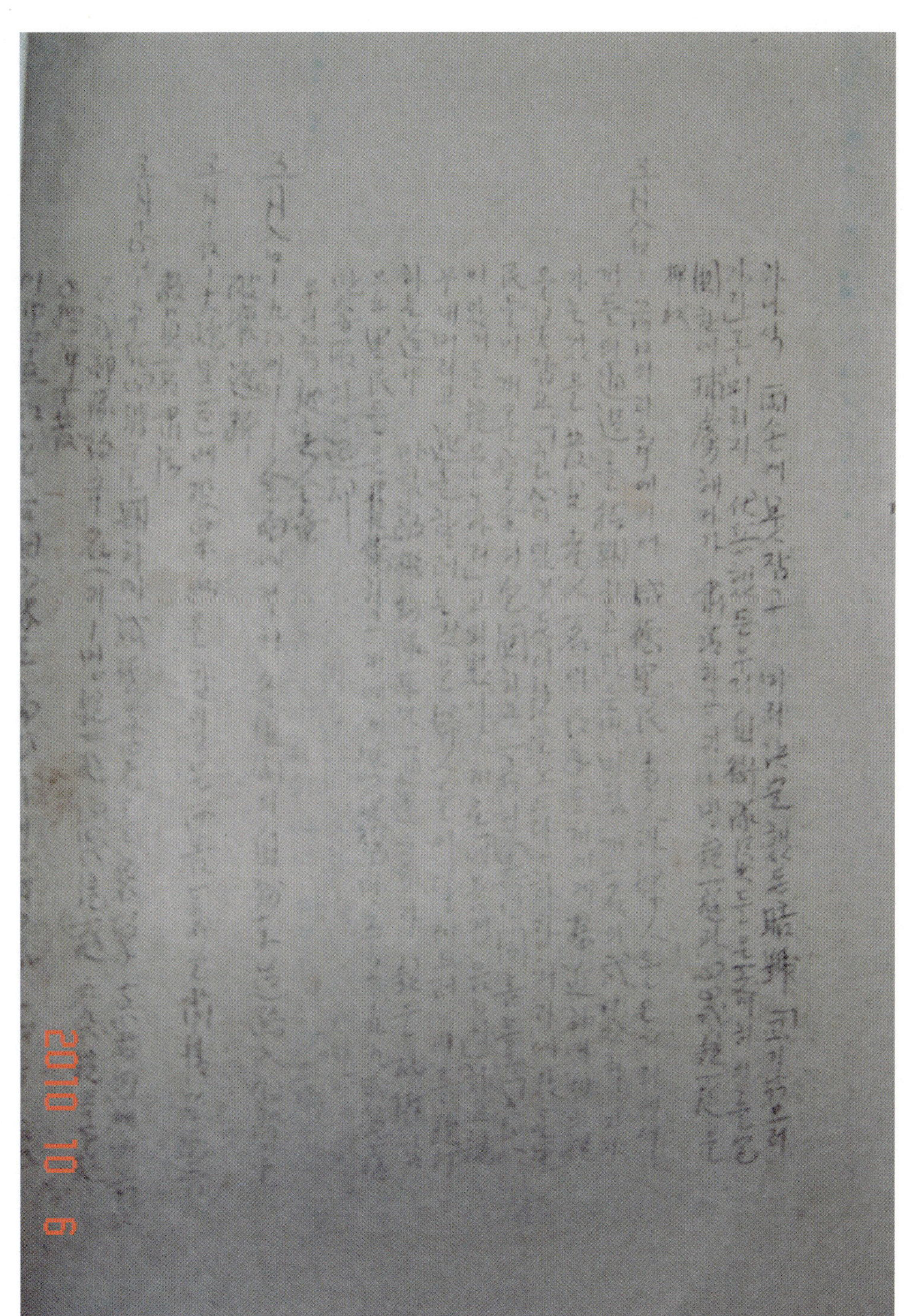

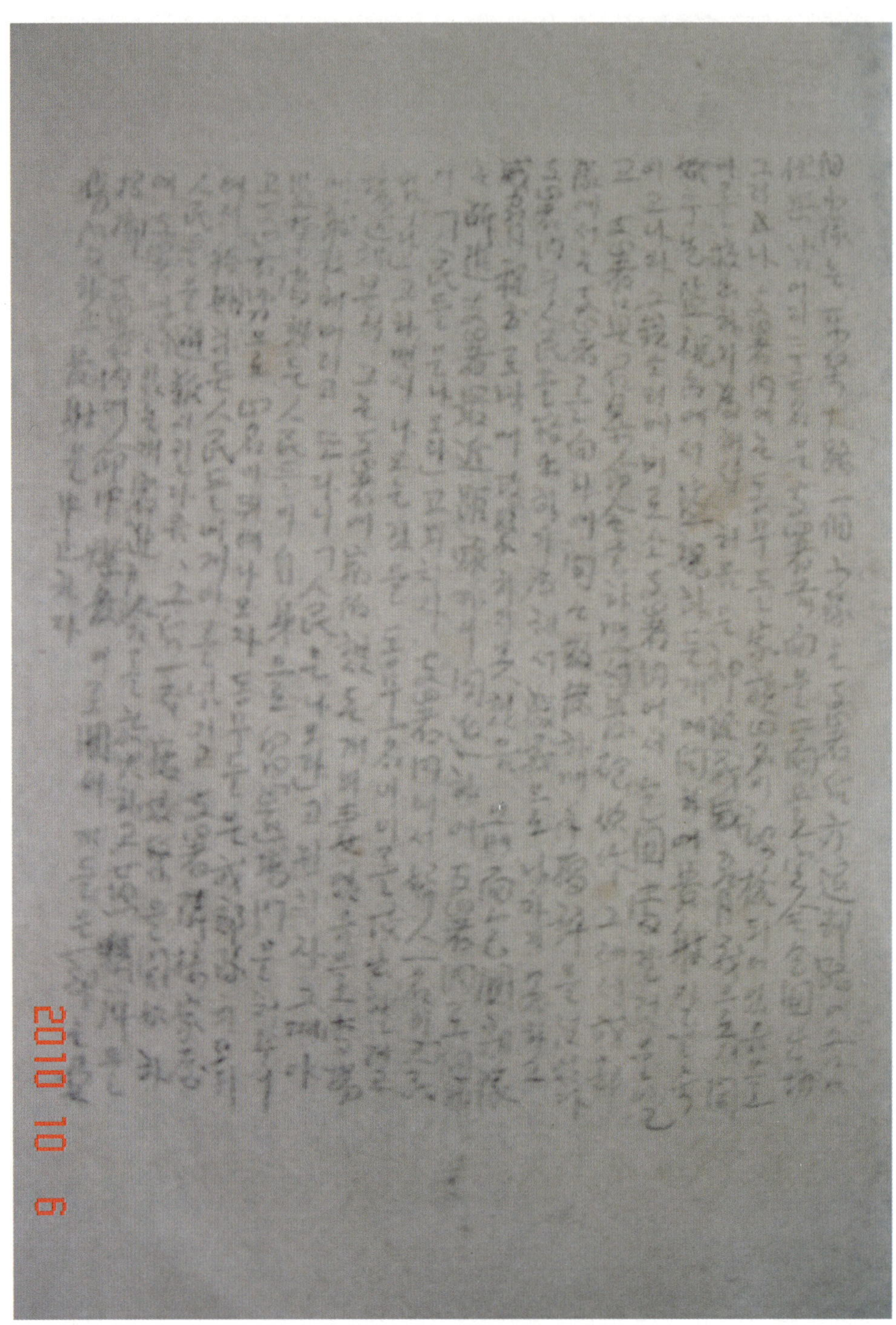

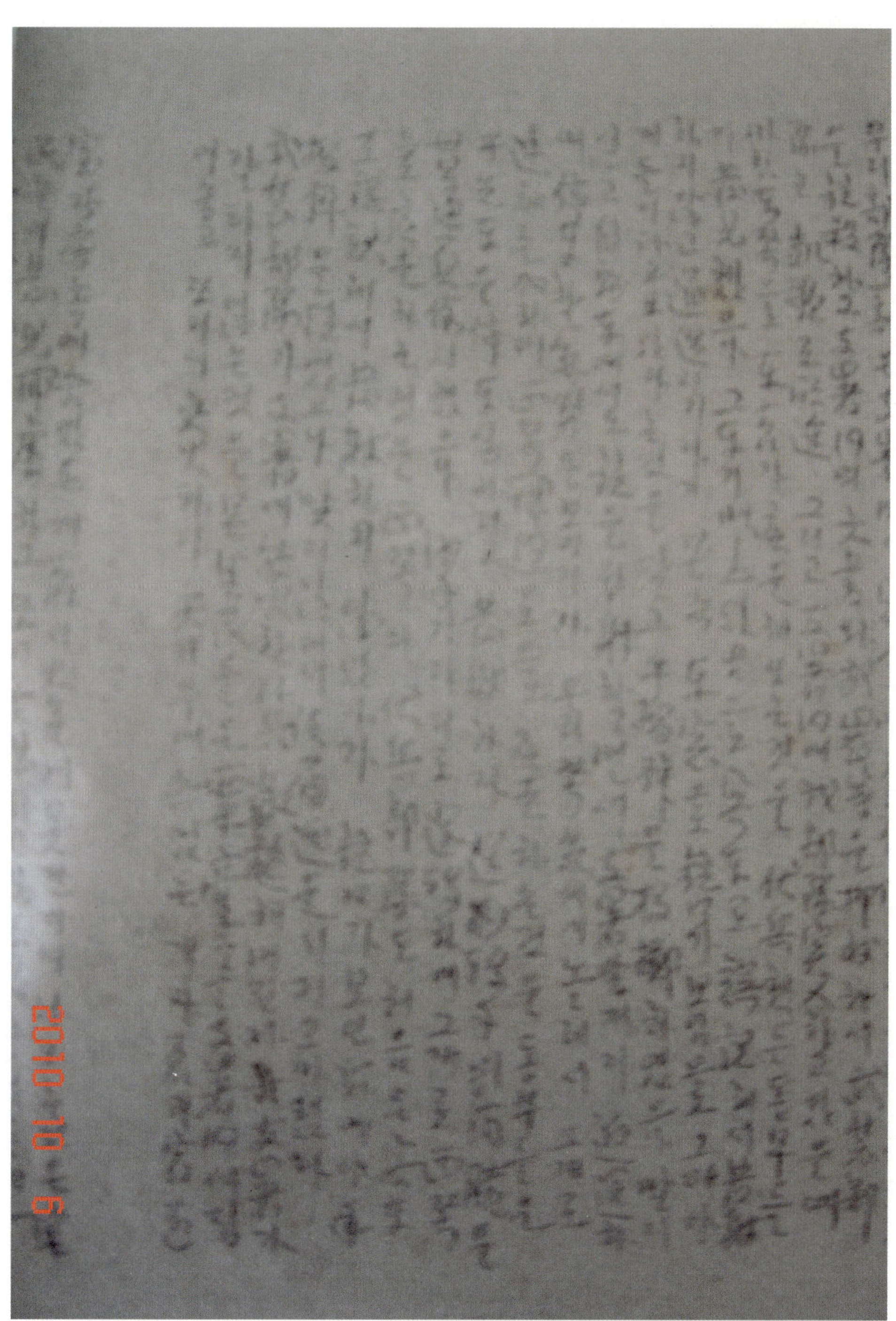

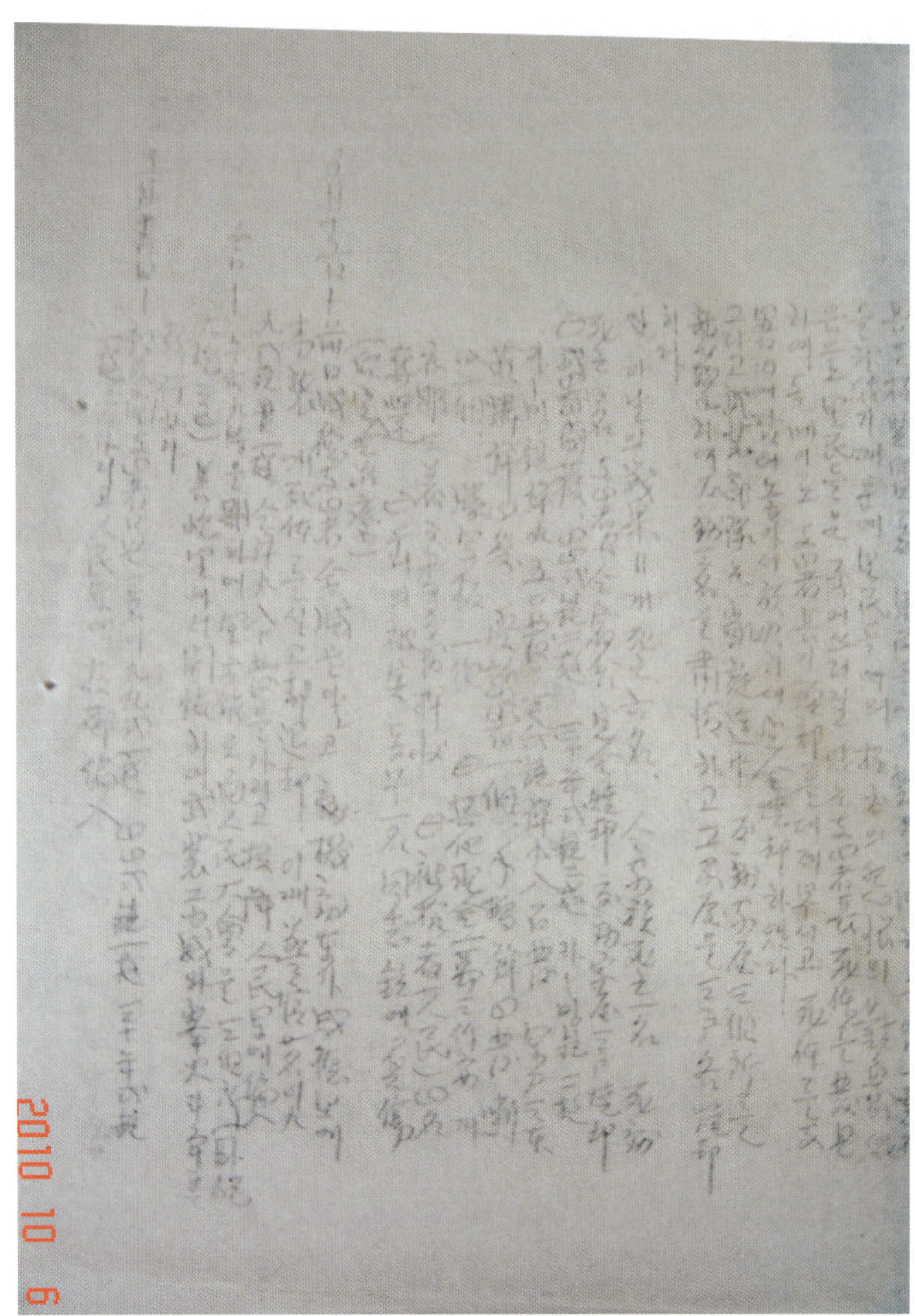

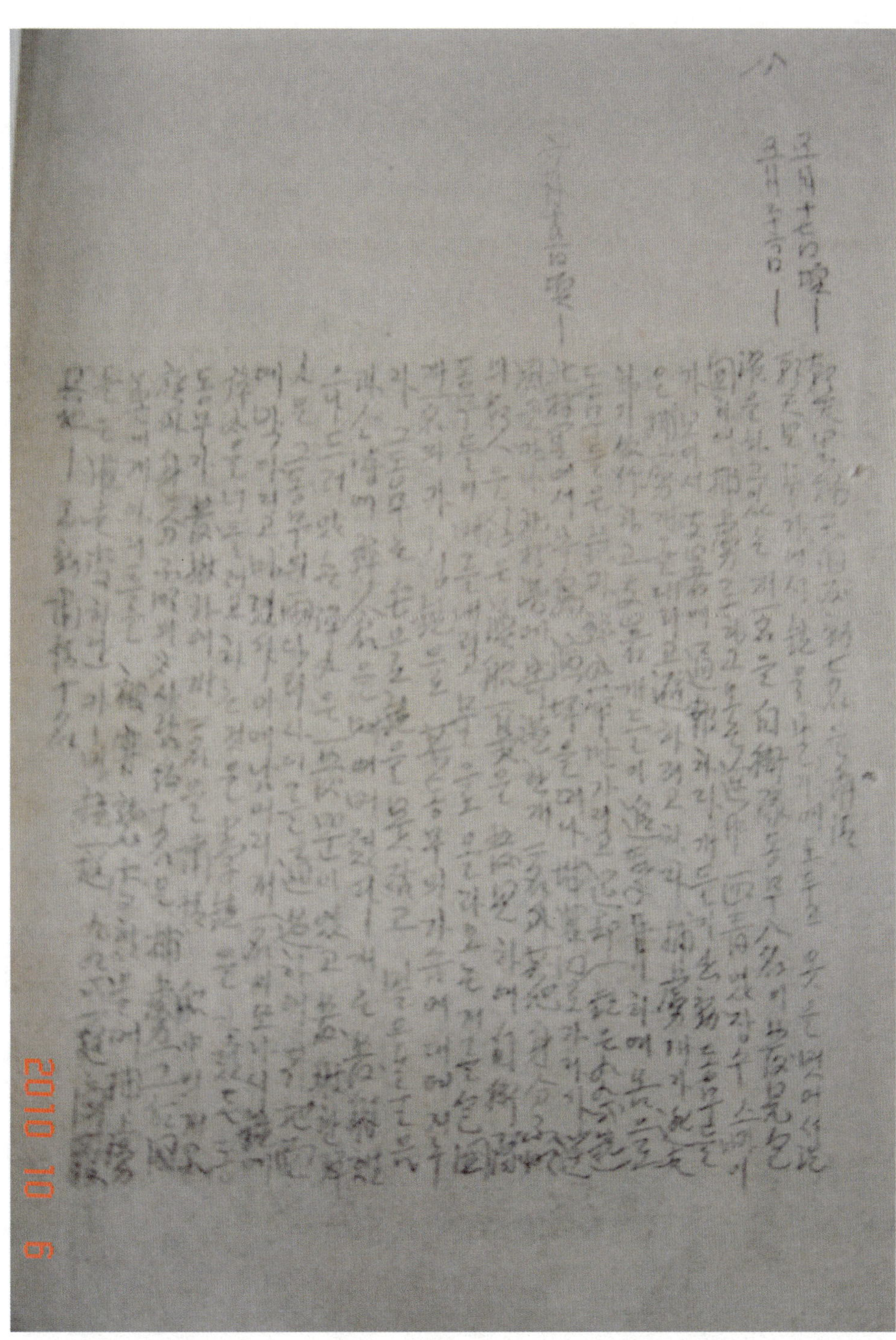

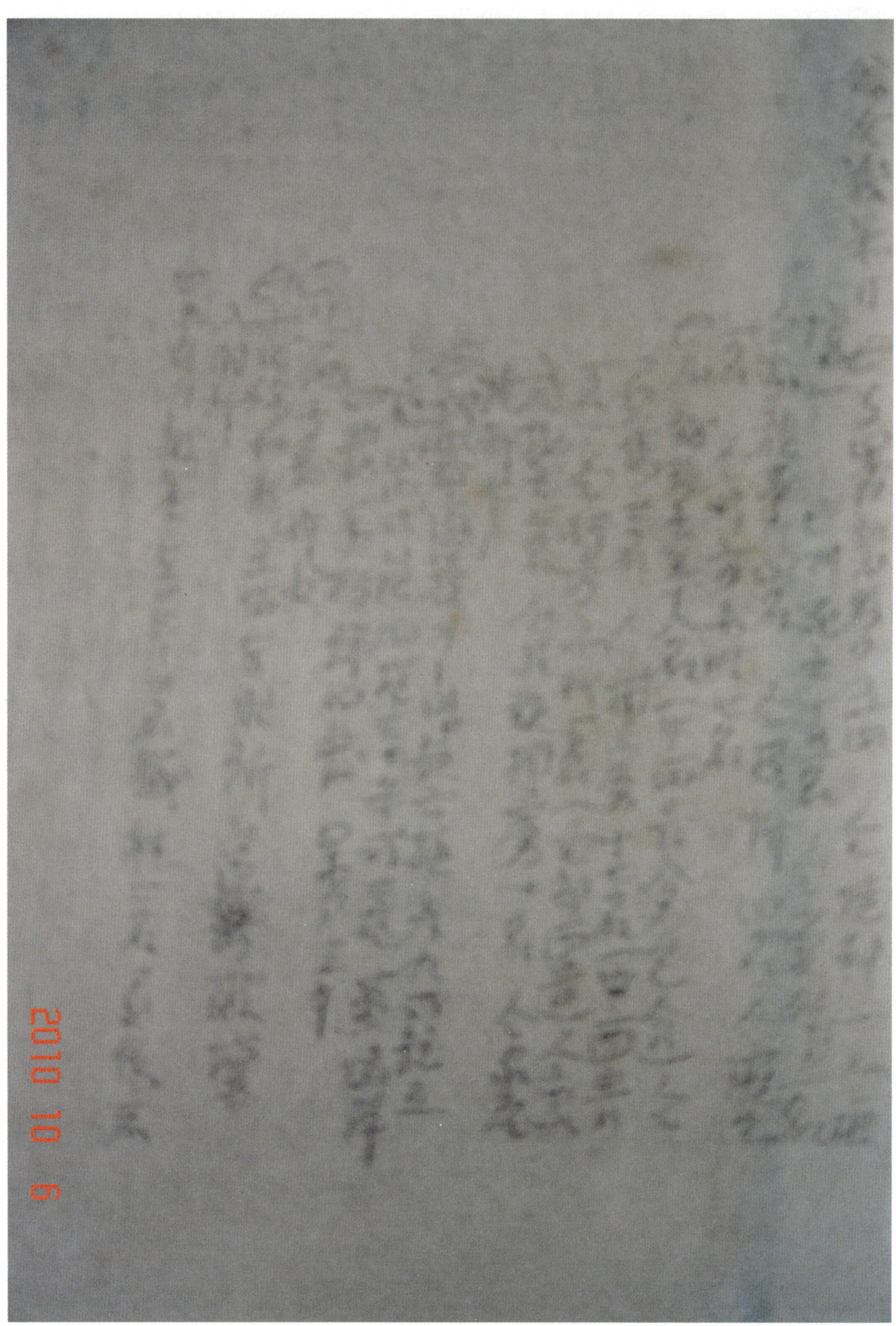

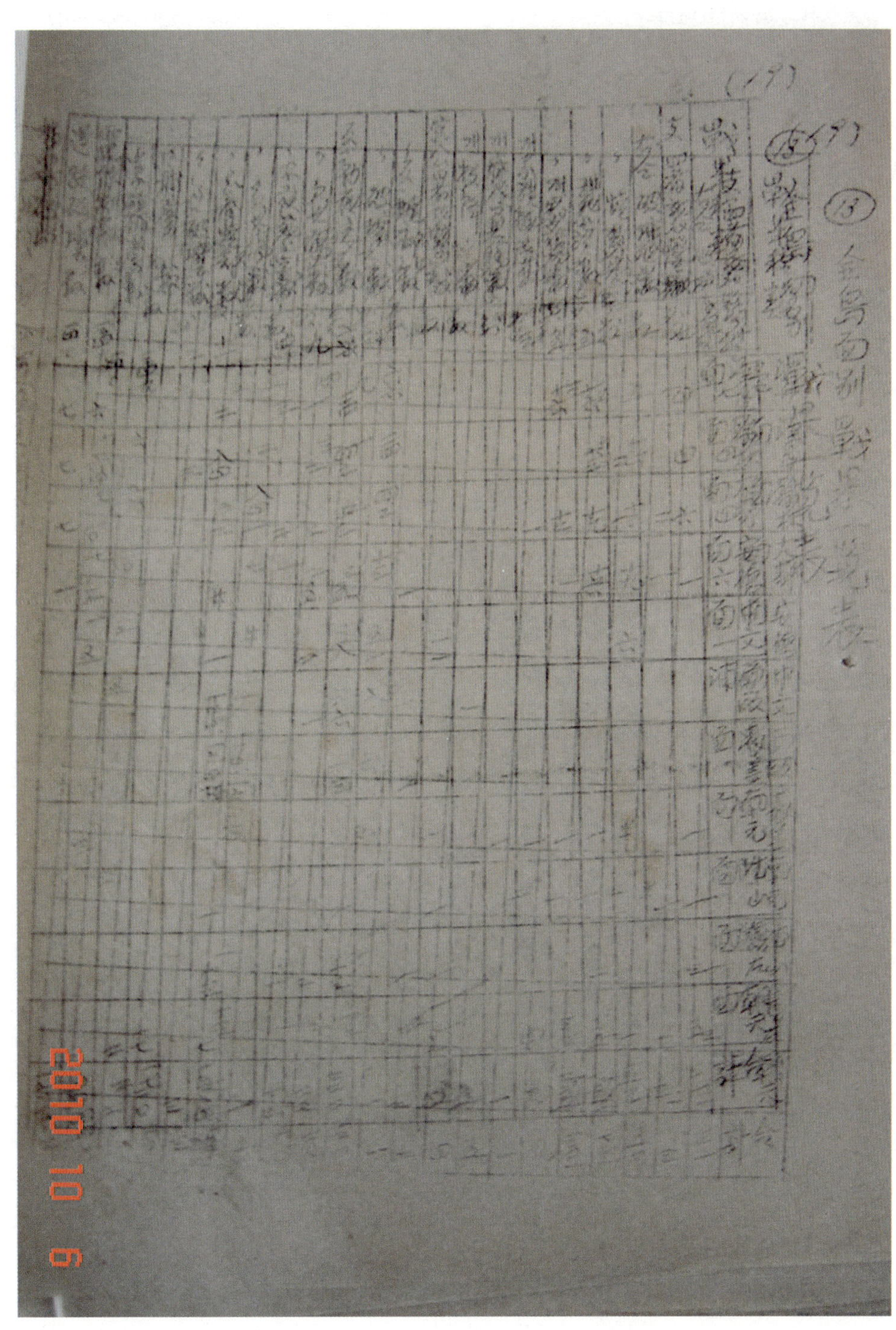

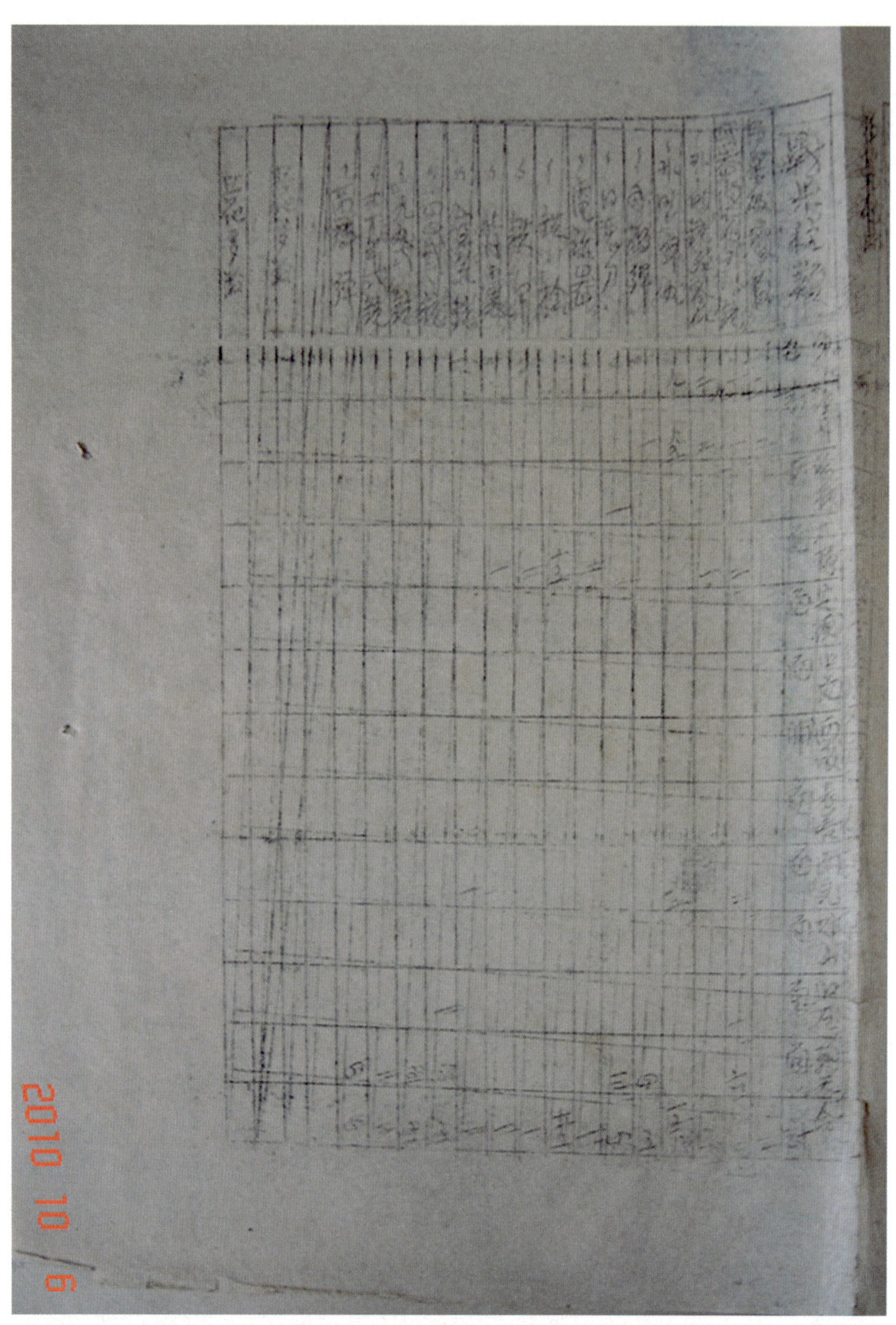

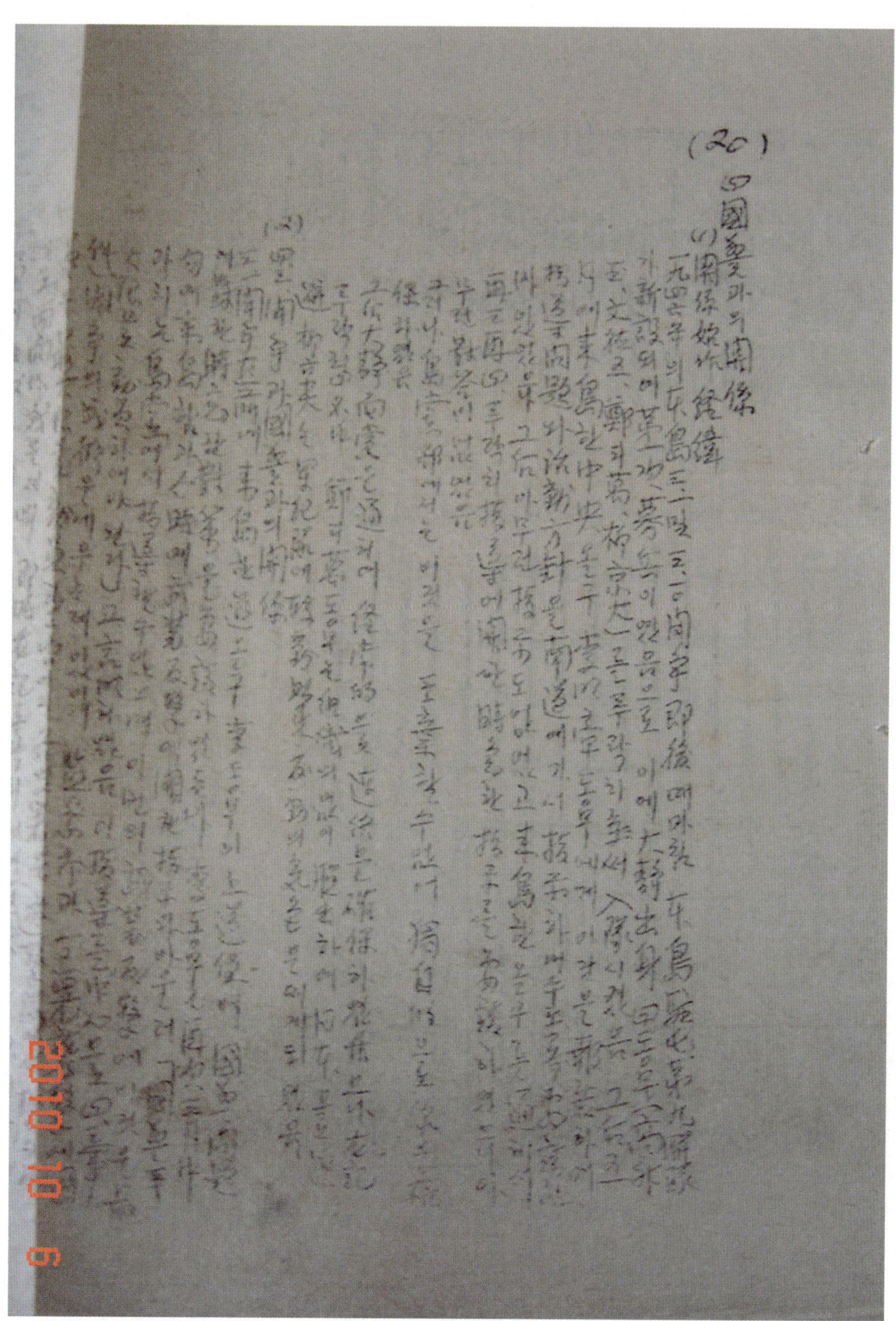

(20)

④ 國家와의 關係

(1) 關係 始作 經緯

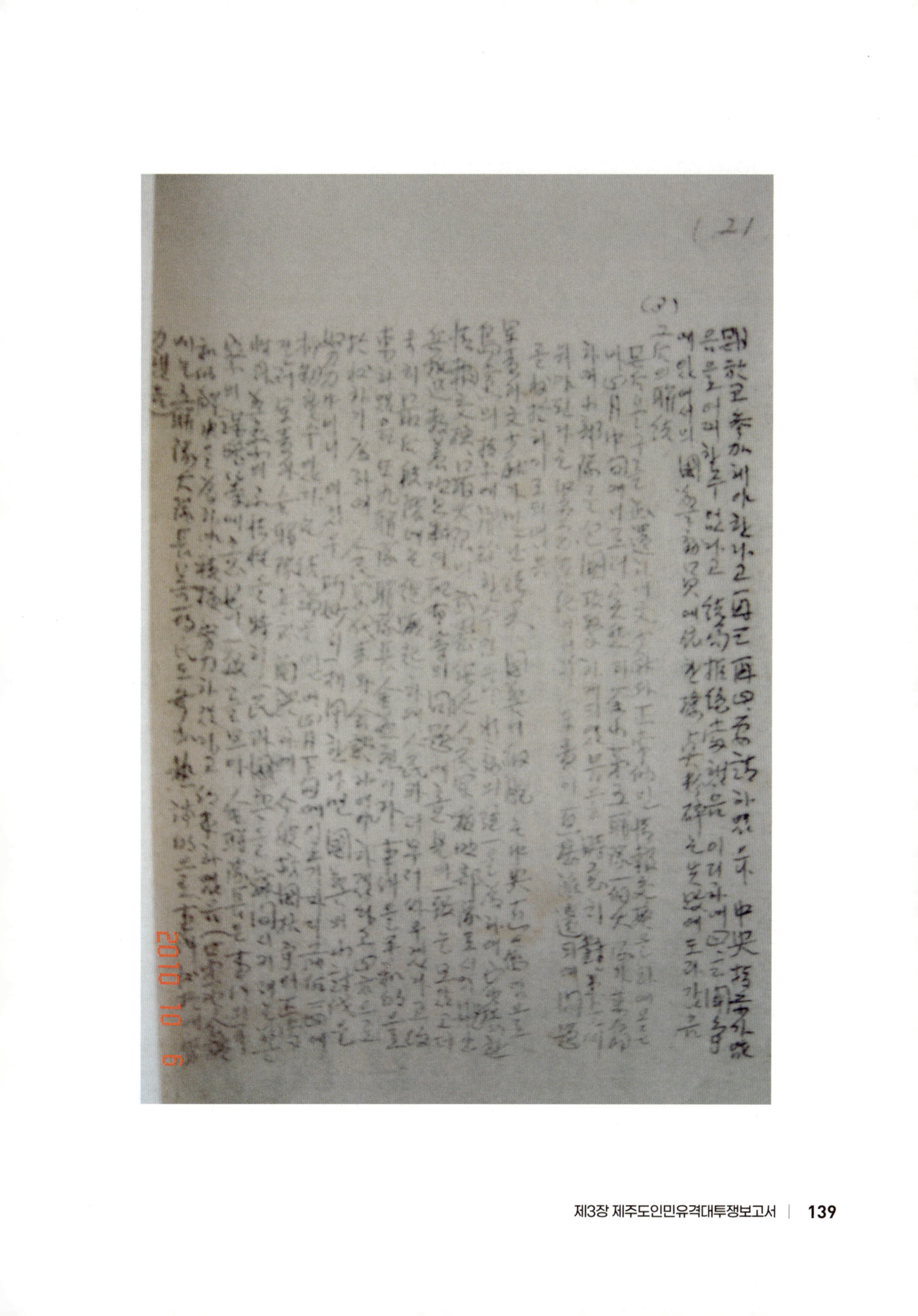

(21)

(2)

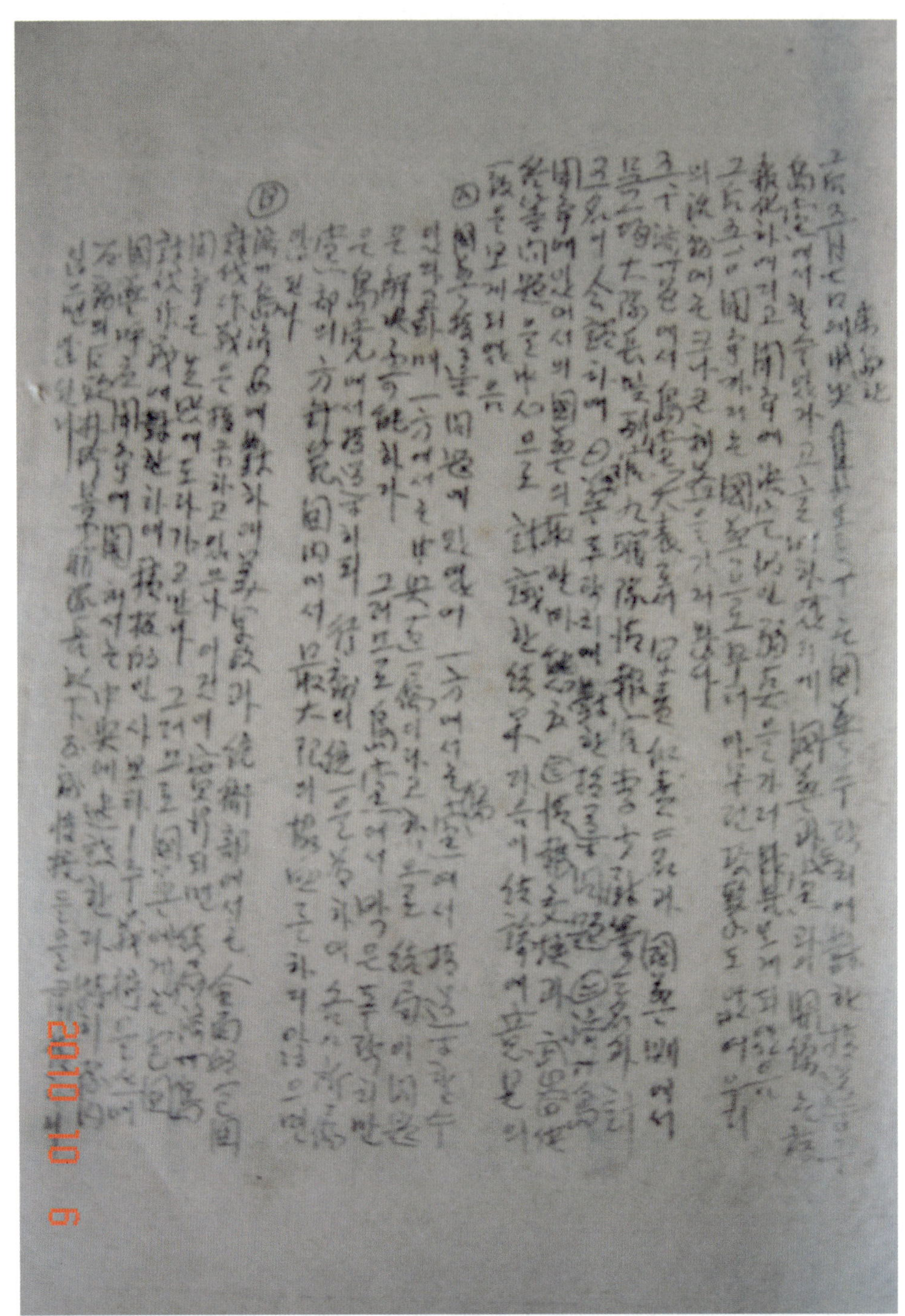

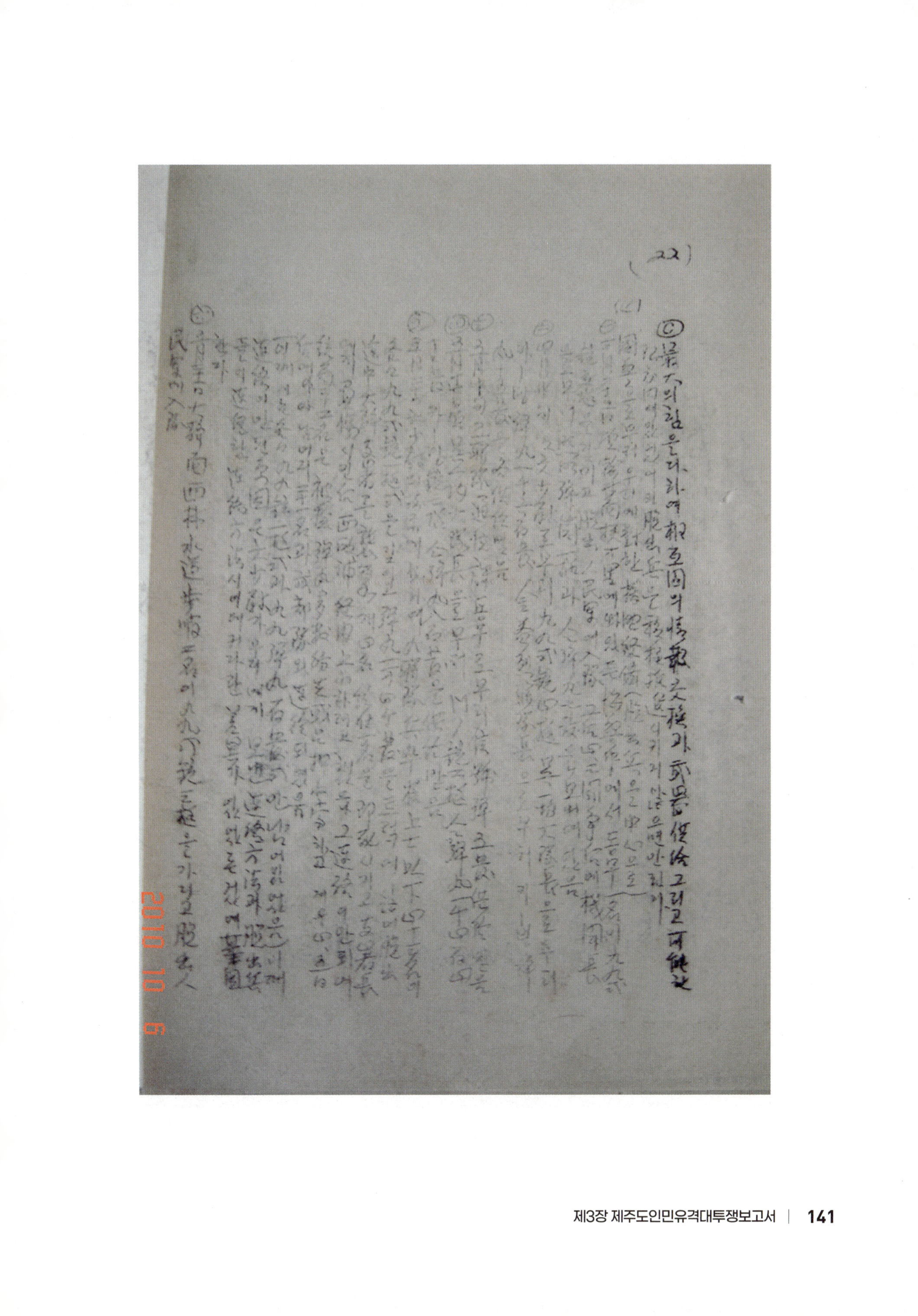

右人民軍을 ...

㋐ 三月부터 九嶺部隊와 九龍部隊[隊]를
   가지고 脫走한 人民에 人民은 ...

㋑ ... 銅像으로 上으로 經由上으로 九九部隊[隊]로서...

㋒ ... 人民에 ...

㋓ ... 大野面에서 西水道로 梅峯晴十名에 九武部隊 十名으로 가지고 脫走

㋔ ... 人民에 ...

㋕ ... 大野面에서 九武部隊 ... 가지고 脫走

㋖ ... 人民에 ...

㋗ ... 大野面에서 九嶺部隊 ... 一名으로 山기슭 ... 阜橋하여

㋘ ... 九嶺部隊 一名으로 ...

㋙ ... 脫走 ...

韓

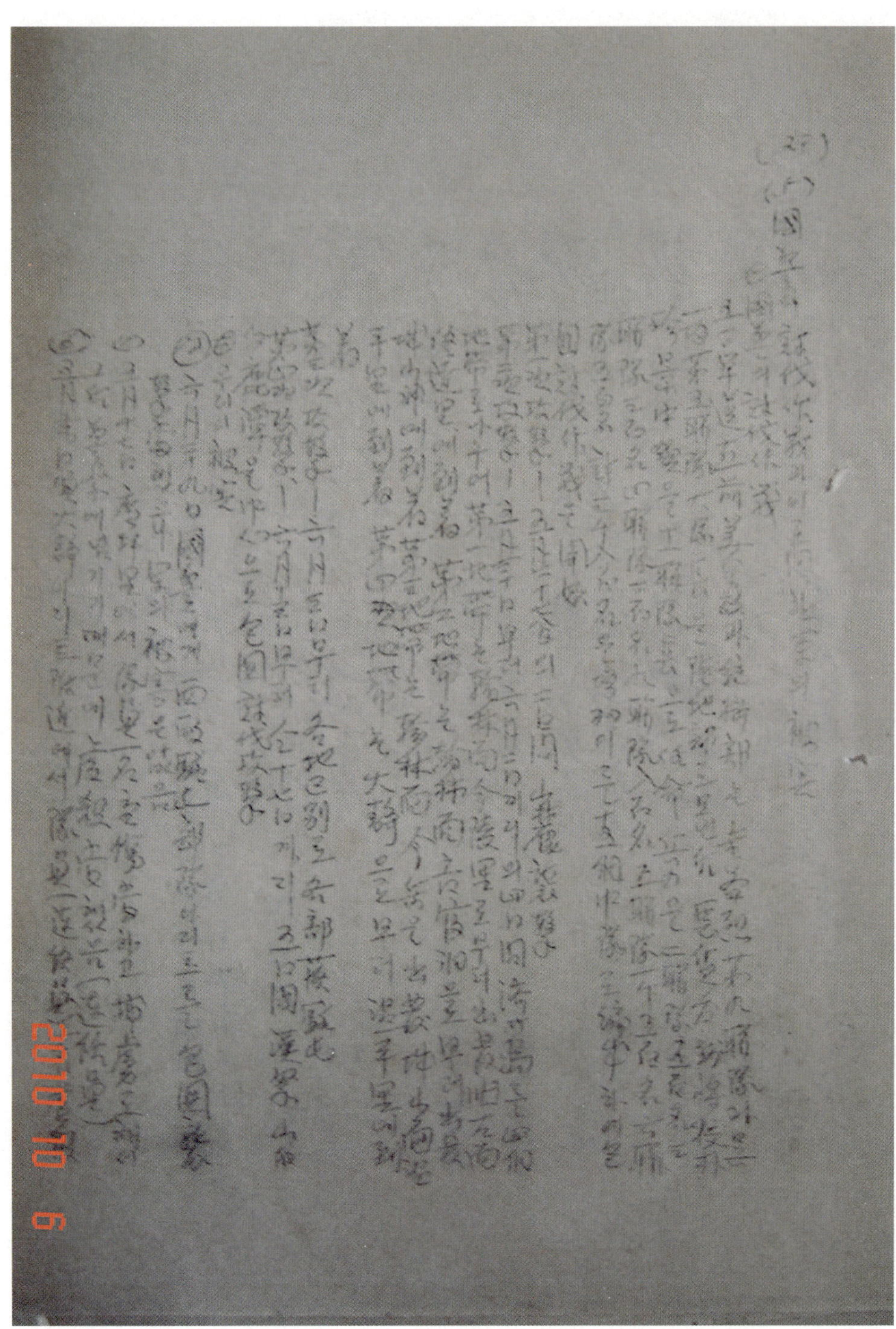

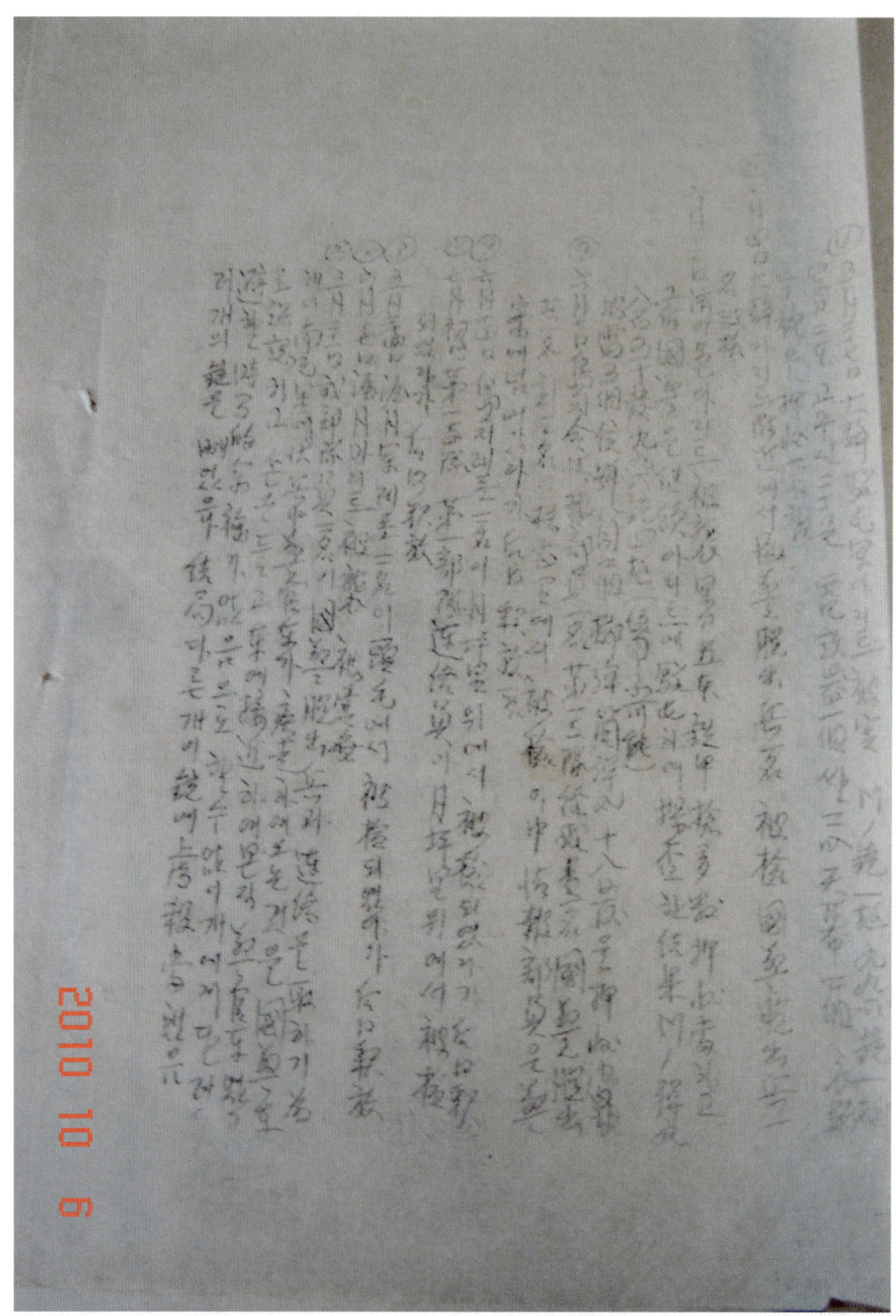

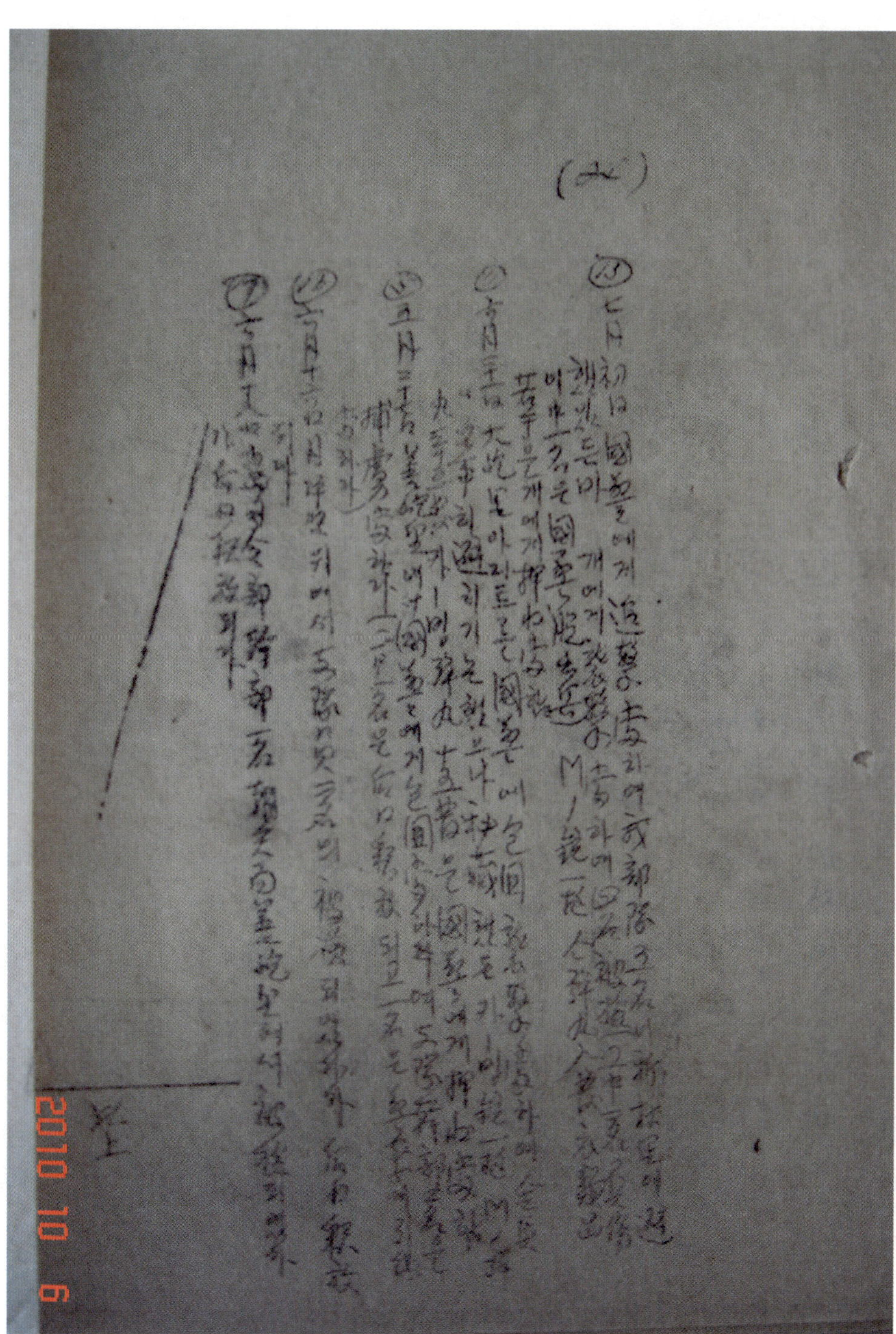

V. 濟州道人民遊擊隊鬪爭報告書(국한문혼용) 재현문[76]

<極祕>
濟州道人民遊擊隊鬪爭報告書

一. 組織面(組織의 始發과 發展過程 및 組織現勢)

1. 組織의 始發

① 組織의 動機

濟州道에 있어서 反動警察을 爲始한 西靑, 大靑의 昨年 三·一 및 三·十鬪爭 後의 殘忍無道한 彈壓으로 因한 人民의 無條件 大量 檢擧, 毆打, 拷問 等이 今年 一月의 新村事件을 前後하여 拷問致死事件의 連發(朝天支署에서 金用喆동무, 摹瑟浦支署에서 梁銀河동무)로써 人民討伐虐殺政策으로 發展, 强化되자 政治的으로 單選·單政反對, UN朝委 擊退鬪爭과 連結되어 人民의 피 흘리는 鬪爭을

徵兆하게 되었다.

　三·一鬪爭에 있어서의 各級 宣傳行動隊의 活動은 其後의 自衛隊 組織의 基礎가 되었으며 三·一鬪爭 直後 道黨의 指示에 의하여 各面에 組織部(面黨) 直屬 自衛隊를 組織하게 되었으나 別로 進展을 보지 못하였다. 其後 事態가 去益 惡化됨을 看取한 島常委는 三月 十五日頃 道派遣 올구[77]를 中心으로 會合을 開催하여 첫째, 組織의 守護와 防禦의 手段으로서, 둘째, 單選·單政 反對 救國鬪爭의 方法으로서 適當한 時間에 全 島民을 總蹶起시키는 武裝反擊戰을 企劃 決定,

　二十五日까지를 準備期間으로하여 島常任(특히 鬪委 멤-버)으로써 軍委를 組織 鬪爭에 必要한 自衛隊組織(二〇〇名 豫定)과 補給, 武器準備, 宣傳事業 强化에 對하야 各各 責任을 分擔. 豫定期間을 넘어 三月 二十八日, 비로서 再次 會合을 가져 其間의 準備事業에 關한 各自의 報告를 綜合檢討한 結果, 四月 三日 午前 二時~四時를 期하여 別項의 戰術 하에 武裝 反擊戰을 展開하기로 決定하였음.

---

[77]　영어의 Organizer에 해당하는 말로, 여기서는 남로당 중앙당이나 전라남도 당부에서 파견된 조직지도자를 지칭함

② 四·三鬪爭 直前의 組織情勢

(ㄱ) 組織体係

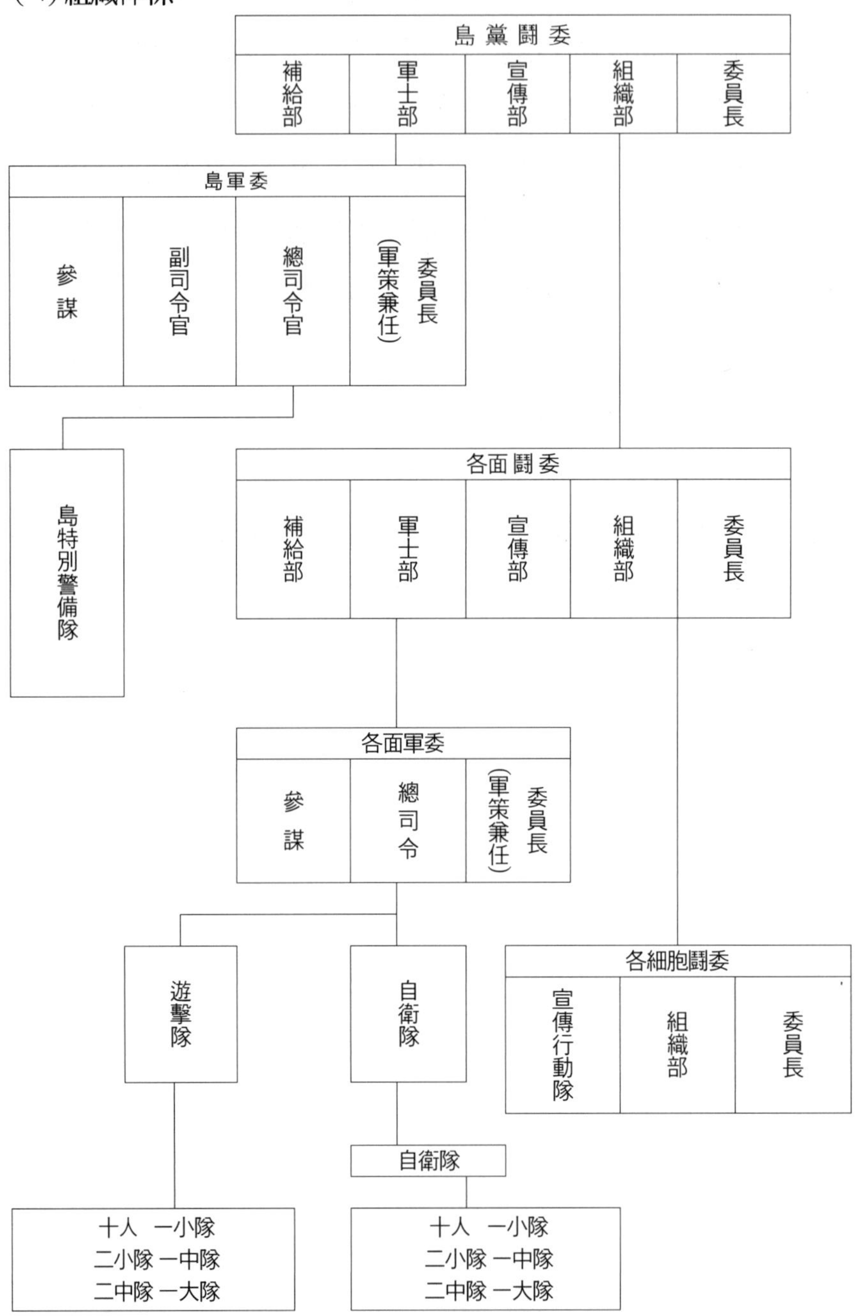

(ㄴ) 組織勢力

Ⓐ 兵力面

① 遊擊隊 組織面 - 十三面(楸子面까지 包含) 中 舊左, 城山, 西歸,
安德, 楸子의 五面을 除外한 濟州邑, 朝天, 涯月, 翰林, 大靜, 中文,
南元, 表善의 八個面에 遊擊隊 組織, 島에는 軍委直屬의 特警隊를
編成.
② 人員數 Ⓐ遊擊隊 一00 名 Ⓑ自衛隊 二00 名 Ⓒ特警隊 二0 名 計三二0 名
③ 兵器 九九式小銃 二十七 挺, 拳銃 三 挺, 手榴彈(다이나마이트)
二十五 發煙幕彈 七 發, 나머지는 竹槍

2. 第一次組織整備(四·三鬪爭直後)

① 体系上의 整備

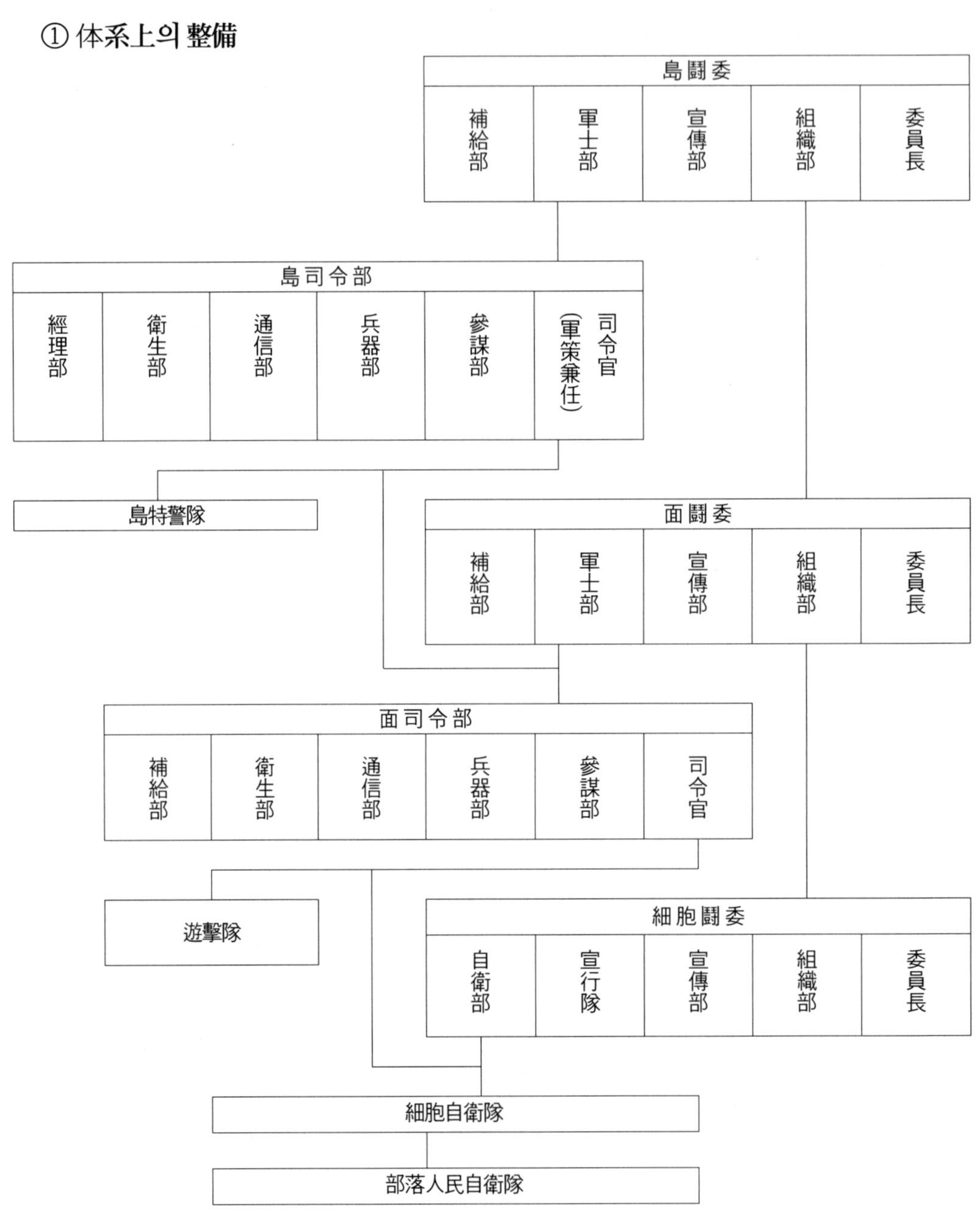

② 兵力上의 整備

　全 遊擊隊를 250名으로 整理(이것은 四·三鬪爭 時 遊擊隊=톱부대와 自衛隊=後續部隊)와 이 共同作戰의 結果, 鬪爭 終了後 다 같이 上山하여 共同生活을 하기 까닭에 日常生活上의 混亂과 普及 問題로 因해서 250名으로 整理 强化하여 나머지는 下山 시켰음. 그러나 그 後 再次 兵力 擴充의 必要性을 느껴 全員 400名 程度로 擴充시켰음.

3. 第二次組織整備(五·十鬪爭直前에 着手하여 直後에 完了)

① 動機

嚴格한 規律과 緻密한 機密確保 그리고 迅速한 行動을 報障하기 爲한 作戰 上의 必要에 依하여 各面 鬪委 軍事部 直屬의 各 遊擊隊를 島司令部 直屬으로 編成하게 되었음.

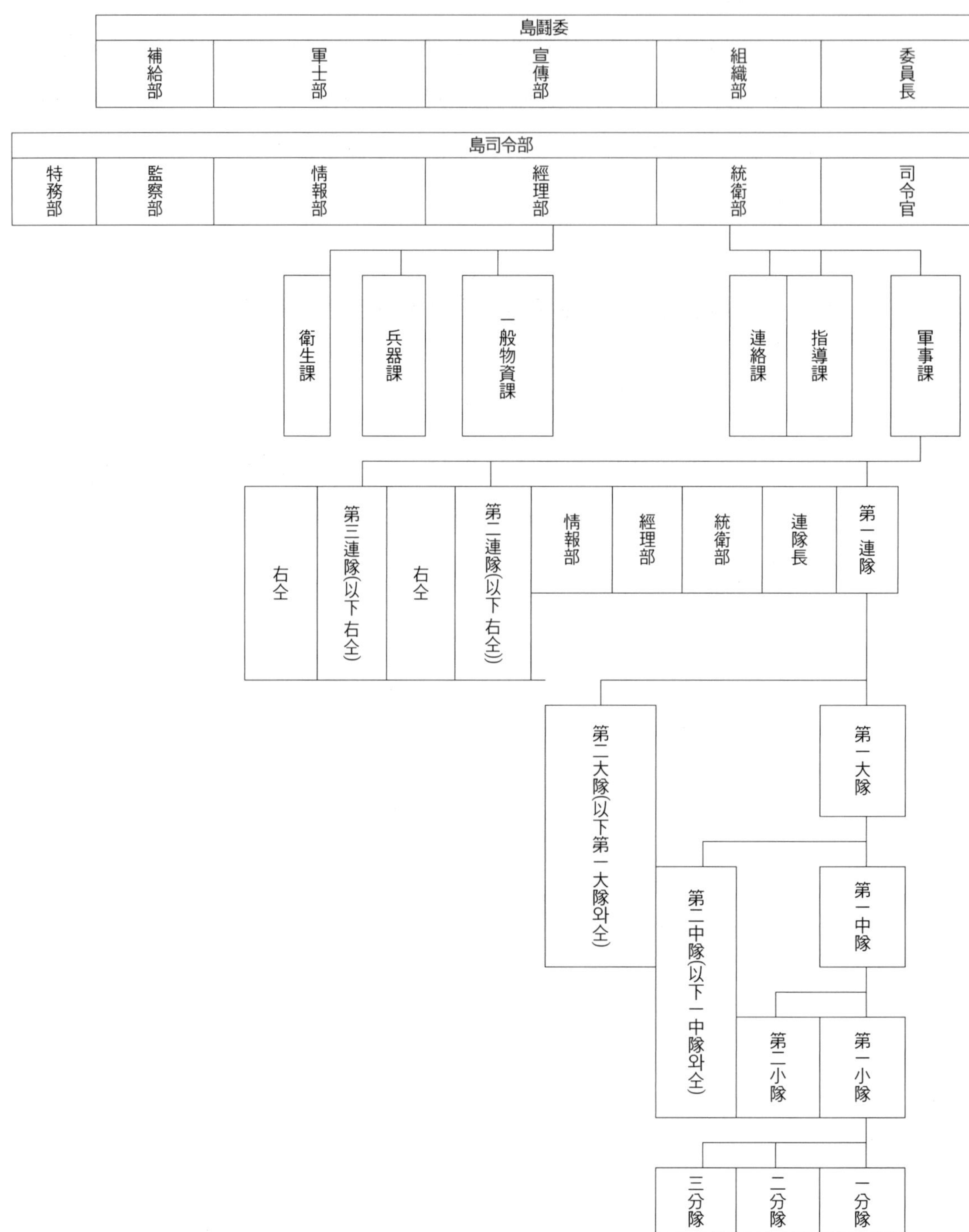
島鬪委
補給部
軍士部
宣傳部
組織部
委員長
島司令部
特務部
監察部
情報部
經理部
統衛部
司令官
衛生課
兵器課
一般物資課
連絡課
指導課
軍事課
第三連隊(以下 右仝)
右仝
第二連隊(以下 右仝)
右仝
情報部
經理部
統衛部
連隊長
第一連隊
第二大隊(以下第一大隊와仝)
第一大隊
第二中隊(以下一中隊와仝)
第一中隊
第二小隊
第一小隊
三分隊
二分隊
一分隊

③ 兵力

3個 聯隊로서 370名(이 中 特務部 20名 合) 特警을 解體하여 司令部 各 部門에
全員 配置하였음.

4. 第三次組織整備(五月末日)

① 動機

國警의 大量 入島(約4000名)와 그의 包圍 討伐戰이 展開되자 衝突 回避와 非合法
態勢 強化의 必要上 人員을 大量 減少 整理하게 되었슴.

② 体係上의 整備

島司令部
情報部
軍主部
作戰敎育部
副官部
司令官
調査課
連絡課
○○課
衛生課
兵器課
一般課
敎育課
作戰課
* ○○ 謄寫 不明
軍事
政治
機動隊二
機動隊一
右仝
第四支隊(右仝)
右仝
第三支隊(右仝)
右仝
第二支隊(第一支隊와 仝)
情報部
副官部
支隊長
第一支隊
第三小隊
第二小隊
第一小隊
第三分隊
第二分隊
第一分隊
一 分隊 五名
三 分隊 一小隊 (十六名)
이 中 第三分隊는 炊事分隊
(炊事 連絡 衛生)

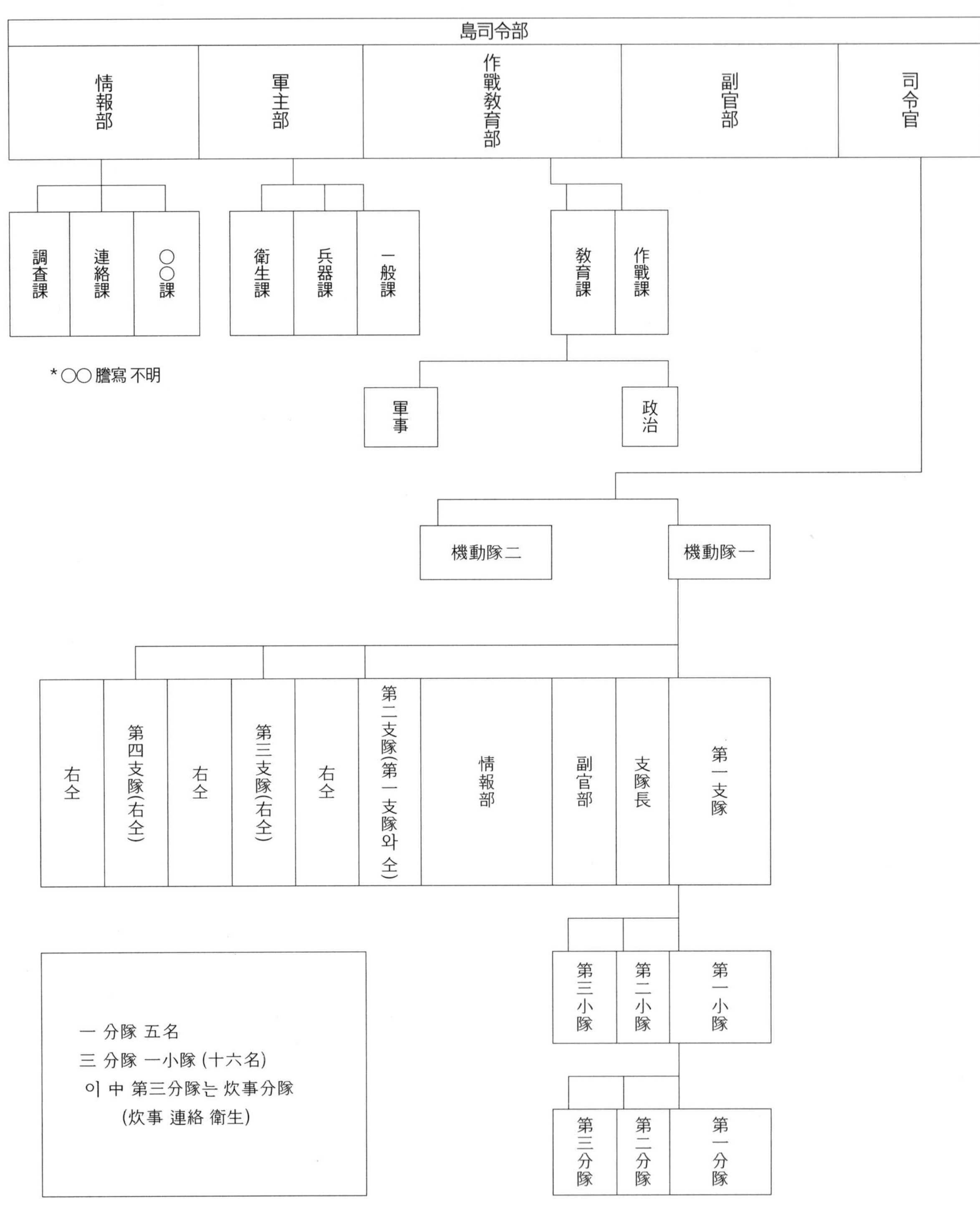

③ 人員整理 370명을 240명으로 정리

5. 第四次組織整備(六月十八日着手)

① 動機 새로운 鬪爭에 對備하여 組織의 時急한 整備 强化가 緊要하게 되었슴.

② 体係上의 整備- 판독불능.

③ 兵力 一支隊가 三小隊로 編成되며 一支隊 人員數는 60名, 四個 支隊 合計
240名에 島司令部 26名으로서 總計 266名임.

6. 第五次組織整備(六月十八日着手 七月十五日整備完了·現在는 이
第五次組織整備에 의하여 編成되여 있음. 다음 ①의 組織現勢에서 詳細히 陳述키로
함.)

① 組織現勢(7月15日現在)

㉠ 當面組織問題의 重點

ㄱ. 판독불가

ㄴ. 强力한 黨의 政治的 指導 統制

ㄷ. 嚴格한 規律 確立

ㄹ. 緻密한 機密 保障

ㅁ. 行動의 迅速化

ㅂ. 伸縮性과 機動性 保有

② 現組織體系

島軍司令部
島黨委員長
政治部員
司令官
情報部
作戰敎育部 (作戰參謀)(一名)
衛生部(一名)
兵器부(一名)
補給部(一名)
通信部(一名)
* ○謄寫不明
第五十支隊 (全員百三十七名) 支隊長 政治部員
第四十三支隊 (全員百二十四名) 支隊長 政治部員
第三十一支隊 (全員百二十六名) 支隊長 政治部員
第三十支隊 (全員○名) 支隊長 政治部員
衛生課
兵器課
補給課
情報課
作戰敎育課
通信課(七名)
(十四名)
(十三名)
第四一四特務隊(南元面十二名)
第四一三特務隊(城山表善二十四名)
第四一二特務隊(舊左面三十四名)
第四一一特務隊(朝天面二十四名)
第三一三特務隊(安德面十二名)
第三一二特務隊(大靜面二十四名)
第三一一特務隊(翰林面四十四名)
第二一三特務隊(西歸面二十四名)
第二一二特務隊(中文面二十四名)
第二一一特務隊(涯月面三十四名)
第一一二特務隊(邑街頭十二名)
第一一一特務隊(邑農村四十四名)
遊擊隊(三十名)
第一五二小隊(십명)
第一五一小隊(十名)
第一五〇小隊(十名)
第一三二小隊(十名)
第一三〇小隊(十名)
第一二九小隊(十名)
第九五小隊(十名)
第九四小隊(十名)
第九三小隊(十名)
第八一小隊(十名)
第八二小隊(十名)
第八三小隊(十名)

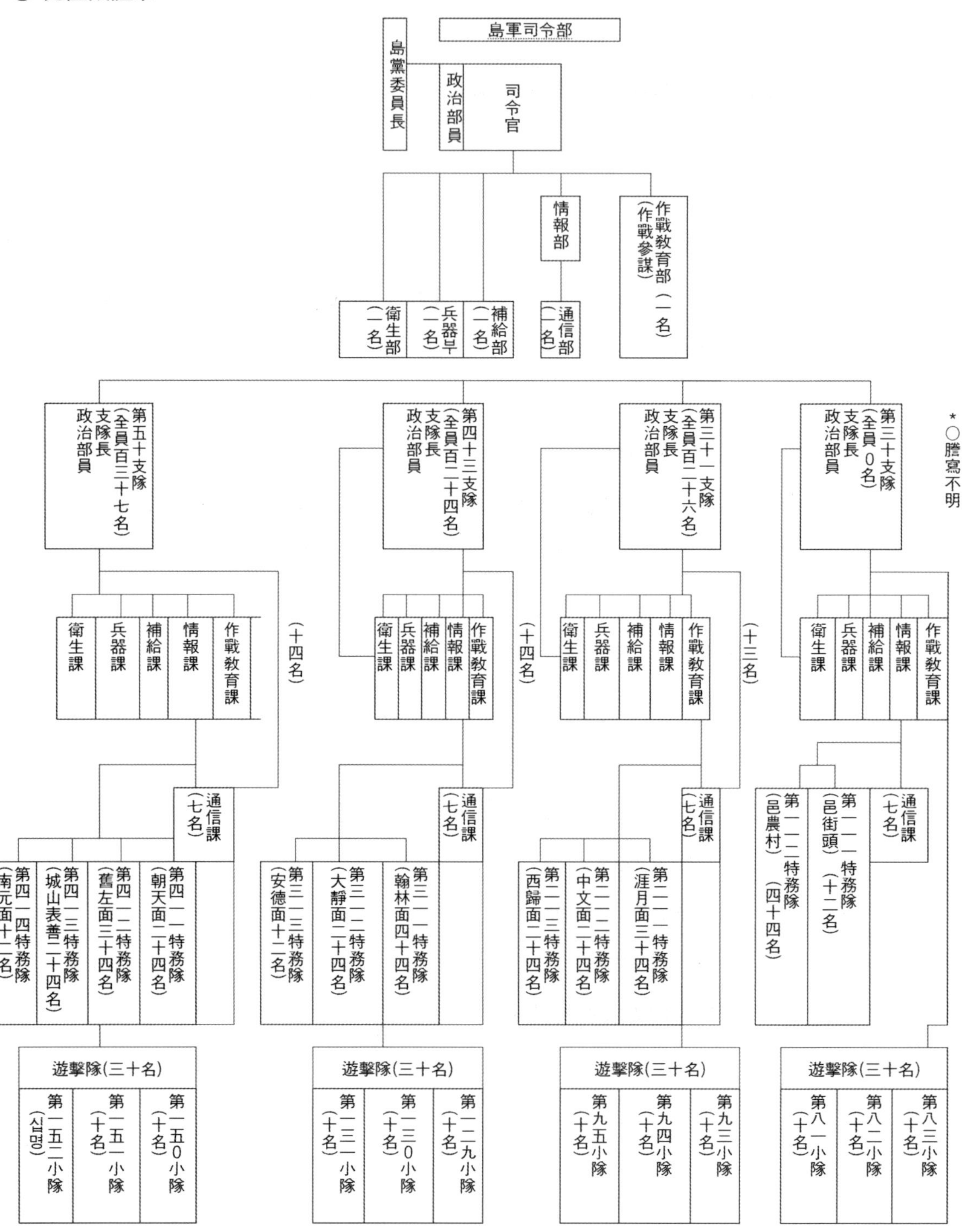

③ 現兵力

ㄱ. 人員數

各級 指導部 三五名, 通信隊 三四名, 遊擊隊 一二0名, 特務隊 三一二名

計 五0一名

ㄴ. 兵器

㊀ 小銃-M1 六挺, 칼-빙 一九挺, 九九式 一一七挺, 四四式 四挺, 三0年式

二挺, 計 一四七挺

㊁ 小銃 彈丸 - M1 一三九六發, 칼-빙 一九一二發, 九九式 三七一一發,

四四式, 三0年式 七二一發 計 七七四0發

㊂ 輕機關銃(日本製) 一挺

㊃ 擲彈筒 二門(彈丸 八發)

㊄ 手榴彈 四三發

㊅ 다이너마이트 六九發

㊆ 信號彈 二個

㊇ 軍刀 一六丁

㊈ 拳銃 六連發 一丁, 八連發 六丁, 一0連發 一丁 計 八丁 彈丸 計 一一九發

㊉ 其他 라이깡 103發, 地雷 라이깡 8發, 野砲彈丸 4發 等

④ 注意

㊀ 各級 政治 部員은 上級 政治院 所屬, 最上級 政治 部員은 島黨責 所屬임.

㊁ 特務隊는 支隊 情報課 所屬

任務 - 情報蒐集, 個人 테로, 軍 活動에 呼應 補給의 援助 等

組織 - 各面에 特務隊長 一名과 連絡員 數名을 두며 그 外에 三人 一分隊,

一小隊(一0名)로 하고 一個 部落에 一人~二人 程度로 組織하되 特務

隊員은 細胞로부터 除外한다.

ⓒ 司令部 및 支隊를 司令官(支隊長)과 政治 部員과 作戰 參謀(作戰教育科責)의 三人으로써 最高 指導部 構成함.

ⓔ 各 支隊 中 特務隊는 各面 各部落에 駐屯하되 支隊 指導部 通信隊 各遊擊隊 小隊는 支隊 指導部 中心으로 密集 生活함.

二. 作戰面

① 第一次 作戰(三月 一五日 以後 四月 二日까지의 約 十八日間)

四·三(事件) 鬪爭을 위한 組織 準備(自衛隊)와 兵器 準備 그리고 情報 收集 期間이었음.

이 期間 中에 있어서 敵의 集合的 彈壓과 組織의 餘地없는 破壞 속에서 極祕合法裡에 遊擊隊(톱部隊) 一〇〇名과 自衛隊(後續部隊) 二〇〇名 計 三〇〇名과 武器 小銃, 拳銃 合計 三〇挺 確保에 成功하였으나 가장 重要한 手榴彈과 揮發油彈을 求入 못하여 이것이 四·三 鬪爭에 失敗의 決定的인 一元因이 되었음.

② 第二次 作戰(四月 三日 以後 四月 二〇日 까지의 約 十八日間)

四月 三日 午前 二時~四時를 期하여 八·一五 解放 以後 濟州島 初有의 武裝 反擊 鬪爭을 展開, 作戰面에 있어서 濟州島 反動의 牙城인 濟州邑 城內 特히 監察廳과 第一區署 粉碎는 國警에게 擔當시키기 爲하여 城內에 二〇名의 學生 特務員을 聯絡兵으로써 侵入시키고 나머지 十四個 支署에 四〇〇名을 排置하였으나 結局 別紙와 같이 國警의 鬪爭 不參加로서 據點 粉碎는 失敗하고 나머지 十四個 支署 襲擊 計劃 中 十二個 支署 襲擊에 全面的으로 成功하여 如左한 成果를 獲得하였음.

① 支署 襲擊 數 十二個 支署

  (外都, 舊嚴, 涯月, 翰林, 大靜, 南元, 城山, 細花, 咸德, 朝天, 三陽, 禾北)

② 我部隊 三五0名

③ 敵에 준 打擊

  ㉠ 支署燒却 및 破壞數

    ㊀ 支署 完全燒却 ㊁ 支署 半 燒却 ㊂ 支署 半 破壞

  ㉡ 警官 - 死亡 一0名 同負傷 四名 警官 家族 死亡 三名 警官捕虜 一名

  ㉢ 反動 - 死亡 四名 同負傷 三名 反動 家族 死亡 三名 同 家族 負傷 一名 西靑

    死亡 七名 反動 捕虜 四名

  ㉣ 反動 家屋 燒却 二戶

④ 鹵獲品(武器뿐)

  軍刀 一丁 칼-빙 小銃 七挺 四四式 小銃 一挺 空氣銃 一挺

⑤ 우리의 犧牲 - 死亡 四名

  以後 陣營을 整備하면서 主目標를 支署 襲擊에 두고 一面으로는 견제

  作戰으로서의 神經戰을 極力 强化시킴

③ 第三次 作戰(四月 二0日 以後 五·一0直前까지)

  組織 收拾과 擴大 强化의 嚴護 鬪爭을 展開하기 爲하여 部落 駐屯을 開始,
全時에 反動 肅淸에 注力

④ 第四次 作戰(五·一0부터 五月 二十六日까지)

  各個 擊破의 戰術로서 主力 部隊를 二 그루-쁘로 編成 五·一0 當日에는 各部落을
遊擊하면서 投票 보이코트戰을 展開(主로 南部). 그 後 勢力을 集結하여 咸德과
楮旨의 二支署를 完全히 襲擊 燒却, 安德支署 襲擊 完全 成功 直前에 警官 六名

卽死케 하고 退却, 大靜에서 敵 機動隊車 三臺(約 六0名)을 伏兵戰으로 襲擊 警官 十四名을 卽死케 하고 또 特記할 것은 國警에서 一個 小隊가 大靜支署를 襲擊 警察官 五名을 卽死케 한 後 山으로 脫出하는 等 敵을 餘地없이 粉碎하고 敵의 心理를 서늘케 하는 大鬪爭이 每日같이 繼續 展開, 濟州島의 四·三事件 以來의 救國 遊擊戰은 이 其間에 있어서 最高度의 昂揚과 進出 그리고 戰果를 보였음.

⑤ 第五次 作戰(五月 二十七日부터 六月 十八日까지)

約 四000名의 兵力으로써 國警과의 衝突을 避하며 그들의 包圍 討伐戰을 水泡로 도라가게 하는 同時에 一面으로는 國警 內部의 衝突 特히 隊內 最高 惡質 反動인 朴珍景 聯隊長 暗殺과 脫出兵 工作을 推進 그 동안 쓰라린 槌擊戰術에 依하여 相當한 우리 쪽의 被害도 이씄으나 六月 十八日 午前 三時經을 期하여 隊內에서 朴聯隊長이 暗殺되자 敵은 決定的인 打擊을 입어 六月 十七日까지의 第四次 攻擊을 最後로 山攻擊을 斷念 以後 主로 中山村 部落을 襲擊하면서 그들이 槌擊하게 됨에 따라 우리의 戰術은 여기에 成功을 보게 되었음.

⑥ 第六次 作戰(六月 十九日 以後 現在)

國警에서 撤去 戰術을 쓰기 始作하자 우리는 各處에 分散되고 있는 組織을 質的 面에서 整備 强化하고 政治 部員의 確立에 依한 政治 敎育의 强化 日常生活의 規則化에 依한 規律 强化 等에 注力하여 現在에 到達함.

三. 鬪爭面(各面別)

(1) 濟州邑

三月 十八日 - 道蓮里 惡質 鄕保團을 襲擊 이를 解散 시킴과 仝時에 反動

家屋三戶를 完全 破壞시킴과 反動 七名을 負傷시켰다.

四月 一日 - 營林署員 二名을 捕虜 仝 四日 改悛시킨 后 釋放

四月 三日 - 午前 二時를 期하여 三陽, 禾北, 外都 三支署를 一齊 襲擊

        三陽支署 - 警官 六名. 我部隊 十六名. 所持 武器 九九式 小銃 一
挺, 다이너마이트 二發, 揮發油彈 四發. 相互 접전 支署
正門까지 肉迫 가라스를 竹槍으로 破壞 시켰으나 敵의
發砲 極甚하고 應援隊가 올 것을 念慮하여 退擊. 相互
被害 無

        禾北支署 - 警官 五名 我部隊 十四名이 九九式 小銃 一挺,
다이너마이트 四發, 揮發油彈 四發 남어지는 槍을
가지고 四個 部隊로 編成하여 襲擊. 처음에 電線
二個所를 切斷肉迫하면서 手榴彈 一發 投擲 그것이
支署內 램프에 燃燒하여 支署 完全 燒却. 警官 一名 逃走,
給仕 一名 卽死, 一分隊는 警官 舍宅을 襲擊 警官 夫婦를
肅淸하고 거기서 카-빙 小銃 一挺 押收, 一分隊도 警官
舍宅을 襲擊 手榴彈을 投擲한 結果 警官 一名 負傷

        外都支署 - 警官 六名. 我部隊 十四名이 九九式 小銃 一挺,
다이너마이트 三發, 揮發油彈 三發 남어지는 槍으로써
襲擊 警官 一名 肅淸 後 退却, 歸途中 老衡里 附近에서
敵機動隊와 부디첬으나 約五分間 接戰 後 이를 擊退시
켰음.

四月 四日 - 밤 我部隊 三十名으로 寧坪里 上洞 大靑事務所 襲擊 事務所 完全
破壞 文書 一切 押收 大靑 動員 部長 一名 肅淸. 反動 二名에게 重傷을
주고 도라오는 途中 月坪里 居住 警官의 집을 襲擊하였으나 警官

不在中임으로 家屋 破壞한 後 家屋 約 四分之 一燒却, 衣類 多數 押收

四月 八日 - 四인 一組로서 梨湖里 大靑 巨頭 一名 肅淸 八人 一組로써 三陽支署 第二次 襲擊하였으나 事前 發覺으로 退却

四月 十二日 - 四人 一組로서 吾羅里 居住 惡質警官 宋元和 父親을 숙청 後 家屋 燒却

四月 十四日 - 外都支署 第二次 襲擊. 宋七동무 誘導作戰 指導하다가 犧牲當하였음.

四月 十六日 - 禾北에서 동무 五名이 警官과 大靑員에게 包圍 當했으나 拳銃으로 警官 一名을 卽死케 한 后 全員 無事히 脫出

四月 十八日 - 三陽支署 第三次 襲擊. 警官 十六名. 我部隊 二十二名이 總 六 挺으로써 襲擊하였으나 事前 發覺으로 敵 機動隊에 逢遇 退擊. 我部隊員 一名 犧牲

四月 十九日 - 外都支署 第三次 襲擊 手榴彈 投擲한 結果 개[78] 一名 負傷 支署 半破壞

四月 二十日 - 月坪里에서 「엿장사」로 假裝한 스파이 二名 肅淸

四月 二十七日 - 里區長 집에서 개가 食事 中이라는 情報에 接하여 我部隊 十六名이 이를 包圍하였으나 개는 逃走해 버리고 反動 區長 一名을 捕虜해다가 肅淸

四月 二十八日 - 老衡里 二區에서 敵 機動部隊 二十二名과 我部隊 二十名이 約六時間 接戰 後 이를 擊退시켰음. 개 三名 負傷, 개 帽子 一個, 文書多數, 카-빙 彈倉 二個, 카-빙 彈丸 九發, 白米 一斗 等을 鹵獲

---

78 인민유격대가 경찰관을 비하해서 지칭하는 용어이다. 복장 색에 따라 경찰관은 검은 개, 국방경비대원을 노랑 개로 구분 지칭하였다.

五月 一日 - 개 七名, 反動 二名이 禾北里 三區에 侵入하여 彈壓하려는 것을
我部隊員 二0名이 包圍 逃走하는 개들를 追擊, 反動 一名 숙청

五月 三日 ~ 七日까지 - 東, 西 各地區에 我部隊 各各 一大隊씩 駐屯 一個 大隊는
本部 勤務. 老衡里에서 「엿장사」로 假裝한 스파이 二名 肅淸. 吾羅里
二區에서 反動 三名 숙淸. 吾羅里 二區에서 敵 機動部 約 三十名과
二十分間 接戰 后 敵의 他部隊에게 包圍 當해서 退却 相互의 犧牲 無.
月坪里 에서 四月 四日에 燒却하다가 남은 개 집을 完全 燒却 六日
本部 勤務 大隊가 出動하여 東大隊와 合流 七日 禾北里 反動 四名,
三陽里 反動 一名, 三陽里 二區 反動 二名, 三陽里 三區反動 二名,
道蓮里 一區 反動 二名計 反動 十五名 肅淸

五月 六日 - 西大隊 上山하는 途中 敵 機動隊 約 三十名과 遭遇 約 八時間 接戰 后
이를 擊退. 개 二名 卽死, 우리隊員 二名 犧牲

五月 七日 - 竹城里에서 反動 三名 肅淸

五月 八日 - 三陽里로 禾北에 이르기까지의 電線 完全 切斷. 아침 竹城 反動 巨頭
家屋 四戶 燒却, 反動 十一名 숙청, '고다시' 反動 집 二戶 燒却, 反動
家族 二名 숙청, 我羅里 一區 反動 家屋 二戶 燒却, 反動 家族 二名
숙청

五月 九日 - 農校에 手榴彈 投擲하여 敵에게 威脅을 주었음

五月 十日 - 道頭里 反動 四名 肅淸. 仝日 邑事務所(選擧 投票 場所)에 手榴彈
二發 投擲 投票를 妨害

五月 十五日頃 - 五賢中學校에 手榴彈 一發 投擲하여 盟體破壞를 방지

五月 十八日 - 禾北里 反動 一名 숙淸

五月 二十五日頃 - 二時 特務隊員 三名이 單選 乙地區 當選者 翰林面 出身
梁秉直의 아지트를 襲擊하였으나 失敗, 隊員 一名 被檢.

六月 十四日 - 表善 反動 一名을 回泉에서 숙청

七月 九日 - 月坪里에서 「엿장수」로 假裝한 스파이 二名 숙청 以外에 反動
숙청 三十一名

以上 濟州邑 合計

㊀. 支署 襲擊 數 七回, 支署 燒却數 一, 全 破壞數 一, 개 死亡 五名, 개 負傷
五名, 개 家族 死亡 三名

㊁. 反動 숙청數 六十六名, 反動 家族 숙청수 四名, 反動 負傷數 九名, 警官 家屋
燒却數 二戶, 反動 家屋 燒却數 九戶, 全 破壞數 三戶

㊂. 武器 鹵獲數, 카-빙 小銃 一挺, 全 彈倉 二個, 全 彈丸 九發

㊃. 電線切斷 三百四十九個所, 道路破壞 一百四十個所, 橋梁破壞 一個所

㊄. 우리의 被害, 隊員 三名 戰死

(2) 涯月面

四月 三日 - 午前 二時를 期하여 舊嚴, 涯月 兩 支署를 襲擊
舊嚴支署 - 개 九名, 我部隊 一百二十名이 九九式 小銃 四挺
다이너마트 五發, 나머지는 竹槍으로써 襲擊 于先
숙청 對象 反動 一名에 대하여 我部隊員 約 五名式
配置, 支署에는 約 四十名 配置, 처음에 支署를 向하여
다이너마이트를 投擲하고 그 爆發音을 信號로 一齊
襲擊하기로하여스나 涯月支署 襲擊 部隊가 正刻 約
三十分前에 襲擊하여 버리고 더욱이 舊嚴과 涯月間의
電線切斷을 하지 않녀기 때문에 涯月支署에서는
舊嚴支署에 電話로 應援을 要請하였음으로 事前

發覺이되 支署 內部에는 개 三名과 鄕保團員 二, 三名이 있었고 남어지 개 六名은 집에 있었다. 다이너마이트 投擲에 敵은 支署 內에서 發射 始作 우리 部隊에서도 이에 應戰하면서 一步一步 肉迫, 이 때 惡質개 宋元和 집에 配置한 分隊는 宋을 잡고 短槍으로 찔러스나 短槍을 빼자 宋은 逃走. 다른 分隊는 反動 二名과 反動 家族 三名을 숙청하고 家屋 二戶를 燒却한 後 小學校에 集合하여 支署에서 울리는 사이렝을 듣고 人抗歌, 赤旗歌를 高唱 하면서 支署 襲擊 應援으로 出動, 支署 襲擊 部隊와 合流하여 새 攻擊으로 드러갔으나 約 三十分 後 外都支署의 機動隊가 옴으로 退却. 우리의 被害 二名 犧牲.

涯月支署 - 我部隊 約 八十名이 襲擊하여 다이너마이트를 던지고 支署長 宋達浩에게 輕傷을 준后 退却

四月 五日 - 午前 四時 五十名으로써 涯月支署를 第二次 襲擊하였으나 情報 不正確으로 退却

四月　七日 - 長田里에서 反動 二名 숙청

四月　九日 - 今德里에서 反動 一名 숙청

四月 十一日 - 아침 十時부터 舊嚴支署 개들과 機動隊의 混合部隊 約 三十名이 光令 二區를 襲擊하여 靑年들이 全部 山으로 逃避하는 것을 追擊 上山. 我部隊에서는 이 情報를 接受하여 十二時부터 天安岳에 伏兵. 놈들은 (숫막)을 燒却시키면서 漸進 上山. 午后 一時부터 接戰(天安岳에서) 我部隊 兵力은 一中隊(二十一名)가 九九式銃 六挺, 카-빙銃 一挺을 가졌다. 接戰 一時間後 이를 擊退

戰果 = 개 三名 卽死(이 中 一死은 西北 惡質 警官으로서 二月에
朝天 支署에서 金用喆 동무를 拷問 致死 시킨 놈) 카-빙 銃 一挺,
仝 彈倉 二個, 仝 彈丸 九十五發, 現金 三百 圓, 手榴彈 一發, 白米
四升을 鹵獲. 우리 被害 全無

四月 十一日 - 午後 十一時 涯月里 街頭에서 特務員 三名이 拳銃 一挺을 가지고
伏兵 通過 中인 敵 四名(개 三名, 大靑員 一名)을 奇襲. 개 一名
卽死, 개 一名 負傷, 大靑員 一名 負傷 仝時 涯月支署에 手榴彈
一發 던져 支署를 部分的으로 破壞하였다

四月 十八日 - 郭支里와 錦城里에서는 各各 反動 一名式 肅淸(計 二名)

四月 二十一日 - 舊嚴支署 第二次 襲擊. 개 十一名 部落民 全部가 鄕保團으로써
支署를 警備. 我部隊 二個 中隊 午前 三時부터 攻擊 開示 約
一時間 接戰 後 退却. 개 一名 負傷

四月 二十四日 - 外都里 支署員 五,六名 下貴里 部落 鄕會를 召集 開催한 后
歸還할 것을 對備하기 爲하여 我部隊 一個 小隊가 下貴里
一區와 三區사이에 伏兵. 敵이 到達함에 發砲하자 敵은 逃走

四月 二十七日 - 外都 支署員 十名이 下貴 一, 二區에 侵入하여 쌀 供出을 식킨
后 味水洞에 集結. 馬車 一臺에 쌀을 싫고 外都를 向하여
南쪽(山쪽)에는 人民 五十名을 動員하여 車를 護送식이고
개들은 安全地帶인 北쪽으로 通過하고 있음을 下貴 一,二區
間에서 我部隊 一個 中隊가 發見 伏兵, 人民들이 있음으로
亂射를 삼가 하여 空砲 一發을 쏘으자 人民들은 모다 逃避 始作.
개들은 逃避할려는 人民을 붓잡고 防波堤로 하면서 外都로 逃走
개 一 名에게 卽死, 一名에게 輕傷 시키고 쌀 全部를 奪還하여
全部 人民에게 返還하여 주었다.

五月　六日 - 西歸浦 長春館 妓生(西靑과 結託한 스파이)외 一名 捕虜 肅淸

五月　七日 - 敵 五十名이(趙炳玉의 親衛隊) 輕機關銃 一帶를 가지고 水山,
　　　　　　長田, 召吉, 上貴를 彈壓하기 爲하여 侵入. 午前 九時 上貴를
　　　　　　彈壓하고 水山, 長田을 經由 召吉里로부터 歸還하는 것을 我部隊
　　　　　　二個 中隊가 小銃 十二挺을 가지고 長田, 召吉里 사이에 소나무
　　　　　　밭 안에서 包圍 接戰. 먼저 車를 向하야 手榴彈을 덩었으나
　　　　　　三發이나 不發로 인하여 敵은 戰鬪 態勢를 가추어 亂射, 始作
　　　　　　四發次 手榴彈이 機關銃에 命中 爆發 機關銃 破壞. 그때까지
　　　　　　我部隊에서는 手榴彈手가 前面에 進出하고 있었음으로 威脅
　　　　　　程度로 散發, 手榴彈手 退却 后 應戰 午後 五時까지 約 五時間 接戰
　　　　　　后 敵 機動隊車 二台가 오자 敵은 그 힘으로 舊嚴支署에 退却(이
　　　　　　應援隊를 目標로 下貴里 味水橋를 破壞하려다가 自衛隊 동무
　　　　　　二名이 犧牲당하다)

　　　　　　戰果 = 敵 討伐隊長 以下 四名이 卽死하고 重輕傷者와 死亡者를
　　　　　　應援隊車 二台에 테우고 남어지 應援隊는 徒步로 도라갔는데
　　　　　　基后 判明된 바에 依하면 二十二名이 事故 그中 十名死亡 十二名
　　　　　　重傷으로 推測됨. 我部隊의 被害 重傷 一名(二日后 死亡) 輕傷 一名

五月　八日 - 下貴里 破軍峰에서 敵機動隊車 三台와 我部隊가 接戰. 約 一時間
　　　　　　后에 敵을 擊退, 外 十四名 反動 肅淸

戰果 計 = - 支署 襲擊 四回, - 警官 死亡數 十六名, 全 負傷數 十六名
　　　　　㈀. 反動死亡 二十四名, 全 負傷 一名, 反動 家族 死亡 三名, 全 家屋 燒却
　　　　　　二戶
　　　　　㈁. 武器 鹵獲 - 카-빙 一挺, 全 彈倉 二個, 全 彈丸 九十五發, 手榴彈 一個

三. 우리 被害 三名 死亡, 一名 輕傷

四. 電線切斷 六個所, 道路 破壞 七個所, 橋梁 破壞 二個所

(3) 翰林面

三月 二十日頃 - 새별오름 共同墓地에서 全員 六十七名 合宿 訓練 中 涯月支署員
一名, 西靑 二名, 舊嚴 大靑員 六名 計 九名이 未明에 炊事場을
襲擊하였음으로 我部隊에서 應戰 發砲 一發로 敵은 逃走, 追擊
途中 동무 一名 輕傷

四月 三日 - 午前 二時를 期하여 翰林支署, 楮旨支署, 翰林旅館, 新昌旅館,
埋立地旅館과 其他 反動 집을 一齊 襲擊

翰林支署 - 개 七名에 대하여 我部隊 十五名(九九式 銃 一挺,
다이너마이트 十二發, 가소린彈 十二發)을 配置

翰林旅館 - 개 七名에 대하여 我部隊 六名(九九式銃 三挺, 軍刀 一
本, 나머지는 槍)

新昌旅館 - 西靑 七名. 我部隊 十五名(軍刀 一本, 나머지는 槍),
(九九式銃 一挺) 各警官級 反動 家宅에 남어지 三十一名을
配置

戰鬪狀況 - 于先 埋立地 旅館에서 개 一名, 大靑 一名 肅淸. 그
다음 新昌旅館에서 西靑 七名을 肅淸하자 翰林旅館에
宿泊했든 機動隊와 接戰하게 되었다. 이어 各地에서
鬪爭展開 개 一名은 舍宅에서 肅淸. 面長 一名과 獨促
最高 幹部 一名에게 各各 負傷을 입히고, 翰林支署
襲擊部隊는 他部隊가 敵 機動隊와 接戰하는 銃聲에
동무들이 全部 逃避하여 銃手 一名만 남어서 鬪爭

不可能. 楮旨支署 襲擊은 直前 푸로파카-트[79]의 發生으로
事前中止. 電線切斷 四個所, 道路 破壞 二個所 戰鬪
完了后 集合 指定 場所 미마루동산에 全員 集合. 거기를
出發해서 今岳까지 武裝 施威를 斷行. 今岳에서 反動
所持의 日本刀 一丁 押收. 午前 九時 아지트에 歸還하자
楮旨支署員 六名과 警察 後援會員 二十五名이 今岳을
襲擊하고 있다는 情報를 接受하여 卽時 出動 接戰后 此를
擊退시키고 後援會員 三名을 捕虜하여 改悛시킨 后 釋放

四月 八日 - 午前 四時 楮旨支署襲擊. 敵은 개 十三名에 後援會員 七十名. 我部隊
十八名(九九式銃 五挺, 軍刀 五本, 揮發油彈 五發, 남어지는 槍) 接戰
四十分后 敵의 彈丸 全部 消費케하고 敵으로 不得已 退却케하여
突擊, 支署 完全 燒却. 後援會 幹部 完全肅淸(三名). 被檢者 七名을
完全 奪還, 人民共和國 萬歲를 부르면서 武裝示威를 斷行 우리의
被害 - 同志의 銃으로 一名犧牲, 一名重傷

四月 九日 - 午後 五時頃 敵 機動隊 約 二十五名이 山 아지트 附近에 襲擊
하였음으로 二十分間 交戰后 이를 擊退

四月 十六日 - 午前 二時 電線切斷 七個所, 道路破壞 三個所

五月 十二日 - 楮旨支署員과 反動 合하여 十五명이 우리 아지트에 侵入,
我部隊에서 應戰態勢를 가추자 적은 逃走. 支署에 歸還 後 개 四名
脫出 逃走

五月 十三日 - 午前 二時를 期하여 電線을 五十七個所 切斷하고 道路 二個所
破壞한 后 午前 七時를 期하여 楮旨支署를 第二次 襲擊 敵四名,

我部隊 六十名(九九式銃 十三挺, 手榴彈 十五發, 其他槍) 支署를
包圍 襲擊하자 敵은 無抵抗 逃走. 개 三名 卽死, 支署 完全
燒却, 被檢者 三十名 完全 奪還, 反動 十二名 肅淸, 反動 家屋
一百十二棟 燒却, 今岳에서 反動 二名 完全 肅淸 歸德 二區에서
二名明月下洞에서 各各 肅淸.反動家屋 六戶 燒却

五月 十四日 – 午後 一時 翰林 支署 襲擊. 敵은 개 七名, 西靑 十四名 合計
二十一名. 我部隊는 六十名外 東明, 明月 自衛隊 三十名 參加 合計
九十名(銃 十三挺, 手榴彈 九十發, 다이너마이트 九發, 軍刀 十本,
其他 槍) 接戰 二時間 后 支署 토치가까지 肉迫하였으나 때마침
敵機動隊를 싫은 車 一台가 오고 西로는 國校에 駐屯하고 있든
國警約 五十名이 달려옴으로 我部隊가 挾擊 當하게 되어 退却. 敵
개 五名, 反動 七名 合計 十二名 肅淸. 西靑 宿泊所 燒却. 우리 被害
四名 四名 負傷(軍刀 二本, 九九式小銃 一挺(使用 不可能)紛失
(國警에게 押收 當함)

五月 十四日 – 밤 八時 敵 개가 國警 小隊長을 虐殺하고 離間 政策으로서 이를
人民軍에 轉嫁싰이려고 하다가 陰謀 發覺, 國警 一個 小隊가
支署를 襲擊 支署를 向하여 機關銃을 亂射함으로 支署員 全部
漁船으로 飛揚島로 逃走, 國警은 支署에 突入하여 文書全部 燒却

五月 十五日 – 前日 犧牲當한 우리 동무에 對해서 人民葬하도록 國警에서
人民에게 自由를 주어슴으로 里民 全部 모여 人民葬 擧行

六月 六日 – 正午 十二時半 楮旨 개 十二名과 反動分者 五十名이 今岳里를 襲擊
我部隊 一個 小隊(十名)로써 接戰 十五分 后 이를 擊退. 개 二名
卽死(이 中 一名은 機關銃手)

附記 – 翰林支署 襲擊 時에 개의 銃에 大靑 翰林 委員長 卽死

七月 二十一日 – 엿장사로 假裝한 스파이 一名 山間部落에서 肅清

戰果 計 一. 支署 襲擊數 四回 支署 燒却 二, 一. 警官 死亡수 十二名, 一. 反動
死亡수 四十二名, 仝 負傷 二名, 仝 捕虜 三名, 家屋 燒却 八十四戶, 一. 電線切斷
六十四個所, 道路破壞 七個所, 一. 武器 鹵獲 日本刀 一本, 一. 被檢者 奪還
三十九名, 一. 우리의 被害 犧牲 五名, 負傷 六名(完全 治療), 九九式銃 一挺,
日本刀 二本 紛失

(4) 大靜面

四月 三日 – 午前 二時를 期하야 大靜 支署를 襲擊(大靜面 大靑 事務所 仝).
大靜 支署 개 六名. 我部隊 七名(銃 二挺, 軍刀 一本, 帶劍 三本, 鐵槍
一本). 包圍 直前에 誤發로 因하여 事前 發覺되였으나 개 二名뿐
宿直 中이었음으로 나오지 않았음. 我部隊에서 二發射擊 后 銃
故障으로 退擊. 개 一名 卽死

大靑 事務所 – (濟州道 最高 反動 姜必生 집) 特務員 二名이 侵 入 手榴彈 一發
投擲하여 姜必生이와 그 家族 一名에게 各各 負傷을 주고 退却

四月 十八日 – 大靜支署 第二次 襲擊, 敵은 개 十名. 我部隊은 十一名. 約
十五分間 交戰 后 城壁을 支署로 誤認해서 揮發油彈 二發을 投擲
結果 情勢 不利로 退却

四月 二十七日 – 東日里 反動 巨頭 一名 肅清

四月 二十八日 – 我部隊 八名으로써 面事務所 襲擊 反動 職員 一名 肅清 一名
負傷, 連絡 不充分으로 因하여 동무 職員 一名 犧牲

四月 二十八日 – 安城里 反動 區長집 襲擊 區長에게 重傷을 주다

四月 三十日 – 摹瑟浦支署 襲擊, 我部隊은 十五名 后面으로 我部隊를 配置하고
前面으로 國警步哨(동무)를 配置, 側面으로는 旅館 二層에

特務隊을 二名 配置, 特務員이 支署를 向하여 黃燐彈 投擲
爆發音을 信號로 一齊 包圍 襲擊하기로 作戰 했으나 黃燐彈
不發로 因하여 退却

五月 一日 – 新坪里와 永樂里에서 各各 反動 一名式 肅淸

五月 四日 – 武陵支署 襲擊. 敵은 개 十二名. 我部隊은 三十名. 約 二十分 接戰 后
地形不利로 因하여 退却. 동무 一名 犧牲

五月 五日 – 保城里 反動 一名 永樂里 反動 高戌生外 家族 二名을 肅淸, 全家屋
一戶 燒却

五月 二十日 – 밤 十二時를 期하여 國警 第二聯隊에서 一個 小隊(四十三名)가
脫出, 大靜支署 襲擊. 개 四名 卽死케 하고 支署長을 負傷, 給仕
一名을 卽死케 한 后 西歸浦로 向하였음.

五月 二十一日 – 我部隊에서 再次 大靜支署를 襲擊. 카-빙 二挺, 電話機를 鹵獲

五月 二十三日 – 面事務所를 襲擊. 文書 一切와 鐵槍 十五本을 鹵獲 全日 保城里
反動 高達珍 家屋 燒却, 日果里 反動 姜柄國 肅淸

五月 二十六日 – 武陵里 仁鄕里 네거리에 我部隊 十三名 伏兵, 敵機動隊車
三台에 개 約 六十名이 타고 오는 것을 奇襲, 我部隊에서
約 五十發을 發砲 敵이 應戰 態勢를 가추며 機關銃 三台로
亂射함으로 約 十五分間 交戰 后 退却
戰果 개 卽死 十四名, 負傷 十一名, 鐵甲 一個, 背囊 一個,
카-빙銃 彈槍 一個 鹵獲

五月 二十八日 – 武陵里 二區 스파이 (우리 동무 八名을 虐殺케 한 者) 一名,
女子 스파이 一名, 엿장수로 假裝한 一名을 肅淸

六月 二十五日 – 九億里 反動 二名 肅淸

六月 三十日 – 武陵里에서 高山里 出身 反動 牧師가 講演 巡廻함을 發見하

여 肅淸

戰果 計

㊀.支署 襲擊 六回(一回는 國警)支署 燒却 一, 反動 死亡 十四名, 仝
負傷三名, 仝 家族 死亡 二名, 仝 負傷 一名, 仝 家屋 燒却 二戶

㊁.武器 鹵獲 카-빙銃 二挺, 仝 彈倉 一個, 電話機 一個, 背囊 一個, 鐵甲
一個, 鐵槍 一本

㊂.우리의 被害 동무 一名 犧牲

㊃.電線切斷 十個所, 道路 破壞 七個所

(5) 安德面

四月 十日 – 我部隊 八名이 德水里 大靑事務所를 襲擊. 事務所 完全 燒却后 反動
一名에게 負傷을 주다

四月 下旬 – 東廣里 反動 一名 肅淸

五月 十日 – 東廣 廣坪 上川 選擧 事務所를 襲擊. 廣坪里는 完全 보이곳도 다른
部落은 警備로 失敗

五月 二十四日 – 未明에 和順支署를 襲擊. 敵은 개 二十名. 我部隊는 二十名.
支署를 完全 包圍하여 突擊 直前에 東으로 公車가 옴을
國警車로 誤認 退却. 개 六名 卽死, 反動 一名 肅淸. 面事務所,
大靑事務所(兼 食糧營團 事務所) 燒却

六月 十五日 – 蒼川里와 上蒼里에서 各各 反動 一名式 肅淸(蒼川里 反動은
獨促委員長)하고 物品 多數 押收하여 도라오는 途中 敵 討伐隊
約 十五名과 接戰 約 十五分后 我部隊에서 退却 相互被害無 追而
敵끼리 銃에 大靑員 一名 卽死, 三名 負傷

戰果 計

　㊀. 支署 襲擊 一回

　㊀. 개 死亡 六名

　㊀. 反動 死亡 六名 全 負傷 五名

　㊀. 反動 家屋 燒却 二戶(面事務所와 大靑事務所)

　㊀. 電線切斷 三個所, 道路破壞 一個所

(6) 中文面

五月 十日 – 我部隊 十名이 下貌里 選擧 事務所를 襲擊. 投票函 破壞 后 選擧을
　　　　完全 뽀이코트

五月 下旬 – 面內 反動 六名 肅淸. 二名에게 負傷

六月 十日 – 道順里 反動 一名 肅淸. 支署 給仕 一名을 捕虜 하였으나 틈을타서
　　　　逃走

六月 下旬頃 – 國警 中文 駐屯 部隊內 동무들로써 面內 最高 反動 朴贊五를 肅淸

六月 二十八日 – 개 討伐隊 六十名이 아지트를 襲擊하였으나 我部隊에서는 이를
　　　　　國警으로 誤認하여 無抵抗 退却. 동무 一名 被殺, 九九式銃(使用
　　　　　不能) 一挺. 全 彈丸 二十發, 日本刀 三丁, 手榴彈 五發,
　　　　　다이너마이트 二發, 毛布 十枚, 天幕 一枚, 被服 多數를 燒却
　　　　　押收 當하고 食器 二十個, 食釜 二個, 天幕 一枚를 破壞當하다.

戰果 計

　㊀. 選擧 事務所 襲擊 一, 全 破壞 一

　㊀. 反動 死亡 八名, 負傷 二名

　㊀. 電線切斷 五個所

　㊀. 우리의 被害 동무 一名 被殺

㊀.九九式銃(使用 不能) 一挺, 仝 彈丸 二十發, 日本刀 二本, 手榴彈 五發, 다이너마이트 二發, 毛布 十枚, 天幕 二枚, 食器 二十個, 食釜 二個, 被服 多數를 燒却, 押收 當하다

(7) 西歸面

五月 二十二日 – 西烘里 反動 六名 肅淸, 仝 一名 負傷, 物品 多數 鹵獲

仝日 – 東烘里 反動을 一名 捕虜로 하였으나 脫走 當하다

　戰果 計 反動 死亡 六名, 仝 負傷 一名

(8) 表善面

五月 十日 – 我部隊 十名 加時里 襲擊. 選擧 事務所를 襲擊 하여 投票函을 破壞하고 選擧를 完全이 뽀이코트. 反動 三名 肅淸. 反動 家屋一戶 四棟 破壞

(9) 南元面

四月 三日 – 我部隊 十名 九九式銃 二挺으로써 南元支署를 襲擊

戰果 – 개 一名 卽死, 仝 一名 負傷, 反動 一名 死亡, 給仕 一名 死亡. 카-빙銃 二挺, 空氣銃 一挺, 彈丸 五五發, 개 服 多數鹵獲, 支署 半燒却 그 后 反動 一名 負傷, 反動 家屋 二戶 燒却, 一戶 破壞, 官公吏負傷 一名, ㊀ 電線切斷 三個所(五키로메-터)

附記 南元支署에서 敵끼리의 銃에 西靑 개 一名卽死

　戰果 計

　　　㊀ 支署 襲擊 一回, 仝 燒却 一(半燒)

　　　㊀ 개 死亡 一名, 仝 負傷 一名, 官公吏 一名 負傷(給仕), 仝 死亡 一 名,

電線切斷 三個所(五키로메-터)

一 武器 鹵獲 카-빙銃 二挺, 空氣銃 一挺, 彈丸 五十五發, 警官服 多數

(10) 城山面

四月　三日 – 午前 二時를 期하여 我部隊 約四十名이 九九式銃 二挺으로써 城山浦 支署를 包圍 襲擊. 包圍에는 完全 成功하였으나 于先 프락치 一名을 救出할려고 消極的 戰法을 取한 것과 그 다음 가지고 간 銃 全部가 故障이나서 支署 가라스 其他 建物 一部를 破壞한 后 敵의 亂射로 말미아마 退却

五月　十日 – 水山里 選擧 事務所를 襲擊. 反動 家屋 燒却, 反動 二名 肅淸, 單選 完全 뽀이코트

(11) 舊左面

四月　三日 – 午前 二時를 期하여 我部隊 約 四十名이 九九式銃 二挺을 갖이고 細花 支署와 面內 最高 反動 金大洪의 집을 襲擊. 支署에서는 그때 宿直中이든 西北系 惡質 警官 一名과 猛烈한 激戰 끝에 이를 죽이고 카-빙銃 一挺 四四式銃 一挺을 鹵獲, 支署를 燒却할려고 했으나 石油가 없었음으로 不成功, 反動 金大洪의 집을 襲擊한 바 大洪이가 拳銃 一發을 發射하는 바람에 卑怯을 느껴 退却

五月　九日 – 밤을 期하여 我部隊 十名이 松堂里를, 十一名이 東福里을 各各 襲擊. 松堂里에서 反動 區長 妻 一名, 反動(大靑 幹部 一名을 肅淸), 그들의 家屋 四戶를 燒却, 東福里에서 反動 一名 肅淸, 反動 家屋 一棟 燒却, 反動 집 內의 미싱, 衣類, 其他 多數 沒收, 그리고 松堂里, 東福里의 選擧 事務所를 各各 襲擊 破壞

五月　十日 – 아침 德泉里 選擧 事務所를 襲擊하여 投票函을 破壞하고 反動
　　　　家屋 一棟 燒却

五月 十一日 – 我部隊를 二個 中隊로 나누어 舊左面 一帶 下道, 上道, 坪垈,
　　　　漢東, 月汀里外 一個里를 襲擊 上道里에서 反動 二名 肅淸. 反動
　　　　家屋 一戶 燒却, 坪垈里에서 面事務所를 襲擊 完全 燒 却. 反動
　　　　家屋 二戶 燒却. 漢東里에서 反動 二名 肅淸, 二名負傷, 反動
　　　　家屋 二戶 燒却. 月汀里에서 反動 家屋 一戶 燒却, 其他 다른
　　　　里에서 反動 家屋 一戶 燒却

五月 二十三日 – 下道, 上道里 反動 七名 肅淸

五月 二十四日頃 – 我部隊 約 二十名이 金寧支署 襲擊 約 三十分間 神經戰으
　　　　로 發砲하다가 作戰 計劃에 差異가 생겨 退却. 相互 被害 無

戰果計

　　一.支署 襲擊 二回

　　一.개 死亡 一名(西北系 惡質)

　　一.反動 死亡 十三名, 仝 負傷 二名, 仝 家族 死亡 一名, 仝 家屋 燒却 十三戶,
　　　官公署 襲擊 一回(面事務所), 仝 完全 燒却

　　一.武器鹵獲 카-빙銃 一挺, 四四式銃 一挺, 其他 鹵獲 物資 多數

(12) 朝天面

四月 三日 – 午前 二時를 基하여 朝天, 咸德 兩 支署를 一齊 襲擊
　　　　朝天支署 – 我部隊 約 四十名이 九九式銃 二挺으로써 包圍戰은 完
　　　　全이 成功했으나 事前 發覺으로 退却
　　　　咸德支署 – 我部隊 約 四十名이 九九式銃 二挺으로써 包圍 襲擊. 먼저
　　　　署內 一名 푸락치에게 連絡하여 脫出케 한 后 그 紹介로

개집을 襲擊하여 개 一名을 捕虜했든바 그 妻가 支署로 달려가면서 高喊을 질름으로 因하여 事前 發覺되어 退却. 歸途에 大靑員 三名을 捕虜로 하고(아지트에 歸還한 后 改悛시킨后 釋放) 뒤이어 西靑 宿舍를 襲擊, 西靑 五名을 捕虜한 后 捕虜 警官 一名과 西靑 五名 中 四名을 銃殺하고 西靑에 炊事해 주든 一名은 松堂里民이었음으로 改悛시킨 后 人民軍 炊事番으로 採用

四月 八日 - 밤 朝天支署을 第二次로 强襲. 我部隊 約 四十名이 카-빙銃 四挺, 九九式銃 四挺, 黃燐彈 二發을 가지고 襲擊하였으나 情報 不充分으로 敵에게 背后 攻擊을 받어 黃燐彈 一發은 投擲하여 支署를 部分的으로 破壞시키고 개 二名을 직사케 한 후 퇴각. 우리의 被害 동무 二名 犧牲

四月 十四日 - 未明 橋來里 駐屯 敵 機動隊 約 五十名을 我部隊 四十名으로써 包圍襲擊. 개 二名을 卽死시키고 地型不利로 退却

四月 十四日 - 밤 朝天面 朝天支署를 第三次로 襲擊. 手榴彈을 投入하여 支署를 部分的으로 破壞, 內部를 修羅場 시키고 개 七名과 西靑 二,三名을 行方 不明케 함.

四月 十五日 - 밤 大屹里 反動 夫榮豪를 肅淸 그 家屋 一戶 燒却, 反動 家族 一名을 捕虜로 햇다가 后日 釋放

四月 十六日 - 밤 善屹里 反動 夫龍化을 肅淸

四月 十七日 - 新村里 反動 晉長燮(忠淸道 出身 韓民黨係敎員), 金文峯 及 그의 妻外 三名肅淸. 金榮我(校長) 負傷

四月 二十日頃 - 이로부터 約 一週日間 繼續해서 咸德里 大靑과 支署에 對하여 我部隊 七名 及 約 十五名이 九九式銃 十挺, 카-빙 銃

一挺으로써 神經戰을 展開하다. 첫날 밤 我部隊 十名이 軍刀 二本, 拳銃 一挺, 九九式 七挺을 가지고 咸德里 鄕保團 警備所를 襲擊하여 鄕保團員 十三名을 捕虜하여 그 中 大靑員 一名을 숙清하고 남어지는 改悛시키고 全部 釋放. 그 二日쯤 后 我部隊 約 七名이 九九式과 軍刀를 가지고 咸德里에 突入하여 咸德里 거리에서 警備하는 大靑員 二名을 捕虜해서 一名은 肅清, 一名은 改悛식인 后 釋放. 또 反動 家屋을 襲擊하였는데 反動은 逃走해 버리고 逃走하는 그의 妻 一名을 肅清, 이로 因하여 그 翌日 咸德里民들은 自發的으로 人民大會를 開催하고 大會 席上에서 大靑 鄕保團을 解放시켰음. 그리고 이 神經戰 期間 中 二日만에 한번式 烽火 鬪爭을 展開, 一方 그 唐時 北村里에 對한 彈壓의 酷甚하여 날마다 咸德支署 개와 大靑員들이 北村里를 襲擊하였음으로 다시 來襲할 것을 待期하여 我部隊 約 十二名이 約 三日間 每日 雨中에 咸德里와 北村里間의 道路 近傍에 伏兵하고 있었으나 結局 개의 來襲이 없음으로 退却

四月 末日 頃 - 밤 新興里 惡質 警官 金太培 집을 襲擊, 그 家屋 一戶 二棟을 完全 燒却. 朝天面 오름밭 惡質 反動 一名 肅清, 그 家屋 一戶 完全燒却

五月 初旬 - 朝天里 反動 一名에 負傷, 臥山 反動 一名 肅清, 그 家屋 一戶 燒却

五月 七日 - 前日 咸德里 大靑을 解散시킨 뒤 이들로서 自衛隊를 組織하고 그들이 過去의 誤謬를 淸算하기 爲하여 첫 번 鬪爭으로써 咸德 支署 개를 숙清하기로 決定, 非武裝 自衛隊 約 十名이 伏兵하고 韓行道동무에게 개 二名을 誘導해 오도록 指令했든 바 마침 거리를 巡廻하는 개 二名을 發見 韓동무는 개에게 술먹으러 가 자고 勸誘하여

이들을 酒店으로 데려가서 술을 머글 때 다른 自衛隊員(그前 大青員)
三名도 이에 加擔하여 틈을 엿보았으나 개들은 終時 銃을 손에 쥐고
있었음으로 틈을 타지 못하여 結局 伏兵한 地點까지 이를 誘導해 다가
韓동무가 개의 뒤에서 개 二名의 銃 二挺을 한 손에 하나씩 兩손에
붓잡고 미리 決定했든 暗號「고기 낚으러 가자」를 외치자 伏兵했든 우리
自衛隊員들은 一齊히 이를 包圍하여 捕虜해다가 肅淸하고 카-빙 銃 一
挺과 四四式銃 一挺을 押收

五月　八日 - 前日의 鬪爭에이어 咸德里民 老人과 婦人들은 거리에서 개들의
　　　通過를 待期하고 있든 바 마침 개 一名의 武裝하고 지나가는것을
　　　發見 老人 一名이 白手로 개에게 接近하여 개의 銃을 붓잡고「良心이
　　　있거든 이 銃을 노으라」하자 거리에 있든 里民 들이 개를 完全히 包圍
　　　하고 一齊히 異口同音으로「良心이 있거든 銃을 노아라」고 외쳤다.
　　　개는「네 놓겠읍니다」하고 銃을 내 버리고 逃走할려는 것을 婦人들이
　　　달려드러 이를 毆打하는 途中, 마침 敵 機動隊車가 通過 하다가
　　　銃을 亂射함으로 里民들은 개에게만 負傷만 주고 九九式銃 一挺만
　　　奪取하여 退却
　　　우리 쪽 被害 全無

五月 八日～九日 까지 - 全面에 걸처 各 里間의 自動車 道路 八個所를 破壞 遮斷

五月 十日 - 大屹里 一區에 投票函을 갖이고 온 西靑 三名을 肅淸, 또 西靑
　　　敎員 一名肅淸

五月 十四日 - 午後 四時를 期하여 咸德支署를 襲擊 支署 內에 개 六名, 我部隊 約
　　　五十名(카-빙銃 二挺, 四四式銃 一挺, 九九式銃 三十三挺, 手榴彈
　　　十發) 이中 二十五名을 三個 小隊로 編成하여 一個 小隊는 西쪽 大路,
　　　一個 小隊는 東쪽 大路, 一個 小隊는 支署 后方 退却路에 各各 伏兵,

남어지 二十六名은 支署 全面을 二面으로 完全 包圍 成功, 그러나 支署 內에는 동무들 家族 四名이 被檢되어 있음으로 이를 救出하기 爲해서 처음은 神經戰, 威脅戰으로서 開示, 于先 監視臺에서 監視하든 개에 向하여 發射 이를 죽이고 나자, 그 銃 소리에 비로소 支署 內에서 包圍當한 것을 알고 支署員 召集 命令을 하면서 發砲 始作, 그레서 我部隊에서는 支署를 向하여 間間 散發하며 手榴彈을 덮었다. 支署 內의 人民을 救出하기 爲헤서 激戰으로 나가지 못하고 威脅 程度로 박에 攻擊을 하지 못했음. 前面 包圍 部隊는 漸進, 支署 最近 距離까지 肉迫하여 支署內로 向해서 「人民들은 나오라」고 외치자 支署 內에서 婦人 一名이 「人民입니다」고 하면서 나오는 것을 동무 一名이 이를 救出할려고 接近해 본직 그는 支署에 宿泊 했든 개의 妻였음으로 當場에 射殺해 버리고 또다시 「人民은 나오라」로 외치자 그때야 監禁當했든 人民들이 自身으로 留置場 門을 처 부시고 支署 밖으로 四名이 뛰여 나오자 동무들은 我部隊의 뒤에서 待期하든 人民들에게 이를 넘기고 支署 隣接 家屋 人民들을 避難시킨 다음 그 后 一齊 猛攻擊을 開示하여 支署 옆에 있는 개 宿舍를 放火하고 黃燐彈을 投擲 支署 內에 命中 爆發 이로써 개들은 一部는 負傷當하고 發射을 中止하자 우리 部隊 一部는 支署 內에 突入하여 負傷當해서 자빠진 개 三名을 銃殺하고 支署 內의 文書와 武器 等을 押收해서 武裝 部隊는 凱歌로 歸途 그리고 支署 內에 我部隊 突入하고 있을 때, 마침 동쪽으로 車 一台가 疾走해 오는것을 伏兵했든 동무들이 發見했으나 그 車가 버-스였음으로 客車로 誤認해서 發射하지 않고 通過시키다가 본 즉 車窓으로 銃口가 보임으로 그때야 개들이 타고 있다는 것을 알고 手榴彈을

投擲하였으나 맞지 않고 自動車에서도 銃을 亂射하면서 支署 앞까지 迫進 하여 停車할 氣勢을 보이다가 우리쪽 氣세에 놀래서 그대로 速度를 加하여 西쪽(城內)으로 疾走하는 것을 동무들은 于先 車을 停車식이려고 發射하자 運轉手의 兩腕은 貫通負傷시켰으나 助手가 다리로 運轉하며 그대로 西쪽으로 疾走하는 것을 西쪽의 伏兵部隊도 처음은 客車로 誤認해서 發射하지 않았다가 銃口가 보인 后에야 手榴彈을 던졌으나 맞지않어서 結局 逃走 시키고 마렀다. 武裝部隊가 支署에 放火한 다음 凱旋해 버린다음 支署가 잘 타지 않는 것을 본 里民들은 粟藁를 支署 內에 집어 놓고 또다시 放火하자 天井 우에 숨었든 개 一名과 宿直室 장房 속에 숨었든 개 一名이 火氣에 못 견디여 나오는 것을 里民들이 發見, 捕虜하고 또 이웃 집 되지 집속에 숨었든 개 一名을 發見, 捕虜해다가 計 三名을 肅淸하였는데 그 中 支署長은 極惡質로써 里民들에게 對하여 말 할 수 없은 惡行을 하였기 때문에 里民들의 極度의 怨恨의 對象이었음으로 里民들은 죽어 쓰러지고 있는 支署長 死體를 發見하여 돌멩이로 支署長에 頭部를 데레 부시고 死體를 支署 內에 담어 놓아서 放火하여 完全 燒却하였다. 그리고 武裝部隊는 凱旋途中 反動 家屋 三個所를 襲擊하여 反動 三名을 肅淸하고 그 家屋을 三戶各 燒却 하다.
이 날의 戰果 = 개 死亡 六名, 仝 家族 死亡 一名, 反動 死亡 三名, 支署 及 仝 宿舍 完全 燒却, 反動 家屋 三戶 燒却
一. 武器 鹵獲 - 四四式銃 二挺, 三十年式銃 二挺, 카-빙銃 二挺 카-빙銃 彈丸 五十發, 三八式銃 彈丸 八百發, 軍刀 三本, 黃燐彈 四發, 受話器 一個, 手榴彈 四發, 喇叭 二個, 謄寫版 一個
一. 其他 現金 一萬 三千圓, 개 衣服 三着, 文書 多數 押收

㊀. 被檢者(人民) 四名 奪還

㊀. 우리의 被害 - 동무 一名 同志銃에 負傷(后 完全 治療)

五月 十五日 - 前日 咸德支署 全滅을 알고 機動車가 咸德里에 來襲, 개 死體를 실고 退却 이때 警官 一名이 九九式銃 一挺 全 彈丸 八十發을 가지고 投降, 人民軍에 編入

仝日 - 午後 九時을 期하여 軍 主催로 面人民大會를 三個所 (臥屹, 大屹 二區, 善屹里)에서 開催하여 武裝 示威와 峯火 鬪爭을 斷行하다.

五月 十六日 - 朝天面 支署員 三名이 九九式 一挺, 四四式銃 一挺, 三十年式 銃 一挺을 가지고 人民軍에 投降 編入

五月 十七日 頃 - 朝天里 揚天洞 反動 七名을 肅淸

五月 二十六日 - 朝天里 물가에서 銃을 물가에 두고 옷을 벗어서 洗濯을 하고 있는 개 一名을 自衛隊 동무 八名이 發見 包圍하여 捕虜로 하고 오는 途中 西靑 엿장수 스빠이가 보아서 支署에 通報하자 개들이 出動, 동무들은 捕虜 개를 대리고 避하려고 하자 捕虜 개가 逃走하기 始作하고 支署 개들이 追擊하여 옴으로 동무들은 銃과 彈丸帶만 가지고 退却(銃은 九九式銃)

六月 十五日 頃 - 北村里에서 牛島 演坪을 떠나 城內로 가다가 逆風을 만나 北村港에 寄港한 개 二名과 其他 身分 不明의 數人을 실은 漁船 一隻을 發見하여 自衛隊 동무들이 배를 내리고 뭍으로 올라오는 개를 包圍 개 一名의 카-빙銃으로 某동무의 가슴에 대여 겨누자 그 동무는 손으로 銃을 붓잡고 밑으로 눌음과 仝時에 彈倉을 빼어 버렸다. 개는 發射했으나 드러 있는 彈丸은 一發뿐이였고 發射한 彈丸은 그 동무의 兩다리 사이를 通過하여 뒷 地面에 박아지고 마렸다. 이에 남어지 개 一名이

또다시 銃에 彈丸을 너을려고 하는 것을 拳銃을 가졌든 동무가
發射하여 개 二名을 肅淸 船中의 개 家族과 身分 不明의 사람
約 十名은 捕虜(그 后 國警에게 아지트를 被襲 當했을 때
捕虜들은 脫走 當하다), 카-빙 銃一挺, 九九式銃 一挺 鹵獲.
其他 反動 肅淸 十名

綜合 戰果

- 支署 襲擊 五回, 仝 燒却 一, 仝 破壞 一
- 개 死亡 十五名, 仝 負傷 一名, 仝 家族 死亡 四名, 仝 投降 四名, 仝 脫出 一名, 仝 行方不明 七名
- 反動 死亡 三十八名(中 西靑 八名 包含), 仝 負傷 二名, 仝 捕虜 十七名(中 西靑 一名), 仝 行方不明 三名(全部 西靑), 仝 家族 死亡 二 名, 仝 家族 捕虜 二名, 仝 家屋 燒却 七戶
- 武器 鹵獲

  카-빙銃 六挺, 九九式銃 五挺, 四四式銃 四挺, 三十年式銃 二挺. 黃燐彈 四發, 手榴彈 四發, 軍刀 三本
- 其他 多數 押收
- 電線切斷 五百餘個所, 道路 破壞 八個所
- 우리의 被害 동무 二名 犧牲, 二名 負傷

(13)全島 面別 戰果 一覽表

戰果種類	支署襲擊數	全破壞數	全燒却數	개死亡數	개負傷數	개家族死亡數	개家族負傷數	개投降者數
濟州邑	七	一	一	五	五	三		
涯月面	四			一六	一六			
翰林面	四		二	一二				
大靜面	六		一					
安德面	一			六				
中文面								
西歸面								
表善面								
南元面	一		一	一	一			
城山面	一	一						
舊左面	二			一				
朝天面	五	一	一	一五	一	四		四
合計	三一	三	六	五六	二三	七		四

戰果種類	官公署襲擊數	全燒却數	全破壞數	反動死亡數	全負傷數	全家族死亡數	全負傷數	全家屋燒却數	全破壞數	警官家屋燒却數
濟州邑				六六	九	四		九	三	二
涯月面				二四	一	三		二		
翰林面				四二	二			八四		
大靜面				一四	三	二	一	二		
安德面				六	五			二		
中文面	一		一	八	二					
西歸面				六	一					
表善面				三					四	
南元面				一	一					
城山面				二				一		
舊左面	一	一		一三	二	一		一三		
朝天面				三八	二	二		七		
合計	二	一	一	二二三	二八	一二	一	一二0	七	二

戰果種類	反動捕虜數	仝家族捕虜數	電線切斷數	道路破壞數	橋梁破壞數	武器鹵獲카빙銃	仝카빙銃彈倉	仝카빙彈丸	仝三八式彈丸	仝手榴彈	仝日本刀	仝電話機	仝鐵槍	仝鐵甲	仝排囊	仝空氣銃	仝四四式銃	仝九九式銃	仝三八年式銃	仝黃燐彈	其他被檢者奪還
濟州邑			三四九	一四0	一	一	二	九														
涯月邑			六	七	二	一	二	九五		一												
翰林面	三		六四	七							一											三九
大靜面			一0	七		二	一					一	一五	一	一							
安德面			三	一																		
中文面			五																			
西歸面																						
表善面																						
南元面				三		二		五五									一					
城山面																						
舊左面						一												一				
朝天面	一七	二	五00	八		六		五0	八00	四	三							四	五	二	四	四
合計	二0	二	九四0	一七0	三	一三	五	二0九	八00	五	四	一	一五	一	一	一	五	五	二	四	四三

四. 國警과의 關係

(1) 關係 始作 經緯

一九四六年의 本島 三·一 및 三·一〇鬪爭 直後 때마침 本島 駐屯 第九聯隊가 新設되어 第一次 募兵이 있음으로 이에 大靜 出身 四동무(高升玉, 文德五, 鄭斗萬, 柳京大)를 푸락치로써 入隊시켰음. 그 后 五月에 來島한 中央 올구 李明章 동무에게 이것을 報告하여 指導 問題와 活動 方針을 南道에 가서 指示하여 주도록 要請한 바 있었으나 그 后 아무런 指示도 없었고 來島한 올구를 通해서 再三再四 푸락치 指導에 關한 時急한 指示를 要請하였으나 아무런 對答이 없었음. 그러나 島黨部에서는 이것을 포棄할 수 없어 獨自的으로 線을 確保하였음. 그 后 大靜面 黨을 通하여 經常的으로 連絡을 確保하였으나 左記 푸락치 四名中 鄭斗萬 동무는 組織이 없이 脫出하여 日本으로 逃避, 柳京大는 軍紀隊에 轉勤移來 反動의 氣色을 띠게 되었음

(2) 四·三 鬪爭과 國警과의 關係

三·一鬪爭 直前에 來島 한 道 올구 李 동무의 上道便에 國警 問題에 對한 時急한 對策을 要請하였든 바 李동무는 再次 三月 中旬에 來島 함과 仝時에 武裝反擊에 關한 指示와 아울러 「國警 푸락치는 島黨에서 指導할 수 있으며 이번의 武裝 反擊에 이것을 最大限으로 動員하여야 된다」고 言明하였음. 이 指導를 中心으로 四·三(事件) 鬪爭의 戰術을 세우는데 있어서 監察廳과 一區署 襲擊에 國警을 最大限으로 動員하고 남어지는 各支署는 遊擊隊에서 擔當하기로 兩面作戰을 세워 即時 左記 푸락치에게 連絡을 부치고 動員 可能 數를 問議한바 八百名 中 四百名은 確實性이 있으며 二百名은 마음대로 左右할 수 있다. 反動은 主로 將校級으로써 下士官 合하여 十八名이니 이것만 肅淸하면 問題없다는 報告가 있었음. 仝時 萬一

警備隊가 動員된다면 現在 一聯隊에는 車가 없으니 車 約 五台만 돌려주면 좋고 万若 不可能하면 徒步로라도 襲擊하겠다는 말이 있섰음.

　　이 報告을 中心으로 卽時 四·三鬪爭에 總蹶起하여 監察廳과 一區署를 襲擊하라는 指令과 아울러 自動車 五台를 보냈음. 그런데 意外에도 四·三 當日에 國警이 動員되지 않음으로 이것을 異常한 일로 生覺하고 있든 바 四月 五日에 上島한 島派遣 國警 工作員(島常委靑責 동무)의 報告에 依하여 다음과 같은 眞相이 判明되었음. 卽 派遣員이 最后的 指示를 가지이고 國警 푸락치를 맞나러 갔든 바 푸락치 二名은 營倉에 收監되어 없었음으로 할 수 없이 橫的으로 文常吉 少尉를 맞났든 바 이 동무의 입을 通해서 國警에는 二重 細胞가 있었다는 것, 그 하나는 文少尉를 中心으로 해서 中央 直屬의 正統的 組織이며 또 하나는 高升玉 下士官을 中心으로 한 濟州島 出身 푸락치로의 組織이었음. 그래서 四·三 鬪爭 直前에 高下士官이 文少尉에게 武裝鬪爭이 앞으로 있을 것이니 警備隊도 呼應蹶起해야 된다고 鬪爭 參加를 勸誘했든 바 文少尉는 中央 指示가 없으니 할 수 없다고 拒絶한 바 있었다고 함. 이 말을 듣고 島 派遣 國警 工作員은 감작 놀라스나 이렇게 된 以上 어찌 할 수 없으니 濟州島 三十万 人民의 生命과 財産을 守護하고 또한 우리의 偉大한 救國抗爭의 勝利를 爲하여 期於코 參加해야 한다고 再三再四 要請하였으나 中央 指示가 없음으로 어찌 할 수 없다고 結局 拒絶當했음. 이리하여 四·三鬪爭에 있어서의 國警 動員에 依한 據點 粉碎는 失敗에 도라갔음.

(3) 그 后의 聯結

　　基后 올구를 派遣하여 文少尉와 正常的인 情報 交換을 하여 오든 바 四月 中旬에 이르러 突然히 釜山 第五聯隊 一個 大隊가 來島하여 山部隊를 包圍 攻擊하게 되었음으로 時急히 對策을 세워야 된다는 緊急 連絡이 있어 軍責이 直接 派遣되어

問題를 收拾하기로 되였음.

　軍責과 文少尉가 만난 結果 國警의 細胞는 中央 直屬임으로 島黨의 指示에 服從 할 수 없으나 行動의 統一을 爲하여 密接한 情報 交換, 最大限의 武器 供給, 人民軍 援助 部隊로서의 脫出兵 推進, 敎養資料의 配布 等의 問題에 意見의 一致를 보았고 더욱히 最后 段階에는 總蹶起하여 人民과 더부러 싸우겠다고 約束하였음. 또 九聯隊 聯隊長 金益烈이가 事件을 平和的으로 收拾하기 爲하여 人民軍代表와 會談하여야 하겠다고 四方으로 努力 中이니 이것을 巧妙히 利用한다면 國警의 山 討伐을 抑制할 수 있다는 結論을 얻어 四月 下旬에 이르기까지 前后 二回에 걸쳐 軍責과 金聯隊長과 面談하여 今般 救國抗爭의 正當性과 警察의 不法性을 特히 人民과 國警을 離間시키려는 警察의 謀略 等에 意見이 一致를 보아 金聯隊長은 事件의 平和的 解決을 爲하여 積極 努力하겠다고 約束하였음(第一次 會談에는 五聯隊 大隊長 吳一均氏도 參加 熱誠的으로 事件 收拾에 努力했음)

　그后 五月 七日에 來島한 中央 올구는 國警 푸락치에 對한 指導는 島黨에서 할 수 있다고 言明하였기에 國警과 도黨과의 關係는 複雜化하여지고 鬪爭에 決定的인 弱點을 가저오게 되었음. 그后 五·10 鬪爭까지는 國警으로부터 아무런 攻擊도 없어 우리의 活動에는 크나큰 利益을 가저왔다.

　五·十 濟州邑에서 島黨 大表로서 軍責, 組責 二名과 國警側에서 吳一均大隊長 및 部官 九聯隊 情報官 李少尉 等 三名外 計 五名이 會談하여

　　㊀. 國警 푸락치에 對한 指導 問題

　　㊂. 濟州島 鬪爭에 있어서의 國警의 取할 바 態度

　　㊂. 情報 交換과 武器 供給 等 問題를 中心으로 討議한 結果 다음이 結論에 意見의 一致을 보게 되었음.

　　　Ⓐ. 國警 指導 問題에 있었어 一方에서는 島黨에서 指導할 수 있다고 하며

一方에서는 中央 直屬이라고 함으로 結局 이 問題는 解決 不可能하다. 그러므로 島黨에서 박은 푸락치만은 島黨에서 指導하되 行動의 統一을 爲하여 各各 所屬 黨部의 方針 範圍 內에서 最大限 協助를 하지 않으면 않된다.

Ⓑ. 濟州島 治安에 對하여 美軍政과 統衛部에서는 全面的 包圍 討伐 作戰을 指示하고 있으나 이것이 實行되면 結局 濟州島 鬪爭은 失敗에 도라가고 만다. 그러므로 國警에게서는 包圍 討伐 作戰에 對한하여 積極的인 사바타- 주 戰術을 쓰며 國警 呼應 鬪爭에 關해서는 中央에 建議한다. 特히 隊內反動의 巨頭 朴珍景聯隊長 以下 反動 將校들을 肅淸하지 않으면 않된다.

Ⓒ. 最大의 힘을 다하여 相互間의 情報 交換과 武器 供給 그리고 可能한 限度內에 있었어의 脫出兵을 積極 推進시키지 않으면 안된다.

(4) 國警으로부터 우리에 對한 援助 經緯(脫出兵을 中心으로)

㊀. 三月 二十五日 頃 翰林面 挾才里에 와있든 海警中에서 동무 一名이 九九式銃 五挺을 갖이고 脫出 人民軍에 立隊 그 后 四·三鬪爭 后에 機關長으로부터 照明彈筒 一挺과 仝彈丸 七發을 보내여 있음

㊁. 四月 中旬 頃 文少尉로부터 九九式銃 四挺, 吳一均 大隊長으로부터 카-빙 彈丸 一千六百發, 金益烈聯隊長으로부터 카-빙 彈丸 十五發을 各供給 받음

㊂. 五月 中旬 五聯隊 通信課 동무로부터 信號彈 五發 供給받음

㊃. 五月 十七日 頃 吳一均 大隊長으로부터 M1銃 二挺, 仝彈丸 一千四百四十三發, 카-빙銃 二挺, 仝彈丸 八百發을 供給받음

㊄. 五月 二十日 文少尉 指示에 依하여 九聯隊 兵卒 崔上士 以下 四十三名이 各各 九九式銃 一挺式을 갖이고 彈丸 一万四千發을 트럭에 싫어 脫出,

途中 大靜支署를 襲擊, 개 四名, 給仕 一名을 卽死시키고 支署長에게 負傷시킨 后 西歸浦 經由 上山하려고 했으나 그 連絡이 안되여 結局 二十二名은 被檢, 彈丸多數 紛失 惑은 押收 當하고 겨우 四, 五日 后에야 남어지 二十一名과 我部隊와 連絡되였음(이 때에는 各各 九九銃 一挺式과 九九 彈丸 百發式 만 남어있었음). 이 때 連絡이 안된 原因은 文少尉가 우리에게 보낸 連絡 方法과 脫出兵들이 連絡한 連絡 方法 사이에 커다란 差異가 있었든 것에 基因한다.

㈥. 五月 二十一日 大靜面 西林 水道 步哨 二名이 九九式銃 三挺을 가지고 脫出 人民軍에 入隊

㈦. 五月 末日 涯月面 駐屯 五聯隊 兵卒 四名이 各各 M1銃 一挺式 갖이고 脫出 人民軍에 入隊

㈧. 五月 末日 九聯隊 高升玉上士 以下 七名이 카-빙銃 一挺과 九九式 七挺을 가지고 脫出 人民軍에 入隊

㈨. 六月 初旬 大靜에서 九聯隊 上士 文德五 동무 九九式銃 一挺 갖이고 脫出 人民軍에 入隊

㈩. 六月 二十日 大靜面에서 海警 一名이 九九式銃 二挺을 가지고 脫出

⑪. 七月 一日 大靜에서 西水道林 步哨 十名이 九九式銃 十一挺을 가지고 脫出 人民軍에 入隊

⑫. 七月 十二日 大靜에서 九聯隊 兵卒 一名이 九九式銃 一挺을 가지고 脫出

⑬. 七月 十四日 九聯隊 兵卒 二名 脫出. 이 中 一名은 山까지 왔다가 卑怯하여 도주

⑭. 七月 十八日 六聯隊 李禎雨동무는 午前 三時 朴珍景 十一聯隊長을 暗殺한 后 M1 小銃 一挺을 갖이고 上山 人民軍에 入隊

⑮. 七月 二十四日 九聯隊 兵卒 一名 九九式銃 一挺, 全 彈丸 十發을 가지고 脫

出, 人民軍에 編入

㉮. 七月 初旬 M1 一挺을 갖이고 一名 脫出

計 一.脫出兵數 五二名,(被檢된 二十二名과 逃走한 一名 除外)

一.武器

銃＝九九式銃 五十六挺, 카-빙 三挺, M1 八挺 合計 六十七挺

一.彈丸만의 供給

M1 一千四百四十三發, 카-빙銃 彈丸 二千四百十五發 計

三千八百五十八發

一.其他 武器

照明彈筒 一挺, 全 彈丸 七發, 信號彈筒 五個

註.前記 脫出兵 五十二名 中 그 后의 國警 作戰에 依하여 一名 被殺, 三名

被檢되고 現在 四十八名이 人民軍에 編入되고 있음.

(5) 國警의 討伐 作戰과 이로 因한 軍의 被害

一.國警의 討伐 作戰

五·一0 單選 直前 美軍政과 統衛部는 金益烈 第九聯隊長과 吳一均 第五聯隊

大隊長을 陸地部로 보낸 后 惡質 反動 將校 朴珍景 中領을 十一聯隊長으로

任命, 兵力을 二聯隊 五百名, 三聯隊 三百名, 四聯隊 二百名, 九聯隊 八百名,

五聯隊 一千五百名, 六聯隊 五百名 計 三千八百名을 增加, 이를 十五個 中隊

로 編成하여 包圍 討伐 作戰을 開始

第一次 攻擊 - 五月 二十七日, 八日 二日間 山麓 襲擊

第二次 攻擊 - 五月 三十日부터 六月 二日까지의 四日間 濟州島를 四個

地帶로 나누어 第一地帶는 翰林面 金陵里로부터 出發 舊左面
終達里에 到着, 第二地帶는 翰林面 音富洞으로부터 出發
城山浦에 到着, 第三地帶는 翰林面 今岳을 出發 城山面
溫平里에 到着, 第四地帶는 大靜으로부터 溫平里에 到着
第三次 攻擊-六月 三日부터 各 地區別로 各 部落 駐屯
第四次 攻擊-六月 十三日부터 仝 十七日까지 五日間 漢挐山 白鹿潭을 中心
으로 包圍 討伐 攻擊

三. 우리의 被害

⑫. 六月 二十九日 國警에게 西歸浦 駐屯 部隊 아지트를 包圍 襲擊 當했으나
　　 軍의 被害는 없음

①. 五月 十七日 廣平里에서 隊員 一名 重傷 當하고 捕虜로 해서 그 后 警察
　　 에 넘기기 때문에 虐殺當했음(連絡員)

⑥. 五月 末日 頃 大靜 아지트 附近에서 隊員(連絡員) 一名 虐殺

④. 五月 二十七日 大靜 駐屯軍 아지트 被害, M1총 一挺, 九九式銃 一挺, 軍
　　 刀 二本, 고무신 二十足, 電話機 一個, 쌀 二叺, 天幕 二個, 衣類 二十種을
　　 押收 當함

⑮. 七月 四日 大靜 아지트 附近에서 海警 脫出兵 一名 被檢. 國警 脫出兵 一
　　 名 被檢

⑧. 六月 十三日 濟州邑 아지트 被襲. 軍刀 五本, 鐵甲, 槍 多數 押收 當하고
　　 그 后 國警은 繼續 아지트에 駐屯하여 探査한 結果, M1 彈丸 八百五十發,
　　 九九式銃 四挺(使用 不可能) 地雷 五個, 信號筒 二個, 擲彈筒 彈丸
　　 十八發을 押收 當함

⑦. 六月 七日 島司令 情報部員 一名 第一支帶 經理責 一名 國警 脫出兵 一

名 計 三名이 梧登里에서 被檢, 이 中 情報部員은 警察에 넘어갔다가 后日 釋放됨

⑨. 六月 十四日 島司 레포 二名이 月坪里 위에서 被檢되였다가 后日 釋放

⑭. 七月 初旬 第一支帶 第一部隊 連絡員이 月坪里 위에서 被檢되였다가 后日 釋放

③. 五月 二十四日 涯月軍 레포 二名이 頭毛에서 被檢되였다가 后日 釋放

⑩. 六月 十七日 涯月 아지트 被襲 被害 無

②. 五月 二十一日 我部隊員 二名이 國警 脫出兵과 連絡을 取하기 爲해서 南元里에 伏兵 중 警官車가 疾走하여 오는 것을 國警차로 誤認하고 손을 들고 車에 接近하여 본 직 警官 車였고 避할 時間的 餘裕가 없음으로 할 수 없이 개에게 달려드러 개의 銃을 빼었으나 結局 다른 개의 銃에 虐殺當했음

⑬. 七月 初日 國警에게 追擊 當하여 我部隊員 五明이 新村里에 避했있든바 개에게 襲擊 當하여 四名 被檢(그 中 二名 負傷 이 中 一名은 國警 脫出兵) M1銃 一挺 全彈丸 八發, 衣類品 若干을 개에게 押收 當함

⑪. 六月 二十一日 大屹里 아지트를 國警에 包圍 襲擊 當하여 全院이 無事히 避하기는 했으나 祕藏했든 카-빙銃 一挺, M1 彈丸 三十五發, 카-빙 彈丸 十五發을 國警에게 押收 當함.

⑤. 五月 二十七日 善屹里에서 國警에게 包圍 當하여 支隊 幹部 二名을 捕虜 當하다(그 中 一名은 后日 釋放되고 一名은 警察에게 引繼 當하다)

⑯. 六月 十六日 月坪里 위에서 支隊員 二名이 被檢되었다가 后日 釋放되다

⑰. 六月 十八日 島司令部 幹部 一名 朝天面 善屹里에서 被檢되었다가 后日 釋放되다

以 上

Ⅵ. 제주도인민유격대투쟁보고서(한글)[80]

〈극비〉

제주도인민유격대투쟁보고서

一. 조직면(조직의 시발과 발전과정 및 조직 현세)

1. 조직의 시발

① 조직의 동기

제주도에 있어서 반동경찰을 위시한 서청, 대청의 작년 3·1 및 3·10 투쟁 후의 잔인무도한 탄압으로 인한 인민의 무조건 대량 검거, 구타, 고문 등이 금년 1월의 신촌사건을 전후 하여 고문치사 사건의 연발(조천지서에서 김용철 동무, 모슬포지서에서 양은하 동무)로써 인민토벌학살정책으로 발전, 강화되자 정치적으로 단선·단정반대, UN 조위 격퇴투쟁과 연결하여 인민의 피 흘리는 투쟁을 징조하게 되었다.

---

80 국한문혼용으로 쓰여진 「제주도인민유격대투쟁보고서」원문을 저자가 한글로 풀어서 소개하고자 한다.

3·1투쟁에 있어서의 각급 선전 행동대의 활동은 기후의 자위대 조직의 기초가 되었으며 3·1투쟁 직후 도당의 지시에 의하여 각 면에 조직부(면당) 직속 자위대를 조직하게 되었으나 별로 진전을 보지 못하였다. 기후 사태가 거익 악화됨을 간취한 도상위는 3월 15일경 도파견 '올구'[81]를 중심으로 회합을 개최하여 첫째, 조직의 수호와 방어의 수단으로서, 둘째, 단선·단정 반대 구국투쟁의 방법으로서 적당한 시간에 전 도민을 총궐기시키는 무장반격전을 기획 결정.

25일까지를 준비 기간으로 하여 도상임(특히 투위 멤버)으로써 군위를 조직 투쟁에 필요한 자위대조직(200명 예정)과 보급, 무기준비, 선전 사업 강화에 대하여 각각 책임을 분담. 예정 기간을 넘어 3월 28일 비로서 재차 회합을 가져 기간의 준비 사업에 관한 각자의 보고를 종합 검토한 결과, 4월 3일 오전 2시~4시를 기하여 별항의 전술 하에 무장반격전을 전개하기로 결정하였음.

---

81 영어의 Organizer에 해당하는 말로, 여기에서는 남로당 중앙당이나 전라남도 당부에서 파견된 조직지도자를 지칭함

② 4·3 투쟁 직전의 조직 정세

(ㄱ) 조직 체계

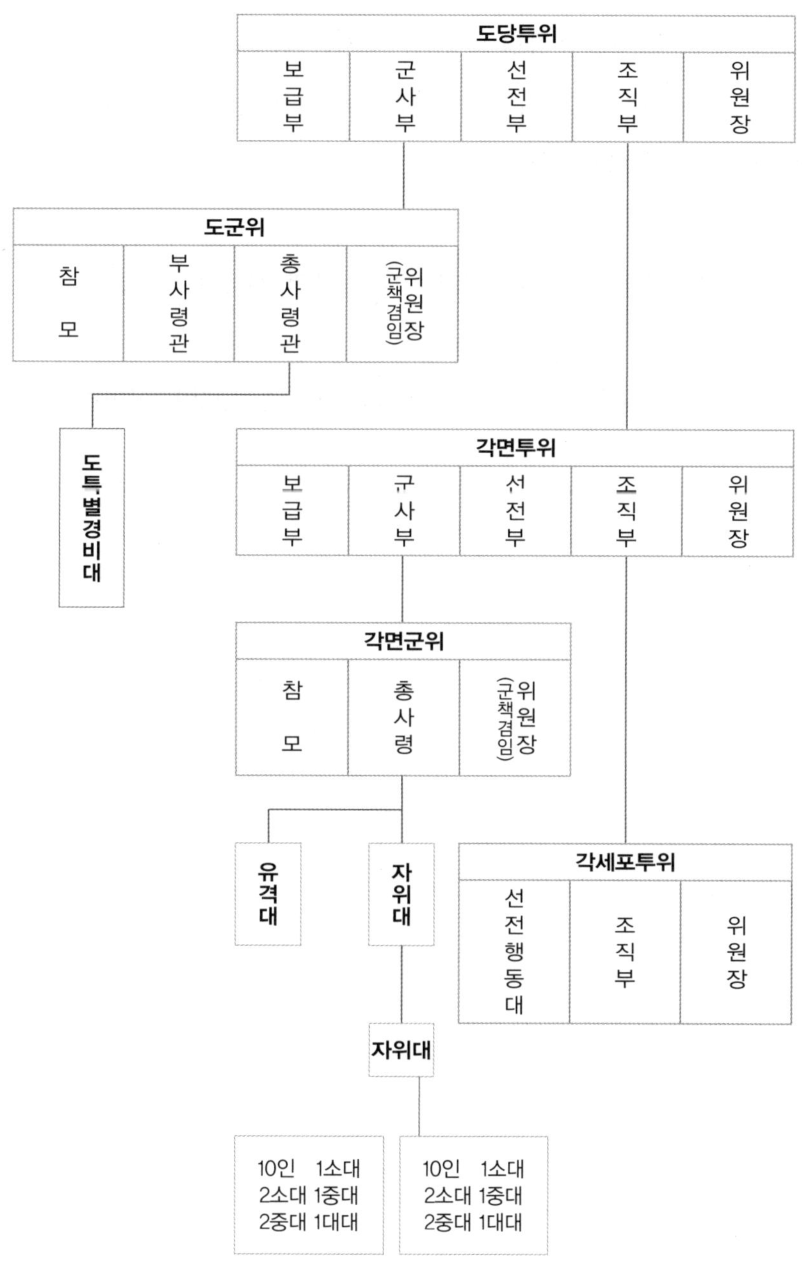

(ㄴ) 조직 세력

  Ⓐ 병력면

  ① 유격대 조직면 – 13면(추자면까지 포함)중 구좌, 성산, 서귀, 안덕, 추자의 5면을 제외한 제주읍, 조천, 애월, 한림, 대정, 중문, 남원, 표선의 8개면에 유격대 조직, 도에는 군위 직속의 특경대를 편성.

  ② 인원수 Ⓐ 유격대 100명 Ⓑ 자위대 200명 Ⓒ 특경대 20명 계 320명

  ③ 병기 99식 소총 27 정, 권총 3정, 수류탄(다이나마이트) 25발, 연막탄 7발, 나머지는 죽창

2. 제1차 조직정비(4·3투쟁 직후)

① 체계상의 정비

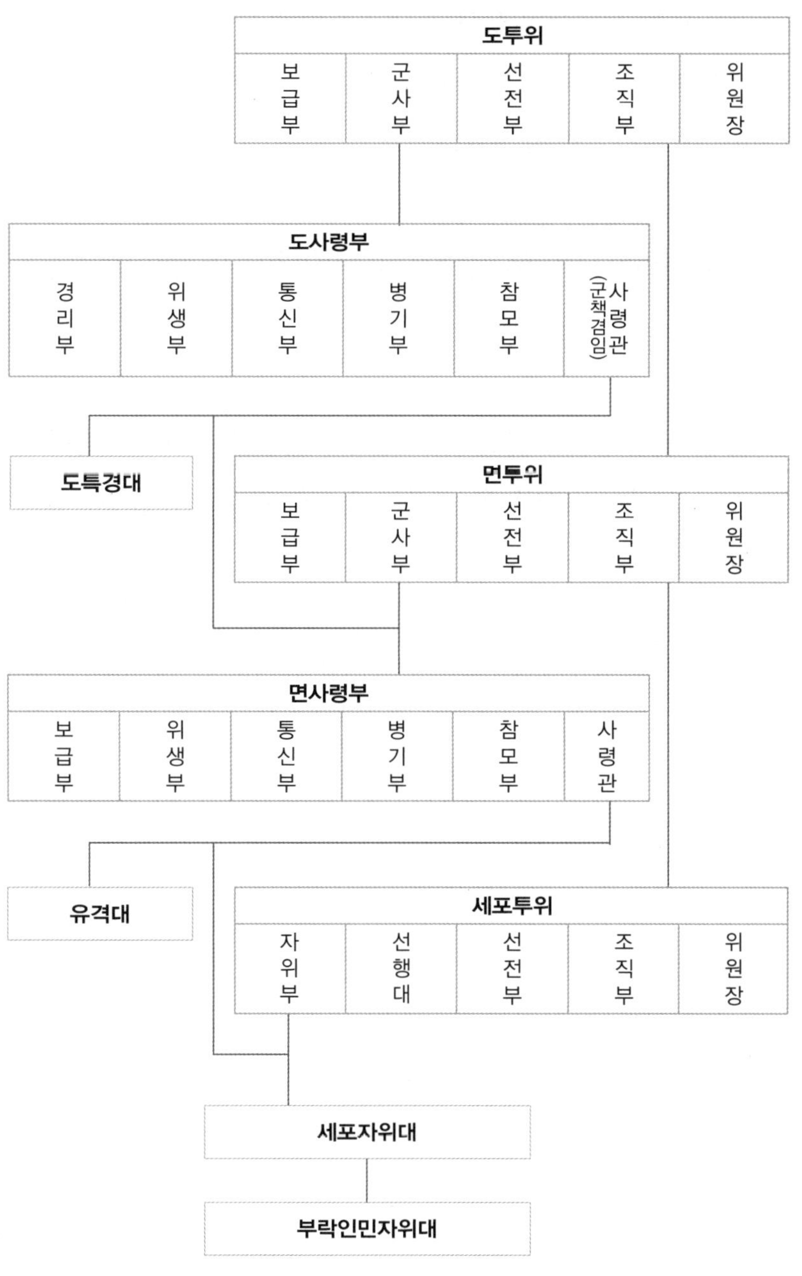

② 병력상의 정비

전 유격대를 250명으로 정리(이것은 4·3투쟁 시 유격대=톱부대와 자위대=후속부대)와 이 공동 작전의 결과, 투쟁 종료 후 다 같이 상산하여 공동생활을 하기 까닭에 일상생활 상의 혼란과 보급 문제로 인해서 250명으로 정리 강화하여 나머지는 하산시켰음. 그러나 그 후 재차 병력 확충의 필요성을 느껴 전원 400명 정도로 확충시켰음.

3. 제2차 조직 정비(5·10 투쟁 직전에 착수하여 직후에 완료)

① 동기

엄격한 규율과 치밀한 기밀 확보 그리고 신속한 행동을 보장하기 위한 작전 상의 필요에 의하여 각면 투위 군사부 직속의 각 유격대를 도사령부 직속으로 편성하게 되었음.

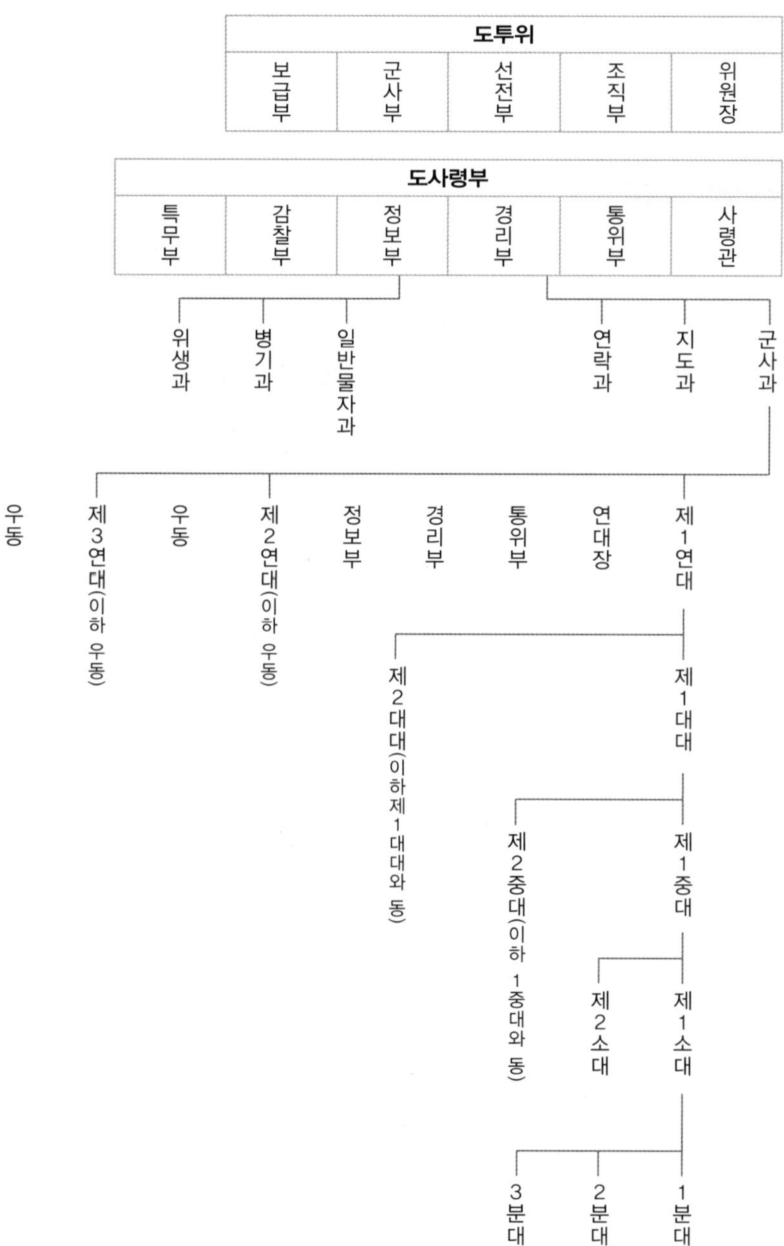

도투위
보급부
군사부
선전부
조직부
위원장
도사령부
특무부
감찰부
정보부
경리부
통위부
사령관
위생과
병기과
일반물자과
연락과
지도과
군사과
우동
제3연대(이하 우동)
우동
제2연대(이하 우동)
정보부
경리부
통위부
연대장
제1연대
제2대대(이하제1대대와 동)
제1대대
제2중대(이하 1중대와 동)
제1중대
제2소대
제1소대
3분대
2분대
1분대

③ 병력

3개 연대로서 370명(이 중 특무부 20명 합) 특경을 해체하여 사령부 각 부문에 전원 배치하였음.

4. 제3차 조직 정비(5월 말일)

① 동기

국경의 대량 입도(약 4000명)와 그의 포위 토벌전이 전개되자 충돌 회피와 비합법 태세 강화의 필요상 인원을 대량 감소 정리하게 되었음.

② 체계상의 정비

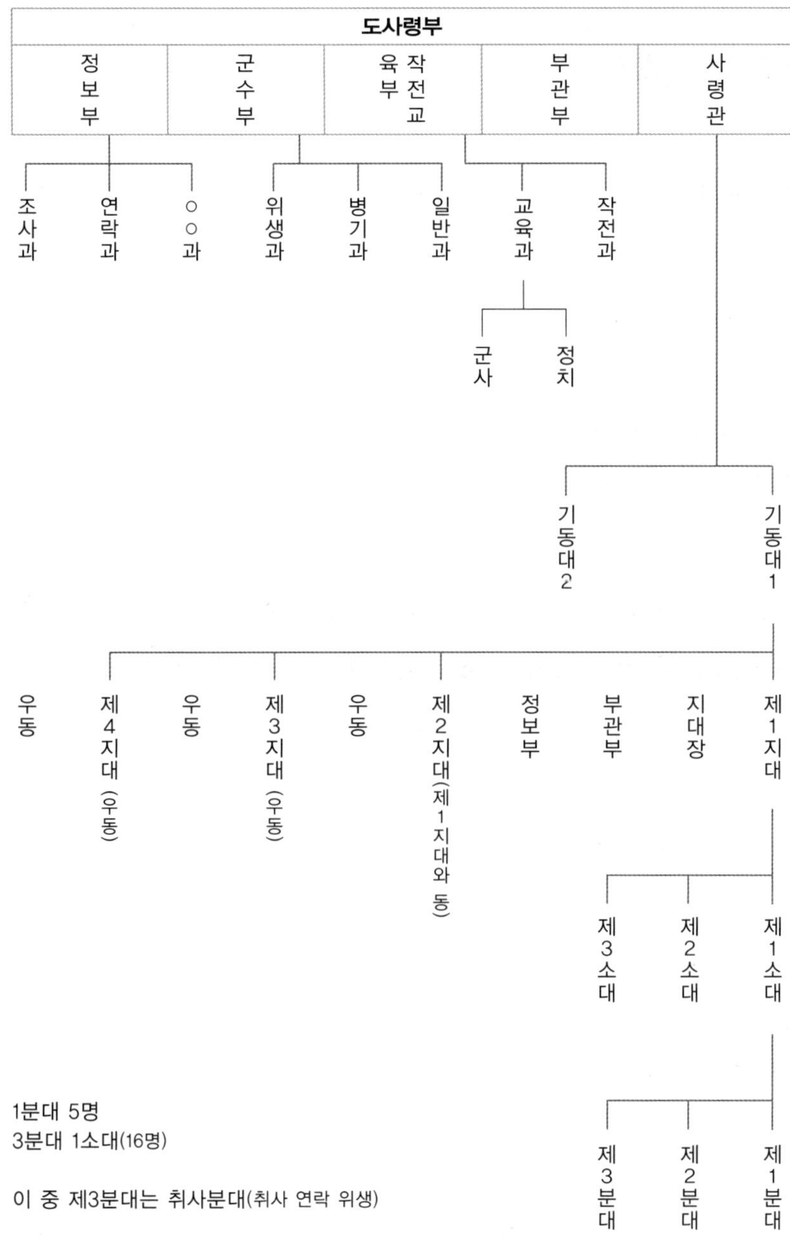

1분대 5명
3분대 1소대(16명)

이 중 제3분대는 취사분대(취사 연락 위생)

③ 인원정리 370명을 240명으로 정리

5. 제4차 조직 정비(6월 18일 착수)

① 동기 새로운 투쟁에 대비하여 조직의 시급한 정비 강화가 긴요하게 되었슴.

② 체계상의 정비 필독불능.

③ **병력** 1지대가 3소대로 편성되며 1지대 인원수는 60명, 4개 지대, 합계 240명에 도사령부 26명으로서 총계 266명임.

6. 제5차 조직정비 (6월 18일부터 착수하여 7월 15일 정비 완료. 현재는 이 제5차 조직 정비에 의하여 편성되어 있음. 다음 ①의 조직 현세에서 상세히 진술키로 함.)

① 조직 현세(7월15일 현재)
　㉮ 당면 조직 문제의 중점
　　ㄱ. 판독불가
　　ㄴ. 강력한 당의 정치적 지도 통제
　　ㄷ. 엄격한 규율 확립
　　ㄹ. 치밀한 기밀 보장
　　ㅁ. 행동의 신속화
　　ㅂ. 신축성과 기동성 보유

② 현 조직 체계

도군사령부
도당위원장
정치부원
사령관
작전교육부(작전참모)(1명)
정보부
통신부(1명)
보급부(1명)
병기부(1명)
위생부(1명)
제50지대 지대장 정치부원 (전원 137명)
제43지대 지대장 정치부원 (전원 124명)
제31지대 지대장 정치부원 (전원 126명)
제30지대 지대장 정치부원 (전원 ○명)
* ○ 등사불명
작전교육과
정보과
보급과
병기과
위생과
통신과 (7명)
(14명)
(14명)
(13명)
제414특무대(남원면 12명)
제413특무대(성산표선 24명)
제412특무대(구좌면 34명)
제411특무대(조천면 24명)
제313특무대(안덕면 12명)
제312특무대(대정면 24명)
제311특무대(한림면 44명)
제213특무대(서귀면 24명)
제212특무대(중문면 24명)
제211특무대(애월면 34명)
제112특무대(읍농촌 44명)
제111특무대(읍가두 12명)
유격대(30명)
제152소대 10명
제151소대 10명
제150소대 10명
제131소대 10명
제130소대 10명
제129소대 10명
제95소대 10명
제94소대 10명
제93소대 10명
제83소대 10명
제82소대 10명
제81소대 10명

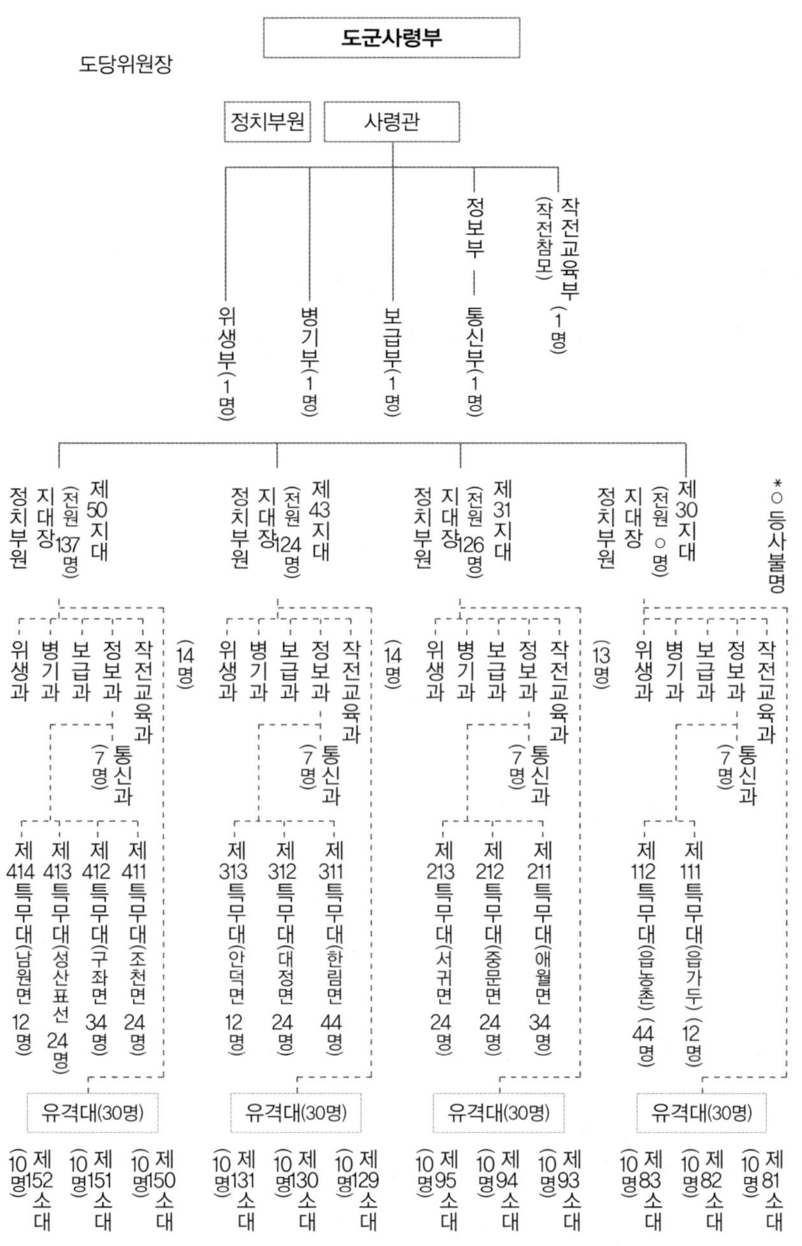

③ **현병력**

ㄱ. 인원수 - 각급 지도부 35명, 통신대 34명, 유격대 120명, 특무대 312명

계 501명

ㄴ. 병기

   ㊀ 소총 M1 6정, 칼빙 19정, 99식 117정, 44식 4정, 30년식 2정, 계 147정

   ㊁ 소총 탄환 M1 1,396발, 칼빙 1,912발, 99식 3,711발, 44식, 30년식 721발, 계
      7,740발

   ㊂ 경기관총 (일본제) 1정

   ㊃ 척탄통 2문(탄환 8발)

   ㊄ 수류탄 43발

   ㊅ 다이너마이트 69발

   ㊆ 신호탄 2개

   ㊇ 군도(軍刀) 16정

   ㊈ 권총 6연발 1정, 8연발 6정, 10연발 1정, 계 8정, 탄환 계 119발

   ㊉ 기타 라이깡 103발, 지뢰 라이깡 8발, 야포탄 4발 등

④ **주의**

   ㉠ 각급 정치 부원은 상급 정치원 소속, 최상급 정치 부원은 도당책 소속임.

   ㉡ 특무대는 지대 정보과 소속

      임무 - 정보 수집, 개인 테로, 군 활동에 호응, 보급의 원조 등

      조직 - 각 면에 특무대장 1명과 연락원 수명을 두며 그 외에 3인 1분대,

           1소대(10명)로 하고 1개 부락에 1인~2인 정도로 조직하되 특무대원은

           세포로부터 제외한다.

ⓒ 사령부 및 지대를 사령관(지대장)과 정치 부원과 작전 참모(작전교육과책)의
3인으로써 최고 지도부 구성함.

ⓔ 각 지대 중 특무대는 각 면 각 부락에 주둔하되 지대 지도부 통신대 각 유격대
소대는 지대 지도부 중심으로 밀집 생활함.

二. 작전면

① 제1차 작전(3월 15일 이후 4월 2일까지의 약 18일간)

4·3(사건) 투쟁을 위한 조직 준비 (자위대)와 병기 준비 그리고 정보수집
기간이었음. 이 기간 중에 있어서 적의 집합적 탄압과 조직의 여지없는 파괴 속에서
극비 합법리에 유격대(톱 부대) 100명과 자위대(후속부대) 200명 계 300명과 무기
소총, 권총 합계 30정 확보에 성공 하였으나 가장 중요한 수류탄과 휘발유탄을 구입
못하여 이것이 4·3 투쟁에 실패의 결정적인 한 원인이 되었음.

② 제2차 작전(4월 3일 이후 4월 20일까지의 약 18일간)

4월 3일 오전 2시~4시를 기하여 8·15 해방 이후 제주도 초유의 무장 반격
투쟁을 전개, 작전면에 있어서 제주도 반동의 아성인 제주읍 성내 특히 감찰청과
제1구서 분쇄는 국경에게 담당시키기 위하여 성내에 20명의 학생 특무원을
연락병으로써 침입시키고 나머지 14개 지서에 400명을 배치하였으나 결국 별지와
같이 국경의 투쟁 불참가로서 거점 분쇄는 실패하고 나머지 14개 지서 습격 계획 중
12개 지서 습격에 전면적으로 성공하여 여좌한 성과를 획득하였음.

① 지서 습격 수 12개 지서

(외도, 구엄, 애월, 한림, 대정, 남원, 성산, 세화, 함덕, 조천, 삼양, 화북)

② 아부대 350명

③ 적에 준 타격

　　㉠ 지서소각 및 파괴 수 ㉡ 지서 완전소각 ㉢ 지서 반 소각 ㉣ 지서 반 파괴

　　㉡ 경관 - 사망 10명 , 동 부상 4명, 경관 가족 사망3명, 경관 포로 1명

　　㉢ 반동 - 사망 4명, 동 부상 3명, 반동 가족 사망 3명, 동 가족 부상 1명, 서청
　　　　사망 7명, 반동 포로 4명,

　　㉣ 반동 가옥 소각 2호

④ 노획품 (무기뿐) 군도1정, 칼-빙 소총 7정, 44식 소총 1정, 공기총 1정

⑤ 우리의 희생 - 사망 4명

　이후 진영을 정비하면서 주목표를 지서 습격에 두고 일면으로는 견제
작전으로서의 신경전을 극력 강화시킴

③ **제3차 작전(4월 20일 이후 5·10직전까지)**

　조직 수습과 확대 강화의 엄호 투쟁을 전개하기 위하여 부락 주둔을 개시, 동시에
반동 숙청에 주력

④ **제4차 작전(5·10부터 5월 26일까지)**

　각개 격파의 전술로서 주력 부대를 2 그루-뿌로 편성 5·10 당일에는 각 부락을
유격하면서 투표 보이코트전을 전개(주로 남부). 그 후 세력을 집결하여 함덕과
저지의 2지서를 완전히 습격 소각, 안덕지서 습격 완전 성공 직전에 경관 6명 즉사케
하고 퇴각, 대정에서 적 기동대차 3대(약 60명)을 복병전으로 습격 경관 14명을
즉사케 하고 또 특기할 것은 국경에서 1개 소대가 대정지서를 습격 경찰관 5명을

즉사케 한 후 산으로 탈출하는 등 적을 여지없이 분쇄하고 적의 심리를 서늘케 하는 대투쟁이 매일같이 계속 전개, 제주도의 4·3사건 이래의 구국 유격전은 이 기간에 있어서 최고도의 앙양과 진출 그리고 전과를 보였음.

⑤ 제5차 작전(5월 27일부터 6월 18일까지)

약 4000명의 병력으로써 국경과의 충돌을 피하며 그들의 포위 토벌전을 수포로 도라가게 하는 동시에 일면으로는 국경 내부의 충돌 특히 대내 최고 악질 반동인 박진경 연대장 암살과 탈출병 공작을 추진 그 동안 쓰라린 퇴격전술 에 의하여 상당한 우리 쪽의 피해도 이썼으나 6월 18일 오전 3시경을 기하여 대내에서 박연대장이 암살되자 적은 결정적인 타격을 입어 6월 17일까지의 제4차 공격을 최후로 산 공격을 단념 이후 주로 중산촌 부락을 습격하면서 그들이 퇴격하게 됨에 따라 우리의 전술은 여기에 성공을 보게 되었음.

⑥ 제6차 작전(6월 19일 이후 현재)

국경에서 철거전술을 쓰기 시작하자 우리는 각처에 분산되고 있는 조직을 질적면에서 정비 강화하고 정치부원의 확립에 의한 정치 교육의 강화 일상생활의 규칙화에 의한 규율 강화 등에 주력하여 현재에 도달함.

三. 투쟁면(각면별)

(1) 제주읍

3월 18일 - 도련리 악질 향보단을 습격 이를 해산 시킴과 동시에 반동 가옥 3호를 완전 파괴시킴과 반동 7명을 부상시켰다.

4월 1일 - 영림서원 2명을 포로 동 4일 개전시킨 후 석방

4월 3일 - 오전 2시를 기하여 삼양, 화북, 외도 3지서를 일제 습격

삼양지서 - 경관 6명. 아부대 16명. 소지 무기 99식 소총 1 정, 다이너마이트 2발, 휘발유탄 4발, 상호 접전 지서 정문까지 육박 가라스를 죽창으로 파괴 시켰으나 적의 발포 극심하고 응원대가 올 것을 염려하여 퇴격. 상호 피해 무

화북지서 - 경관 5명 아부대 14명이 99식 소총 1정, 다이너마이트 4발, 휘발유탄 4발, 남어지는 창을 가지고 4개 부대로 편성하여 습격. 처음에 전선 2개소를 절단 육박하면서 수류탄 1발 투척 그것이 지서내 램프에 연소하여 지서 완전 소각. 경관 1명 도주, 급사 1명 즉사 1분대는 경관 사택을 습격 경관 부부를 숙청하고 거기서 카-빙 소총 1정 압수, 1분대도 경관 사택을 습격 수류탄을 투척한 결과 경관 1명 부상

외도지서 - 경관 6명. 아부대 14명이 99식 소총 1정, 다이너마이트 3발, 휘발유탄 3발 남어지는 창으로써 습격 경관 1명 숙청 후 퇴각, 귀도 중 노형리부근에서 적 기동대와 부디쳤으나 약 5분간 접전 후 이를 격퇴시켰음.

4월 4일 밤 - 아부대 30명으로 영평리 상동 대청 사무소 습격 사무소 완전 파괴 문서 일체 압수 대청 동원부장 1명 숙청. 반동 2명에게 중상을 주고

도라오는 도중 월평리 거주 경관의 집을 습격하였으나 경관 부재 중임으로 가옥파괴한 후 가옥 약 4분지 1 소각, 의류 다수 압수

4월 8일 - 4인 1조로서 이호리 대청 거두 1명 숙청 8인 1조로써 삼양 지서 제2차 습격하였으나 사전 발각으로 퇴각

4월 12일 - 4인 1조로서 오라리 거주 악질경관 송원화 부친을 숙청 후 동 가옥 소각

4월 14일 - 외도 지서 제2차 습격. 송칠 동무 유도작전 지도하다가 희생 당하였음.

4월 16일 - 화북 에서 동무 5명이 경관과 대청원 에게 포위 당했으나 권총으로 경관 1명을 즉사케 한 후 전원 무사히 탈출

4월 18일 - 삼양 지서 제3차 습격. 경관 16명. 아부대 22명이 총 6정으로써 습격하였으나 사전 발각으로 적 기동대에 봉우[82] 퇴각. 아부대원 1명 희생

4월 19일 - 외도 지서 제3차 습격 수류탄 투척한 결과 개[83] 1명 부상 지서 반파괴

4월 20일 - 월평리 에서 「엿장사」로 가장한 스파이 2명 숙청

4월 27일 - 리구장 집에서 개가 식사 중이라는 정보에 접하여 아부대 16명이 이를 포위하였으나 개는 도주해 버리고 반동 구장 1명을 포로해다가 숙청

4월 28일 - 노형리 2구에서 적 기동부대 22명과 아부대 20명이 약 6시간 접전 후 이를 격퇴시켰음. 개 3명 부상, 개 모자 1개, 문서 다수, 카-빙 탄창 2개, 카-빙 탄환 9발, 백미 1두 등을 노획

5월 1일 - 개 7명, 반동 2명이 화북리 3구에 침입하여 탄압하려는 것을 아부대원 20명이 포위 도주하는 개들을 추격, 반동 1명 숙청

---

82 逢遇: 우연히 만남.

83 인민유격대가 경찰관을 비하해서 지칭하는 용어이다. 복장 색에 따라 경찰관을 검은 개, 국방경비대원을 노랑 개로 구분 지칭하였다.

5월 3일 ~ 7일까지 - 동, 서 각 지구에 아부대 각각 1대대씩 주둔 1개 대대는
　　　　　　　본부근무. 노형리에서 「엿장사」로 가장한 스파이 2명 숙청.
　　　　　　　오라리2구에서 반동 3명 숙청. 오라리 2구에서 적 기동부 약
　　　　　　　30명과 20분간 접전 후 적의 타부대에게 포위 당해서 퇴각
　　　　　　　상호의 희생 무 월평리에서 4월 4일에 소각하다가 남은 개
　　　　　　　집을 완전소각 6일 본부 근무 대대가 출동하여 동대대와
　　　　　　　합류 7일 화북리 반동 4명, 삼양리반동 1명, 삼양리 2구 반동
　　　　　　　2명, 삼양리 3구 반동 2명, 도련리 1구 반동 2명 계 반동
　　　　　　　15명 숙청

5월 6일 - 서대대 상산(上山) 하는 도중 적 기동대 약 30명과 조우 약 8시간 접전
　　　　　후 이를 격퇴. 개 2명 즉사, 우리대원 2명 희생

5월 7일 - 죽성리 에서 반동 3명 숙청

5월 8일 - 삼양리로 화북에 이르기까지의 전선 완전 절단. 아침 죽성 반동 거두
　　　　　가옥 4호 소각, 반동 11명 숙청, '고다시' 반동 집 2호 소각, 반동 가족
　　　　　2명 숙청, 아라리 1구 반동 가옥 2호 소각, 반동 가족 2명 숙청

5월 9일 - 농교에 수류탄 투척하여 적에게 위협을 주었음

5월 10일 - 도두리 반동 4명 숙청. 동일 읍사무소(선거 투표 장소)에 수류탄 2발
　　　　　　투척 투표를 방해

5월 15일경 - 오현중학교에 수류탄 1발 투척하여 맹체파괴를 방지

5월 18일 - 화북리 반동 1명 숙청

5월 25일경 - 2시 특무대원 3명이 단선 을지구 당선자 한림면 출신 양병직의
　　　　　　　아지트를 습격하였으나 실패, 대원 1명 피검

6월 14일 - 표선 반동 1명을 회천에서 숙청

7월 9일 - 월평리에서 「엿장수」로 가장한 스파이 2명 숙청 이외에 반동 숙청 31명

이상 제주읍 합계

　㊀. 지서 습격 수 7회, 지서 소각수 1, 동 파괴수 1, 개 사망 5명, 개 부상 5명, 개
　　 가족 사망 3명

　㊁. 반동 숙청수 66명, 반동 가족 숙청수 4명, 반동 부상수 9명, 경관 가옥 소각수
　　 2호, 반동 가옥 소각수 9호, 동 파괴수 3호

　㊂. 무기 노획수 카-빙 소총 1정, 동 탄창 2개, 동 탄환 9발

　㊃. 전선절단 349개소, 도로파괴 140개소, 교량파괴 1개소

　㊄. 우리의 피해 대원 3명 전사

(2) 애월면

4월 3일 - 오전 2시를 기하여 구엄, 애월 양 지서를 습격

　　　　구엄 지서 - 개 9명, 아부대 120명이 99식 소총 사정 다이너마이트
　　　　　　　　 5발, 나머지는 죽창으로써 습격 우선 숙청 대상 반동
　　　　　　　　 1명에 대하여 아부대원 약 5명씩 배치, 지서에는 약
　　　　　　　　 40명 배치, 처음에 지서를 향하여 다이너마이트를
　　　　　　　　 투척하고 그 폭발음을 신호로 일제 습격하기로 하여스나
　　　　　　　　 애월지서 습격 부대가 정각 약 30분 전에 습격하여
　　　　　　　　 버리고 더욱이 구엄과 에월 간의 전선절단을 하지 않녀기
　　　　　　　　 때문에 애월지서에서는 구엄지서에 전화로 응원을

요청하였음으로 사전 발각이되 지서 내부에는 개 3명과 향보단원 2~3명이 있었고 남어지 개 6명은 집에 있섰다. 다이너마이트 투척에 적은 지서 내에서 발사 시작 우리 부대에서도 이에 응전하면서 일보 일보 육박, 이 때 악질 개 송원화 집에 배치한 분대는 송을 잡고 단창으로 찔러스나 단창을 빼자 송은 도주. 다른 분대는 반동 2명과 반동 가족 3명을 숙청하고 가옥 2호를 소각한후 소학교에 집합하여 지서에서 울리는 사이렝을 듣고 인항가, 적기가를 고창 하면서 지서 습격 응원으로 출동, 지서 습격 부대와 합류하여 새 공격으로 드러갔으나 약 30분후 외도지서의 기동대가 옴으로 퇴각 우리의 피해 2명 희생

애월 지서 – 아부대 약 80명이 습격하여 다이너마이트를 던지고 지서장 송달호 에게 경상을 준 후 퇴각

4월 5일 – 오전 4시 50명으로써 애월 지서를 제2차 습격하였으나 정보 부정확으로 퇴각

4월 7일 – 장전리 에서 반동 2명 숙청

4월 9일 – 금덕리 에서 반동 1명 숙청

4월 11일 – 아침 10시부터 구엄 지서 개들과 기동대의 혼합부대 약 30명이 광령 2구를 습격하여 청년들이 전부 산으로 도피하는 것을 추격 상산. 아부대에서는 이 정보를 접수하여 12시부터 천안악에 복병. 놈들은 (숫막)을 소각시키면서 점진 상산(上山). 오후 1시부터 접전 (천안악에서) 아부대 병력은 1중대(21명)가 99식총 6정, 카-빙총 1정을 가졌다. 접전 1시간후 이를 격퇴.

전과 = 개 3명 즉사(이 중 1명은 서북 악질 경관으로서 2월에 조천

지서에서 김용철 동무를 고문 치사 시킨 놈) 카-빙 총 1정, 동 탄창 2개,
동 탄환 95발, 현금 3백원, 수류탄 1발, 백미 4승을 노획. 우리 피해 전무

4월 11일 – 오후 11시 애월리 가두에서 특무원 3명이 권총 1정을 가지고 복병 통과 중인 적 4명(개 3명, 대청원 1명)을 기습. 개 1명 즉사, 개 1명 부상, 대청원 1명 부상 동시 애월지서에 수류탄 1발 던져 지서를 부분적으로 파괴하였다

4월 18일 – 곽지리와 금성리에서는 각각 반동 1명씩 숙청 (계 2명)

4월 21일 – 구엄지서 제2차 습격. 개11명 부락민 전부가 향보단으로써 지서를 경비. 아부대 2개 중대 오전 3시부터 공격 개시 약 1시간 접전 후 퇴각. 개 1명 부상

4월 24일 – 외도리지서원 5,6명이 하귀리 부락 향회를 소집 개최한 후 귀환할 것을 대비하기 위하여 아부대 1개 소대가 하귀리 1구와 3구 사이에서 복병 적이 도달함에 발포하자 적은 도주

4월 27일 – 외도지서원 10명이 하귀 1, 2구에 침입하여 쌀 공출을 식킨 후 미수동에 집결. 마차 1대에 쌀을 싫고 외도를 향하여 남쪽(산쪽)에는 인민 50명을 동원하여 차를 호송식이고 개들은 안전지대인 북쪽으로 통과하고 있음을 하귀 1, 2구 간에서 아부대 1개 중대가 발견 복병, 인민들이 있음으로 난사를 삼가하여 공포 1발을 쏘으자 인민들은 모두 도피 시작. 개들은 도피할려는 인민을 붓잡고 방파제로 하면서 외도로 도주 개 1명에게 즉사, 1명에게 경상시키고 쌀 전부를 탈환하여 전부 인민에게 반환하여 주었다.

5월 6일 – 서귀포 장춘관 기생(서청과 결탁한 스파이)외 1명 포로 숙청

5월 7일 – 적 50명이(조병옥의 친위대) 경기관총 1대를 가지고 수산, 장전, 소길, 상귀를 탄압하기 위하여 침입. 오전 9시 상귀를 탄압하고 수산,

장전을 경유 소길리로부터 귀환하는 것을 아부대 2개 중대가 소총 12정을 가지고 장전, 소길리 사이에 소나무밭 안에서 포위 접전. 먼저 차를 향하야 수류탄을 덮었으나 3발이나 불발로 인하여 적은 전투 태세를 가추어 난사, 시작 4발차 수류탄이 기관총에 명중 폭발 기관총 파괴. 그때까지 아부대에서는 수류탄수가 전면에 진출하고 있었음으로 위협 정도로 산발, 수류탄수 퇴각 후 응전 오후 5시까지 약 5시간 접전후 적 기동대차 2대가 오자 적은 그 힘으로 구엄지서에 퇴각 (이 응원대를 목표로 하귀리 미수교를 파괴 하려다가 자위대 동무 2명이 희생당하다)

전과 = 적 토벌대장 이하 4명이 즉사하고 중경상자와 사망자를 응원대차 2대에 테우고 남어지 응원대는 도보로 도라갔는데 그후 판명된 바에 의하면 22명이 사고 그 중 10명 사망 12명 중상으로 추측됨. 아부대의 피해 중상 1명(2일 후 사망) 경상 1명

5월 8일 – 하귀리 파군봉에서 적 기동대차 3대와 아부대가 접전. 약 1시간 후에 적을 격퇴, 외 14명 반동 숙청

전과 계 = - 지서 습격 4회, - 경관 사망 수 16명, 동 부상수 16명

㈀. 반동사망 24명, 동 부상 1명, 반동 가족 사망 3명, 동 가옥 소각 2호

㈁. 무기 노획 – 카-빙 1정, 동 탄창 2개, 동 탄환 95발, 수류탄 1개

㈂. 우리 피해 3명 사망, 1명 경상

㈃. 전선절단 6개소, 도로 파괴 7개소, 교량 파괴 2개소

(3) 한림면

3월 20일경 – 새별오름 공동묘지에서 전원 67명 합숙 훈련 중 애월지서원 1명, 서청 2명, 구엄 대청원 6명 계 9명이 미명에 취사장을 습격하였음으로 아부대에서 응전 발포 1발로 적은 도주, 추격 도중 동무 1명 경상

4월 3일 – 오전 2시를 기하여 한림지서, 저지지서, 한림여관, 신창여관, 매립지 여관과 기타 반동 집을 일제 습격

한림지서 – 개 7명에 대하여 아부대 15명(99식 총 1정, 다이너마이트 12발, 가소린탄 12발)을 배치

한림여관 – 개 7명에 대하여 아부대 6명(99식총 3정, 군도 1본, 나머지는 창)

신창여관 – 서청 7명. 아부대 15명(군도 1본, 나머지는 창), (99식총 1정) 각 경관급 반동 가택에 남어지 31명 배치

전투상황 – 우선 매립지 여관에서 개 1명, 대청 1명 숙청. 그 다음 신창여관에서 서청 7명을 숙청하자 한림여관에 숙박했던 기동대와 접전하게 되었다. 이어 각지에서 투쟁 전개 개 1명은 사택에서 숙청. 면장 1명과 독촉 최고 간부 1명에게 각각 부상을 입히고, 한림지서 습격부대는 타부대가 적 기동대와 접전하는 총성에 동무들이 전부 도피하여 총수 1명만 남아서 투쟁 불가능. 저지지서 습격은 직전 푸로파카-트[84]의 발생으로 사전 중지 전선절단 4개소, 도로파괴 2개소 전투 완료 후 집합 지정 장소 미마루동산에 전원 집합 거기를 출발해서 금악까지 무장 시위를 단행. 금악에서 반동 소지의 일본도 1정 압수. 오전 9시 아지트에

---

84 사전에 알려지거나 누설됨을 의미

귀환하자 저지지서원 6명과 경찰 후원회원 25명이 금악을 습격하고 있다는 정보를 접수하여 즉시 출동 접전 후 차(此)를 격퇴시키고 후원회원 3명을 포로하여 개전시킨 후 석방

4월 8일 – 오전 4시 저지 지서 습격. 적은 개 13명에 후원회원 70명. 아부대 18명(99식총 5정, 군도 5본, 휘발유탄 5발, 남어지는 창. 접전 40분 후 적의 탄환 전부 소비케하고 적으로 부득이 퇴각케하여 돌격, 지서 완전 소각. 후원회 간부 완전 숙청(3명). 피검자 7명을 완전 탈환, 인민공화국 만세를 부르면서 무장시위를 단행 우리의 피해 – 동지의 총으로 1명 희생, 1명 중상

4월 9일 – 오후 5시경 적 기동대 약 25명이 산 아지트 부근에 습격하였음으로 20분간 교전 후 이를 격퇴

4월 16일 – 오전 2시 전선절단 7개소, 도로파괴 3개소

5월 12일 – 저지 지서원과 반동 합하여 15명이 우리 아지트에 침입, 아부대에서 응전태세를 가추자 적은 도주. 지서에 귀환 후 개 4명 탈출 도주

5월 13일 – 오전 2시를 기하여 전선을 57개소 절단하고 도로 2개소 파괴한 후 오전 7시를 기하여 저지지서를 제2차 습격 적 4명, 아부대 60명(99식총 13정, 수류탄 15발, 기타 창) 지서를 포위 습격하자 적은 무저항 도주. 개 3명 즉사, 지서 완전 소각, 피검자 30명 완전탈환, 반동 12명 숙청, 반동 가옥 112동 소각, 금악에서 반동 2명 완전 숙청 귀덕 2구에서 2명 명월하동에서 각각 숙청. 반동 가옥 6호 소각

5월 14일 – 오후 1시 한림 지서 습격. 적은 개 7명, 서청 14명 합계 21명 아부대는 60명외 동명, 명월 자위대 30명 참가 합계 90명(총 13 정, 수류탄 90 발, 다이너마이트 9발 군도 10본 기타 창) 접전 2시간 후 지서 토치가까지 육박하였으나 때마침 적 기동대를 싫은 차 1대가

오고 서로는 국교에 주둔하고 있는 국경 약 50명이 달려옴으로 아부대가 협격 당하게되어 퇴각. 적 개 5명, 반동 7명 합계 12명 숙청. 서청(西靑) 숙박소 소각. 우리 피해 4명 4명 부상(군도 2본, 99식소총 1정(사용 불가능) 분실, 국경에게 압수 당함.

5월 14일 – 밤 8시 적 개가 국경 소대장을 학살하고 이간 정책으로서 이를 인민군에 전가식이려고 하다가 음모 발각, 국경 1개 소대가 지서를 습격 지서를 향하여 기관총을 난사함으로 지서원 전부 어선으로 비양도로 도주, 국경은 지서에 돌입하여 문서 전부 소각

5월 15일 – 전일 희생당한 우리 동무에 대해서 인민장하도록 국경에서 인민에게 자유를 주었음으로 리민 전부 모여 인민장 거행

6월 6일 – 정오 12시반 저지 개 12명과 반동분자 50명이 금악리를 습격 아부대 1개 소대(10명)로써 접전 15분 후 이를 격퇴. 개 2명 즉사 (이 중 1명은 기관총수)

부기 한림지서 습격 시에 개의 총에 대청 한림 위원장 즉사

7월 21일 – 엿장사로 가장한 스파이 1명 산간부락에서 숙청

전과 계

一. 지서 습격 수 4회 지서 소각 2 一. 경관 사망 수 12명 一. 반동 사망 수 42명, 동 부상 2명, 동 포로 3명, 가옥 소각 84호 一. 전선절단 64개소, 도로파괴 7개소 一. 무기 노획 일본도 1본 一. 피검자 탈환 39명一. 우리의 피해 희생 5명, 부상 6명 완전치료, 99식총 1정, 일본도 2본 분실

(4) 대정면

4월 3일 - 오전 2시를 기하야 대정지서를 습격(대정면 대청〈大靑〉 사무소 동). 대정지서 개 6명. 아부대 7명(총 2정, 군도 1본, 대검 3본, 철창

1본). 포위 직전에 오발로 인하여 사전 발각되었으나 개 2명뿐 숙직 중이었음으로 나오지 않았음. 아부대에서 2발 사격 후 총 고장으로 퇴격. 개 1명 즉사

　　　　　대청 사무소 - (제주도 최고 반동 강필생 집) 특무원 2명이 침입 수류탄 1발 투척하여 강필생 이와 그 가족 1명에게 각각 부상을 주고 퇴각

4월 18일 - 대정지서 제2차 습격, 적은 개 10명. 아부대은 11 명. 약 15분간 교전 후 성벽을 지서로 오인해서 휘발유탄 2발을 투척 결과 정세 불리로 퇴각

4월 27일 - 동일리 반동 거두 1명 숙청

4월 28일 - 아부대 8명으로써 면사무소 습격 반동 직원 1명 숙청 1명 부상, 연락 불충분으로 인하여 동무 직원 1명 희생

4월 28일 - 안성리 반동구장 집 습격 구장에게 중상을 주다

4월 30일 - 모슬포지서 습격, 아부대은 15명 후면으로 아부대를 배치 하고 전면으로 국경보초(동무)를 배치, 측면으로는 여관 2층에 특무대을 2명 배치, 특무원이 지서를 향하여 황린탄 투척 폭발음을 신호로 일제 포위 습격하기로 작전 했으나 황린탄 불발로 인하여 퇴각

5월 1일 - 신평리와 영락리에서 각각 반동 1명식 숙청

5월 4일 - 무릉지서 습격 적은 개 12명 아부대은 30명. 약 20분 접전 후 지형불리로 인하여 퇴각 동무 1명 희생

5월 5일 - 보성리 반동 1명 영락리 반동 고술생 외 가족 2명을 숙청, 동 가옥 1호 소각

5월 20일 - 밤 12시를 기하여 국경 제2연대에서 1개 소대(43명)가 탈출, 대정지서 습격. 개 4명 즉사케 하고 지서장을 부상, 급사 1명을

즉사케 한 후 서귀포로 향하였음

5월 21일 - 아부대에서 재차 대정지서를 습격. 카-빙 2정, 전화기를 노획

5월 23일 - 면사무소를 습격. 문서 일체와 철창 15본을 노획 동일 보성리 반동
고달진 가옥 소각, 일과리 반동 강병국 숙청

5월 26일 - 무릉리 인향리 네거리에 아부대 13명 복병, 적 기동대차 3대에 개 약
60명이 타고 오는 것을 기습, 아부대에서 약 50발을 발포 적이 응전
태세를 가추며 기관총 3대로 난사함으로 약 15분간 교전 후 퇴각.
전과 개 즉사 14명, 부상 11명, 철갑 1개, 배낭 1개, 카-빙 총 탄창 1개 노획

5월 28일 - 무릉리 2구 스파이 (우리 동무 8명을 학살케 한 놈) 1명, 여자 스파이
1명, 엿장수로 가장한 1명을 숙청

6월 25일 - 구억리 반동 2명 숙청

6월 30일 - 무릉리에서 고산리 출신 반동 목사가 강연 순회함을 발견하여 숙청

전과 계

一. 지서 습격 6회(1회는 국경) 지서 소각 1 반동 사망 14명, 동 부상 3명, 동 가족
사망 2명, 동 부상 1명, 동 가옥 소각 2호

二. 무기 노획 카-빙 총 2정, 동 탄창 1개, 전화기 1개, 배낭 1개, 철갑1 철창 1본

三. 우리의 피해 동무 1명 희생

四. 전선절단 10개소, 도로 파괴 7개소

(5) 안덕면

4월 10일 - 아부대 8명이 덕수리 대청사무소를 습격. 사무소 완전 소각 후 반동
1명에게 부상을 주다

4월 하순 - 동광리 반동 1명 숙청

5월 10일 - 동광, 광평, 상천, 선거사무소를 습격. 광평리는 완전 보이곳도 다른 부락은 경비로 실패

5월 24일 - 미명에 화순지서를 습격. 적은 개 20명. 아부대는 20명. 지서를 완전 포위하여 돌격 직전에 동으로 공차가 옴을 국경차로 오인 퇴각. 개 6명 즉사, 반동 1명 숙청. 면사무소, 대청사무소(겸 식량영단 사무소) 소각

6월 15일 - 창천리와 상창리에서 각각 반동 1명씩 숙청(창천리 반동은 독촉위원장)하고 물품 다수 압수하여 도라오는 도중 적토벌대 약 15명과 접전 약 15분후 아부대에서 상호 피해 무 추이 적끼리 총에 대청원 1명 즉사, 3명 부상

전과 계
㊀. 지서 습격 1회
㊀. 개 사망 6명
㊀. 반동 사망 6명 동 부상 5명
㊀. 반동 가옥 소각 2호 (면사무소와 대청사무소)
㊀. 전선절단 3개소, 도로파괴 1개소

(6) 중문면

5월 10일 - 아부대 10명이 하예리 선거사무소를 습격. 투표함 파괴 후 선거을 완전 뽀이코트

5월 하순 - 면내 반동 6명 숙청. 개 2명에게 부상

6월 10일 - 도순리 반동 1명 숙청. 지서 급사 1명을 포로하였으나 틈을 타서 도주

6월 하순 경 - 국경 중문 주둔 부대 내 동무들로써 면내 최고 반동 박찬오를 숙청

6월 28일 - 개 토벌대 60명이 아지트를 습격하였으나 아부대에서는 이를

국경으로 오인하여 무저항 퇴각. 동무 1명 피살, 99식총(사용불능) 1정. 동 탄환 20발, 일본도 3정, 수류탄 5발, 다이너마이트 2발, 모포 10매, 천막 1매, 피복 다수를 소각 압수당하고 식기 20개, 식부 2개, 천막 1매를 파괴 당하다.

전과 계
⊖ 선거사무소 습격 1, 동 파괴 1
⊖ 반동 사망 8명, 부상 2명
⊖ 전선절단 5개소
⊖ 우리의 피해 동무 1명 피살
⊖ 99식총(사용불능) 1정, 동 탄환 20발, 일본도 2본, 수류탄 5발, 다이너마이트 2발, 모포 10매, 천막 2매, 식기 20개, 식부 2개, 피복 다수를 소각, 압수당하다

(7) 서귀면

5월 22일 - 서홍리 반동 6명 숙청, 동 1명 부상, 물품 다수 노획

동일 - 동홍리 반동을 1명 포로로 하였으나 탈주당하다

전과 계 반동 사망 6명, 동 부상 1명

(8) 표선면

5월 10일 - 아부대 10명 가시리 습격. 선거사무소를 습격 하여 투표함을 파괴하고 선거를 완전이 뽀이코트. 반동 3명 숙청. 반동 가옥 1호 4동 파괴

(9) 남원면

4월 3일 - 아부대 10명 99식총 2정으로써 남원지서를 습격

전과 - 개 1명 즉사, 동 1명 부상, 반동 1명 사망, 급사 1명 사망. 카-빙총 2정, 공기총 1정, 탄환 55발, 개 복(服) 다수 노획, 지서 반 소각. 그 후 반동 1명 부상, 반동 가옥 2호 소각 1호. 파괴,관공리 부상 1명, ⊖ 전선절단 3개소(5키로 메-터)

부기 남원지서에서 적끼리의 총에 서청 개 1명 즉사

전과 계

⊖ 지서 습격 1회, 동 소각 1(반소)

⊖ 개 사망 1명, 동 부상 1명, 관공리 1명, 부상(급사), 동 사망 1명, 전선절단 3개소(5키로 메-터)

⊖ 무기 노획 카-빙 총 2정, 공기총 1정, 탄환 55발, 경관복 다수

(10) 성산면

4월 3일 - 오전 2시를 기하여 아부대 약40명이 99식총 2정으로써 성산포 지서를 포위 습격. 포위에는 완전 성공하였으나 우선 프락치 1명을 구출할려고 소극적 전법을 취한 것과 그 다음 가지고 간 총 전부가 고장이나서 지서 가라스 기타 건물 일부를 파괴한 후 적의 난사로 말미암아 퇴각

5월 10일 - 수산리 선거사무소를 습격. 반동 가옥 소각, 반동 2명 숙청, 단선 완전 뽀이코트

(11) 구좌면

4월 3일 - 오전 2시를 기하여 아부대 약 40명이 99식총 2정을 갖이고 세화

지서와 면내 최고 반동 김대홍의 집을 습격. 지서에서는 그때 숙직 중이든 서북계 악질 경관 1명과 맹렬한 격전 끝에 이를 죽이고 카-빙총 1정, 44식총 1정을 노획, 지서을 소각할려고 했으나 석유가 없었음으로 불성공, 반동 김대홍의 집을 습격한 바 대홍이가 권총 1발을 발사하는 바람에 비겁을 느껴 퇴각

5월 9일 - 밤을 기하여 아부대 10명이 송당리를, 11명이 동복리를 각각 습격. 송당리에서 반동 구장 처 1명, 반동(대간부 1명을 숙청), 그들의 가옥 4호를 소각, 동복리에서 반동 1명 숙청, 반동 가옥 1동 소각, 반동 집 내의 미싱, 의류, 기타 다수 몰수, 그리고 송당리, 동복리의 선거 사무소를 각각 습격 파괴

5월 10일 - 아침 덕천리 선거사무소를 습격하여 투표함을 파괴하고 반동 가옥 1동 소각

5월 11일 - 아부대를 2개 중대로 나누어 구좌면 일대 하도, 상도, 평대, 한동, 월정리 외 1개리를 습격 상도리에서 반동 2명 숙청. 반동 가옥 1호 소각, 평대리에서 면사무소를 습격 완전 소각. 반동 가옥 2호 소각. 한동리에서 반동 2명 숙청, 2명 부상, 반동 가옥 2호 소각. 월정리에 서 반동 가옥 1호 소각, 기타 다른 리에서 반동 가옥 1호 소각

5월 23일 - 하도, 상도리 반동 7명 숙청

5월 24일 경 - 아부대 약 20명이 김녕지서 습격 약 30분간 신경전으로 발포하다가 작전 계획에 차이가 생겨 퇴각. 상호 피해 무

전과 계

　一. 지서 습격 2회

　一. 개 사망 1명(서북계 악질)

一. 반동 사망 13명, 동 부상 2명, 동 가족 사망 1명, 동 가옥 소각 13호, 관공서 습격 1회(면사무소), 동 완전 소각

一. 무기 노획 카-빙총 1정, 44식총 1정, 기타 노획 물자 다수

(12) 조천면

4월 3일 - 오전 2시를 기하여 조천, 함덕 양 지서를 일제 습격

조천지서 - 아부대 약 40명이 99식총 2정으로써 포위전은 완전이 성공했으나 사전 발각으로 퇴각

함덕지서 - 아부대 약 40명이 99식총 2정으로써 포위 습격. 먼저 서내 1명 프락치에게 연락하여 탈출케 한 후 그 소개로 개집을 습격하여 개 1명을 포로했든 바 그 처가 지서로 달려가면서 고함을 질름으로 인하여 사전 발각되어 퇴각. 귀도에 대청원 3명을 포로로 하고(아지트에 귀환한 후 개전시킨후 석방) 뒤이어 서청 숙사를 습격, 서청 5명을 포로한 후 포로경관 1명과 서청 5명 중 4명을 총살하고 서청에 취사해 주든 1명은 송당리민 이었음으로 개전시킨 후 인민군 취사번으로 채용

4월 8일 - 밤 조천지서을 제2차로 강습. 아부대 약 40명이 카-빙총 4정, 99식 총 4정, 황린탄 2발을 가지고 습격하였으나 정보 불충분으로 적에게 배후 공격을 받어 황린탄 1발은 투척하여 지서를 부분적으로 파괴시키고 개 2명을 즉사케 한 후 퇴각 우리의 피해 동무 2명 희생

4월 14일 - 미명 교래리 주둔 적 기동대 약 50명을 아부대 40명으로써 포위 습격. 개 2명을 즉사시키고 지형 불리로 퇴각

4월 14일 - 밤 조천면 조천지서를 제3차로 습격. 수류탄을 투입하여 지서를 부분적으로 파괴, 내부를 수라장 시키고 개 7명과 서청 2, 3명을 행방

불명케 함.

4월 15일 - 밤 대흘리 반동 부영호를 숙청 그 가옥 1호 소각, 반동 가족 1명을 포로로 햇다가 후일 석방

4월 16일 - 밤 선흘리 반동 부용화 숙청

4월 17일 - 신촌리 반동 진장섭(충청도 출신 한민당계교원), 김문봉급 그의 처 외 3명 숙청. 김영아 부상

4월 20일 경 - 이로부터 약 1주일간 계속해서 함덕리 대청과 지서에 대하여 아부대 7명 급 약 15명이 99식총 10정, 카-빙총 1정으로써 신경전을 전개하다. 첫날 밤 아부대 10명이 군도 2본, 권총 1정, 99식 7정을 가지고 함덕리 향보단 경비소를 습격하여 향보단원 13명을 포로하여 그 중 대청원 1명을 숙청하고 남어지는 개전시키고 전부 석방. 그 2일쯤 후 아부대 약 7명이 99식과 군도를 가지고 함덕리에 돌입하여 함덕리 거리에서 경비하는 대청원 2명을 포로해서 1명은 숙청, 1명은 개전식인 후 석방. 또 반동 가옥을 습격하였는데 반동은 도주해 버리고 도주하는 그의 처 1명을 숙청, 이로 인하여 그 익일 함덕리민들은 자발적으로 인민대회를 개최하고 대회 석상에서 대청 향보단을 해방시켰음. 그리고 이 신경전 기간 중 2일 만에 한 번식 봉화 투쟁을 전개, 일방 그 당시 북촌리에 대한 탄압의 혹심하여 날마다 함덕지서 개와 대청원들이 북촌리를 습격하였음으로 다시 내습할 것을 대기하여 아부대 약12명이 약 3일간 매일 우중에 함덕리와 북촌리간의 도로 근방에 복병하고 있었으나 결국 개의 내습이 없음으로 퇴각

4월 말일 경 - 밤 신흥리 악질 경관 김태배 집을 습격, 그 가옥 1호 2동을 완전 소각. 조천면 오름밭 악질 반동 1명 숙청, 그 가옥 1호 완전 소각

5월 초순 - 조천리 반동 1명에 부상, 와산 반동 1명 숙청, 그 가옥 1호 소각

5월 7일 - 전일 함덕리 대청을 해산시킨 뒤 이들로서 자위대를 조직하고 그들이 과거의 오류를 청산하기 위하여 첫 번 투쟁으로써 함덕지서 개를 숙청하기로 결정, 비무장 자위대 약 10명이 복병하고 한행도 동무에게 개 2명을 유도해 오도록 지령했든 바 마침 거리를 순회하는 개 2명을 발견 한동무는 개에게 술먹으러 가자고 권유하여 이들을 주점으로 대려가서 술을 머글때 다른 자위대원(그 전 대청원) 3명도 이에 가담하여 틈을 엿보았으나 개들은 종시 총을 손에 쥐고 있었음으로 틈을 타지 못하여 결국 복병한 지점까지 이를 유도해 다가 한 동무가 개의 뒤에서 개 2명의 총 2정을 한 손에 하나씩 양손에 붓잡고 미리 결정했든 암호 「고기 낚으러 가자」를 외치자 복병했든 우리 자위대원들은 일제히 이를 포위하여 포로해다가 숙청하고 카-빙 총 1정과 44식총 1정을 압수

5월 8일 - 전일의 투쟁에이어 함덕리민 노인과 부인들은 거리에서 개들의 통과를 대기하고 있든 바 마침 개 1명의 무장하고 지나가는 것을 발견 노인 1명이 백수로 개에게 접근하여 개의 총을 붓잡고 「양심이 있거든 이 총을 노으라」 하자 거리에 있든 리민들이 개를 완전히 포위하고 일제히 이구동음으로 「양심이 있거든 총을 노아라」고 외쳤다. 개는 「네 놓겠습니다.」하고 총을 내 버리고 도주할려는 것을 부인들이 달려 드러 이를 구타하는 도중, 마침 적 기동대차가 통과 하다가 총을 난사함으로 리민들은 개에게만 부상만 주고 99식총 1정만 탈취하여 퇴각

우리 쪽 피해 전무

5월 8일 ~ 9일 까지 - 전면에 걸처 각 리간의 자동차 도로 8개소를 파괴 차단

5월 10일 - 대흘리 1구에 투표함을 갖이고 온 서청 3명을 숙청, 또 서청 교원 1명

숙청

5월 14일 - 오후 4시를 기하여 함덕지서를 습격 지서 내에 개 6명, 아부대 약
　　　　　50명(카-빙 총 2정, 44식총 1정, 99식총 33정, 수류탄 10발) 이중
　　　　　25명을 3개 소대로 편성하여 1개 소대는 서쪽 대로, 1개 소대 는 동쪽
　　　　　대로, 1개 소대는 지서 후방 퇴각로에 각각 복병, 남어지 26명은 지서
　　　　　전면을 2면으로 완전 포위 성공, 그러나 지서 내에는 동무들 가족
　　　　　4명이 피검되어 있음으로 이를 구출하기 위해서 처음은 신경전,
　　　　　위협전으로서 개시, 우선 감시대에서 감시하든 개에 향하여 발사 이를
　　　　　죽이고 나자, 그 총 소리에 비로소 지서 내에서 포위 당한것을 알고
　　　　　지서원 소집 명령을 하면서 발포 시작, 그래서 아부대에서는 지서를
　　　　　향하여 간간 산발하며 수류탄을 덮었다. 지서 내의 인민을 구출하기
　　　　　위헤서 격전으로 나가지 못하고 위협정도로 박에 공격을 하지 못했음.
　　　　　전면 포위 부대는 점진, 지서 최근 거리까지 육박하여 지서 내로
　　　　　향해서 「인민들은 나오라」 고 외치자 지서 내에서 부인 1명이 「인민
　　　　　입니다」 고 하면서 나오는 것을 동무 1명이 이를 구출할려고 접근해
　　　　　본직 그는 지서에 숙박 했든 개의 처였음으로 당장에 사살해 버리고
　　　　　또다시 「인민은 나오라」 로 외치자 그때야 감금당했든 인민들이
　　　　　자신으로 유치장 문을 처 부시고 지서 밖으로 4명이 뛰여 나오자
　　　　　동무들은 아부대의 뒤에서 대기하든 인민들에게 이를 넘기고 지서
　　　　　인접 가옥 인민들을 피난시킨 다음 그 후 일제 맹공격을 개시하여
　　　　　지서 옆에 있는 개 숙사를 방화하고 황린탄을 투척 지서 내에 명중
　　　　　폭발 이로써 개들은 일부는 부상당하고 발사을 중지하자 우리 부대
　　　　　일부는 지서 내에 돌입하여 부상당해서 자뻐진 개 3명을 총살하고
　　　　　지서 내의 문서와 무기 등을 압수해서 무장 부대는 개가로 귀도

그리고 지서 내에 아부대 돌입하고 있을 때, 마침 동쪽으로 차 1대가 질주해 오는 것을 복병했든 동무들이 발견했으나 그 차가 버-스였음으로 객차로 오인해서 발사하지 않고 통과시키다가 본 즉 차창으로 총구가 보임으로 그때야 개들이 타고 있다는 것을 알고 수류탄을 투척하였으나 맞지 않고 자동차에서도 총을 난사하면서 지서 앞까지 박진 하여 정차할 기세을 보이다가 우리쪽 기세에 놀래서 그대로 속도를 가하여 서쪽 (성내)으로 질주하는 것을 동무들은 우선 차을 정차식이려고 발사하자 운전수의 양완은 관통 부상시켰으나 조수가 다리로 운전하며 그대로 서쪽으로 질주하는 것을 서쪽의 복병부대도 처음은 객차로 오인해서 하지 않았다가 총구가 보인 후에야 수류탄을 덮었으나 맞지않어서 결국 도주시키고 마렀다. 무장 부대가 지서에 방화한 다음 개선해 버린다음 지서가 잘 타지않는 것을 본 리민들은 속고를 지서 내에 집어 놓고 또다시 방화하자 천정 우에 숨었든 개 1명과 숙직실 장방 속에 숨었든 개 1명이 화기에 못 견디여 나오는 것을 리민들이 발견, 포로하고 또 이웃집 되지 집속에 숨었든 개 1명을 발견, 포로 해다가 계 3명을 숙청하였는데 그 중 지서장은 극악질로써 리민들에게 대하여 말 할 수 없는 악행을 하였기 때문에 리민들의 극도의 원한의 대상이었음으로 리민들은 죽어 쓰러지고 있는 지서장 사체를 발견하여 돌멩이로 지서장에 두부를 데레 부시고 사체를 지서 내에 담어 놓아서 방화하여 완전소각하였다. 그리고 무장부대는 개선 도중 반동 가옥 3개소를 습격하여 반동 3명을 숙청하고 그 가옥을 3호 각 소각 하다.

이날의 전과 = 개 사망 6명, 동 가족 사망 1명, 반동 사망 3명, 지서 급 동 숙사

완전 소각, 반동 가옥 3호 소각

○. 무기 노획

44식총 2정, 30년식총 2정, 카-빙 총 2정 카-빙 총탄 50발, 38식총 탄환
800발, 군도 3본, 황린탄 4발, 수화기 1개, 수류탄 4발, 나팔 2개, 등사판 1개

○. 기타 현금 1만 3천원, 개 의복 3착, 문서 다수 압수

○. 피검자(인민) 4명 탈환

○. 우리의 피해 - 동무 1명 동지총에 부상(후 완전 치료)

5월 15일 - 전일 함덕지서 전멸을 알고 기동차가 함덕리에 내습, 개 사체를
실고 퇴각 이때 경관 1명이 99식총 1정 동 탄환 80발을 가지고 투항,
인민군에 편입

동일 - 오후 9시를 기하여 군 주최로 면인민대회를 3개소(와흘, 대흘2구,
선흘리)에서 개최하여 무장 시위와 봉화 투쟁을 단행하다.

5월 16일 - 조천면 지서원 3명이 99식 1정, 44식총 1정, 30년식 총 1정을 가지고
인민군에 투항 편입

5월 17일 경 - 조천리 양천동 반동 7명을 숙청

5월 26일 - 조천리 물가에서 총을 물가에 두고 옷을 벗어서 세탁을 하고 있는 개
1명을 자위대 동무 8명이 발견 포위하여 포로로 하고 오는 도중 서청
엿장수 스빠이가 보아서 지서에 통보하자 개들이 출동, 동무들은 포로
개를 데리고 피하려고 하자 포로 개가 도주하기 시작하고 지서 개들이
추격하여 옴으로 동무들은 총과 탄환대만 가지고 퇴각(총은 99식총)

6월 15일 경 - 북촌리에서 우도 연평을 떠나 성내로 가다가 역풍을 만나 북촌항에
기항한 개 2명과 기타 신분 불명의 수인을 실은 어선 1척을
발견하여 자위대 동무들이 배를 내리고 뭍으로 올라오는 개를 포위
개 1명의 카-빙총으로 모동무의 가슴에 대여 겨누자 그 동무는

손으로 총을 붓잡고 밑으로 눌음과 동시에 탄창을 빼어 버렸다. 개는 발사했으나 드러 있는 탄환은 1발 뿐이였고 발사한 탄환은 그 동무의 양다리 사이를 통과하여 뒷 지면에 박아지고 마렸다. 이에 남어지 개 1명이 또다시 총에 탄환을 너을려고 하는 것을 권총을 가졌든 동무가 발사하여 개 2명을 숙청 선중의 개가 가족과 신분 불명의 사람 약 10명은 포로(그 후 국경에게 아지트를 피습 당했을 때 포로들은 탈주 당하다) 카-빙 총 1정, 99식총 1정 노획. 기타 반동 숙청 10명

종합 전과

⊖. 지서 습격 5회, 동 소각 1. 동 파괴 1,

⊖. 개 사망 15명, 동 부상 1명, 동 가족 사망 41명, 동 투항 4명, 동 탈출 1명, 동 행방불명 7명

⊖. 반동 사망 38명(중 서청 8명 포함), 동 부상 2명, 동 포로 17명(중 서청 1명), 동 행방불명 3명(전부 서청), 동 가족 사망 2명, 동 가족 포로 2명, 동 가옥 소각 7호

⊖. 무기 노획

카-빙총 6정, 99식총 5정, 44식총 4정, 30년식총 2정. 황린탄 4발, 수류탄 4발, 군도 3본

⊖. 기타 다수 압수

⊖.전선절단 500여개소, 도로 파괴 8개소

⊖. 우리의 피해 동무 1명 희생, 2명 부상

(13) 전도 면별 전과 일람표

전과종류	지서습격수	동파괴수	동소각수	개사망수	개부상수	개가족사망수	개가족부상수	개투항자수	관공서습격수	동소각수	동파괴수	반동사망수	동부상수	동가족사망수	동부상수	동가옥소각수	동파괴수	경관가옥소각수
제주읍	7	1	1	5	5	3						66	9	4		9	3	2
애월면	4			16	16							24	1	3		2		
한림면	4		2	12								42	2			84		
대정면	6		1									14	3	2	1	2		
안덕면	1			6								6	5			2		
중문면									1		1	8	2					
서귀면												6	1					
표선면												3					4	
남원면	1		1	1	1							1	1					
성산면	1	1										2				1		
구좌면	2		1						1	1		13	2	1		13		
조천면	5	1	1	15	1	4		4				38	2	2		7		
합계	31	3	6	56	23	7		4	2	1	1	223	28	12	1	120	7	2

전과종류	반동포로수	동가족포로수	전선절단수	도로파괴수	교량파괴수	무기로획 카-빙총	동카빙총탄창	동카빙 탄환	동삼팔식탄환	동수류탄	동일본도	동전화기	동철장	동철갑	동배낭	동공기총	동44식총	동99식총	동38년식총	동황린탄	기타피검자탈환
제주읍			349	140	1	1	2	9													
애월읍			6	7	2	1	2	95		1											
한림면	3		64	7							1										39
대정면			10	7		2	1					1	15	1	1						
안덕면			3	1																	
중문면			5																		
서귀면																					
표선면																					
남원면			3			2		55								1					
성산면																					
구좌면						1											1				
조천면	17	2	500	8		6		50	800	4	3						4	5	2	4	4
합계	20	2	940	170	3	13	5	209	800	5	4	1	15	1	1	1	5	5	2	4	43

四. 국경과의 관계

(1) 관계 시작 경위

1946년의 본도 3·1 및 3·1투쟁 직후 때마침 본도 주둔 제9연대가 신설되어 제1차 모병이 있음으로 이에 대정 출신 4동무(고승옥, 문덕오, 정두만, 류경대)를 프락치로써 입대시켰음. 그 후 5월에 내도한 중앙 올구 이명장 동무에게 이것을 보고하여 지도 문제와 활동 방침을 남도에 가서 지시하여 주도록 요청한 바 있었으나 그 후 아무런 지시도 없었고 내도한 올구를 통해서 재삼재사 프락치 지도에 관한 시급한 지시를 요청하였으나 아무런 대답이 없었음. 그러나 도당부에서는 이것을 포기할 수 없어 독자적으로 선을 확보하였음. 그 후 대정면 당을 통하여 경상적으로 연락을 확보하였으나 좌기 푸락치 4명중 정두만 동무는 조직이 없이 탈출하여 일본으로 도피, 류경대는 군기대에 전근 이래 반동의 기색을 띠게 되었음

(2) 4·3 투쟁과 국경과의 관계

3·1투쟁 직전에 내도 한 도 올구 이동무의 상도편에 국경 문제에 대한 시급한 대책을 요청하였든 바 이동무는 재차 3월 중순에 내도 함과 동시에 무장 반격에 관한 지시와 아울러 「국경 프락치는 도당에서 지도할 수 있으며 이번의 무장 반격에 이것을 최대한으로 동원하여야 된다」고 언명하였음. 이 지도를 중심으로 4·3(사건) 투쟁의 전술을 세우는데 있어서 감찰청과 1구서 습격에 국경을 최대한으로 동원하고 남어지는 각 지서는 유격대에서 담당하기로 양면작전을 세워 즉시 좌기 푸락치에게 연락을 부치고 동원 가능 수를 문의한 바 800명 중 400명은 확실성이 있으며, 200명은 마음대로 좌우할 수 있다. 반동은 주로 장교급으로써 하사관 합하여 18명이니 이것만 숙청하면 문제없다는 보고가 있었음. 동시 만일

경비대가 동원된다면 현재 1연대에는 차가 없으니 차 약 5대만 돌려주면 좋고 만약 불가능하면 도보로라도 습격하겠다는 말이 있섰음. 이 보고을 중심으로 즉시 4·3투쟁에 총궐기하여 감찰청과 1구서를 습격하라는 지령과 아울러 자동차 5대를 보냈음. 그런데 의외에도 4·3 당일에 국경이 동원되지 않음으로 이것을 이상한 일로 생각하고 있든 바 4월 5일에 상도한 도파견 국경 공작원(도상위청책 동무)의 보고에 의하여 다음과 같은 진상이 판명되었음. 즉 파견원이 최후적 지시를 가지이고 국경 푸락치를 맞나러 갔든 바 프락치 2명은 영창에 수감되어 없었음으로 할 수 없이 횡적으로 문상길 소위를 만났든 바 이 동무의 입을 통해서 국경에는 이중 세포가 있었다는 것, 그 하나는 문소위를 중심으로 해서 중앙 직속의 정통적 조직이며 또 하나는 고승옥 하사관을 중심으로 한 제주도 출신 푸락치로의 조직이었음. 그래서 4·3 투쟁 직전에 고 하사관이 문 소위에게 무장투쟁이 앞으로 있을 것이니 경비대도 호응궐기해야 된다고 투쟁 참가를 권유했든 바 문소위는 중앙 지시가 없으니 할 수 없다고 거절한 바 있었다고 함.

이 말을 듣고 도 파견 국경 공작원은 감작 놀라스나 이렇게 된 이상 어찌 할 수 없으니 제주도 30만 인민의 생명과 재산을 수호하고 또한 우리의 위대한 구국항쟁의 승리를 위하여 기어코 참가해야 한다고 재삼재사 요청하였으나 중앙 지시가 없음으로 어찌 할 수 없다고 결국 거절당했음. 이리하여 4·3투쟁에 있어서의 국경 동원에 의한 거점 분쇄는 실패로 도라갔음.

(3) 그 후의 연결

기후 올구를 파견하여 문소위와 정상적인 정보 교환을 하여 오든 바 4월 중순에 이르러 돌연히 부산 제5연대 1개 대대가 내도하여 산부대를 포위 공격하게 되었음으로 시급히 대책을 세워야 된다는 긴급 연락이 있어 군책이 직접 파견되어 문제를 수습하기로 되였음.

군책과 문 소위가 만난 결과 국경의 세포는 중앙 직속임으로 도당의 지시에 복종할 수 없으나 행동의 통일을 위하여 밀접한 정보 교환, 최대한의 무기 공급, 인민군 원조 부대로서의 탈출병 추진, 교양자료의 배포 등의 문제에 의견의 일치를 보았고 더욱히 최후 단계에는 총궐기하여 인민과 더부러 싸우겠다고 약속하였음. 또 9연대 연대장 김익렬이가 사건을 평화적으로 수습하기 위하여 인민군대표와 회담하여야 하겠다고 사방으로 노력 중이니 이것을 교묘히 이용한다면 국경의 산 토벌을 억제할 수 있다는 결론을 얻어 4월 하순에 이르기까지 전후 2회에 걸쳐 군책과 김연대장과 면담하여 금반 구국항쟁의 정당성과 경찰의 불법성을 특히 인민과 국경을 이간시키려는 경찰의 모략 등에 의견이 일치를 보아 김 연대장은 사건의 평화적 해결을 위하여 적극 노력하겠다고 약속하였음(제1차 회담에는 5연대 대대장 오일균씨도 참가 열성적으로 사건 수습에 노력했음)

그 후 5월 7일에 내도한 중앙 올구는 국경 프락치에 대한 지도는 도당에서 할 수 있다고 언명하였기에 국경과 도당과의 관계는 복잡화 하여지고 투쟁에 결정적인 약점을 가저오게 되었음. 그 후 5·10 투쟁까지는 국경으로부터 아무런 공격도 없어 우리의 활동에는 크나큰 이익을 가저왔다.

5·10 제주읍에서 도당 대표로서 군책, 조책 2명과 국경측에서 오일균 대대장 및 부관 9연대 정보관 이소위 등 3명외 계5명이 회담하여

　㊀. 국경 프락치에 대한 지도 문제

　㊁. 제주도 투쟁에 있어서의 국경이 취할 바 태도

　㊂. 정보 교환과 무기 공급 등 문제을 중심으로 토의한 결과 다음이 결론에 의견의 일치을 보게 되었음.

　　Ⓐ. 국경 지도 문제에 있었어 일방에서는 도당에서 지도할 수 있다고 하며

일방에서는 중앙 직속이라고 함으로 결국 이 문제는 해결 불가능하다.

그러므로 도당에서 박은 프락치만은 도당에서 지도하되 행동의 통일을 위하여 각각 소속 당부의 방침 범위 내에서 최대한 협조를 하지 않으면 않된다.

ⓑ. 제주도 치안에 대하여 미군정과 통위부에서는 전면적 포위 토벌작전을 지시하고 있으나 이것이 실행되면 결국 제주도 투쟁은 실패에 도라가고 만다. 그러므로 국경에게서는 포위 토벌 작전에대하여 적극적인 사보타-주 전술을 쓰며 국경 호응 투쟁에 관해서는 중앙에 건의한다. 특히 대내 반동의 거두 박진경 연대장 이하 반동 장교들을 숙청하지 않으면 안 된다.

ⓒ. 최대의 힘을 다하여 상호간의 정보 교환과 무기 공급 그리고 가능한 한도 내에 있었어의 탈출병을 적극 추진시키지 않으면 안된다.

(4) 국경으로부터 우리에 대한 원조 경위(탈출병을 중심으로)

㊀. 3월 25일 경 한림면 협재리에 와있든 해경 중에서 동무 1명이 99식총 5정을 갖이고 탈출 인민군에 입대 그 후 4·3투쟁 후에 기관장으로부터 조명탄통 1정과 동 탄환 7발을 보내여 있음

㊁. 4월 중순 경 문소위로부터 99식총 4정, 오일균 대대장으로부터 카-빙탄환 1,600발, 김익렬 연대장으로부터 카-빙탄환 15발을 각 공급 받음

㊂. 5월 중순 5연대 통신과 동무로부터 신호탄 5발 공급 받음.

㊃. 5월 17일경 오일균 대대장으로부터 M1총 2정, 동 탄환 1,443발, 카- 빙총 2정, 동 탄환 800발을 공급 받음.

㊄. 5월 20일 문소위 지시에 의하여 9연대 병졸 최상사 이하 43명이 각각 99식총 1정식을 갖이고 탄환 14,000발을 트럭에 싫어 탈출, 도중 대정지서를

습격, 개 4명, 급사 1명을 즉사시키고 지서장에게 부상시킨 후 서귀포 경유 상산(上山)하려고 했으나 그 연락이 안되여 결국 22명은 피검, 탄환 다수 분실 혹은 압수당하고 겨우 4,5일 후에야 남어지 21명과 아부대와 연락되였음(이 때에는 각각 99총 1정식과 99 탄환 100발식만 남아있었음). 이 때 연락이 안된 원인은 문소위가 우리에게 보낸 연락 방법과 탈출병들이 연락한 연락 방법 사이에 커다란 차이가 있었든 것에 기인한다.

㈥. 5월 21일 대정면 서림 수도 보초 2명이 99식총 3정을 가지고 탈출 인민군에 입대

㈦. 5월 말일 애월면 주둔 5연대 병졸 4명이 각각 M1총 1정식 갖이고 탈출 인민군에 입대

㈧. 5월 말일 9연대 고승옥 상사 이하 7명이 카-빙총 1정과 99식 7정을 가지고 탈출 인민군에 입대

㈨. 6월 초순 대정에서 9연대 상사 문덕오 동무 99식총 1정 갖이고 탈출 인민군에 입대

㈩. 6월 20일 대정면에서 해경 1명이 99식총 2정을 가지고 탈출

⑪. 7월 1일 대정에서 서수도림 보초 10명이 99식총 11정을 가지고 탈출 인민군에 입대

⑫. 7월 12일 대정에서 9연대 병졸 1명이 99식총 1정을 가지고 탈출

⑬. 7월 14일 9연대 병졸 2명 탈출. 이 중 1명은 산까지 왔다가 비겁하여 도주

⑭. 7월 18일 6연대 이정우동무는 오전 3시 박진경 11연대장을 암살한 후 M1 소총 1정을 갖이고 상산 인민군에 입대

⑮. 7월 24일 9연대 병졸 1명 99식총 1정, 동 탄환 10발을 가지고 탈출. 인민군에 편입

⑯. 7월 초순 M1 1정을 갖이고 1명 탈출

계

一. 탈출병수 52명,(피검된 22명과 도주한 1명 제외)

一. 무기

　총= 99식총 56정, 카-빙 3정, M1 8정 합계 67정

一. 탄환만의 공급

　M1 1,443발, 카-빙총 탄환 2,415발 계 3,858발

一. 기타 무기

　조명탄통 1정, 동 탄환 7발, 신호탄통 5개

　주= 전기 탈출병 52명 중 그 후의 국경 작전에 의하여 1명 피살, 3명 피검되고 현재 48명이 인민군에 편입되고 있음.

(5) 국경의 토벌 작전과 이로 인한 군의 피해

一. 국경의 토벌 작전

5·10 단선 직전 미군정과 통위부는 김익렬 제9연대장과 오일균 제5연대 대대장을 육지부로 보낸 후 악질 반동 장교 박진경 중령을 11연대장으로 임명, 병력을 2연대 500명, 3연대 300명, 4연대 200명, 9연대 800名, 5연대 1,500명, 6연대 500명 계 3,800명을 증가, 이를 15개 중대로 편성하여 포위 토벌 작전을 개시

제1차 공격 – 5월 27, 8일 2일간 산록 습격

제2차 공격 – 5월 30일부터 6월 2일까지의 4일간 제주도를 4개 지대로 나누어 제1지대는 한림면 금릉리로부터 출발 구좌면 종달리에 도착,　제2지대는 한림면 읍부동으로부터 출발 성산포에 도착, 제3지는 한림면 금악을 출발 성산면 온평리에 도착, 제4지대는

대정으로부터 온평리에 도착

제3차 공격 - 6월 3일부터 각 지구별로 각 부락 주둔

제4차 공격 - 6월 13일부터 동 17일까지 5일간 한라산 백록담을 중심으로
포위 토벌 공격

三. 우리의 피해

⑫. 6월 29일 국경에게 서귀포 주둔 부대 아지트를 포위 습격 당했으나 군의
피해는 없음

①. 5월 17일 광평리에서 대원 1명 중상 당하고 포로로 해서 그 후 경찰에
넘기기 때문에 학살당했음(연락원)

⑥. 5월 말일 경 대정아지트 부근에서 대원(연락원) 1명 학살

④. 5월 27일 대정 주둔군 아지트 피해, M1총 1정, 99식 1정, 군도 2본, 고무신
20족, 전화기 1개, 쌀 2입, 천막 2개, 의류 20종을 압수 당함

⑮. 7월 4일 대정 아지트 부근에서 해경 탈출병 1명 피검. 국경 탈출병 1명 피검

⑧. 6월 13일 제주읍 아지트 피습. 군도 5본, 철갑, 창 다수 압수 당하고 그 후
국경은 계속 아지트에 주둔하여 탐사한 결과, M1 탄환 850발, 99식총 4정
(사용불가능) 지뢰 5개, 신호통 2개, 척탄통 탄환 18발을 압수 당함

⑦. 6월 7일 도사령 정보부원 1명 제1지대 경리책 1명 국경 탈출병 1명
계 3명이 오등리에서 피검, 이 중 정보부원은 경찰에 넘어갔다가 후일
석방됨

⑨. 6월 14일 도사 레포 2명이 월평리 위에서 피검되었다가 후일 석방

⑭. 7월 초순 제1지대 제1부대 연락원이 월평리 위에서 피검되였다가
후일 석방

③. 5월 24일 애월 군 레포 2명이 두모에서 피검되였다가 후일 석방

⑩. 6월 17일 애월 아지트 피습 피해 무

②. 5월 21일 아부대원 2명이 국경 탈출병과 연락을 취하기 위해서 남원리에 복병 중 경관차가 질주하여 오는 것을 국경차로 오인하고 손을 들고 차에 접근하여 본 즉 경관차였고 피할 시간적 여유가 없음으로 할 수 없이 개에게 달려들어 개의 총을 빼었으나 결국 다른 개의 총에 학살당했음

⑬. 7월 초일 국경에게 추격당하여 아부대원 5명이 신촌리에 피했있든바 개에게 습격 당하여 4명 피검(그 중 2명 부상 이 중 1명은 국경탈출병) M1총 1정 동 탄환 8발, 의류품 약간을 개에게 압수 당함

⑪. 6월 21일 대흘리 아지트를 국경에 포위 습격 당하여 전원이 무사히 피하기는 했으나 비장했든 카-빙총 1정, M1탄환 35발, 카-빙 탄환 15발을 국경에게 압수 당함.

⑤. 5월 27일 선흘리에서 국경에게 포위 당하여 지대 간부 2명을 포로 당하다(그 중 1명은 후일 석방되고 1명은 경찰에게 인계 당하다)

⑯. 6월 16일 월평리 위에서 지대원 2명이 피검되었다가 후일 석방되다

⑰. 6월 18일 도사령부 간부 1명 조천면 선흘리에서 피검되었다가 후일 석방되다.

이 상

VII. 제주도인민유격대투쟁보고서(영문)[85]

⟨Top secret⟩
A Report on the fighting activities of Jeju-do People's Guerrilla Force

一. Organizational Aspect
(Origin, Process of Development, and Organizational Conditions)

1. Origin of the Organization

① Motivation for Organization

On Jeju Island, following the March 1 and March 10 struggles of the previous year the reactionary police, the Seocheong and the Daecheong carried out brutal and inhumane repression. As a result, the people were subjected to indiscriminate mass arrests, beatings, and torture. Around the time of the Sinchon Incident in January of this year, a series of deaths caused by torture occurred. These included Comrade Kim Yong-cheol at the Jocheon Police Box and Comrade Yang Eun-ha at the Moseulpo Police Box. These incidents developed into a policy of mass extermination of the people. As repression intensified, the

---

struggle was politically radicalized into firm opposition to the single-election, single-government system. Linked with the struggle to expel the United Nations Interim Commission, this movement became a righteous struggle in which the people shed their blood.

During the March 1 struggle, the activities of propaganda and action units at various levels became the foundation for the later organization of self-defense forces. Immediately after the March 1 struggle, self-defense forces were organized under the direct supervision of organizational departments at each district(Myeon), following directives from the Jeju-do Party. However, these efforts did not achieve significant progress. As the situation rapidly deteriorated, the Jeju-do Standing Committee, recognizing the seriousness of the circumstances, convened a meeting around March 15, with dispatched(to Jeju-do) organizer participating. At this meeting, two principal decisions were made. First, measures were adopted for the protection and defense of the organization itself. Second, as a method of struggle against the single-election, single-government system, it was decided to plan an armed counteroffensive that would, at an appropriate time, mobilize and rise up the entire island population.The period up to March 25 was designated as a preparation phase. During this time, the Jeju-do Standing Committee organized the military committee which assigned the tasks, namely, the self-defense forces necessary for the struggle (with a planned strength of approximately 200 members), logistics, preparation of weapons, and strengthening propaganda activities to each smaller units. After the planned preparation period had elapsed, another meeting was convened on March 28. At this meeting, reports from each unit concerning the preparatory work conducted during the period were comprehensively reviewed. Based on this assessment, it was decided to launch an armed counteroffensive under separate operational plans, scheduled to take place between 2:00 a.m. and 4:00 a.m. on April 3.

(ㄱ) Organizational Structure

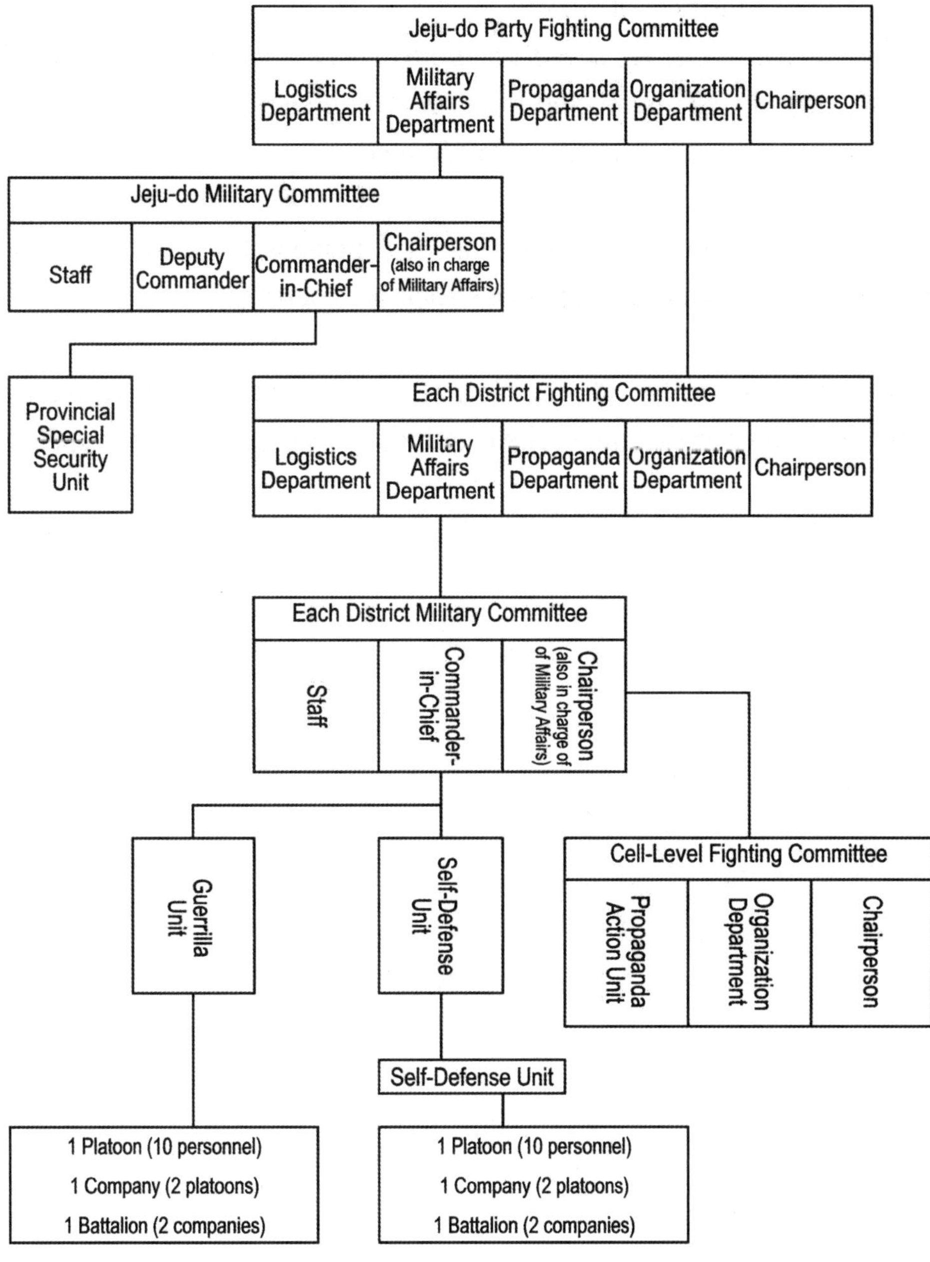

(ㄴ) Organizational Strength

Ⓐ Military Aspect

① Guerrilla Unit Organization

Guerrilla units were organized in eight districts(Myeon) of Jeju Island, excluding the five districts of Gujwa, Seongsan, Seogwi, Andeok, Chuja out of the total thirteen districts. Those 8 districts are Jeju-eup, Jocheon, Aewol, Hallim, Daejeong, Jungmun, Namwon, and Pyoseon. At the Jeju-do level, a special unit directly under the Military Committee was formed.

② Personnel Numbers Ⓐ Guerrilla Units: 100 persons Ⓑ Self-Defense Units: 200 persons Ⓒ. Special Unit: 20 persons Total: 320 persons

③ Weapons Type 99 rifles: 27 units, Pistols: 3 units, Hand grenades (dynamite): 25 units, Smoke grenades: 7 units, The remainder consisted of bamboo spears

2. First Phase of Reorganization
(Just After the April 3 Fight)

① Reorganization of the System

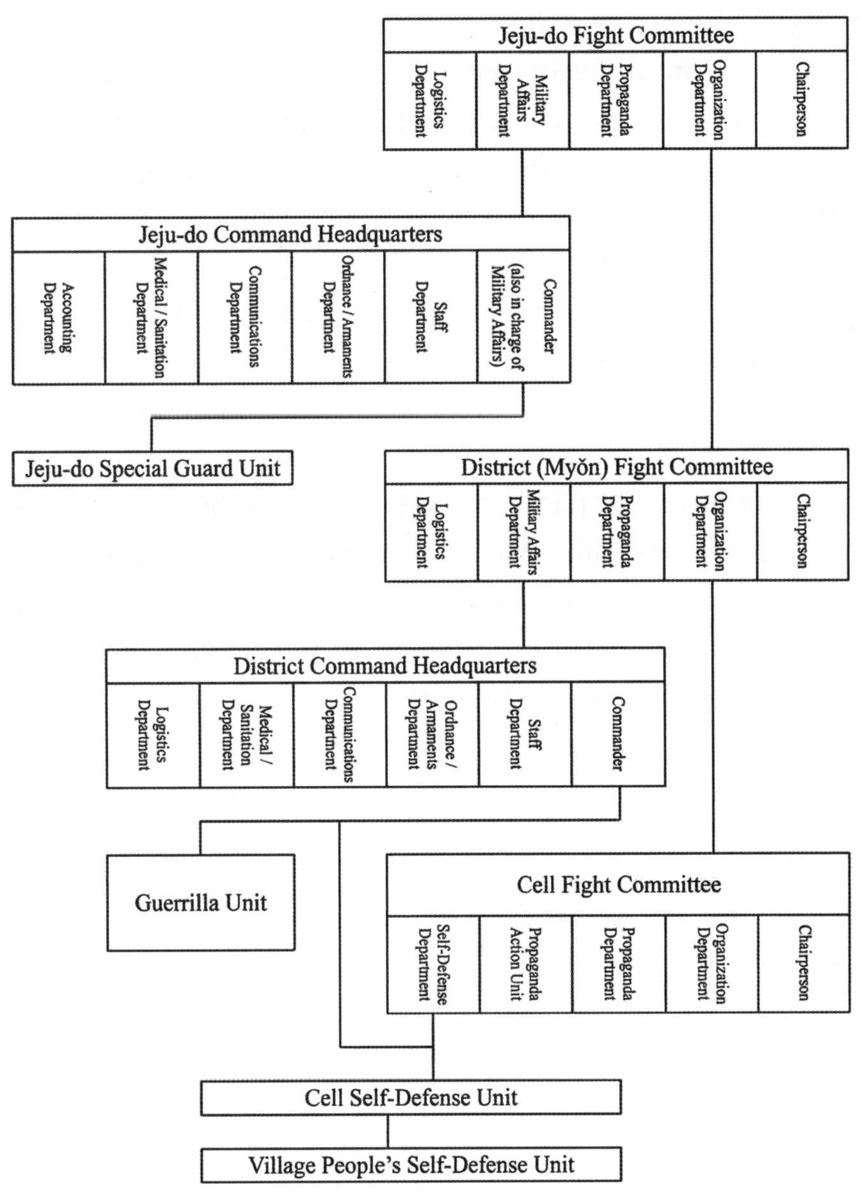

② Reorganization of Military Strength

All guerrilla forces were consolidated into a strength of 250 personnel. This reorganization resulted from the joint operations conducted during the April 3 Fight by guerrilla units(top unit) and auxiliary self-defense units(follow-up element). Following the conclusion of the fight, many members returned to their villages to resume normal civilian life. In addition, due to logistical and supply constraints, the armed forces were reduced and reorganized into a total strength of 250 personnel, with the remaining personnel released from active service. Subsequently, recognizing the necessity of further strengthening military capacity, total manpower was again expanded to approximately 400 personnel.

3. Second Phase of Reorganization*(Initiated just before the May 10 fight and completed immediately afterward)*

① Motivation

In order to ensure strict discipline, secure secrecy, and the rapid execution of operationsin accordance with operational requirements, all guerrilla units that had previously been directly subordinate to the military departments of the district struggle committees were reorganized to come under the direct command of the Jeju-do Command Headquarters.

② Reorganization of the System

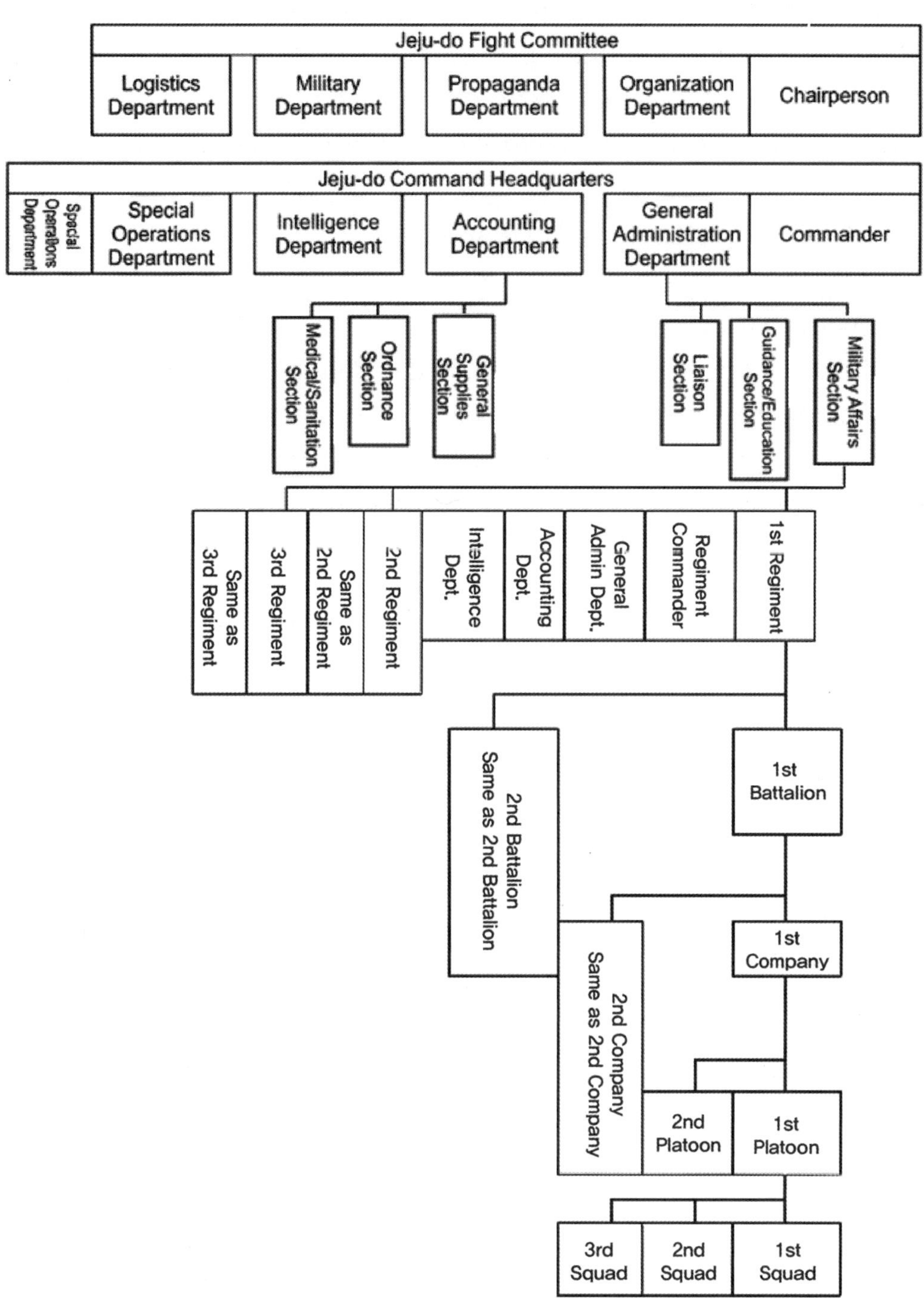

③ Military Strength

The forces were reorganized into three regiments, with a total strength of 370 personnel, including 20 members of the special duty unit. The special security unit was dissolved, and all of its personnel were reassigned and distributed among the various departments of the Command Headquarters.

4. Third Phase of Reorganization(Late May)

① Motivation

With the large-scale deployment of the National Constabulary Reserve (approximately 4,000 personnel) and the subsequent encirclement and suppression operations, it became necessary to significantly reduce personnel in order to avoid direct clashes and to strengthen clandestine operational structures.

② Reorganization of the System

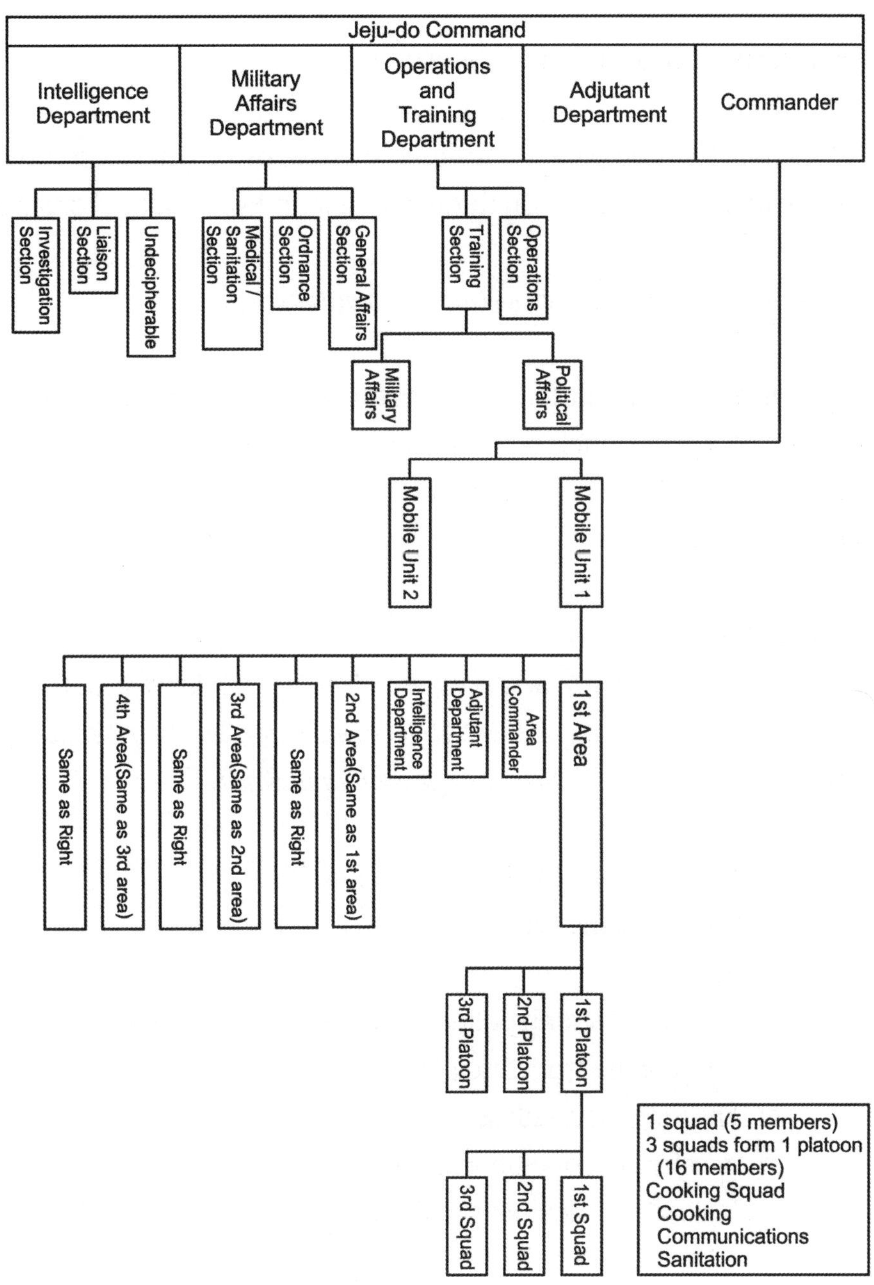

③ Personnel Reduction The number of personnel was reduced from 370 to 240.

5. Fourth Reorganization*(Initiated on June 18)*

① Rationale-In preparation for a new phase of struggle, it became necessary to strengthen the organization through timely and systematic reorganization.

② Structural Reorganization*(Undecipherable)*

③ Manpower-Each area was reorganized into three platoons. Each area consisted of 60 personnel. With four areas, the total manpower amounted to 240 personnel. Including 26 personnel of the Jeju-do Command, the overall total was 266 personnel.

6. Fifth Reorganization

(Initiated on June 18 and completed on July 15. At present, the organization is structured according to this fifth reorganization. Further details are provided below in Section ①, "Current Organizational Status.")

① Current Organizational Status (as of July 15)
  ㉮ Key issues facing the organization
    ㄱ. illegible
    ㄴ. the Party's strong political leadership and control
    ㄷ. Establishing strict discipline
    ㄹ. Ensuring thorough secrecy
    ㅁ. Accelerating operational speed
    ㅂ. Maintaining flexibility and mobility

② Current Organizational Structure

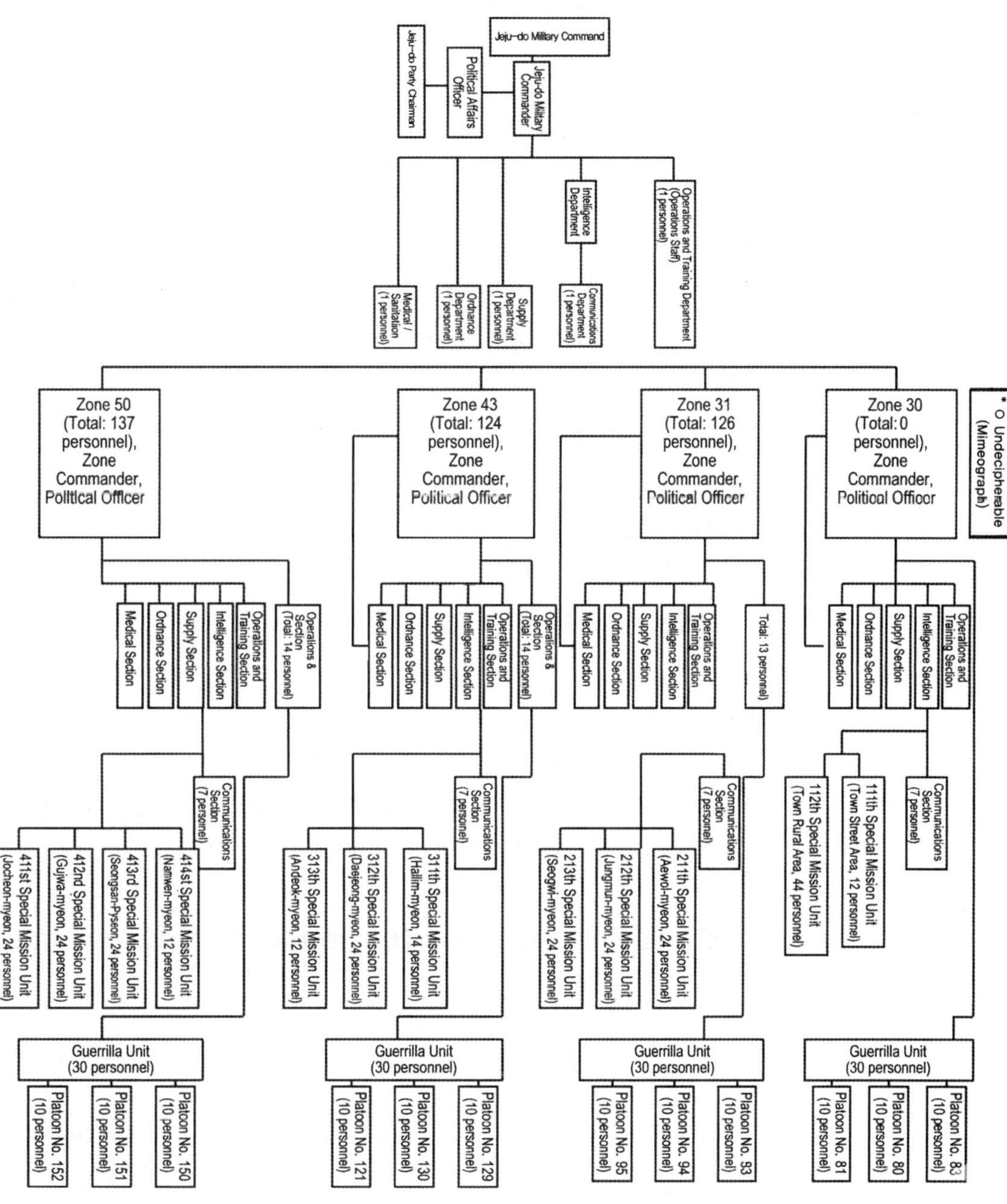

③ Current Strength

ㄱ. Personnel-Leadership cadres at all levels: 35 personnel Communications Unit: 34 personnel Guerrilla Units: 120 personnel Special Task Unit: 312

Total personnel: 501

ㄴ. Armaments

㊀ Rifle · M1 rifles: 6 · Carbines: 19 · Type 99 rifles: 117 · Type 44 rifles: 4 · Type 30 rifles: 2 Total rifles:147

㊁ Ammunition

· M1 ammunition: 1,396 rounds · Carbine ammunition: 1,912 rounds · Type 99 ammunition: 3,711 rounds · Type 44 / Type 30 ammunition: 721 rounds Total ammunition:7,740 rounds

㊂ Light machine gun (Japanese-made): 1

㊃ Grenade launcher · 2 units (8 rounds)

㊄ Hand grenades

· 43 rounds

㊅ Dynamite

· 69 sticks

㊆ Signal grenades 2 rounds

㊇ Military swords · 16 hilts

㊈ Pistols · Six-shot revolver: 1 · Eight-shot pistol: 6 · Ten-shot pistol: 1Total pistols: 8 Total pistol ammunition:119 rounds

㊉ Other · Rifle grenades: 103 rounds · Mine grenades: 8 rounds · Cannonball : 4 rounds

④ Notes

㋀ Political officers at each level belong to the political bureau of higher-level. The highest-level political officer belongs to the Jeju-do Party Chairman.

㋁ Special Mission Units belong to intelligence section of each zone

Mission - Intelligence collection; individual terror operations and assistance with logistical support responding to military actions

Organization - In each district(Myeon), one special duty unit leader and several liaison personnel are assigned. In addition, one three-person squad and one platoon of approximately ten members are organized. At the village level, approximately one or two personnel are assigned. Members of the special duty units are excluded from the cell operation.

ⓒ The Command Headquarters and zone commands constituted the supreme leadership body, composed of three persons: the commanding officer (zone commander), the political officer, and the operations staff officer (responsible for operations and training).

ⓔ Within each zone, special duty units are stationed in each village of the district(Myeon) The district leadership, communications units, and guerrilla platoons are concentrated and lived in close proximity around the district leadership center.

二. Operational Aspect

① First Phase of Operations *(Approximately 18 days: March 15 – April 2)*

This period focused on organizational preparation for the April 3 (incident) fight, including the formation of self-defense units, procurement of weapons, and intelligence gathering. Despite intense collective suppression by the enemy and severe disruption to organizational continuity, the forces managed—through extraordinary efforts—to secure: Guerrilla units (top units)100 personnel, self-defense units(rear support units) 200 personnel, total of 300 personnel. In addition, 30 firearms (rifles and pistols combined) were acquired. However, the inability to procure critically important hand grenades and gasoline bombs became a decisive factor contributing to the failure of the April 3 fight.

② Second Phase of Operations(*Approximately 18 days: April 3 ~ April 20*)
Beginning between 2:00 and 4:00 a.m. on April 3, the first armed uprising in Jeju following the August 15 Liberation was launched. In preparation for the fight, Jeju City was designated as the primary operational center, particularly targeting the National Police Jeju Headquarters and Jeju 1st district Police Station, which symbolized reactionary power. Twenty student special operatives were infiltrated to Jeju City as liaision officers. Four hundred personnel were distributed across the remaining fourteen police boxes. However the National Constabulary Reserve were not able to participate to the operation, the Jeju City foothold securing operation failed. Out of the fourteen police box attacks planned elsewhere, twelve were successfully carried out, producing notable results.

① Police boxes Attacked: 12 Total
  Oedo, Gueom, Aewol, Hallim, Daejeong, Namwon, Seongsan, Sehwa, Hamdeok, Jocheon, Samyang, Hwabuk
② Armed units: 350 personnel
③ Damage Inflicted on the Enemy
  ㉠ Police boxes burned or destroyed ㊀ Fully burned ㊁ Partially burned ㊂ Partially destroyed
  ㉡ Police casualties Killed: 10, Wounded: 4, Family members killed: 3, Police captured: 1,
  ㉢ Reactionary casualties Killed: 4, Wounded: 3, Family members killed: 3, Family members wounded: 1, Seocheong(police auxiliaries) killed: 7 Reactionaries taken prisoner: 4
  ㉣ Reactionary houses burned · 2 houses

④ Captured Equipment (Weapons Only)

    · Military sword: 1 · Carbine rifles: 7 · Type 44 rifle: 1 · Air rifle: 1

⑤ Our Losses

· Killed: 4

After this phase, the organization was reorganized and police boxes were assaulted as primary targets. At the same time, psychological warfare as a guerrilla tactic was further intensified.

③ Third Phase of Operations(April 20 − May 10)

Armed units began to reside in villages to expand and strengthen organizational control. At the same time emphasis was placed on the liquidation of reactionaries.

④ Fourth Phase of Operations*(May 10 − May 26)*

During this phase, guerrilla forces were reorganized into two operational groups within each area. On May 10, while conducting raids on villages-primarily in the southern region—actions were carried out to enforce a boycott of the elections. Subsequently, forces were concentrated for operations directed against the Hamdeok and Jeoji police boxes, and the two police boxes got totally burned. In connection with operations involving the Andeok Police box, six police officers were killed, after which the unit withdrew. In Daejeong, three enemy troop transport vehicles (approximately 60 personnel) were ambushed using guerrilla tactics, resulting in instant killing of fourteen police officers. In addition, one platoon of National Constabulary Reserve assaulted the Daejeong police box, killed five police officers, and then defected to the mountains. Throughout this period, guerrilla operations were carried out continuously on a daily basis. During this time, the national salvation guerrilla fight on Jeju Island since the April 3 Incident demonstrated the highest level of upsurge, expansion, and combat results.

⑤ Fifth Phase of Operations*(May 27 – June 18)*

With approximately 4,000 enemy troops deployed, direct engagement with National Constabualry Reserve was avoided. Therefore their encirclement and suppression campaigns failed. At the same time, we planned the assassination of Park Jin-gyeong, a senior reactionary commander (of the regiment) and mass defection of the National Constabulary Reserve, a decisive blow was dealt on June 18 at approximately 3:00 a.m. with the assassination of Park Jin-kyung. Before the assassination we suffered considerable losses due to intensified enemy operations. Following the final mountain sweep operations of June 17, enemy forces withdrew, focusing primarily on rural village sweeps. As a result, our operational tactics achieved success during this phase.

⑥ Sixth Phase of Operations*(From June 19 onward)*

As the National Constabulary Reserve began implementing demolition tactics, we strengthened organizational consolidation at the grassroots level, political education was intensified through political cadres, and discipline in daily life was reinforced.

三. Fight Aspect (By each Myeon)

(1) Jeju-eup

March 18 – In Doryeon-ri, a reactionary Hyangbodan was attacked and dismantled. At the same time, three reactionary households were completely destroyed, and seven reactionaries were wounded.

April 1 – Two officers of Yeongrim station were captured. They were detained for four days and then released.

April 3 – At approximately 2:00 a.m., simultaneous attacks were carried out on the Samyang, Hwabuk, and Oedo police boxes.

Samyang police box –

Police : 6 officers Our force: 16 personnel Weapons in possession: Type 99 rifle 1, Dynamite 2, Gasoline bombs 4

The two sides engaged in a mutual exchange of fire. Our unit advanced as far as the front gate of the police box, where the glass windows were destroyed using bamboo spears. Due to strong enemy resistance and concern over the arrival of reinforcements, the unit withdrew. There were no casualties on both sides.

Hwabuk police box –

Police : 5 officers, Our force: 14 personnel

Weapons in possession: Type 99 rifle 1, Dynamite 4, Gasoline bombs 4, Bamboo spears

The unit was divided into four groups and advanced. Two power lines were cut. One grenade was thrown, and the police box was completely burned down. One police officer fled. One auxiliary police member was killed instantly. 1st squad attacked the police residence killing one officer and his wife and one carbine rifle was seized. 2nd squad wonded one police officer by throwing grenade.

Oedo police box – Police : 6 officers, Our force: 14 personnel Weapons in possession: Type 99 rifle 1, Dynamite 3, Gasoline bombs 3, Bamboo spears After killing one police officer, the unit withdrew. On the way back near Nohyeong-ri, we encountered with an enemy mobile unit. After approximately five minutes of engagement, the enemy was repelled.

April 4 (Night) – With approximately thirty members of our force, the Yeongpyeong-ri sangdong Daecheong office was attacked and completely destroyed. All documents were seized. One Daecheong official was killed. Two reactionaries were wounded. On the way back, we attacked one police officer's residence in Wolpyeong-ri, the officer was absent, so we destroyed house and partially burned (about one quarter) Clothing was seized.

April 8 – A four-person unit killed one reactionary of Daecheong in Iho-ri. An eight-person unit carried out a second attack on the Samyang police box but had to withdraw after being detected in advance.

April 12 – A four-person unit killed the father of Song Won-hwa of a reactionary police officer residing in Orari, and burned down his house.

April 14 – A second attack was carried out on the Oedo police box. During an operation intended to draw out the enemy, one comrade was killed.

April 16 – In Hwabuk, five comrades were surrounded by police and Daecheong members. We managed to kill one police officer with a pistol and all comrades were able to escape safely.

April 18 – Third assault on Samyang Substation. Police: 16 officers, Our force of 22 personnel with a total of six rifles raided, but the operation was discovered in advance, resulting in an unexpected encounter with an enemy mobile unit, after which the unit withdrew. One of our force was killed.

April 19 – Third assault on Oedo Substation. Hand grenades were thrown, resulting in one police officer wounded and the police box half-destroyed.

April 20 – At Wolpyeong-ri, two spies disguised as taffy vendors were purged.

April 27 – Upon receiving information that a police officer was eating at the village head's house, our 16 members surrounded the location, but the police officer fled. A reactionary village head(1 person)was captured and purged.

April 28 – In Nohyeong-ri, District 2, an engagement occurred between 22 enemy mobile units and 20 our members. After approximately six hours of fighting, we managed to repel the enemy. Enemy casualties: 3 Wounded Items seized: Police hat: 1, Documents: numerous, Carbine magazines: 2, Carbine ammunition: 9 rounds, White Rice: 1 sack

May 1 – Seven police officers and two reactionaries infiltrated Hwabuk-ri, District 3 to conduct suppression operations. Our twenty members besieged them and pursued the fleeing enemy. One reactionary was purged.

May 3–7 – Each battalion for the East and the West district, with 3rd battalion stationed at headquarters.
  · In Nohyeong-ri, two spies disguised as taffy vendors were purged.
  · In Orari District 2, three reactionaries were purged.
  · In Orari District 2, an engagement occurred with approximately 30 enemy mobile troops for 20 minutes. After being besieged by another enemy unit, we withdrew. No casualties on our side.

· In Wolpyeong-ri, the police officer's house that had been
partially burned on April 4 was completely burned down.

On May 6 the battalion stationed at headquarters was mobilized and joined the East battalion. Joint operations resulted in the following purges: · Samyang-ri: 1 reactionary · Samyang-ri District 2: 2 reactionaries · Samyang-ri District 3: 2 reactionaries · Doryun-ri District 1: 2 reactionaries, Total 15 reactionaries purged:

May 6 – While the West battalion climbing the mountain, an engagement occurred with approximately 30 enemy mobile troops. After approximately eight hours of fighting, the enemy was repelled. 2 police officers were killed on the spot, the battalion lost 2 members.

May 7 – At Jukseong-ri, three reactionaries were purged.

May 8 – From Samyang-ri to Hwabuk-ri, all power lines were completely cut.

In the morning:
· Four primary reactionary's houses in Jukseong-ri were burned
· Eleven reactionaries were purged
· Two reactionary's houses in Godasi were burned
· Two reactionary family members were purged.
At Arari District 1:
· Two reactionary's houses were burned
· Two reactionary family members were purged

May 9 – At an agricultural school, hand grenades were thrown, posing a threat to the enemy.

May 10 – At Doduri, four reactionaries were purged.

On the same day, two hand grenades were thrown at the Eup's office (election polling station), disrupting voting.

Around May 15 – At Ohyeon Middle School, one hand grenade was thrown, preventing disruption of alliance system.

May 18 – At Hwabuk-ri, one reactionary was purged.

Around May 25 – At 2:00 a.m., three special duty members attempted to raid the hideout of Mr. Yang Byung-jik, a Eul-district winner from Hallim-myeon, but the operation failed, and one member was captured.

June 14 – At Hoccheon, one reactionary from Pyoseon was purged.

July 9 – At Wolpyeong-ri, two spies disguised as taffy vendors were purged. In addition, 31 reactionaries were purged.

Summary (Jeju Eup Total)

一 Police box raided: 7, burned: 1, destroyed: 1, police killed: 5, police wounded: 5, police family members killed: 3

二 Reactionaries purged: 66, reactionary family members purged: 4, reactionary wounded: 9, police houses burned: 2, reactionary houses burned: 9, reactionary houses destroyed: 3

三 Weapons seized: carbine rifle: 1 carbine magazines: 2 carbine ammunition: 9 rounds

四 Power lines cut: 349 locations roads destroyed: 140 locations bridges destroyed: 1 location

五 Our losses: · Members killed in action: 3

(2) Aewol-myeon

April 3 – At 2:00 a.m., simultaneous assaults were launched on Gu-eom and
Aewol police box.

Gu-eom police box: · Police 9 officers · Our force: 120 members
· Weapons: 4 99-type rifles, 5 dynamite sticks, other members with bamboo
spears 5 members of our force to 1 reactionary to purge were assigned, 40
members assigned to the police box. Dynamite was thrown as the
signal for a coordinated assaults to Gu-eom and Aewol police boxes
together. However, the Aewol assault unit attacked approximately
30 minutes earlier than planned, and because power lines between
Gu-eom and Aewol were not cut, Aewol police box was able to
request reinforcements to Gu-eom police box by telephone, result-
ing in disclosure of the operation in advance. At that time inside the
police box: · 3 police officers · 2-3 Hyangbodan members · The
remaining 6 polices were at home. After dynamite being thrown,
the enemy began to fire from inside of the police box, our unit
approached to the building responding to the firing. At this time,
the squad dispatched to Mr.Song's house captured and stabbed him
with a short blade; Finally Mr.Song was able to escape right after
blade's extract. Another squad purged two reactionaries and three
reactionary family members, burned two houses, regrouped at an
elementary school, and advanced to attack the police box singing
'people's fighting song' and 'red flag song' coordinating with
the attacking unit right after the siren signal from the police box.
However we had to withdraw after enemy mobile units from Oedo
police box arrived. Our losses: 2 killed

Aewol police box – Approximately 80 members assaulted the police box and threw dynamite, wounded the chief officer, Mr. Song Dal-ho and withdrew.

April 5 –At 4:00 a.m., 50 members conducted a second raid on Aewol police box but withdrew due to inaccurate intelligence.

April 7 –At Jangjeon-ri, two reactionaries were purged.

April 9 – In Geumdeok-ri, one reactionary was purged.

April 11 – From 10:00 a.m., a combined enemy force from Gueom police box and mobile units (approx. 30 personnel) assaulted Gwangnyeong District 2, chased the young people who tried to climb the mountain. Our unit received this information and ambushed from 12:00 at Cheonan mountain. Enemy climbed the mountain burning charcoal houses. Engagement began at 1:00 p.m.(at Cheonan mountain) Our force: 1 company (21 members), armed with six 99-type rifles and one carbine. After one hour, the enemy was repelled. Military achievements : Enemy casualties: · Killed: 3 · One was a brutal police officer who had tortured Kim Yong-cheol to death in February Items seized: carbine rifle: 1, carbine magazines: 2, ammunition: 95 rounds, cash: 300 won, hand grenade: 1, rice: 4 sacks, Our losses: None

April 11 (11:00 p.m.) – On Aewol-ri Street, ambushed three special duty members attacked four crossing enemies(3 police offices and 1 Daecheong member) 1 enemy killed on the spot, 1 enemy wounded, 1 Daecheong member wounded At the same time, a hand grenade was thrown at Aewol police box partially damaging it.

April 18 – At Gwakji-ri and Geumseong-ri, one reactionary each was purged(total: 2).

April 21 – Second assault on Gu-eom police box. Eleven police officers and all village residents as Hyangbodan were deployed to protect the building. Our 2 companies attacked from 3:00 a.m., after one hour's fighting we withdrew. 1 enemy wounded

April 24 – While our 1 platoon was ambushing between Hagwi-ri district 1 and district 3 anticipating the return of 5–6 officers from Oedori police box after Hagwi-ri village meeting, we began to fire at their arrival and they ran away.

April 27 – Ten personnel from Oedori police box broke into houses in Hagwi Districts 1 and 2 to extort rice, afterward they convened at Misudong. While transporting rice by 50 mobilized villagers southward, they were crossing through safer northern route and they were detected by our unit who was ambushing between Hagwi Districts 1 and 2. When one of our squads fired a warning shot and villagers attempted to flee, the enemy fled to Oedo seizing civilians as shields. One enemy was killed and one enemy was lightly wounded. All confiscated rice was recovered and returned to the villagers.

May 6 – One Jangchunkwan geisha(who was a spy colluding with Seocheong) and other person were purged.

May 7 – An enemy force of approximately 50 men(Cho Byeong-ok's guards) armed with one light machine gun, broke into Susan, Jangjeon, Sogil, and Sanggui to supress. At 9 a.m two companies armed with 12 rifles ambushed them in pine groves between Jangjeon and Sogil, and sieged the enemy who was returning from sogil-ri after attacking Sanggui, Susan and Jangjeon, and began close attack. We failed 3 times of grenade throws, and the enemy braced up and began firing randomly. 4th grenade struck the machine gun and it was destroyed. For the safety of the grenade-thrower, we waited for a while for his retreat and exchanged fires for about 5 hours. With the help of 2 mobile unit cars, the enemy retreated to Gu-eom police box.(2 comrades were killed who was to destroy Misu bridge)]

Military Achievements :
4 police officers killed (including the enemy detachment leader). Wounded and dead officers were sent by 2 mobile unit cars and supplemented officers returned on foot. Presumably 10 dead and 12 wounded. our casualties: 1 seriously wounded(dead after 2 days), 1 lightly wounded.

May 8 – We and 3 enemy mobile unit cars exchanged fires at Pagunbong in Hagwi-ri. We managed to force the enemy to retreat after 1 hour and purges 14 reactionaries.

Military Achievements total = - police box raids 4 - 16 police officers dead
  - 16 police officers wounded

㊀ reactionaries dead 24, wounded 1, reactionary family dead 3, reactionary houses burned 2
㊁ seized weapons - 1 carbine rifle, 2 carbine magazines, 95 ammunition rounds 1 hand grenade

㊂ our casualties: 3 dead, 1 lightly wounded

㊃ 6 power lines cut, 7 roads destroyed, 2 bridges destroyed

(3) Hallim-myeon

Around March 20 – At the cemetery in Saebyeol Oreum, while a total of 67 members were assembled and undergoing joint encampment training, one officer of Aewol police box, two Seocheong members, and six Gueom Daecheong members –a total of nine persons— launched a surprise attack at dawn. Our unit responded by firing one signal round, causing the enemy to flee. During the pursuit, one comrade was wounded.

April 3 – At 2 a.m., simultaneous attacks were carried out against Hallim police box, Jeoji police box, Hallim Inn, Sinchang Inn, Maeripji Inn, and other reactionary households.

Hallim police box - Against seven police officers, our unit deployed 15 members, armed with 1 99-type rifle, 12 sticks of dynamite, and 12 gasoline bombs.

Hallim Inn - Against seven police officers, our unit deployed six members, armed with 3 99-type rifles, 1 military sword, while the remainder were armed with spears.

Sinchang Inn - Against seven members of the Seocheong, our unit deployed 15 members, armed with 1 military sword, 1 99-type rifle with the remainder carrying spears. In addition, 31 personnel were deployed to the houses of police-class reactionaries.

Battle Situation – First, at the Maeripji Inn, 1 police officer and 1 Daecheong member were executed. Next, at the Sinchang Inn, after executing seven members of the Seocheong, our unit engaged in combat with an enemy mobile unit that had been lodging at the Hallim Inn. Fighting then spread to multiple locations. One enemy was executed at a private residence. One district(Myeon) head and one senior reactionary leader were each wounded. During the firefight between our assault unit at Hallim police box and the enemy mobile force, all comrades withdrew, leaving only one rifleman, making further combat impossible. The planned assault on Jeoji police box was suspended due to information leak. Power lines were severed at four locations, and two roads were destroyed. After the battle concluded, all personnel regrouped at the designated assembly point, Mimarudongsan, and marched in formation to Geumak, conducting an armed demonstration. At Geumak, one Japanese sword belonging to reactionaries was confiscated. Upon returning to the hideout at 9 a.m., intelligence was received that six Jeoji police box officers and 25 police auxiliary members were raiding Geumak. Our unit immediately mobilized, engaged the enemy, forced them to retreat and captured 3 auxiliary members and reeducated them, then released.

April 8 – At 4 a.m., we raided on Jeoji police box. The enemy consisted of 13 police officers and 70 auxiliary members. Our unit deployed 18 members, armed with 5 99-type rifles, 5 military swords, 5 gasoline bombs, and the remainder with spears. After 40 minutes of fighting, the enemy exhausted all ammunition and withdrew in disorder, we attacked the police box and the building was completely burned, auxiliary members were entirely executed (3 persons), and seven detainees were freed. An armed demonstration was carried out while shouting "Long live the People's Republic." Our losses: 1 comrade killed by our gunfire, 1 seriously wounded.

April 9 – At 5 p.m., approximately 25 enemy mobile troops attacked the mountain hideout. After 20 minutes of exchange of fire, the enemy was repelled.

April 16 – At 2 a.m., power lines were severed at seven locations, and three roads were destroyed.

May 12 – Fifteen enemy personnel consisted of Jeoji police officers and reactionaries infiltrated our hideout. When our unit adopted defensive positions, the enemy fled. After returning to the police box, 4 police officers escaped.

May 13 – At 2 a.m., power lines were severed at 57 locations, and two roads were destroyed. At 7 a.m., a second assault on Jeoji police box was launched. The enemy consisted of four personnel. Our unit deployed 60 members, armed with 13 99-type rifles, 15 grenades, and spears, and besieged the police box. The enemy fled without resistance. Three were executed on the spot, the building was completely burned, 30 detainees were freed, and 12 reactionaries were purged. A total of 112 reactionary houses were burned. At Geumak, 2 reactionaries were completely purged. 2 reactionaries at Gwideok 2 district and 2 reactionaries at Myungweol hadong were purged. 6 reactionary houses were burned.

May 14 – At 1 p.m., an assault was launched on Hallim police box. The enemy consisted of seven police officers and fourteen members of the Seocheong, totaling 21 persons. Our unit deployed 60 members, joined by 30 members of the Dongmyung and Myeongwol Self-Defense Unit, for a total of 90 personnel. They were armed with 13 rifles, 90 grenades, 9 sticks of dynamite, 10 military swords, and spears. After two hours of fighting, our forces advanced to the point of pressing directly against the police box. At that moment, however, an enemy truck carrying mobile troops arrived, and from the west, approximately 50 National Constabulary Reserve officers stationed at a national school rushed in. As a result, our unit was subjected to a pincer attack and was forced to withdraw. Enemy losses: 5 police officers and 7 reactionaries totaling 12 eliminated. The Seocheong lodging facility was burned.

Our losses: 4 wounded. Equipment losses: 2 military swords and 1 99-type rifle(rendered unusable), all confiscated by National Constabulary Reserve).

May 14 (Night) – At 8 p.m., one enemy police officer assassinated a National Constabulary Reserve platoon leader and then tried to lay the responsibility on the People's Army but failed and the plot was exposed. One National Constabulary Reserve platoon raided on the police box firing a machine gun. All personnel of the police box fled to Biyangdo by a fishing boat. The National Constabulary Reserve intruded the police box and burned all documents.

May 15 – In connection with the comrade who had been martyred the previous day, the National Constabulary Reserve granted permission for a people's funeral. As a result, all local residents assembled and carried out the people's funeral procession.

June 6 – At 12:30 p.m., 12 Jeoji police box officers and 50 reactionary elements attacked Geumak-ri. Our unit deployed one platoon (10 members)and engaged the enemy. After 15 minutes of fighting, the enemy was repelled. Two enemies were killed, one of whom was a machine gunner.

Added : During the assault on Hallim police box, the Chairman of the Hallim Daecheong was shot dead by enemy fire.

July 21 – One spy disguised as taffy vendor was captured and executed in a mountain village.

Total achievement
- Number of police box assaults: 4 - Number of police box burned: 2
- Police deaths: 12 - Reactionaries, Dead 42, Wounded: 2, Captured alive: 3, Houses burned: 84 - Power line cut: 64, roads destroyed: 7 - Weapons seized: 1 Japanese sword - Detainees freed: 39 - Losses: Killed: 5, Wounded: 6(all fully recovered), 1 99-type rifle, 2 Japanese swords

(4) Daejeong-Myeon

April 3 – At 2:00 a.m., a raid was launched on Daejeong police box (Daejeong-myeon office, Daecheong office etc). The enemy numbered six. Our unit consisted of seven men, armed with 2 rifles, 1 military sword, 3 bayonets and 1 iron spear.
Due to an accidental firing just before the encirclement, the operation was exposed in advance. 2 enemy personnel were inside the lodging and did not come out. Our unit fired 2 shots, but withdrew due to a weapon malfunction.

One enemy was killed instantly.

Daecheong Office: Two special agents infiltrated the residence of Gang Pil-saeng (identified as Jeju's highest-ranking reactionary). One grenade was thrown, injuring Gang Pil-saeng and one of his family members. The unit then withdrew.

April 18 – A second raid was carried out on Daejeong police box. The enemy numbered 10; our unit numbered 11. After approximately fifteen minutes of engagement, the fortress wall was mistaken for the police box, and 2 gasoline bombs were thrown. As the situation became unfavorable, the unit withdrew.

April 27 – In Dongil-ri, 1 reactionary ringleader was liquidated.

April 28 – Our unit, consisting of 8 men, raided the Myeon's office. 1 reactionary staff member was liquidated and 1 wounded. Due to insufficient coordination, 1 comrade who was working at the office was killed.

April 28 – In Anseong-ri, the house of a reactionary town leader was raided, and he was seriously wounded.

April 30 – A raid was launched on Moseulpo police box. Our unit consisted of 15 men. Our forces were deployed to the rear, while National Constabulary Reserve guards were placed at the front. Two special agents were positioned on the second floor of an inn on the flank. The plan was to use the explosion of a phosphorus grenade as the signal for a simultaneous assault on the police box. However, due to the grenade's failure to detonate, the unit had to withdraw.

May 1 – In Sinpyeong-ri and Yeongnak-ri, one reactionary each was liquidated.

May 4 – A raid was launched on Mureung police box. The enemy numbered twelve; our unit numbered thirty. After approximately twenty minutes of engagement, the unit withdrew due to unfavorable terrain. One comrade was sacrificed.

May 5 – In Boseong-ri, one reactionary was liquidated. In Yeongnak-ri, two family members of reactionary Go Sul-saeng were liquidated, and his house was burned.

May 20 – At midnight, a squad of forty-three men from the National Constabulary Reserve 2nd Regiment defected and raided on Daejeong police box. Four enemy personnel were killed instantly, the police box chief was wounded, and one police clerk was killed on the spot. Afterward, they moved toward Seogwipo.

May 21 – Our unit again attacked Daejeong police box. Two carbines and one telephone were seized.

May 23 – The Myeon's office was raided. Documents and fifteen iron spears were seized. A reactionary in Boseong-ri, Ko dal-jin, his house was burned. A reactionary in Ilgwa-ri, Kang Byungkuk was purged.

May 26 – At the Mureung-ri and Inhang-ri crossroads, when our unit of thirteen men was ambushed, three enemy motor vehicles carrying approximately sixty personnel were detected approaching. Our unit raided on them firing approximately fifty rounds. The enemy assumed a defensive posture and returned fire with three machine guns. After approximately fifteen minutes of engagement, the enemy withdrew.

Enemy casualties: − 14 killed on the spot, 11 wounded

Captured items: − 1 iron helmet, 1 backpack, 1 carbine magazine

May 28 − In Mureung-ri district 2, three spies were liquidated(One responsible for the massacre of eight of our comrades), One female spy, One individual disguised as a taffy vendor.

June 25 − Two reactionaries in Gueok-ri were liquidated.

June 30 − In Mureung-ri, a reactionary pastor originating from Gosan-ri was discovered while touring and preaching and was liquidated.

Total achievement

㊀ police box raids: 6 times (including 1 National Constabulary Reserve attack), police box burned: 1, reactionaries killed: 14, reactionaries wounded: 3, reactionary family members killed: 2, reactionary family members wounded: 1, reactionary's houses burned: 2

㊁ Weapons seized: carbines: 2, carbine magazine: 1, telephone: 1, backpack: 1, iron helmet: 1, iron spear: 15

㊂ Our losses: One comrade killed

㊃ power line cut: 10 locations, roads destroyed: 7 locations

(5) Andeok-myeon

April 10 − Our unit of eight men attacked the Deoksu-ri Daechong office. The office was completely burned down. Afterward, one reactionary was wounded.

Late April - One reactionary in Donggwang-ri was liquidated.

May 10 – Election offices in Donggwang-ri, Gwangpyeong-ri, and Sangcheon-ri were attacked. Gwangpyeong-ri was completely boycotted, but attacks on other villages failed due to security.

May 24 – At dawn, the Hwasun police box was attacked. The enemy numbered about 20 men; our unit also numbered 20. The police box was completely surrounded, but just before launching the assault, a vehicle approached from the east. Mistaking it for a National Constabulary Reserve's vehicle, our unit withdrew. Six enemy personnel were killed on the spot, and one reactionary was liquidated. The Myeon office and the Daechong office (also serving as a Food Administration Office)were burned down.

June 15 – One reactionary each was liquidated in Changcheon-ri and Sangchang-ri. (The Changcheon-ri reactionary was the Independent Committee chairman). After confiscating numerous items and returning, our unit encountered approximately fifteen enemy troops. After about fifteen minutes of engagement, our unit withdrew without casualties. During the pursuit, enemy gunfire killed one Daechong member instantly and wounded three others.

Total achievement
- police box raid: 1
- police officers killed: 6
- reactionaries killed: 6, wounded: 5
- reactionary buildings burned: 2(Myeon Office and Daechong Office)

⊖ power lines cut: 3 locations, road destroyed: 1 location

(6) Jungmun-myeon

May 10 – Our unit of ten men attacked the Harye-ri election office. After destroying the ballot boxes, the election was completely boycotted.
Late May - Six reactionaries within the district were liquidated. Two others were wounded.

June 10 – One reactionary in Dosun-ri was liquidated. One police clerk was captured but escaped through a gap.

Late June (approx.) Park Chan-oh, identified as the highest-ranking reactionary in the Myeon was liquidated by the comrades who were the officers of the National Constabulary Reserve stationed in Jungmun.

June 28 – An enemy detachment of sixty men attacked our hideout. Our unit mistakenly identified them as National Constabulary Reserve and withdrew without resistance. Our losses: 1 comrade killed,

Confiscated items: 1 99-type rifle (unusable), 20 rounds of ammunition, 3 Japanese swords, 5 grenades, 2 sticks of dynamite, 10 blankets, 1 tent, numerous items of clothing.

Destroyed items: 20 pieces of tableware, 2 cooking cauldrons, 1 tent

Total achievement
⊖ election offices attacked: 1, election offices destroyed: 1

⊖ reactionaries killed: 8, reactionaries wounded: 2

⊖ power line cut: 5 locations

⊖ Our losses: 1 comrade killed

⊖ confiscated items: 1 99-type rifle (unusable), 20 rounds of ammunition, 3 Japanese swords, 5 grenades, 2 sticks of dynamite, 10 blankets, 1 tent, numerous items of clothing. Destroyed items: 20 pieces of tableware, 2 cooking cauldrons, 1 tent

(7) Seogwi-myeon

May 22 – In Seohong-ri, six reactionaries were liquidated; one reactionary was wounded. A large quantity of goods was seized.

Same day –
One reactionary from Donghong-ri was taken prisoner but later escaped.
Total achievement
Reactionaries killed: 6, Reactionary wounded: 1

(8) Pyoseon-myeon

May 10 – Our unit of ten men raided Gasi-ri. The polling station was attacked, ballot boxes were destroyed, and the election was completely boycotted. Three reactionaries were liquidated. One reactionary household (four buildings) was destroyed.

(9) Namwon-myeon

April 3 – Our unit of ten men, armed with 2 99-type rifles, raided the Namwon police box.

Combat Results – 1 police officer killed, 1 police officer wounded, 1 reactionary killed, 1 police clerk killed
Captured items: 2 carbines, 1 air rifle, 55 rounds of ammunition, A large quantity of police clothing. Police box building partially burned Afterwards: 1reactionary wounded, 2 reactionary houses burned, 1 destroyed, 1 government official wounded, ⊖ 3 power lines cut at three(total length of 5 km)

Added –
At the Namwon police box, 1 Seocheong officer was shot and killed by enemy fire.

Total achievement

> ⊖ police box raids: 1, police building destroyed: 1 (partial burning)
>
> ⊖ police officer killed: 1, police officer wounded: 1, government official(police   clerk)wounded: 1, police clerk killed:1, power lines cut at three(total length   of 5 km)
>
> ⊖ Captured items: 2 carbines, 1 air rifle, 55 rounds of ammunition, A largequantity of police clothing.

(10) Seongsan-myeon

April 3 – At 2 a.m., our unit of approximately 40 men, armed with 2 99-type rifles, sieged and raided on the Seongsanpo police box. The siege itself was successful; however, due to prioritizing the rescue of 1 infiltrated police officer, a passive combat method was adopted. Subsequently, all carried firearms malfunctioned. After breaking some glass and damaging parts of the building, our unit withdrew under heavy enemy fire.

May 10 – The polling station in Susan-ri was raided. A reactionary house was burned, two reactionaries were liquidated, and the election was completely boycotted.

(11) Gujwa-myeon

April 3 – At 2 a.m., our unit of approximately 40 men, armed with 2 type 99 rifles, raided the Sehwa police box and the residence of Kim Daehong, the highest-ranking reactionary in the district. At the police box, 1 Seochong-oriented police officer on duty was killed after fierce resistance. 1carbine rifle and 1 type 44 rifle were seized. An attempt was made to burn down the police box, but due to a lack of kerosene, it was unsuccessful. During the raid on Kim Daehong's house, he fired one shot, forcing our unit to withdraw.

May 9 – During the night, our unit of ten men raided Songdang-ri, and eleven men raided Dongbok-ri. In Songdang-ri, a wife of the reactionary village leader was liquidated , one reactionary also liquidated(a high-level Daechong officer), and four reactionary houses were burned. Inside the house, sewing machine, clothing and other goods were confiscated. Polling stations in Songdang-ri and Dongbok-ri were each attacked and destroyed.

May 10 – In the morning, the polling station in Deokcheon-ri was raided, ballot boxes were destroyed, and one reactionary household was burned.

May 11 – Our unit was divided into 2 companies and conducted simultaneous raids on Gujwa-myeon areas including Hado, Sangdo,

Pyungdae, Handong, Woljeong, and other villages. In Sangdo-ri: 2 reactionaries were liquidated and 1 reactionary house was burned. In Pyungdae-ri: the Myeon's office was raided and completely burned, 2 reactionary houses burned. In Handong-ri 2 reactionaries were purged and 2 reactionaries wounded and 2 reactionary houses were burned. In Woljeong-ri, 1 reactionary house was burned. In other villages, 1 reactionary house was burned.

May 23 – Seven reactionaries were liquidated in Hado and Sangdo-ri.

Around May 24 – Our unit of approximately 20 men raided the Gimnyeong police box. After exchanging fire for about 30 minutes, discrepancies in the operational plan arose and the unit withdrew. No casualties on either side.

Total achievement
- police box raids: 2
- police officer killed: 1 (notorious Seocheong-oriented officer)
- reactionaries killed: 13, reactionaries wounded: 2, reactionary family members killed: 1, reactionary houses burned: 13, government office raided   completely destroyed 1 (Myeon's office),
- Weapons seized: 1 carbine rifle, 1 44-type rifle and other materials(large amount)

(12) Jocheon-myeon

April 3 – At 2 a.m., taking advantage of the time, Jocheon and Hamdeok police boxes were attacked simultaneously.
Jocheon police box Approximately 40 members of our unit, armed

with 2 99-type rifles, carried out a siege attack. The encirclement was completely successful, but due to prior detection, we withdrew.

Hamdeok police box Approximately 40 members of our unit, armed with 2 99-type rifles, launched a siege attack. First, one of our infiltrator was contacted and escaped after which we raided on a reactionary house guided by the escapee, one enemy was captured. However, as the wife of enemy ran toward the police box while shouting for help, the operation was discovered in advance and we had to withdraw. On returning to the hideout, three Daechong members were taken prisoner.(On returning, they were converted and released) After that a Seochong dormitory was attacked, captured 5 Seochong members, we killed 1 police officer and 4 Seochong members by firing. One resident who had previously assisted Seochong as a cook from Songdang-ri, was converted and he was employed as a cook in the People's Army

April 8 – At night, for the second time, about 40 members of our unit forcefully attacked the Jocheon police box with four carbines, four Type 99 rifles, and two yellow phosphorus grenades. Due to insufficient intelligence, we were counterattacked by the enemy from the rear. One yellow phosphorus grenade was thrown, partially destroying the police box. Two enemies were killed on the shot, after which we withdrew. Losses: two comrades killed.

April 14 – At an unidentified time, about 40 of our unit members surrounded and attacked about 50 enemy mobile troops stationed in Gyorae-ri. Two enemies were killed on the spot and we withdrew due to unfavorable terrain.

April 14 night – We attacked the Jocheon police box for the third time. A hand grenades was thrown, partially destroying the police box, turning the interior into a chaos. Seven enemies and two to three Seochong members were incapacitated and went missing.

April 15 – At night, Bu Yeong-ho, an insurgent from Daeheul-ri, was executed. His house (one unit) was burned. One family member was taken prisoner and released the following day.

April 16 – At night, Bu Yong-hwa, an insurgent from Seonheul-ri, was executed.

April 17 – In Sinchon-ri, an insurgent Jin Jang-seop (originally from Chungcheong Province and teacher of Korean Democratic Party-oriented), Kim Mun-bong and three members of his household were executed. Kim Yeong-ah, a school principal, was wounded.

Around April 20 – For approximately one week thereafter, continuous engagements were conducted against the Hamdeok police box and Daechong office. About 7 to 15 members of our unit armed with ten Type 99 rifles and one carbine, carried out sustained harassment warfare. On the first night, 10 members of our unit attacked the Hyangbodan guard post of Hamdeok-ri and captured 13 Hyangbodan members, we killed one of them and the remainder were converted and released.

Two days later, about seven members of our unit armed with Type 99 rifles and military swords infiltrated Hamdeok-ri again. We captured 2 Daechong members patrolling on the street—one executed, one converted and released. We raided one insurgent house but the reactionary fled. His wife was executed instead.

As a result, on the following day, the villagers voluntarily convened a People's Assembly and dismantled Daechong Hyangbodan. During this period, on every other day, mountain-fire signaling was displayed. Due to rumors that Hamdeok police officers and Daechong members would again attack Bukchon-ri, about 12 members of our unit ambushed the road between Hamdeok-ri and Bukchon-ri for about three rainy days, but as no enemy appeared, we withdrew.

Late April - At night, we attacked the house of the notorious policeman Kim Tae-bae in Sinhung-ri. We completely burned 2 buildings. One insurgent in Oeumbat of Jocheon Myeon was executed, and his house was completely burned.

Early May - In Jocheon-ri, one insurgent was wounded. In Wasan, one insurgent was executed and one house burned.

May 7 – After dissolving the Hamdeok-ri Daechong on the previous day, a self-defense unit was organized with the dissolved members. To correct past errors, the first fight was decided upon, that was to kill officers in Hamdeok police box. While about ten unarmed self-defense members ambushed, a comrade, Han haeng-do, was instructed to lure 2 police officers. After finding 2 patrolling officers, Mr. Han took them into a tavern to drink together. Three self-defense members (former Daechong members) joined them. However they could not attack immediately, because the police officers were holding their guns all the time. Later, at a predetermined ambush site, Mr. Han grabbed 2 of their guns from their rear using his both hands, and soon after the code phrase 「Let's go fishing」 was shouted, our self-defense members surrounded, captured and executed them and confiscated one carbine and one Type 44 rifle.

May 8 − Following the previous day's fight, elderly men and women of Hamdeok-ri waited for the crossing of police officers on the streets. When one armed police officer passed, an elderly man approached him, grabbed his gun barehanded, and shouted 「if you are conscientious, drop the gun」. Villagers on the street surrounded him shouting the same phrase. As the policeman attempted to flee after shouting 「Yes. I will」 and dropping his weapon, women on the street rushed forward and beat him. At that moment an enemy mobile unit passing by fired randomly. Villagers withdrew after inflicting one policeman and confiscating one Type 99 rifle. Our losses : none.

May 8−9 − Across the entire district, eight automobile roads in each ri were destroyed and blocked.

May 10 − In Daeheul-ri District 1, 3 Daechong memebrs carrying ballot boxes were executed. And One Seochong-oriented school teacher was also executed.

May 14 − At 4 p.m., we attacked the Hamdeok police box while 6 officers were inside. Our unit consisting of approximately 50 (armen with 2 carbines, 1 Type 44 rifle, 33 Type 99 rifles, 10 hand grenades). 25 members of the unit were regrouped into three platoons: 1st platoon ambushed on the western boulevard, 2nd ambushed on the eastern boulevard and 3rd ambushed the rear escape route. The remaining 26 members completely encircled the police box from two sides.

Four family members of our comrades were imprisoned inside, so the saving operation began as a war of nerves. After killing a officer on the guarding post, and hearing the gun firing, the enemy realized the encirclement and opened fire convening all officers. Therefore we fired back and threw hand grenades toward the police box. Because civilians were inside, we did not launch a full-scale assault. The platoon stationed at front side moved forward gradually, when they were close to the police box, they shouted, 「People, Come out」. When a housewife inside the building was coming out shouting, 「I'm a people」, one comrade approached her to save and finally realized that she was a wife of police officer stayed at the building and shot her to death. And when he again shouted, 「People, Come out」, 4 civilians came out after breaking the cell. Other comrades handed them over to waiting villagers at rear side and took neighboring villagers to a safe place. After that a general attack was launched and burned the lodging next to the police box. We threw some phosphorus grenades into the building, exploded inside inflicting some officers, and made police officers stop firing. Some of comrades intruded into the police box, shot 3 wounded officers to death and seizing documents and weapons they returned to the hideout in triumph mood. When our unit re-entered into the police box, ambushing comrades discovered a vehicle rushing in from the east and let the bus pass through without firing. Soon after they noticed the rifles through the window of the vehicle, they threw hand grenades to the bus, but missed the target. The enemy on the bus fired back randomly and the bus rushed toward the police box. After being overwhelmed, the enemy gave up stopping the bus and they rushed toward the west(Jeju city). At that time our comrades hit both arms of the driver but the assistant driver drove the car toward the west using his leg. Ambushed comrades on the west threw hand grenades discovering the rifles through the window belatedly but missed the target. After all the enemy was able to escape. After the armed unit returned to the hideout, the villagers threw fuel-oil into the police box discovering the building intact, and set on fire. One officer hid in the ceiling and one officer in night-duty room were forced to come out due to the flame, the villagers discovered and captured them. Villagers found one more officer hid in pigpen and captured him. All 3 officers were killed. One of them, the chief officer was the highest-level of reactionary and he did lots of misdeeds, became of the subject of rancour amongst the villagers. So the villagers found the dying chief officer and they hammered his head with stones, later set on fire the corpse inside the police box. On the way back in triumph mood to the hideout, the armcd unit raided 3 reactionary houses, purged 3 reactionaries and burned 3 houses.

Achievement of the Day Enemy dead: 6, Enemy family dead: 1, Reactionaries dead: 3, police box and dormitory completely burned, Reactionary houses burned: 3

- Weapons seized: 2Type 44 rifles, 2 30-year Type rifles, 2 Carbines, Carbine ammunition 50 rounds, Type 38 pistol ammunition 800 rounds, 3 Military swords, 4 yellow phosphorous grenades, 1 telephone, 4 hand grenades, 2 bugles, 1 manifolder
- Other - Cash: 13,000 won, police clothing: 3 sets, many documents seized
- Recovered 4 captured people.
- Our losses: one comrade wounded by friendly fire (fully recovered)

May 15 – Upon learning that the Hamdeok police box had been completely destroyed, a enemy mobile-vehicle invaded into Hamdeok-ri to collect enemy corpses and withdrew. One policeman defected with one Type 99 rifle and 80 rounds and joined the People's Army.

On the same day
At 9 p.m., the People's Army held People's Assemblies in 3 spots(Waheul, Daeheul District 2, Seonheul-ri) to show off armed demonstrations and mountain-fire signalings.

May 16 – Three officers from Jocheon police box defected to the People's Army with one Type 99 rifle, one Type 44 rifle, and one 30-year Type rifle.

May 17 – Seven insurgents at Yangcheon-dong in Jocheon-ri were executed.

May 26 – In Jocheon-ri, one enemy was found bathing naked with his gun placed on the water's edge. Eight self-defense members surrounded and captured him, but when a Seocheong spy taffy vendor noticed and reported to the police box, the police rushed to the place. Our comrades tried to escape with captured police officer, but the captured began to run away. Upon discovering the chasing officers, our comrades withdrew with the gun and belt only (Type 99 rifle).

Around June 15 (approx.) — We discovered one fishing boat which departed from Yeonpyeong of Udo, heading toward Seongnae(inside Jeju city) and touched at Bukchon port due to headwind, the boat carrying two police officers and several unidentified persons, Our self-defense unit comrades encircled one landing police officer and he aimed his gun(carbine) toward the chest of a comrade. The comrade grabbed the gun with his hands, forced it downward, and at the same time removed the ammunition. The police officer fired, but the loaded round was only one; the shot passed between the comrade's legs and struck the ground. Then, as the other police officer tried again to load ammunition into the gun, a comrade who had a pistol fired and purged two officers. The family of the police on the boat and about ten unidentified passengers were taken prisoner(later, when our hideout was attacked by the National Constabulary Reserve, these prisoners escaped). We seized one carbine and one Type 99 rifle, and purged ten reactionaries.

Comprehensive Results

- Police box raided: 5 times, police building burned: 1, police building destroyed: 1
- Enemy dead: 15, Enemy wounded: 1, Enemy family dead: 4, Enemy defected: 4, Enemy escapee: 1, Enemy missing: 7
- Reactionary dead: 38 (including 8 Seochong members), reactionary wounded: 2, reactionaries captured: 17 (including 1 Seocheong member) reactionaries missing: 3 (all Seocheong members), reactionary family dead: 2, reactionary family captured: 2, reactionary houses burned: 7
- Weapons seized: Carbines 6, Type 99 rifles 5, Type 44 rifles 4, 30-year Type rifles 2, Yellow phosphorous grenades 4, hand grenades 4, Military swords 3
- Other:many items seized

⊖ Power lines cut: over 500 locations, Roads destroyed: 8 locations
⊖ Our losses: Comrades killed: 2, Comrades wounded: 2

(13) Summary Table of Combat Results by each Myeon across the Island

Type of Combat Results	Number of police box raids	Number of police buildings destroyed	Number of police buildings Burned	Number of police killed	Number of police wounded	Number of police family members killed	Number of police family members wounded	Number of police surrenders	Number of government offices raids
Jeju	7	1	1	5	5	3			
Aewol	4			16	16				
Halim	4		2	12					
Daejeong	6		1						
Andeok	1			6					
Jungmun									1
Seogwi									
Pyoseon									
Namwon	1		1	1	1				
Seongsan	1	1							
Gujwa	2			1					1
Jocheon	5	1	1	15	1	4		4	
Total	31	3	6	56	23	7		4	2

Number of government offices burned	Number of government offices destroyeded	Number of reactionaries killed	Number of reactionaries wounded	Number of reactionary famjily members killed	Number of reactionary family members wounded	Number of reactionary houses burned	Number of reactionary houses destroyed	Number of police houses burned
Jeju		66	9	4		9	3	2
Aewol		24	1	3		2		
Halim		42	2			84		
Daejeong		14	3	2	1	2		
Andeok		6	5			2		
Jungmun	1	8	2					
Seogwi		6	1					
Pyoseon		3					4	
Namwon		1	1					
Seongsan		2				1		
Gujwa		13	2	1		13		
Jocheon		38	2	2		7		
Total	1	223	28	12	1	120	7	2

Type of Combat Result	Number of reactionaries captured	Number of reactionary family members captured	Number of power lines cut	Number of roads destroyed	Number of bridges destroyed	Weapons captured: carbines	Carbine magazines	Carbine Ammunition	Type 38 ammunition	Hand grenades
Jeju			349	140	1	1	2	9		
Aewol			6	7	2	1	2	95		1
Halim	3		64	7						
Daejeong			10	7		2	1			
Andeok			3	1						
Jungmun			5							
Seogwi										
Pyoseon										
Namwon			3			2	55			
Seongsan										
Gujwa						1				
Jocheon	17	2	500	8		6		50	800	4
Total	20	2	940	170	3	13	5	209	800	5

Type of Combat Result	Japanese swords	Telephones	Iron spears	Armor plates	Backpacks	Air rifles	Type 44 rifle	Type 99 rifle	Type 38–year rifle	Yellow phosphorus grenades	Recovery of detained comrades
Jeju											
Aewol											
Halim	1										39
Daejeong		1	15	1	1						
Andeok											
Jungmun											
Seogwi											
Pyoseon											
Namwon						1					
Seongsan											
Gujwa							1				
Jocheon	3						4	5	2	4	4
Total	4	1	15	1	1	1	5	5	2	4	43

四. Relations with the National Constabulary Reserve

(1) How the Relationship Began
Immediately after the March 1 and 10th fights in 1946, the 9th regiment was newly established on the island and began to recruit. At that time, four comrades (from Daejeong Ko Seung-ok, Moon Deok-o, Jeong Du-man, and Ryu Gyeong-dae) were inducted to the regiment as infiltrators. Subsequently, in May, we reported this matter to Yi Myeong-jang, a central organizer dispatched to this island, and requested that he should issue guidance on policy issues and operational direction when he returned to the southern province. However, no instructions were issued thereafter. We again requested urgent guidance regarding the handling of infiltrators through the other central organizer, but once more received no response. As a result, the Jeju-do Party concluded that this matter could not be left unresolved and independently managed to secure communication lines. Thereafter, regular contact was established through the Daejeong Myeon party. However, among the four infiltrators, Jeong Du-man defected without organizational authorization and fled to Japan, while Ryu Gyeong-dae later transferred to a military discipline unit and subsequently became detached from the revolutionary cause.

(2) The 4·3 Fight and Relations with the National Constabulary Reserve
Just prior to the March 1 fight when comrade Yi, a central organizer visited Jeju island, we requested him to issue guidance urgent directions regarding the National Constabulary Reserve. When comrade Yi visited Jeju island again in mid-March, he gave us the directions on armed uprising and stated:

"National Constabulary Reserve infiltrators can be directed by the Jeju-do party and in this armed uprising, they must be mobilized to the greatest possible extent." Based on this directive, operational plans for the 4·3 fight were formulated. A two-pronged operational plan was established. The National Constabulary Reserve were to be mobilized as extensively as possible for attacks on the National Police Jeju HQs and 1st district police station, while other targets(police boxes) would be handled by guerrilla units. Immediate contact was made with infiltrators in the regiment, and inquiries were conducted regarding the number of personnel that could be mobilized. Of approximately 800 individuals, around 400 were deemed reliable, and about 200 could be freely deployed. The reactionary side consisted mainly of officers; if 18 key figures were eliminated, the problem could be resolved. Since there was no vehicle in the 1st regiment, to mobilize the National Constabulary Reserve approximately five trucks were needed. If that proved impossible, they would even attack on foot. Based on this report, orders were immediately issued to launch the 4·3 fight on full scale and to raid on the National Police Jeju HQs and 1st district police station, and five vehicles were provided. However, contrary to expectations, the National Constabulary Reserve was not mobilized on April 3. This anomaly prompted further investigation. According to a report on April 5 by an infiltrator inside the Constabulary, the following facts discovered:

When the dispatched agent went to the regiment to meet the infiltrators with last order, he could not meet them. Because two infiltrators inside National Constabulary Reserve were arrested and detained in the military cell. Therefore the agent met with Lieutenant Moon Sang-gil and he explained that there were 2 separate lines of cell in the regiment. One being a legitimate organization beloing to the central command, centered around Lieutenant Moon, and the other a Jeju-born infiltrator networks centered around petty officer Ko Seung-ok. Just before the 4·3 fight, petty officer Ko Seung-ok urged lieutenant Moon should join the upcoming armed fight, but lieutenant Moon refused, citing the absence of central authorization. Jejudo-dispatched agent was shocked by this remark, and insisted 3~4 times that participation was necessary to protect the lives and property of 300,000 Jeju residents and to ensure the victory in the great saving-the-nation fight. Despite repeated appeals, Moon ultimately refused due to lack of central orders. Thus, the attempt to neutralize strategic points through National Constabulary Reserve mobilization during the 4·3 fight ended in failure.

(3) Subsequent Connection

Afterward, we dispatched another organizer to maintain regular information exchange with lieutenant Moon. However, in mid-April, an emergency report that 1 battalion of 5th regiment in Busan would come to Jeju-do to encircle and attack mountain units, an immediate countermeasures was required. The military chief met with lieutenant Moon to resolve the situation. As a result of discussions, it was agreed that although National Constabulary Reserve cells were directly subordinate to the central government and could not follow Jejudo Party's directives, cooperation could be achieved through close intelligence sharing, maximum weapons supply, encouragement of defections to support the People's Army, and distribution of educational materials. At the final stage, they even pledged to launch a general uprising and fight alongside the people. It was also concluded that the commander of the 9th regiment, Kim ik-ryeol was seeking peaceful resolution of the incident and attempted to meet with representatives of the People's Army, if we could take advantage of this situation, it could be strategically leveraged to suppress the mountain operations of the National Constabulary Reserve. Through two meetings till late April, consensus was reached regarding the legitimacy of the saving-the-nation fight and the illegality of police actions, particularly their strategy of separating the people from the National Constabulary Reserve. Kim pledged to actively pursue a peaceful resolution. (5th battalion chief of the regiment, Oh il-kyun also attended the first meeting and made sincere efforts toward resolution.) However, on May 7, the central organizer who arrived on the island declared that Jejudo party could direct the National Constabulary Reserve infiltrators. As a result, relations between the National Constabulary Reserve and Jejudo party became increasingly complex, creating a decisive weakness in the fight. Up to the May

10 uprising, however, there were no attacks from the National Constabulary Reserve, which greatly benefited our operations.

On May 10, the military chief and 2 organization staffs met with battalion chief Oh il-kyun and intelligence officer of the 9th regiment lieutenant Lee to discuss over the following subjects in Jeju eup.

㊀ the problem of directing infiltrators of the National Constabulary Reserve

㊁ the attitude of the National Constabulary Reserve over Jejudo fight

㊂ information exchange and weapons supply. The following factors totally were agreed on.

Ⓐ Regarding the the problem of directing infiltrators of the National Constabulary Reserve, there 2 different opinions existed. One says that Jejudo party can direct them, the other says that they belong to the central party. This problem is not to be solved. Therefore, Jejudo party should direct the infiltrators who dispatched by the Jejudo party only. To unify actions of all component, maximum-scale of assistance is needed.

Ⓑ U.S military government and Department of Internal Security ordered full-scale encompassment pacification operations regarding Jeju policing problem and when the tactic is implemented, our fight in Jejudo will close in failure. Therefore, active Sabotage tactics are necessary regarding encompassment pacification operations of the National Constabulary Reserve, it is also proposed that the central party should take measures on the cooperation with the National Constabulary Reserve. Especially, the highest-level reactionary, chief of the regiment, Park Jin-kyung and other officers must be purged.

ⓒ Both sides should do their best in information exchange and weapon supply, and also should try to defect as many soldiers as possible in the island.

(4) Details of Assistance Provided to Us from the National Constabulary Reserve(Centered on defections)

㉠ Around March 25 At Hyeopjae-ri, Hallim-myeon, one comrade from the Maritime Police defected to the People's Army with five Type 99 rifles. After the outbreak of the April 3 uprising, the chief engineer later sent one illumination flare launcher and seven rounds of flare ammunition.

㉡ Around mid-April From lieutenant Moon, we received four Type 99 rifles and from the battalion commander, Oh Il-kyun we received 1,600 rounds of carbine ammunition. In addition, 15 rounds of carbine ammunition were supplied by the regiment commander Kim Ik-ryeol.

㉢ Around mid-May From a comrade in the communications section of the 5th regiment, we received five signal flares.

㉣ Around May 17 From the battalion commander, Oh Il-kyun we received two M1 rifles, 1,443 rounds of ammunition, two carbines, and 800 rounds of carbine ammunition.

㉤ Around May 20 Acting on instructions from lieutenant Moon, 43 soldiers including senior sergeant Choi from the 9th regiment, each carrying one Type 99 rifle, loaded 14,000 rounds of ammunitionon to a truck and defected. While en route, they attacked the Daejeong police police box, killing four police officers and one police clerk instantly, and wounding the police box chief. Afterward, they attempted to proceed toward the mountain crossing Seogwipo, but communication failed. As a result, 22 men were captured, and large amount of ammunition were lost or confiscated. Only 21 men, 4~5 days later managed to reestablish contact with our unit. (At that time, all that remained were 1 Type 99 rifle and approximately 100 rounds of Type 99 ammunition only) The cause of this communication failure was later determined to be a serious discrepancy between the contact methods used by lieutenant Moon and those used by the defecting soldiers.

㉥ May 21 From Seorim in Daejeong-myeon, two guards from the waterway guard post defected to the People's Army carrying three Type 99 rifles.

㉦ Last day of May In Aewol-myeon, four soldiers from the 5th regiment defected to the People's Army, each carrying one M1 rifle.

㉧ Last day of May From the 9th Regiment, seven soldiers including senior sergeant, Ko Seung-ok defected to the People's Army, carrying one carbine and seven Type 99 rifles.

㉨ Early June In Daejeong, senior sergeant, Mun Deok-o of the 9th regiment defected to the People's Army with one Type 99 rifle.

㉩ June 20 In Daejeong-myeon, one maritime police officer defected carrying two Type 99 rifles.

㉪ July 1 From Seorim in Daejeong-myeon, 10 guards from the waterway guard post defected to the People's with eleven Type 99 rifles.

㉫ July 12 In Daejeong, one soldier from the 9th regiment defected carrying one Type 99 rifle.

㉬ July 14 Two soldiers from the 9th regiment defected; one of them reached the mountainous area but fled later.

(十四) July 18 At 3 a.m., comrade Lee Jeong-u of the 6th regiment after having assassinated the commander 11th regiment, Park Jin-kyung defected to the People's Army carrying one M-1 rifle.

(十五). July 24 One soldier from the 9th regiment defected carrying one Type 99 rifle and ten rounds of ammunition, and joined the People's Army.

(十六) Early July One individual defected carrying one M-1 rifle.

Summary
- Total number of defectors: 52(excluding 22 captured and 1 who escaped)
- Weapons obtained
  Firearms = Type 99 rifles: 56, Carbines: 3, M-1 rifles: 8, Total 67
- Ammunition supplied
  M-1 ammunition: 1,443 rounds, Carbine ammunition: 2,415 rounds, Total 3,858 rounds
- Other weapons
  Illumination flare launcher: 1, Signal flares: 7, Signal cartridges: 5

Note
Of the 52 defectors mentioned above, 1 was killed and 3 were captured by subsequent operations of the National Constabulary Reserve. At present, the remaining 48 have been incorporated into the People's Army.

(5) Pacification Operations by the National Constabulary Reserve and Resulting Losses to Our Forces

一. Pacification Operations by the National Constabulary Reserve

Just prior to the May 10 single-government election, U.S military government and Department of Internal Security sent back Kim Ik-ryeol, the commander of the 9th regiment, and Oh Il-gyun, a battalion commander of the 5th regiment to the mainland. Subsequently, the reactionary officer, lieutenant major Park Jin-kyung was appointed as the commander of 11th regiment. 11th regiment recruited 500 men from 2nd regiment, 300 men from 3rd regiment, 200 men from 4th regiment, 800 men from 9th regiment, 1,500 men from 5th regiment and 500 men from 6th regiment, totaling 3,800 personnel. These were reorganized into 15 companies, and began encompassment pacification operations.

First Attack – May 27–28 For two days, raided mountain areas

Second Attack – May 30 to June 2. For four days, Jeju Island was divided into four operational zones; Units for Zone 1 departed from Geumneung-ri in Hallim-myeon arrived at Jongdal-ri in Gujwa-myeon. Units for Zone 2 departed from Eumbudong in Hallim-myeon arrived at Seongsanpo. Units for Zone 3 departed from Geumak in Hallim-myeon arrived at Onpyeong-ri in Seongsan-myeon. Units for Zone 4 departed from Daejeong arrived at Onpyeong-ri.

Third Attack – From June 3, Units were stationed at each village in every Zone

Fourth Attack – June 13 to June 17, for five days, encirclement and sweep operations were carried out centered on Hallasan and Baengnokdam.

⊖ Our Losses

⑫ June 29 Our Seogwipo-stationed unit's hideout was surrounded and attacked by National Constabulary Reserve, but there were no military losses.

① May 17 At Gwangpyeong-ri, one unit member was seriously wounded, captured, and subsequently handed over to the police, where he was brutally killed (liaison member).

⑥ Late May Near the Daejeong hideout, one unit member(liaison member) was brutally killed.

④ May 27 The Daejeong-stationed force hideout suffered damage. Confiscated items included: 1 M1 rifle, 1 Type 99 rifle, 2 military sword, 20 pairs of rubber shoes, 1 telephone, 2 sacks of rice, 2 tents, 20 sets of clothing:

⑮ July 4 Near the Daejeong hideout, one deserter from the maritime police was captured; additionally, one deserter from the National Constabulary Reserve was captured.

⑧ June 13 The Jeju-eup hideout was raided. Five military swords, iron helmets, and numerous spears were confiscated. Afterwards, the National Constabulary Reserve continued occupying and searching the hideout and seized; 850 rounds of M1 ammunition, 4 (unusable) Type 99 rifles, 5 landmines, 2 signal flares, 18 rounds of shell barrel ammunition.

⑦ June 7 One intelligence officer from Island Command, one accounting officer from 1ˢᵗ Zone Unit, and one National Constabulary Reserve deserter (total three persons) were captured at Odeung-ri. Among them, the intelligence officer was later handed over to the police but released the following day.

⑨ June 14 Two Island-Command liaison member were captured at Wolpyeong-ri and released the following day.

⑭ Early July One liaison member of the 1st unit in Zone 1 was captured at Wolpyeong-ri and released the following day.

③ May 24 Two military liaison officers of Aewol were captured at Dumo and released the following day.

⑩ June 17 The Aewol hideout was raided, but there was no loss.

② May 21 Two of our unit members attempted to contact National Constabulary Reserve deserters. While ambushing in Namwon-ri, they mistook an approaching police vehicle for a vehicle of the National Constabulary Reserve, raised their hands and approached. Upon realizing it was in fact a police vehicle, they had no time to escape and charged toward the police. They seized one officer's rifle but one comrade was ultimately shot and killed by another policeman.

⑬ the first day of July While being pursued by the National Constabulary Reserve, five of our unit members were hiding in Sinchon-ri. They were suddenly attacked by the police: four were captured (two wounded, one was a National Constabulary Reserve deserter) 1 M1 rifle, 8 rounds of ammunition, Some clothing were confiscated.

⑪ June 21 The Daejeong-ri hideout was surrounded and attacked by the National Constabulary Reserve. All personnel escaped safely, but concealed weapons, 1 carbine rifle, 35 rounds of M1 ammunition, 15 rounds of carbine ammunition were confiscated.

⑤ May 27 At Seonheul-ri, two of zone cadres were seized and captured by the National Constabulary Reserve. (One was released the following day and the other was handed over to the police)

⑯ June 16 At Wolpyeong-ri, two members of Zone were captured and released the following day.

⑰ June 18 One cadre from Island Command was captured at Seonheul-ri, Jocheon-myeon, and released the following day.

End

VIII. 제주도 인민민주주의 군대 관련 미군정 자료

1948년 7월 17일자 미군정청 육군사령관인 윌리엄 딘 소장은 제주도의 59군정중대 민정장관인 에드가 노엘 소령에게 2개의 문서를 첨부하여 보내주면서, 제주도의 민정 업무 수행에 참고토록 하고 있다.[86] 하나는 로스웰 브라운(Rothwell H. Brown)대령이 작성한 '1948년 5월 22일에서 1948년 6월 30일 까지 제주도에서의 활동 보고서'이며, 다른 하나는 제24군단 정보참모부 헝거 상사가 작성한 '제주도 남로당원 조사 보고서'이다.

두 개의 문서를 통하여, 제주도인민유격대투쟁보고서 상에서 나타난 인민유격대의 조직, 작전 등을 독자들이 심도 있게 이해 하는데 도움이 될 것이라 생각한다.

---

[86] 제주43사건진상규명및희생자명예회복위원회, 제주4·3사건자료집9, 금성문화사, 서울, 2003, pp.38-52, 영어원문은 같은 책 pp.282-295

가. 브라운 대령 보고서(48년 7월 1일자)

1948년 7월 1일

제목: 1948년 5월 22일부터 1948년 6월 30일까지 제주도에서의 활동보고

수신: 주한미국육군사령부 군정청 사령관

1. 약 5,000명의 제주도 주민들을 심문한 결과 다음과 같은 정보를 얻었음:

남로당에 의한 제주도의 조직은 1946년에 시작되었다. 조직은 1947년 상반기 동안에 천천히 진행되었다. 남한만의 단독선거가 치러질 것이라는 사실이 분명해지자 조직활동이 강화되었고 특별 조직책들이 본토에서 파견되었다. 이들은 모두 한국인들이었다. 주요 지도자들은 공산주의 침투전략을 위한 집중교육을 받았다. 다른 나라국적을 가진 사람들이 참여하고 있다는 증거는 없다. 선거 이전 기간동안 공산주의 세포조직이 제주도의 모든 마을과 도시에 조성되었다. 이들 세포조직은 한 명의 지도자, 선동 전문가 그리고 보급 전문가, 그리고 큰 도시에는 현존하는 정부의 붕괴시 시민행정 기능을 담당할 요원 등으로 구성되어 있다. 촌락에 조직된 공산주의자 세포조직 이외에 제주도를 위한 인민민주주의 군대(the People's Democratic Army)가 구성되었다. 이 군대는 2개 연대와 보충 전투대대로 구성되어 있다. 장교요원들이 임명되었고 신병모집은 활발하다. 폭동이 최고조에 달했을 때 인민민주주의 군대 약 4,000명의 장교와 사병을 보유한 것으로 추산된다. 이들 중 10% 정도는 총으로 무장하였고, 나머지는 일본도와 재래식 창으로 무장하였다. 남로당의 여성조직도 구성되었으며 전체 회원명단이 밝혀졌다.

2. 6명 정도의 훈련된 선동가와 조직가들이 제주도에 남로당을 설치하기 위하여 외부에서 파견된 것으로 추정된다. 또한 공산주의와 그 목적에 대하여 얼마간 이해를 하고 있는 500~700명 정도의 동조자들이 파견된 6명의 특수 조직책들의 운동에참여하였다. 또한 주민 6,000~7,000여[87] 명이 남로당에 실제 가입한 것으로 추정된다. 그러나 참여한 사람들 중 대부분은 남로당의 배경과 목적에 대한 이해가 없으며 공산주의 운동에 대한 이해와 그에 대한 참여의사가 없다는 것이 매우 분명하다. 그들중 대부분은 2차 대전과 그 이후의 곤궁함으로 인하여 깊이 영향을 받은 무지한

---

[87] 영어원문에는 6만에서 7만명 사이(Between sixty and seventy thousand people)로 기록되어 있는 바, 단순 실수 인지 의도적 오역인지 의문을 낳고 있다. 앞의 책 p.284 참조

교육받지 못한 농부들과 어부들이며, 그들은 남로당이 그들에게 제시한 보다 나은 경제적인 보장에 쉽사리 설득 당하였다.

3. 남로당을 통한 공산당의 활동이 제주도에서 5 10선거 이전에 성공했던 몇 가지요인이 있다. 그것들은:

a. 제주도 주둔 제59군정중대의 민간업무 집행 장교들의 공산당의 목적과 전술에 대한 이해와 주도권의 현저한 부족.

b. 1946년에 남로당이 세운 철저하고 장기적인 계획이 1948년 5월까지 고도로 훈련된 선동가와 조직가들에 의하여 능숙하고 단호하게 수행되었다는 점

c. 모든 공산주의 선동 조직의 능숙하고 지속적인 사용.

d. 미국의 효율적인 역선전의 부재.

e. 한국정부 관리들의 독직과 비능률.

f. 제주도 주민의 불안하고 혼란스러운 경제적 생활.

g. 제주도 경찰조직의 비효율적인 구성, 특히 효율적인 경찰 정보부서 확립의 실패

h. 제주도 주둔 미군정중대 요원들과 방첩대 간의 협조 부족

4. 제주도에서 수요 폭동의 선개와 선서의 무효를 초래하고 선거폭동을 싱공으로 이끈 몇 가지 요소들은 다음과 같다.

a. 제59군정중대의 민간업무 담당 장교는 다음과 같이 신속하고 단호하게 행동하여야 함에도 실패하였다.

(1) 초기 폭동을 자신에게 즉시 가용한 병력을 이용하여 진압하는데 실패하였다.

(2) 제주도 경찰을 통제하는데 실패하였다.

(3) 제주도에 도착한 예비 경찰병력을 효과적으로 동원하는데 실패하였다.

(4) 제주도에 도착한 한국 경비대 병력에게 적극적인 명령을 발표하고 그 명령을 확실히 실행할 적극적인 조치를 취하는데 실패하였다.

b. 지나친 잔혹행위와 테러가 제주도에 도착한 경찰 예비병력에 의하여 자행되었다(이것은 위의 (2)항과 (3)항으로 인한 직접적인 결과였다).

c. 공산주의 동조자들의 한국 경비대 침투는 두 명의 11연대장들이 공산 선동가들과 협상을 벌이면서 단호한 작전이 필요한 곳에 지연전략을 구사하는 결과를 초래하였다. (만일 군정중대의 민간업무 담당 장교(Chief Civil Affairs Officer)가 단호하고 적극적으로 행동하였더라면 한국 경비대는 즉각 효과적으로 대처할 수 있었을 것이다).

d. 제주도 주민들 사이에 광범위하게 퍼진 공포와 민간 정부기능의 완전한 붕괴는

(1) 모든 정부부서와 각급 지역에 공산주의 세포조직이 완벽하고 광범위하게 존재하였기 때문이다.

(2) 폭동을 반대하는 모든 개인들에 대한 공산주의 지도자들에 의한 즉각적인 살해와 파괴 때문에 초래되었다.

(3) 충성스런 시민들에 대한 경찰, 경비대, 군정중대의 보호 실패 때문에 야기되었다.

e. 제주도 주민들의 정부 지배를 반대한 자연스러운 경향과 제주도의 무법성의 역사와 배경.

f. 제주도 대부분의 가족들을 연결하는 혈연과 그것으로 인하여 정보의 취득이 어려운 점.

~ 중략 ~

로스웰 브라운(Rothwell H. Brown) 대령

나. 제주도 남로당원들을 조사해 얻은 제1차 부분보고서

제주도남로당조사보고서

1948년 6월 20일

1. 개관

2. 보고서 범위

3. 남로당

 1) 조직

 a. 전라남도위원회

 b. 제주도위원회

 c. 제주읍면위원회

 d. 면위원회

 e. 마을위원회

 f. 인민위원회

 2) 군사부

 a. 인민해방군

 (1) 조직

 (2) 전투

 (3) 훈련과보안

 (4) 정치학습

 (5) 무기와탄약

 (6) 보급선

 b. 자위대

 (1) 조직

 (2) 임무

 c. 세포

 (1)조직과임무

 d. 연계 조직

남로당조직표, 제주도개관

1. 개관

이 보고서는 제주도 사령관 브라운(R. H. Brown) 대령의 구두명령에 따라 준비됐다. 여기 제시된 정보의 대부분은 제주도 취조팀이 작성한 다양한 평가를 담고 있는 취조보고서에서 발췌했다. 그 외 다른 정보출처는 방첩대 제주지구대, 국립경찰, 정보과, 경비대 제11연대, 그리고 현재 제주도 민간인 포로수용소에 억류된 포로들의 소지품에서 발견된 서류와 유인물들이다.

2. 보고서 범위

이 보고서는 제주도 남로당의 당과 군사조직 양쪽의 현재 상황과 조직, 지휘체계 등에 대한 정보를 요약한 것이다.

이 보고서에 나와 있는 정보의 상당 부분은 인민해방군, 즉 재산무장대(Mountain Raiders)와 그 지원단체인 자위대 등의 조직원들과 접촉해왔던 포로들로부터 얻은 것으로 남로당 활동에 대한 내용을 어느 정도 자세하게 제시하고 있다.

3. 남로당

1) 조직 (도표 참조)

a. 전라남도위원회

현재까지 제주도 남로당의 활동은 전라남도 도당의 지시를 받고있다. 남로당 제주도위원회는 도당본부로부터 모든 지령을 받는다.

b. 제주도위원회

섬에 있는 이 최고위원회는 면과 마을에 있는 하부위원회, 인민해방군의 군사부, 관련 좌익단체들에 보내는 모든 지령을 내린다. 남로당 제주도위원회는 다음과 같이 조직돼 있다.

위원장: 김유환

부위원장: 조몽구

그리고 간부부장 현두길은 다음의 각부장들을 조정하고 통제한다.

조직부장: 김달삼

선전부장: 김용관

농민부장: 이종우

노동부장: 이종우

청년부장: 김광진

여성부장: 김금순

재정부장: 김광진

c. 제주읍면위원회

여러 자료를 통해 얻어진 정보에 따르면 제주읍이라고 불리는 제주도의 심읍(역주: 원문에는 면으로 돼 있음)은 이 섬에 있는 11개의 면 조직 형태와는 다르다. 제주도에서 가장 크고 가장 인구가 많은 이곳에는 2개의 독립위원회인 일반위원회와 특별위원회가 조직돼 활동하고 있다.

그러나 양쪽위원회는 제주도위원회를 통해 당의 모든 지령을 받고 있으며 기능은 다음과 같이 정의할 수 있다.

⑴ 제주읍 일반위원회

제주도위원회와 같은 방식으로 조직된 이 위원회는 읍내 당의 합법활동에 대한 사법권을 갖는다. 이 위원회는 섬에 있는 11개의 다른 남로당 면위원회와 같은 기반에서 활동하고 구성이같다. 조직원들은 다음과 같다:

위원장: 강규찬
부위원장겸 조직부장: 고갑수
간부부장겸 총무부장: 강대석
선전부장: 고칠종
청년부장: 임태성

⑵ 제주읍 특별위원회

남로당 제주읍 특별위원회는 제주읍에만 있는 당의 지하조직을 지휘한다. 더욱이 우리가 입수할 수 있는 정보에 따르면 위원회 자체는 제주읍위원회와 같은 노선에 따라조직되고 제주도위원회로부터 모든 명령을 받는다.

특별위원회의임무

특별위원회 조직원들은 당의 전복활동을 지휘한다. 그들의 임무는 군정청, 국립경찰, 경비대, 학교, 우익단체 같은 전략적 정보 청취소에 정보원을 심는 일 뿐아니라 위에 언급된 조직내에 소규모 비밀'세포'를 증강해 당의 목표를 지속적으로 추진하는 것이다.

지방 법집행기관들에 따르면 이런 전복활동을 도모하는 제5열 조직이 제주읍에 있는모든 행정기관에 성공적으로 침투했다. 정보원 2명은 제주읍 특별위원회가 유일하게 제주읍 세포의 활동을 지시하며 11개 면에는 이런 특별위원회가 없다고 강조했다.

이런 비밀 세포들은 제주읍 특별위원회 위원장에게 정보를 지속적으로 제공하고 있다. 전복활동을 도모하는 이 조직의 무모하고 냉혹한 효율성을 보여주는 놀랄만한 한가지 사례는 국방경비대 제11연대장을 살해한 일일 것이다. 이 연대장의 활동은 경비대에 침투한 세포들에 의해 확실하게 보고됐다.

더욱이 전복활동을 꾀하는 특별위원회는 남로당이 불법화될 경우에 이와 관련한 일상적인 비효율성이나 방해 없이 제주도위원회의 기능을 맡게 하기위해 만들어졌다.

이런 측면에서 제주읍 특별위원회는 임무를 확대하는 한편 제주도 지하조직의 최고위원회가 될 것이다. 제주읍 특별위원회는 다음과 같은 인물로 구성돼 있다.

위원장 : 김응환

조직부장: 강대석

선전부장: 이창수

학생부장: 한국섭

재정부장: 이창욱

　d. 면 위원회

면위원회들은 제주도의 최고위원회와 같이 여러부서로 조직되어 있다. 또 모든 하위군사조직과 준군사조직처럼 구성돼 있으며 한 조직원이 담당한다.

　e. 마을 위원회

위에 언급한 것처럼 마을위원회는 한 조직원이 여러 부서의 임무를 겸한다. 그러나 취조보고서는 마을 위원회가 최소한 조직원 3명, 즉 위원장과 선전부장, 조직부로 구성된다고 밝히고 있다.

　f. 인민위원회

여러 취조보고서에 따르면 최소한 한 마을에서 폭도들이 마을 사람들에게 위원장을 지명하도록 강요한 다음 박수갈채로 인민위원회 위원장을 선출하도록 했다. 이 사례에서는 1945년 일본이 항복한 뒤 조직됐던 인민위원회의 위원장을 역임했던 사람이 선출됐다. 이런 선거 절차는 무장한 폭도들이 감시하는 가운데 이루어졌다. 현재 제주도 민간인 수용소에 수감된 인민위원회 위원장은 폭도들이 마을을 떠난 뒤 그들의 명령에 따라 선전 및 조직부장으로 임명됐다고 밝혔다. (상세한 내용은 2. 군사부와 3. 훈련 및 보안을 참조)

　2. 군사부

주: 한 소식통에 따르면 이 부서의 이름은 1948년 4월 초 구국투쟁위원회로 바뀌었다. 이 보고서에서는 군사부라는 용어를 계속 사용할 것이다.

　개관

남로당 제주도당의 무장 부대는 인민 해방군의 군사부에서 명령을 받고 있다. 인민해방군과 자위대 등 2개의 주요 부서로 구성 된다. 인민해방군 구성원들은 재산 무장대들이며 그들은 제1선의 전투부대라 할 수 있다. 자위대는 재산 무장대 인력을 보충하고 마을과 폭도 부대 사이의 연락책임을 맡는 기능 이외에 일반 군대의 보급부 기능을 수행하고 있다.

　a. 인민해방군(재산무장대)

소규모 폭도부대들은 1948년 1월 이전 한림 지역의 오름중턱에 설치된 전일본군 군사시설에서 조직돼 생활했다. 경찰보고에 따르면 1948년 2월초 대규모 군사훈련에 관한 최초 보고 가운데 하나를 받았다. 당시에 폭도 300여명이 애월면의 오름(역주: 샛별 오름으로 추정)에서 훈련중인 것으로 보고됐다.

다이너마이트와 식량, 민간인 옷이 훈련장소에서 발견됐다.

그때부터 폭도들은 이 섬의 모든 지역에서 비협력자들을 죽이고 주택을 불태웠으며 포로들을 데려가는가 하면 시골에 테러를 가하는 등 적극적인 활동을 해왔다.

(1) 조직

모든 보고에 따르면 제주도 각 면은 현재 최소한 적극적인 활동을 벌이는 폭도 1개 중대를 구성하기에 충분한 인원을 제공하고 있는 것으로 파악됐다. 이런 중대들과 대대들은 종종 그들 고유의 마을이름을 사용했다. 경비대의 압력이나 경찰의 기습활동등에 따라 폭도 부대의 병력 규모는 계속 달라진다.

(2) 전투서열

모든 소식통을 통해 얻은 정보에 근거해 폭도부대의 평균인원에 대한 다음과 같은 구성표를 그릴 수 있다.

부대	병력
대대, 각면에 1개이상	60-80
중대, 대대당 2개 중대	25-35
소대, 중대당 2개 소대	13-15
분대, 소대당 2개 분대	5-7

대대 지휘관들은 정보부, 병기부, 보급부, 의료부 등의 조직을 갖고 있다는 증거가 있다. 한 보고서에 따르면 폭도들과 근무하던 환자가 아프게 되자 내과의사가 매일 방문해 약을 주고 주사를 놓았다고 밝혔다. 그러나 별도의 병원 건물은 없다고 말했다.

중대 지휘관들은 소련군의 영향을 받거나 이를 본뜬 모든 군대의 전형인 정무담당 부지휘관(역주: 정치지도원)의 도움을 받는다. 폭도부대에서 취사병으로 일했던 정보원은 그가 속했던 부대가 약80명으로 구성돼 있으며 이 병력은 2개 중대로 구성된 1개 대대와 1개 기동부대로 나누어진다고 밝혔다. 기동부대는 폭도 사령관의 직접명령에따라서만 움직인다.

장교들은 보통 일본식 권총과 철모로 신원이 확인되며, 대부분 일본식 장교 칼로 확인된다.

주: 남로당 연락병에게서 획득한 한 자료는 모든 부대에 유포하기 위한 것으로 보이는 일반적인 정보 고시형태로 인쇄됐다. 이 자료에는 "…철모를 더 이상 착용하지 않는다…"라고 언급돼 있다.

경례를 하지 않으며 어떤 표식이나 신분증명서, 또는 군상징 표식도 보고 되지 않았다. 폭도들은 서로 '동무'라고 부른다.

(3) 훈련 및 보안

폭도부대에서 이뤄지는 군기와 훈련의 강도에 대한 보고 내용들은 다소 다르다. 한 보고서는

"지휘관이 인원을 파악할 수 있도록 막사 앞에 2열 종대로 집합하는 하루 3 차례의 점호가 있으며 오전 점호 뒤에는 1시간 동안 달리는 등 엄격한 체력훈련이 계획된다"고 밝히고 있다. 또 다른 부대에 대한 보고서에는 부대에 있는 동안 나무 모으기와 숯 만들기 식량 창고에서 식량을 운반하는 등의 가사 임무만 한다고 언급돼 있다. 대부분의 부대 입구에는 보초(한국어빗게)를 서며 100야드 정도 떨어진 곳에 2개의 검문 초소가 있다는 것이 한 폭도부대에서 보고 됐다. 보고서에 따르면 한 건물에 살고 있는 모든 사람들은 새로 들어온 사람들과 엄격하게 격리 되며, 막사 부근을떠나지 말도록 명령 받는다. 또 이 부대에 있는 건물들은 약100야드 정도씩 떨어져 있으며, 인접 건물에 있는 사람 사이의 개인적인 접촉은 이뤄지지 않는다고 밝혔다. 실제 습격 나갈때만 여러 건물의 인원들이 2열 종대로 집합해 점호를 받으며, 무기와실탄이 지급된다.

(4) 정치학습

폭도부대에 소속된 정치 지도원들은 끊임 없이 남로당의 목적을 강조하며 특히 습격에 앞서 "어떤 특정 마을에 있는 모든 인민은 가치가 없어 죽어 마땅하고 조선인민공화국의 반역자다"라는 말을 확고한 진실로 받아들일 것을 대원들에게 강요한다. 정치지도원들은 또 경찰이나 경비대에 잡힐 때는 부대의 위치나 인원을 누설하지 말고, 오도(誤導)하거나 거짓말하도록 하는 것과 같은 세부지침을 대원들에게 지시한다. 부대 지휘관들에게는 '선전 선동 활동'과 관련해 신중하게 준비되고 씌어진 지침들이 하달된다. 이 지침들은 흔히 그렇듯이 폭도들이 결정을 해야할 경우에 각각의 단계를 주의 깊게 고려한 것으로서 폭도 지휘관은 모든 마을 주민들을 불러 모아서 연설을 하게 되어 있다. 지침에는 "실내 집회가 위험하지 않습니까?"와 같은 질문들을 하게 되어 있고 답변도 상세히 나와 있다. 몇몇 보고서에 따르면 보안을 이유로 간부들은 이름을 내세우지 않고 단순히 '지휘관'으로 명명된다.

(5) 무기와탄약

폭도들은 미제와 일제 무기들을 사용하는데 일본제 장비들이 압도적이고 99식 일제 소총이 주류를 이룬다. 미제 카빈총과 M1 소총을 보유하고 있음이 확인됐으며 한 보고서는 약 25명으로 구성된 기동부대가 미제카빈 총10정과 일제9 9식소총1 5정으로 무장했다고 밝혔다. 대부분의 보고된 사례를 보면 실탄은 실제습격이 계획될 때만 지급된다. 그리고 총을 갖고 있는 폭도들은 습격이 끝난 뒤 사용하지 않은 실탄을 반납하라는 명령과 함께 20~50발의 실탄을 받는다. 상태가 나쁜 일제 기관총 부품이 경비대가 급습한 부대에서 발견됐다. 폭도들이 갖고 다녔던 다른 무기들은 일본장교 칼과 총검, 지팡이나 곤봉, 죽창과 같은 숨길 수 있는에 페(끝이 뾰족한 칼) 모양의 긴 비수들이 있다. 지난 3주 동안 소련제 장비는 발견되지 않았다. 접촉한 모든 소식통들도 그런 것이 있다는 것을 언급하지 않았다.

(6) 보급선

폭도들은 '지원기관' 즉, 면내 마을에 있는 남로당과 긴밀한 연락을 유지하며 이 마을의 남로당은 사전계획에 따라 음식물과 의류, 자금, 인력충원, 명령과 정보를 제공한다. 남로당 부대는 자위대에 있는 폭도들의 연락과 보급에 책임이 있다.

b. 자위대

남로당의 주요 부분인 이 조직은 1948년 2월께 마을 단위로 제주도 전역에 걸쳐 조직됐으며 1948년 5월초 인민자위대로 명칭이 바뀌었다.

(1) 조직

이 조직은 표면상으로는 폭도들의 활동으로부터 마을을 보호하기 위해 만들어졌으나 사실상 교활한 폭도부대의 임시 보급창이며 마을기지다. 자위대는 자신이 지원하는 폭도부대와 비슷하게 군사노선에 따라 조직 되었으며 각각의 부락과 소대와 분대마다 장교(지도자)를 두고 있다. 마을 자위대에 대한 명령은 남로당 마을위원회 위원장이 내린다.

(2) 임무

자위대의 임무는 이름이 뜻하는 것과는 다르다. 폭도들의 공격으로부터 마을을 보호하는 것이 아니라 어떤 부대가 마을을 습격할 때 테러공격에 적극 참여하고 폭도들과 합류하는 것이다. 경비대나 경찰이 가까이 있을 때만 경고한다. 자위대 구성원들은 군대가 전투를 계속할 수 있도록 보급조직 임무를 수행한다. 식량과 사금모집은 정기적으로 이뤄지고 이렇게 모집된 식량과 자금은 폭도부대의 연락원에게 전달하기 위해 마을남로당 위원회 위원장에게 건네진다. 전 자위대원들로부터 얻은 자세한 보고서에 따르면 언제, 무엇을, 누구에 의해, 누구로부터 어느 정도 모집했는 지 언급돼 있고 전달 계획도 작성돼 있다. 한 보고서에는 폭도2명이 실제 자위대의 구역 책임자로 활동했고 그들을 통해서 면지역의 폭도부대와 남로당 마을조직 사이에 매우 긴밀한 연락이 이뤄지고 있다고 밝혔다. 접촉한 정보원들은 면 단위 자위대 조직에 관해서는 정보를 갖고 있지 못했다. 현재까지는 단지 마을과 마을 내에 있는 부락 조직들만이 활동하는 것으로 보인다.

c. 세포(전복 세포)

(1) 임무와 조직

남로당은 관공서와 법집행기관, 학교, 우익 인사단체 등과 같은 정보청취기관에 프락치들을 심기 위해 온갖 노력을 다하고 있다.(주: 경비대의 공세가 시작된 뒤 인쇄된 일자 불명의 한 문건에는 경찰로 근무하는(남로당) 당원들은 이런 긴장된 시기에 특별히 더 조심해야 한다고 언급했다.)

제주읍 특별위원회의 임무에 대해 말할 때 위에서 언급했듯이, 이들 프락치들의 임무는 관찰과 보고 등의 수동적 역할 뿐 아니라 전복활동을 꾀하는 세포를 적극적으로 조직하는 것이다.

제5열 분자(역주: 프락치)들이 마을이나 면위원장에게 보고하는지, 또는 아직까지 알려지지 않은 특별경로를 통해 남로당 제주도위원회에 보고하는지 등에 대해서는 알려지지 않았다. 제주읍 특별위원회가 섬 전역에서 이런 전복조직의 활동을 명령한다는 주장을 받쳐주는 정보는 현재까지 없다.

　d. 연계조직들

　명목상 독립된 좌익단체들인 아래 나열한 단체들은 남로당의 정책을 지지하고 많은 구성원들이 이중 회원으로 활동하고 있다.

　민애청

　남조선민주여성동맹

　전평

제24군단 정보참모부헝거(R. Hunger) 상사

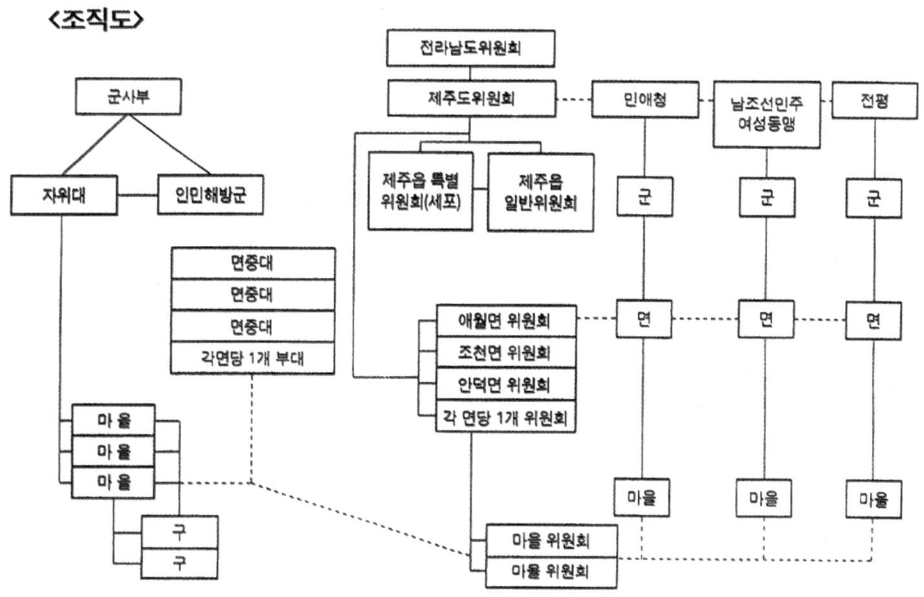

김달삼 이후의 사령관 계보와 주요활동

I. 이덕구

이덕구는 1920년 조천면 신촌리에서 부유한 지방유지인 부친 이근훈과 모친 김상봉의 사이에서 3남으로 태어났다. 어릴 때 일본으로 건너가 교토의 리쓰메이칸(立命館) 대학 경제학부 재학중 1943년 관동군에 입대했다. 1945년 귀향한 뒤 조천중학원에서 역사와 체육을 가르쳤다.

얼굴은 살짝 곰보이며, 늘 목소리가 컸는데, 이는 경찰에 의해 구인되어 고문을 받던 중 고막이 파열되어 귀가 멀어졌기 때문이다. 김달삼이 1948년 8월 21일 해주에서 열린 남조선인민대표자대회에 참석하러 간 뒤 남로당제주도위원회 군사부장과 제주도 인민유격대 사령관 직책을 이어받았다.[88]

이덕구는 경찰 토벌대에 의해 1949년 6월 7일 16시 화북지구 제623 고지에서 사살되었으며, 북한 최고인민회의 상임위원회에서는 그에게 국기훈장 3급을 서훈하였고, 1990년에는 조국통일상을 수여하였으며, 애국열사릉에 그의 묘비를 건립하였다. 이 자리에는 이덕구의 조카(이좌구의 아들) 등 9명이 참석하였다.[89]

---

88 김관후, 앞의 책, p.295 미군정보고서에 의하면, "8월 2일 5명의 공산주의자들이 목포를 향해 배로 제주를 떠났다. 추측컨대 그들은 북조선 선거에 참여하기 위해 평양으로 가던 길인 것 같다."라고 기록(HQ USAFIK, G-2 일일보고서, 1948.8.10.)하고 있어, 김달삼은 48.8.2 제주를 떠났고 그 전에 이덕구가 제주도인민유격대 사령관직을 승계한 것으로 추정된다.

89 김관후, 위의 책, p.296

II. 이덕구 지휘하의 인민유격대 주요활동

박진경 연대장이 희생된 뒤 군경의 진압작전은 강화되었고, 1948년 7월에는 인민유격대의 세력이 약화된 듯 보였다. 진정되는 듯 했던 제주도의 상황은 이덕구가 그해 8월경 제2대 인민유격대 사령관이 된 이후부터 경찰, 우익 주민들에 대한 살인, 납치 등 테러행위를 다시 자행하면서 재점화되었다.

가. 1948년 8월 상황

미군 정보보고서를 통하여 당시 유격대의 활동 상황을 파악할 수 있다.

⑴ 여자 30명을 포함해서 약 80명의 유격대가 선흘리 산악지대에서 훈련받고 있는 모습이 목격되었다. 또한 여성 100명이 포함된 폭도 550명이 묵수섬 오르미(MUK SOO SUM O LEUMI, 좌표미상) 와 새평반(SAI PYUNG BAN, 98-1130) 인근 산악지대에 머물고 있다. 이 폭도 집단의 여성 대원들은 연락과 선전, 보급품 수송 임무 맡고 있다.[90]

---

90 HQ USAFIK, G-2 일일보고서, 1948.8.10.(no.907)

(2) 소규모 유격대들은 밤중에 북조선 선거와 통일 정부를 지지하고 남한 정부를 반대하는 탄원서에 서명할 것을 주민들에게 강요하고 있다.[91]

(3) 8월 14일 밤 동안에 50개 이상의 봉화가 제주도의 고지대에서 목격되었다. 그 봉화를 올린 사람은 '조선인민 공화국' 만세를 외쳤고, 경찰이 도착하기 전에 자취를 감추었다.[92]

(4) 8월 19일 무장폭도 20명을 포함한 폭도 40명이 세화리에 침입하여 주민들에게 북한 선거를 지지할 것을 강요하며 백지투표 용지에 강제로 서명토록 했다. 경찰은 폭도들을 공격해서 격퇴시켰는데 양측의 보고된 사상자는 없었다.[93]

(5) 8월 19일 한림지서 소속 경찰 4명이 협재리에서 일단의 폭도들과 총격전을 벌였다. 이 교전에서 경찰 1명이 사망했다. 폭도들은 15개 정도의 무기를 소지하고 있었다.[94]

나. 1948년 9월 상황

(1) 9월 15일부터 18일까지 3일 동안 폭도 집단이 다시 활동하기 시작했는데 섬의 여러지역에서 폭도들에게 4명이 살해되었다. 9월 18일에는 서광리에서 주민 약 12명이 폭도들에게 납치되었다가 다음날 석방되었다. 폭도들은 자신들의 위신을

---

91 HQ USAFIK, G-2 일일보고서, 1948.8.13.(no.910)

92 HQ USAFIK, G-2 일일보고서, 1948.8.20.(no.916)

93 HQ USAFIK, G-2 일일보고서, 1948.8.25.(no.920)

94 HQ USAFIK, G-2 일일보고서, 1948.8.28.(no.923)

높이거나 아니면 힘을 보여주기 위해 주민들을 납치하고 있음이 명백하다. 9월 18일 함덕리에서 폭도들은 약 30명의 사람들을 동원하여 봉화를 올렸다.[95]

(2) 9월 25일 우익인사 1명이 김녕인근에서 폭도들에게 살해되었다.[96]

(3) 9월 26일 평대리에서 소년 2명이 폭도들에게 납치되어 구타당했다.[97]

다. 1948년 10월 공세

(1) 소련의 10월혁명을 기념하기 위해서 제주도인민유격대는 10월 1일에 대대적인 공세를 감행하였다. 재조선미육군사령부의 1948년 10월 2일자 「정보참모부일일보고서」에 따르면, 10월 1일 당일에만 ①경찰지서 수 개서를 습격 소각하고, ②경찰관 5명 살해, 수미상 부상, 2명 납치, ③도남리 근처 대동청년단원 4명 납치후 3명 살해, ④대부분의 경우 공격에 가담한 자들은 조선경비대 제복을 착용하고 있었다고 기술하고 있다.[98]

(2) 국군전사

1948년 10월 6일 구좌면 김녕부근에서 20명의 경찰과 40명의 유격대간에 교전이 발생, 경찰1명이 부상당했고, 경비대 9연대는 동일 오후 3시 30분 색달리에서 40명으로 추정되는 유격대원들과 교전을 벌여 병사 1명이 전사하고,

---

95　HQ USAFIK, G-2 일일보고서, 1948. 9.28(no.948)

96　HQ USAFIK, G-2 일일보고서, 1948. 9.30(no.950)

97　HQ USAFIK, G-2 일일보고서, 1948.10.2.(no.952)

98　HQ USAFIK, G-2 일일보고서, 위의 보고서

4명이 부상당했다.[99] 이는 4·3 발발이후 국군이 전투중 처음으로 전사한 사건이었다.

(3) 선전포고와 호소문 산포

남조선인민대표자 대의원을 선출하는 지하선거이후 더욱 삼엄한 경비태세하에서도 제주 시내 20여 개소에는 남로당 지하세포가 건재하고 있었고[100], 1948년 10월 24일 인민유격대는 다음과 같은 〈선전포고문〉과 〈호소문〉을 인쇄하여 제주시 내의 동서남북의 요소에 산포했다.[101]

잔인무도한 경찰관들이여! 美 제국주의와 이승만의 개들이여! 너희들은 무고한 도민, 남녀노유를 가지지 않고 학살하고 있다. 하느님도 사람도 용서못할 만행을 조금도 주저함이 없이 범해왔다. 오늘날까지 우리들은 너희들의 극악비도한 악사(나쁜짓)를 동족이라고해 부끄럽지만 참고 견디고 왔지만 우리들은 인민의 원한과 복수심을 가지고 은인(隱忍) 자중(自重)도 한계에 이르렀다. 너희들을 처단하기 위하여 머지않아 권토중래할 것을 결정했다.

인민군사령관 이덕구[102]

친애하는 장병, 경찰관들이여! 총부리를 잘 살펴라! 그 총이 어디서 나왔느냐? 그 총은 우리들의 피, 땀으로 이루어진 세금으로 산 총이다! 총부리를 당신들의 부모, 형제, 자매들 앞에 쏘지 마라! 귀한 총자 총탄알 허비말라! 당신네 부모, 형제, 당신들까지 지켜준다! 그 총은 총 임자에게 돌려주자! 제주도 인민들은 당신들을 믿고 있다! 당신들의 피를 희생으로

99　제민일보4·3취재반, 4·3은 말한다4, 전예원, 서울, 1997, p.37

100　문국주, 조선사회운동사 사전, 논평사, 동경, 1981, p.117

101　신상준, 제주도 4·3 사건 IV, 도서출판 제주문화, 제주, 2010, p.191

102　문국주, 위의 책 p.117

바치지 말 것을! 침략자! 미제를 이 강토로 쫓겨내기 위하여! 매국노 리승만 일당을 반대하기 위하여! 당신들은 총부리를 놈들에게 돌리라! 당신들은 인민의 편으로 넘어가라! 내 나라, 내 집, 내 부모, 내 형제 지켜주는 빨치산과 함께 싸우라! 친애하는 당신들은 내내 조선인민의 영예로운 자리를 차지하라![103]

이 포고문의 인쇄에 대해서는 당내에서 반대도 있었다고 한다. 그러나 인민군 전시하의 명령으로서 인쇄를 받아들이지 않을 수 없었다. 제주신문의 주필로서 남로당원인 김호진(金昊辰, 당시 28세) 등이 죽음을 결의하고 포고문을 인쇄하고 각 세포에 배포하여 산포한 것이다. 이덕구의 선전포고문 발표는 1948년 10월 20일에 일어난 여수·순천 반란사건에 고무되어 단행된 것으로 생각한다.[104]

(4) 1948.10.28 軍 프락치 사건

토벌작전을 수행하고 있던 조선경비대 내에는 남로당의 세포조직이 침투하여 군의 토벌작전에 관한 정보를 인민유격대에 통보해서 군의 토벌작전을 어렵게 하고 있었는데, 점차로 이들 세포조직이 탄로 되었다. 대표적인 사례로는 ①1948년 5월 20일의 제9연대내 사병 40여명의 무장탈영[105], ②1948년 6월 18일 박진경 연대장 암살범 문상길 등 일당의 체포[106], ③재편 제9연대 연대장 송요찬의 전화통화 과정에서의 비밀탄로 등이다.

---

103 김관후, 앞의 책, p.298, 신상준, 앞의 책, p.190 김봉현·김민주, 제주도인민들의 4·3 무장투쟁사, 문우사, p.166 에도 같은 내용 수록

104 신상준, 앞의 책, p.193

105 본서 제3장에서 상술

106 본서 제5장에서 상술

대한민국국방부 전사편찬위원회 편, 「한국전쟁사 제1권: 해방과 건군」에 나타난 사건내역은 다음과 같다.

> 제9연대에서는 매 작전 때마다 작전기밀이 누설되어 반도들을 포착할 수가 없었는데 우연하게도 일당들을 체포하게 되었다. 즉 조천지구 소탕작업을 위하여 李根陽 중위가 지휘하는 제5중대 일부 병력이 해상에서 여수반란군을 가장하여 침투상륙하게 되어 있었다. 반란군으로 가장한 목적은 토벌부대가 반도들을 포착할 수가 없었기 때문에, 반란군이 여수에서 상륙하여 왔다고 하면 조천지구의 반도들이 환영할 것을 예상하고 이때를 기하여 반도들을 섬멸하기로 한 것이다. 이와 같은 계획을 경찰에 통보하기 위하여 송요찬(宋堯讚, 제9연대장) 소령이 경찰국장 홍순봉(洪淳鳳) 경무관에게 전화하고자 수화기를 들고 있을 때, 합선으로 말미암아 연대 내의 모하사관이 반도들에게 작전계획을 누설 보고하는 것을 청취하게 되었다. 연대장은 헌병대장으로 하여금 즉시 연대 교환병과 경찰청의 교환수를 모조리 체포하여 취조 결과 반도들에게 주로 심야를 이용하여 작전기밀을 연락했다는 것을 자백하였고, 연대내의 세포일당 80여명을 검거하였는데, 주모는 연대 구매관이며 그 외 장, 권 중위 등의 장교가 포함되었다. 출동부대인 제5중대 내에서도 선임하사관 조항기 이하 8명이 체포되었는데, 이들 세포들은 연대장, 중대장들을 지령만 있으면 언제든지 암살하려고 하였다고 자백하였다.[107]

재편 9연대의 미국인 고문관 F. V. Burges 대위가 1948년 10월 30일 임시군사고문단(PMAG) William L. Roberts 단장에 보고한 문서를 토대로 판단하면, 송 연대장이 연대내 프락치 사건을 인지하고 적발하게 된 날은 1948년 10월 28일인 것 같다.[108]

---

107 신상준, 위의 책, pp.294~295

108 임시군사고문단장 「로버츠」 공보철(Chief, PMAG, Gen Roberts File) 1948.10.30.
제주4·3사건진상규명및희생자명예회복위원회, 제주4·3사건자료집8, 금성문화사, 서울, 2003, pp.121~122

두 개의 보고서는 다소 혼선을 빚는 구석도 있지만 대략 다음과 같은 상황을 정리할 수 있을 것 같다.

첫째, 송 연대장이 전화기를 든 순간 합선으로 군 내부 정보가 밖으로 누설되는 것을 감청했다. 둘째, 감청 날짜는 10월 28일 밤이며 즉시 사병 17명을 체포했고 다음 날 1차로 6명을 처형했다. 셋째, 혐의자들에 대한 광범위한 취조결과 80여 명을 검거했고 이 가운데는 장교들도 포함돼 있다. 넷째, 검거 다음 날 주모자 6명을 처형했다는 미군보고서를 보더라도 혐의자들은 재판없이 즉결 처분되었다.[109]

(5) 고성리 전투

10월 29일 국방경비대는 애월면 고성리에서 집회를 갖던 약 2백 명 정도의 무장대를 기습했다. 약 8시간 전투가 계속됐다. 무장대 4명이 죽고 20명이 체포됐다. 탄약, 병기, 의복이 노획됐다. 압수된 문서에 의하면, 그들은 제주를 전역에 걸쳐 6일간의 어떤 캠페인을 계획하고 있었다.[110]고성리 전투를 통하여 무장대는 다음과 같은 충격과 영향을 받은 것으로 보인다. 첫째, 전투력에 큰 손실을 가져왔다. 무장대는 병력과 무기의 손실 뿐만 아니라 그동안 보급과 거주의 거점이 되었던 중산간 마을을 잃게 되었다. 둘째, 무장대는 이 사건을 계기로 일부 경비대 병사들의 내부협조를 더 이상 기대할 수 없게 되었다. 무장대는 이 사건 이후 경비대에 대해 전면전에 나서게 된다.[111]

---

109 제민일보취재반, 4·3은 말한다4, 전예원, 서울, 1997, p.120

110 위의 책, p.88

111 위의 책, pp.91~92

라. 1948년 11월 상황

4·3 무장봉기 초기에 무장대는 경찰, 서북청년회나 대동청년단 등 우익단체원, 그리고 군·경에게 협조하는 우익인사와 그들의 가족을 지목해 살해했다. 그러나 1948년 11월 이후 무차별 토벌작전이 벌어진 이후에는 자신들에게 협조하지 않고 토벌대 편으로 기울었다고 판단한 일부 마을을 지목해 주민들을 무차별 살해했다. 구좌면 세화리, 표선면 성읍리, 남원면 남원리·위미리·하례리, 애월면 구엄리·고내리, 중문면 강정리 등이 '토벌대 진영'이라 하여 무장대로부터 큰 피해를 당했다. 주로 군·경 주둔지인데다 이들 마을에서 '도피자 가족' 총살이 벌어지는데 대한 보복이었다. 무장대 세력이 궤멸 상태에 놓인 이후에는 굶주림에 처한 잔여 무장대들이 식량을 약탈하러 마을에 들어갔다가 보초 서던 주민들을 살해하기도 했다.[112]

(1) 경찰 프락치 사건

제주도 경찰당국은 1948년 11월 1일에 제주읍을 해방시키려던 적화음모사건을 적발했다고 발표했다. 경찰의 발표에 따르면, 경찰을 비롯, 제주읍내 주요기관에 잠입한 남로당 프락치들이 이날을 기해 일제히 행동을 개시, 직장 간부들을 살해하고 제주읍을 완전 장악하려 기도하다가 행동개시 직전에 정보가 누설되어 일망타진됐다는 것이었다.[113] 제민일보 4·3 취재반이 면담한 당시 제주비상경비사령부 산하 특별수사대 제1반장을 맡았던 김병택씨의 말이다.

---

112 제주4·3사건추가진상조사보고서I, 2019, p.286
113 제민일보취재반, 4·3은 말한다4, 앞의 책 p.133

내가 그 사건을 맡게 된 것은 제주경찰청 사찰과장 박대의 총경이 직접 전화를 걸어와 특명을 내렸기 때문입니다. 그는 나에게 '자네와 김상언 경위, 김연룡 경사 등 3명이 연행자를 조사하라'고 지시했습니다. 내용인즉 프락치 사건이 발생했다는 겁니다. 이 사건 제보자는 서용각으로 기억하고 있습니다. 그는 순경 계급장을 단 경찰청 구내 이발사였습니다. 그가 장총을 어깨에 메고 해안선 경비 근무차 동부두 쪽으로 가는데 합동통신 김모 기자를 만나게 됐답니다. 김 기자는 서 순경에게 '이제 곧 제주가 해방된다. 지금 산으로 올라가라. 산에 연락해뒀으니 영웅 대접을 받을 것이다'라고 얘기하더랍니다. 서 순경은 그 즉시 발길을 돌려 경찰청 사찰과에 그 내용을 신고한 것인데 사찰과 형사들이 김 기자를 추적, 모처에서 회동하고 있던 6명을 한꺼번에 검거하게 되었답니다.[114] 우리는 먼저 김기자를 심문하기로 결정했습니다. 그러나 그는 완강히 버텼습니다. 심하게 취조하자 오히려 우리에게 욕설을 퍼부었습니다. 나는 이런 식으로 취조 하다가는 한 달이 지나도 별 성과가 없다고 판단, 다른 방법을 쓰기로 했습니다. 그래서 혼자 나와서 연행해온 5명이 대기하고 있던 곳으로 깄습니다. 그리곤 유순하게 보이던 한 사람을 불러냈습니다. 그는 37세라고 말하더군요. 나는 그를 집요하게 설득했습니다. 협조하면 생명을 책임지고 살리겠다고 약속했습니다. 동요하는 눈빛을 보고 무심코 '다른 것은 알고 싶지 않다. 경찰 프락치가 누구인가를 말해 주면 된다'고 유도했습니다. 처음에는 완강히 부인하다가 집요한 설득에 말문이 열리기 시작했습니다. 그의 입에서 경찰 프락치 3명의 명단이 나오는 순간 나는 큰 충격을 받았습니다. 그러나 그것은 엄청난 사건의 시작일 뿐이었지요.[115]

특별수사대 김병택 경사의 심문과정에서 30대 연행자가 1차로 폭로한 경찰 프락치는 이모 경사, 현모 순경, 김모 순경등 3명이었다.[116] 김 경사는 상대방을 안심시키면서 계속 추궁했다. 그런데 그 다음에 나온 말이 더욱 충격적이었다.

---

114 김병택(당시 71세, 제주시 용담1동 거주) 증언 위의 책p.136에서 재인용

115 김병택(당시 71세, 제주시 용담1동 거주) 증언 위의 책 pp.136~137 재인용

116 위의 책, p137

그는 머뭇거리다가 모든 걸 체념한 듯, '내가 이제 살 수 있다고 하니 못할 말이 뭐 있겠습니까? 사실은 오늘 밤에 무장인민유격대가 제주읍을 총공격해서 완전 해방시키려는 계획이 있습니다'라고 실토하는 것이었습니다. 엄청난 말에 깜짝 놀라 '뭐라고, 몇 시냐'고 다그쳐 묻지 않을 수 없었습니다. 그랬더니 '밤 10시'라는 답변이었습니다. 그것은 폭도들이 일제히 공격하면 경찰에 박혀진 프락치들이 안에서 대응, 폭동을 일으킨다는 전략이라고 직감할 수 있었습니다. 시계를 들여다 봤더니 몇 시간 남지 않은 상태에서 시계 바늘은 돌아가고 있었습니다. 당황한 나는 노크할 겨를도 없이 서장실 문을 박차고 들어갔습니다. 마침 서장 혼자 앉아 있었습니다. 당시 엄청난 이 정보를 비상경비사령관인 경찰청장이나 사찰과장에게 보고하는 것이 당연했지만, 나는 그때 제주경찰서 소속으로 특별수사대에 임시 차출되어 있었기 때문에 직속상관은 경찰서장이라고 생각했던 것이지요. 서장은 이 엄청난 보고에 놀란 나머지 빨리 프락치 들을 검거하라고 지시하고는 비상동원령을 내리기 위해 청장실로 달려갔습니다.[117]

김병택 경사가 확인해보니 문제의 프락치 혐의자들은 모두 제주경찰서 통신계 소속으로 당시는 우체국, 전화국, 송신소에 파견근무하고 있었다. 세포에 대한 검거작전은 10월 31일부터 11월 1일 새벽에 이루어졌다. 미군 정보보고서에는 이 때 검거된 자의 숫자를 75명으로 기록하고 있으나 김 경사는 분명히 83명으로 기억한다고 주장했다.[118]

② 국군과의 전면전 개시

제9연대가 군프락치 사건을 적발한 다음 날인 1948년 10월 29일 애월면

---

117 김병택(당시 71세, 제주시 용담1동 거주) 증언 위의 책, pp.137~138 재인용
118 위의 책, p.140

고성리에서 불의의 공격을 당한 후 11월 2일 국군과 본격적인 전면전에 나섰다. 인민유격대는 1948년 11월 2일 대낮에 9연대 2대대 6중대가 주둔하고 있는 한림초교를 기습공격했다. 교전도 잠시, 유격대원들은 중산간 마을로 후퇴하기 시작했다. 6중대는 중대장이 선두에 서서 추격전을 폈으나 유격대의 매복 작전을 눈치채지 못하였다. 매복하고 있던 유격대의 공격으로 중대장 이하 14명이 순식간에 전사하고, 수 명이 부상을 당했다. 급보에 접하고 본부예비대인 3중대가 출동하여 산중으로 유격대를 추격 공격하던 중 중대장이 부상을 당하고 수 명의 전사자를 냈고 또 기관총과 장비를 탈취당하였다. 그러나 제5중대가 야간출동으로 유격대를 근거리에서 포위하고 여명을 기하여 2개 방면에서 협격하여 100여 명을 사살하였다.[119]

(3) 중문지서, 안덕지서 습격

유격대는 11월 5일 중문지서와 안덕지서를 향해 대대적인 공격을 가하여 경찰관 4명 전사, 부상 4명의 피해를 냈다. 유격대는 우선 중문지서를 주공격 목표로 하면서도 인접한 안덕지서를 동시에 습격하는 척 위장함으로써 토벌작전을 혼란케 했다. 또한 토벌대 출동이 예상되는 주요 길목에 매복했다가 공격하는 치밀함을 보였다.[120]

> 11월 5일 5백 명의 유격대가 중문리 경찰지서를 공격하고 약 75채의 가옥에 불을 질렀다고 보고됐다. 공중정찰 결과 약 40채의 건물이 불에 타버린 것으로 드러났다.[121]

---

119 위의 책, p.238~239

120 위의 책, p.240

121 HQ USAFIK, G-2 일일보고서,1948.11.6.(no.982)

(4) 서귀포 시내 방화

11월 7일 아침 유격대는 경찰서가 있는 서귀포 중심가를 기습공격해 방화하는 사건이 발생했다. '위장 입산자를 통해 유격대의 서귀포 기습계획을 사전에 입수한 토벌대가 6일 하오와 7일 새벽에 산악지역을 향해 선제공격을 펼쳤으나 유격대는 오히려 그 틈을 타 서귀포를 기습 공격했다'는 것이다.

당시 남제주군(옛 서귀포 시청 자리) 농회에 근무했던 김영옥 씨는 그날의 상황을 생생히 목격했다고 증언했다.

> 6일 밤은 숙직이었어요. 당시 서귀포엔 군대가 주둔하고 있지 않았어요. 그런데 밤 9시경 어디선가 군인 1백 명 가량이 오더니 '오늘 밤 우리가 주둔하니 당신들은 집에 가서 자라'고 하더군요. 이튿날인 7일 새벽 군청에 갔더니 군인들은 어디로 출동했는지 숙직실에는 7~8명만이 남아 잠자고 있더군요. 이상하다 여기는데 오전 7시 30분경 서북쪽에서 총소리가 한 방 났습니다. 또 동쪽(정방폭포)에서도 총소리가 한발 났습니다. 난 군청 건너편에 있던 친구 강아무개의 집(2층집)으로 뛰어들었습니다. 난 거기서 폭도들이 방화하는 모습을 생생히 보았습니다. 모두 4명이 불을 붙였는데 위 아래로 흰 옷을 입고 있었지요. 자세히 보니 서귀면 의열단장 고아무개와 사진 기술자이던 임아무개였습니다. 아침이라 여자들이 속옷바람으로 도망치느라 아우성이었지요. 경찰은 어디 갔는지 보이지 않고 폭도 4명만이 유유히 불을 붙였습니다. 내가 본 폭도는 4명 뿐이지만 아마 다른 폭도들은 성담 부근에 있었던 것 같습니다.[122]

같은 날 유격대는 서귀포 수력 발전소도 공격했다. 당시 발전소장의 증언을 들어보자.

---

[122] 김영옥(당시 74세, 서귀포시 서홍동 거주) 제민일보취재반, 4·3은 말한다4, 앞의 책 p.280에서 재인용

발전소는 중요시설이라 군인 4명이 경비를 섰습니다. 우린 발전소 안 사택에 살았는데 그날 아침 갑자기 총소리가 났습니다. 급히 천장으로 숨었지만 폭도들에게 발견됐습니다. 내가 나오지 않자 집에 불을 지르더군요. 난 천장을 통해 옆집으로 옮겨 발전소를 향해 뛰어 도망갔습니다. 모두 식사를 하러 가는 바람에 특무상사 1명과 직원 1명만 있었습니다. 몇 명의 폭도가 발전소로 접근해 왔는데 그 군인은 허벅지 관통상을 입고도 응사해 폭도 1명을 쓰러뜨렸습니다. 그런데 그날 발전소 직원 김귀현(도순리)이 납치 됐어요. 그는 토벌대에게 산에서 잡혀 제주읍 주정 공장에 갇혔습니다. 심사 결과 곧 풀려날 예정이었는데 수감 중 병에 걸려 죽었어요[123]

(5) 계엄령 선포

정부에서는 1948년 10월 25일 여수·순천 지구에 계엄령을 선포하였고, 제주도에도 1948년 11월 17일 계엄령을 선포하여 강경 진압작전을 전개하였다.[124]일반주민이 체포, 구금되거나 현장에서 즉결 처형되는 사례가 급증하였고, 많은 사람이 계엄고등군법회의에 회부되어 처형되거나 육지 형무소로 이송되었다. 토벌군이 무장대 차림으로 마을에 들이닥쳐 좌익들을 살해하는가 하면, 무장대가 토벌 군복을 입고 나타나 토벌군 행세를 하며 우익인사들을 죽이기도 하였다.[125]이는 유격대가 군경과의 전투에서 노획한 많은 정예무기, 피복, 군수물자 등의 일체의 장비로써 무장을 충실히 할 수 있었고, 그것은 또한 假裝機動隊, 假裝警察隊, 假裝國防隊를 조직 할 수 있었기 때문이다.[126] 민활한 기동성과 능란한 변장력은 그들로 하여금 《진짜

---

123 고중익(당시 73세, 제주시 2도2동) 증언 위의 책 pp.281~282에서 재인용

124 제주4·3사건진상규명및희생자명예회복위원회, 제주4·3사건진상조사보고서, p.276

125 김관후, 앞의 책, p.300

126 김봉현·김민주, 앞의 책, p.87

경관이나》,《토벌대》로나 다름없는 전술을 취할 수 있는 무장을 갖추고 군경이나 양민들에게 많은 피해를 유발하였다.

(6) 남원리·위미리·태흥리 습격

유격대는 1948년 11월 28일 오전 7시경 남원지서와 남원면사무소 소재지인 남원리를 습격했다. 당시 남원지서에는 응원 경찰 20여 명을 포함해 약 30여 명의 경찰이 있었다. 유격대는 여러 시간 동안 마을을 휩쓸며 주민 30명 가량을 무차별 살해했다. 또 대부분의 집을 불태웠고 식량을 약탈했다. 유격대는 또한 이날 이웃 마을 위미리도 동시에 습격했다. 위미리에는 위미지서가 있었다. 남원면의 전체 경찰지서 소재지 두 곳을 동시에 공격한 것이다. 강경 작전이 한창 벌어지고 있는 때에 토벌대 주둔지가 동시에 습격당한 이 사건은 충격을 줬다. 미군 측에서도 주목했는지 비교적 상세한 보고서를 남겼다.

> 11월 28일 새벽 6시 무장폭도 약 200명과 비무장폭도 500명이 남원리와 위미리를 공격했다. 보고에 따르면 주택 250채가 폭도들에 의해 방화되었으며, 민간인 50명이 사망했고, 민간인 70명과 경찰 3명이 부상 당했다. 경찰이 폭도들에 반격을 가했으나 탄약 부족으로 철수해야 했다. 경비대 1개 중대와 경찰 30명이 서귀포에서 증파되어 폭도들을 공격했다. 최근 접수된 보고에 따르면 이 작전으로 폭도 30명이 사살되었고 3명이 생포되었다고 하며, 경찰은 1명이 부상 당했다.[127]

유격대는 남원리에서와 마찬가지로 위미리와 태흥리 마을을 휩쓸며 부녀자 등 노약자까지 살해하고 식량을 약탈하는가 하면 가옥에 불을 질렀다. 남원리

---

[127] HQ USAFIK, G-2 일일보고서, 1948.11.30(no.1000)

주민 45명, 수망리 주민 3명. 위미리 주민 25명, 태흥리 주민 14명, 의귀리 주민 1명, 한남리 주민 1명, 등 총 89명이 유격대에 의해 희생되었다.[128]

현봉협의 어머니는 이날 불타는 집에서 식량과 옷 가지를 꺼내려고하다가 무장대의 총에 목숨을 잃었다. 현봉협은 당시 위미리의 상황을 이렇게 증언했다.

당시 위미 지서장은 이북사람 이었는데 마을 청년들이 산쪽에 부화뇌동 할까 봐 지독하게 굴었어요. 조금만 의심스러우면 지서로 잡아갔지요. 그러니 다른 마을과 달리 위미리에는 산으로 오르거나 산 쪽에 동조하는 사람들이 없었습니다. 그렇게 되자 이번엔 밤중에 산쪽에서 와서 교섭을 하려고 했죠. 그러나 워낙 지서의 단속이 심했기 때문에 그럴 여유가 없었어요. 그러니까 저쪽에선 우리 마을 위미리가 자기들에게 협조를 안해준다며 불살라 버리자고 한 겁니다. 가장 심했습니다.[129]

---

128 제주4·3사건추가진상조사보고서I, 2019, p.290

129 제주4·3사건진상규명및희생자명예회복위원회, 제주4·3사건진상조사보고서, p.440 에서 재인용 玄奉俠(81세, 남원읍 위미리, 당시 교사, 2002. 5. 7. 채록) 증언

마. 1948년 12월 상황

(1) 구좌면 세화리 습격

세화리는 구좌면에 두 곳밖에 없는 경찰지서 소재지 중 한 곳이었다. 또한 우익세력이 강해 토벌대와의 협조가 잘 이뤄지는 마을이었다. 1948년 12월 3일 밤 9시경, 유격대가 세화리를 지목해 대대적으로 공격했다. 유격대는 마을에 들어서자마자 우선 길가의 집들에 불을 질렀고 닥치는 대로 주민들을 살해하기 시작했다. 마을을 점령하다시피 한 유격대는 40가호 150채 가량을 불태운 후 새벽 2시경 물러갔다. 이날 중산간 마을에서 소개 온 사람까지 포함해 50명가량이 희생되었다.[130] 송당리 강달수 가족, 부성우 가족은 세화리로 소개 온 소개민들이었다. 박찬금 가족은 이날 보초 근무를 서고 있던 아들 지형창, 지형종을 제외한 8명의 가족이 집단학살 당했다. 이날의 사건으로 가족과 친척 8명을 잃은 지형종은 이렇게 증언했다.

> 세화리 민보단은 제주도에서 가장 강했다. 그날 제주도 남로당 놈들이 전부 습격에 가담했다는 말이 있었다. 그들은 밤 9시 30분경 세 발의 총성을 신호로 일제히 공격했는데 길가로 내려오면서부터 불을 질렀다. 그리고 "너 남로당원이냐, 민보단원이냐"고 묻지도 않고 그냥 눈에 보이는 대로 죽였다. 그리고 식량과 옷을 도둑질해 갔다. 당시 지서엔 응원대도 있었고 지서원들도 있었는데 갑자기 기습받은 것이라 경찰들은 정문 밖으로 나와 보질 못 했다.[131]

---

130 제주4·3사건추가진상조사보고서I, 2019, pp.286~287

131 지형종(76세, 구좌읍 세화리, 당시 대동청년단원, 2001. 10. 25. 채록) 증언 제주4·3사건진상규명및희생자명예회복위원회, 제주4·3사건진상조사보고서, p.439에서 재인용

　3살, 6살난 박천금의 손녀딸들도 이날 희생되었다. 한편, 이날 유격대의 습격으로 후유 장애를 입은 주민들도 상당수 확인되었다. 우선 양규반은 부친의 제사를 지내던 중 유격대의 습격으로, 늑골이 부러지는 후유 장애를 입었으나 생존, 1964년 12월 사망했다. 양규반의 아들 양명삼은 등뼈가 골절되는 후유 장애를 입었다. 마을 보초를 서던 김원종의 임신 중이던 아내 고형옥 역시 이날 유격대의 습격으로 철창에 찔리는 부상을 당했다. 고형옥은 1951년 10월 후유증으로 사망했다. 김연재의 아들 문봉협은 유격대에 저항하다가 오른손을 철창에 찔리는 상해를 입었다. 이석화의 아들 김시연 역시 왼쪽 팔이 유격대의 죽창에 찔리는 상해를 입었고, 이일기의 며느리 김병생의 경우, 12군데를 창에 찔리는 부상을 입었다. 한성숙 역시 죽창에 찔린 뒤 자택 방화로 인해 화상을 당한 후유증으로 1948년 12월 31일경 사망했다. 확인된 희생자는 총 48명이다.[132]

(2) 한림면 두모리 공격

　1948년 12월 15일 밤 12시를 넘겨갈 무렵, 한림면 두모 2구(현재의 한경면 한원리)에 유격대가 들이닥쳤다. 사건이 나던 날 밤에도 주민들은 민보단을 중심으로 길목마다 보초를 섰다. 그러나 아직 성을 쌓지 않았을 때라 유격대는 쉽게 마을로 침입할 수 있었다. 유격대는 동향을 살피기 위함인지 마을 어귀의 한 집을 불태우면서 '양민들은 나와서 불을 꺼라'고 외쳤다. 이 때 밖으로 나왔던 김경석 노인이 살해됐다. 박정생 여인은 불 끄라는 외침에 요강을 들고 나섰다. 예로부터 오줌을 뿌리면 불이 번지지 않는다는 속설 때문이었다. 유격대는 박여인도 일본도로 무참히 살해했다. 유격대는 곧 마을을 점령한 채

식량을 약탈하고 일부 가옥에 불을 지르며 기세를 올렸다. 그러나 두모 1구에 소재한 두모지서의 경찰과 고산리 주둔 응원경찰대가 출동하자 유격대는 나팔 소리를 신호로 부리나케 퇴각했다. 습격부터 퇴각까지 한 시간도 채 안되는 시간이었지만, 며칠 후 부상 후유증으로 사망한 사람까지 포함해 이 날의 사건으로 주민 13명이 희생됐다.[133]

(3) 애월면 신엄리 공격

토벌군을 2연대로 교체하던 시기인 1948년 12월 19일 07:00에 약 30명의 폭도들이 신엄리를 습격하여 주택 30채를 불태우고 경찰 1명과 주민 10명을 살해했다.[134] 제7중대장 탁종민 중위는 폭도들이 출현했다는 보고를 받고 1개 분대를 인솔하여 차량으로 출동하다가 애월면 신엄리 부근에서 매복하고 있던 유격대의 기습을 받아 중대장이 전사하는 등 출동한 1개 분대가 1명을 제외하고는 전멸하였다. 생존자로부터 이 보고를 받은 연대는 제3대대 11중대를 출동 시켰으나 이 중대마저 적의 유인·매복에 걸려 중대장과 소대장 등이 부상을 입었고, 중대원 15명 가량이 죽창에 찔려 죽는 등 많은 희생을 내었고, 기관총 등 중장비를 탈취당하였다.[135]

---

133 左玉允(76세, 한경면 두모리, 의용경찰 출신, 2002. 2. 27 채록) 증언 제주4·3사건진상규명및희생자명예회복위원회, 제주4·3사건진상조사보고서, p.441에서 재인용

134 HQ USAFIK, G-2 일일보고서, 1948.12.21(no.1018)

135 나종삼, 앞의 책, pp.284~285

바. 1949년 1월 상황

(1) 오등리 주둔 2연대 기습

유격대는 총사령관 이덕구의 지휘 아래 1949년 1월 1일 제주읍 오등리에 주둔하고 있던 3대대를 기습 공격하였다. 이 사건에 대해 미 군사고문단은 "600명의 게릴라들이 1월 1일 2연대를 급습. 30명의 게릴라 사망, 10명의 포로, 경비대 사망자 없음"[136]이라고 보고했다. 2연대 앨범 뒷 부분에 수록된 전사자 명단에는 이 날 고병선(高炳善) 중위(전사 후 대위로 특진)를 포함해 모두 10명의 장병이 희생된 것으로 기록돼 있다.[137]

2연대가 대전에서 도착한 것은 12월 29일이다. 12월 31일 계엄령 해제와 2연대 제주 주둔 환영식을 하고, 새 해 첫 날인 1949년 1월 1일은 공휴일이었다. 이틈을 노려 이덕구의 지휘로 기습공격을 한 것이다.

(2) 월평리 전투

월평리에 유격대 1개 중대가 있다는 첩보에 따라, 1949년 1월 6일 제2연대 2대대 6중대 1소대장인 이동준 소위는 첨병 소대장 임무를 새벽의 어둠을 뚫고 선두에서 전진하였다. 어느 돌담을 돌아서니 10m 전방의 유격대 전초와 마주쳤다. 당시 국군의 암호는 대전-서울이고 유격대 암호는 2-7인데, 이쪽에서 '암호?' 하니 저쪽에서 '둘'이란 응답이 왔다. 이에 적이라 직감하고 땅에 엎드림과 동시에 사격을 함으로써 교전이 시작되었다. 이 교전에서

---

136 USAFIK, 주한미육군 군사고문단, 주간활동요약 January 4, 1949 제주4·3사건진상규명및희생자명예회복위원회, 제주4·3사건료집8, 금성문화사, 서울, 2003, p.100

137 제주4·3사건진상규명및희생자명예회복위원회, 제주4·3사건진상조사보고서 p.310

제 6중대에서 3명이 전사하고 중대장(중위 전동식)이 대퇴부 부상을 당해 후송되었다. 한국전쟁사에는 이때의 전과로 30여 명을 사살한 것으로 되어 있다.[138] 그런데 유격대는 선전 전단에서 "지난 6일 노랑개 50여 명을 처단한 월평작전을 아십니까?"라고 하면서 자신들이 대승하였다고 자랑하였다.[139] 당시 뿌려진 삐라의 내용은 다음과 같다.

面民에게 呼訴함(원문)

원쑤들의 殘忍한 砲火속에서도 人民의 이름으로 용감히 싸우는 3万 面民 여러분!

人類解放의 恩人이며 平和의 保障者며 우리 民族의 自由와 獨立을 百方으로 援助하는 소련군은 朝鮮의 完全獨立과 永遠한 繁榮을 期約하면서 去一九四八年 十二月 二十六日 완전 撤收하였다.

이에 祖國의 自由와 統一을 가로막는 三八線은 그 國際的 合法性이 喪失되였고, 美帝國主義와 李承晚 매국單政의 꾀하는 國土兩斷과 南朝鮮植民地化政策은 根本的으로 깨뜨러지매 따라 祖國解放의 歷史的 關門을 우렁차게 열리어졌습니다. 이것은 오로지 쏘군이 撤收에서 가져오게 된 것이니 더욱이 三千만 人民의 피어린 鬪爭의 結果며 허다한 殉國烈士의 피묻은 記錄 위에 심어진 것이 아니겠습니까?

親愛하는 面民 여러분! 빛나는 오늘을 맞이하기에 祖國의 楚石된 우리들의 兄弟는 얼마나 되며, 救國戰線에서 흘린 피는 얼마나이며, 苦통과 쓰림은 얼마나 甚하였습니까? 그러나 最後發惡을 마음대로 하는 원쑤들은 우리 人民軍의 果敢한 攻擊과 全人民의 團結 앞에 꼬리를 감기 始作하였습니다.

여러분! 저 涯月面 노랑개 섬멸作戰! 노랑개 三十餘名을 뭇찔은 竹성作戰, 지난 六月 노랑개 五十餘名을 處斷한 月坪作戰을 아십니까?

원쑤들을 쳐부실 날은 멀지 않았습니다. 三千万 人民은 數年 동안 苛烈한

138　나종삼, 제주4·3사건의진상, 앞의 책, pp.292~293

139　구좌면투쟁위원회, 선전전단 「면민에게 호소함」, 1949.1.13.(제주도경찰국, 제주경찰사 1990.10) p.323에서 재인용

砲火 속에서 鍛鍊되었으며 우리 人民軍은 오랜 戰鬪에서 精銳化되고 敵을 完全히 섬멸시킬 萬般의 準備와 決意가 確固해졌습니다.

親애하는 面民 여러분! 三八선은 깨뜨러지게 되었습니다. 그리고 꼭 깨뜨러지고야 말 것입니다. 이제야 우리를 가로막을 아무런 制約도 없습니다. 오직 우리 三千萬 民族의 實力에 依해서 解決되는 것입니다. 여러분! 勝利는 目前에 닥쳤습니다.

祖國解放의 決定的 契機인 一月 一日을 期하여 全民族은 총궐기하였습니다. 그뿐더러 믿음직하게도 金日成 首相은 一九四九年 一月 一日 新年劈頭에 聲明하기를 멀지 않은 장래에 南半部 同胞들에게도 勞動者에 勞動法令, 農民에게 土地改革, 女性에게 男女平等權 등 諸般課業을 實施케 될 것이며, 美帝를 撤收시키고 매국단정을 打倒하기에 人民軍은 全力을 다할 것이라고 聲明書를 發表하였습니다. 여러분! 金首相 聲明書가 具體化될 날도 時間問題이며 人民軍의 원쑤를 섬멸시킬 날도 가까워졌습니다.

親애하는 面民 여러분! 反動의 토막宣傳에 속지 맙시다. 그리고 앞으로 닥쳐올 決定的 戰鬪에 더욱 勇敢합시다. 가까운 勝利를 確信하고 적의 彈壓과 꼬임을 박차내며, 勝利의 날까지 싸우자! 本 鬪爭委員會는 언제나 三만 人民의 곁에 있으며, 三만 人民의 自由를 爲하여 死力을 다할 것을 굳게 約束하는 바입니다.

三만 면민이여!! 우리들의 正義의 布告에 따라 원쑤를 물리치러 같이 궐기합시다.

　一. 人民군 勝利 만세
　一. 民主主義 祖國統一 戰取 만세
一九四九年 一月 一三日
舊左面 鬪爭委員會

면민에게 호소함(한글)

　원쑤들의 잔인한 포화속에서도 인민의 이름으로 용감히 싸우는 3만 면민 여러분!

　인류해방의 은인이며 평화의 보장자며 우리 민족의 자유와 독립을 백방으로 원조하는 소련군은 조선의 완전독립과 영원한 번영을 기약하면서 거1948년 12월 26일 완전 철수하였다.

이에 조국의 자유와 통일을 가로막는 삼팔선은 그 국제적 합법성이 상실되였고, 미제국주의와 이승만 매국단정의 꾀하는 국토양단과 남조선식민지화정책은 근본적으로 깨뜨러지매 따라 조국해방의 역사적 관문을 우렁차게 열리어졌습니다. 이것은 오로지 쏘군이 철수에서 가져오게 된 것이니 더욱이 삼천만 인민의 피어린 투쟁의 결과며 허다한 순국렬사의 피묻은 기록 위에 심어진 것이 아니겠습니까?

친애하는 면민 여러분! 빛나는 오늘을 맞이하기에 조국의 초석된 우리들의 형제는 얼마나 되며, 구국전선에서 흘린 피는 얼마나이며, 고통과 쓰림은 얼마나 심하였습니까? 그러나 최후발악을 마음대로 하는 원쑤들은 우리 인민군의 과감한 공격과 전인민의 단결 앞에 꼬리를 감기 시작하였습니다.

여러분! 저 애월면 노랑개 섬멸작전! 노랑개 30여명을 뭇찔은 죽성작전, 지난 6월 노랑개 50여명을 처단한 월평작전을 아십니까?

원쑤들을 쳐부실 날은 멀지 않았습니다. 3천만 인민은 수년 동안 가열한 포화 속에서 단련되었으며 우리 인민군은 오랜 전투에서 정예화되고 적을 완전히 섬멸시킬 만반의 준비와 결의가 확고해졌습니다.

친애하는 면민 여러분! 38선은 깨뜨러지게 되었습니다. 그리고 꼭 깨뜨러지고야 말 것입니다. 이제야 우리를 가로막을 아무런 제약도 없습니다. 오직 우리 3천만 민족의 실력에 의해서 해결되는 것입니다. 여러분! 승리는 목전에 닥쳤습니다.

조국해방의 결정적 계기인 1월 1일을 기하여 전민족은 총 궐기하였습니다. 그뿐더러 믿음직하게도 김일성 수상은 1949년 1월 1일 신년벽두에 성명하기를 멀지 않은 장래에 남반부 동포들에게도 노동자에 노동법령, 농민에게 토지개혁, 여성에게 남녀평등권 등 제반과업을 실시케 될 것이며, 미제를 철수시키고 매국단정을 타도하기에 인민군은 전력을 다할 것이라고 성명서를 발표하였습니다. 여러분! 김수상 성명서가 구체화될 날도 시간문제이며 인민군의 원쑤를 섬멸시킬 날도 가까워졋습니다.

친애하는 면민 여러분! 반동의 토막선전에 속지 맙시다. 그리고 앞으로 닥쳐올 결정적 전투에 더욱 용감합시다. 가까운 승리를 확신하고 적의 탄압과 꼬임을 박차내며, 승리의 날까지 싸우자! 본 투쟁위원회는 언제나 3만 인민의 곁에 있으며, 3만 인민의 자유를 위하여 사력을 다할 것을 굳게 약속하는 바입니다.

3만 면민이여!! 우리들의 정의의 포고에 따라 원쑤를 물리치러 같이
궐기합시다.
一. 인민군 승리 만세
一. 민주주의 조국통일 전취 만세
1949년 1월 13일
구좌면 투쟁위원회

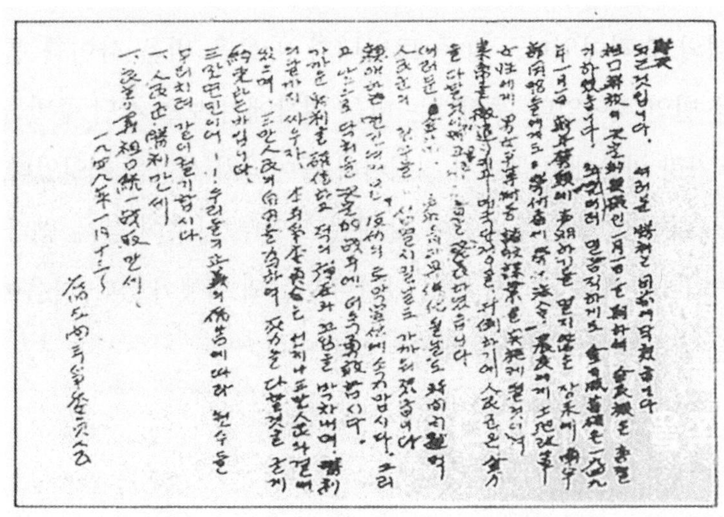

1949년 1월 13일 구좌면투쟁위원회가 살포한 삐라

(3) 표선면 성읍리 습격

표선면 성읍리는 중산간 마을이면서도 불에 타지 않은 마을이다. 토벌대가 거의 모든 중산간 마을들을 불지르면서도 성읍지서 소재지인 성읍리는 제외했기 때문이다. 이런 연유로 성읍리는 표선면 관내에서 해변으로부터 가장 멀리 떨어진 중산간 지대에 위치했으면서도 소개령이 내려지지 않았고, 오히려 토벌대의 전진기지가 되었다. 주민들은 경찰지서의 철저한 통제 아래 민보단에 편입돼 진압작전에 동원되었다. 유격대는 군·경이 주둔한 이 마을에 쉽게 접근하지 못해 한동안 별일 없이 지냈다. 그러나 1949년 1월 13일 성읍리 주민들은 많은 사건을 치렀다. 이날 주민들은 아침부터 출동 준비를 하느라 부산했다. 군대가 주도한 이날의 작전은 군인 1개 소대 외에 표선지서와 성읍지서의 경찰병력 30여 명, 그리고 표선면 관내 민보단 특공대가 대부분 참여한 대대적인 합동 진압 작전이었다.[140]

한편 오후가 되자 주민들은 토벌대가 마을로 돌아오는 시간에 맞춰 저녁식사 준비를 하느라 바삐 움직이고 있었다. 그때 갑자기 비상사이렌이 울렸다. 무장대의 습격이었다. 합동 토벌대가 마을을 비운 사이를 틈타 무장대가 역공을 벌인 것이었다. 무장대는 마을 외곽에서 보초 서던 주민들을 살해한 후 2시간 가량 마을에 머물면서 집집마다 들이닥쳐 식량을 빼앗았다. 이때 순순히 식량을 내놓지 않은 주민들이 살해됐고 일부 가옥이 불에 탔다. 성읍지서와 서문거리에서 보초 근무를 서고 있던 주민들의 희생이 컸다. 마을어귀에는 이 날 희생된 사람 38명의 명단을 새긴 비석이 있다.[141]

---

140 제주4·3사건진상규명및희생자명예회복위원회, 제주4·3사건진상조사보고서 p.441

141 위의 책, p.442 제민일보4·3취재반, 4·3은 말한다5, 전예원, 서울, 1998, pp.87~92

사. 1949년 2월 이후의 활동

(1) 총기 탈취사건

1949년 2월 4일, 제2연대는 총기를 운반하던 군인들이 유격대의 기습을 받아 큰 피해를 보았다. 제3대대 모 중대가 M-1 소총이 새로 지급되자 지금까지 사용하던 일제 99식 소통을 연대에 반납하기 위하여 성산포에서 제주읍으로 1개 중대의 회수 무기 150정을 2대의 차량으로 수송도중 김녕 부근에서, 이를 탐지하고 매복 중이던 무장대의 기습으로 인하여, 20명의 호송병력중 장교를 포함하여 15명이 전사하고 2명이 부상했으며, 소총 150정을 모두 **빼앗겼다**. 그리고 이 교전에서 경찰 1명과 주민 1명 및 무장대 1명도 사망하였다.[142]

(2) 노루오름 전투

1949년 3월 9일 제6여단 1개 중대가 노루오름에서 인민유격대에 기습을 당한 사건이 발생했다. 노루오름 전투에 관하여 김봉현 등이 쓴 「제주도인민들의 4·3 무장투쟁사」에는 다음과 같이 기술하고 있다.

1949년 3월 9일, 간활한 야수들은 조국과 인민을 위하여 싸우는 빨치산들을 근멸하기 위하여 유격대의 근거지인 속칭 노리오름(鹿古岳, 애월면)에 대병력을 동원하고 침공하여 왔다. 그의 적정을 이미 장악해낸 유격대 50여 명은 놈들에게 결정적 타격을 주기 위하여 주밀하고 구체적인 적정을 탐정한 기초 위에 의거하여 주도세밀한 작전계획을 강구한 다음 적들을 유리한 지형에 유도하여 놓아서는 신출귀몰의 전투전술을 능란하게 구사하면서 불같은 맹렬한 공격전을 개시하여 놈들에게 맹화를 안기었다.

---

142 HQ USAFIK, G-2 일일보고서, 1949.2.11 (no.1061) 나종삼, 제주4·3시건의진상, 아성사 서울 2013, pp.302~303에서 재인용

장시간에 걸쳐 전투원들의 용감하고 민활한 행동으로서 적들을 제압하고 적들 36명을 살상하였으며, 총 40여정, 식량 4석, 담배 300갑을 탈취하는 등의 거대한 전과를 올리었을 뿐만 아니라 여기에서 원한과 고통 속에 잠기었던 온 전투원의 가슴 마다에 새 힘을 불러 일으켰다.[143]

노루오름에서 피습을 당한 부대는 6여단 1개 중대였으며, 무장대는 공포심을 유발하기 위하여 전사자의 사체를 참혹하게 처리하였다.[144]

(3) 녹하악 전투

녹하악 전투는 이 전투를 지휘한 제2연대 1대대 4중대장 김주형 중위의 수기에 자세히 묘사되어 있다.

1949년 3월말, 제2연대 2대대와 3대대 및 6여단 유격대대 등 3개 대대가 북제주군과 성산포등 3개 방향에서 공격하고, 제2연대 제1대대가 남제주군의 중문 서북방 적악-노로악-한대악을 연하는 선을 차단하여 무장대를 포착 섬멸하는 요지의 제주도지구전투사령부의 작명이 하달되었다. 나는 제1대대 전투대대장 임부택 소령에게 '녹하악과 절악 일대를 야간 수색을 하고 13시까지 계획된 차단선을 점령하겠다'고 건의하여 승인을 받았다. 나는 이미 출동한 중문리 동북방에 있는 제1중대 기지에서 숙영하고 새벽3시에 출동하였다. 컴컴한 밤길을 약 한 시간 정도 행군하여 녹하악 동쪽 고개마루에 당도할 찰라 유격대와 마주쳐 조우전을 전개하게 되었다. 유격대가 고개정상을 선점하고 사격하는 상황이라 난 불리함을 깨닫고 선두의 1개 분대 만으로 적을 견제토록 하고 주력은 포복으로 녹하악 정상을 선점하였다. 고지정상에서 지형을 살펴보니 동북쪽 멀지 않은 곳에 절악이 있음을 알아내고 최의경 소위에게 경기관총 2정과 60미리 박격포

143　김봉현·김민주, 앞의 책, p.235
144　나종삼, 앞의 책, p.309

1문을 주면서 1개소대로 절악을 점령하고 적 주력에게 집중사격을 하였다. 약 1시간여의 격전 끝에 적은 10여 구의 시체를 버리고 물러났으며, 우리는 고개마루를 확보하고 수 명의 중상포로를 획득하였다. 중상포로들의 진술에 의하면 유격대는 제주도인민군사령관 이덕구가 진두지휘한 1,000여명이며, 작전목적은 제1중대 기지를 유린하려는 것이었다고 한다.

즉 이들은 전날 밤 20시에 인접한 안덕면사무소와 지서를 습격, 방화하였다. 그러면 인접의 제1중대가 이튿날 출동할 것이고, 기지에는 소수의 잔류 병력 뿐이므로 이 기회를 이용하여 기지를 유린하고 무기, 탄약, 식량, 피복 등을 탈취하려고 했다는 것이다. 그런데 야간이라 행군이 늦어져 새벽 4시경에 고개 마루에 도착했는데 뜻밖에 국군과 마주쳤다는 것이다. 고개 마루에서 물러난 적은 약간 후퇴하여 응사해왔다. 그런데 이때 절악을 점령한 최의경 소위의 특공소대가 측후방에서 적에게 집중사격을 가했다. 불의의 공격을 당한 유격대는 다시 1km 정도 후퇴하여 동에서 서남으로 흐르는 소하천을 의지하여 완강히 저항하였다. 지근거리에서 숨막히는 격선이 11시까지 계속뇌었다.

나는 피해가 속출하는 상황을 타개하기 위해서는 돌격뿐이라고 판단하고 절악의 최 소위에게 기관총과 박격포로 엄호사격을 지시하고는 11시 30분경에 돌격명령을 내렸다. 적은 우리의 일제돌격에 압도된 듯 분산되어 도주하기 시작하였다. 이 전투에서 적은 차후 집결지를 정하지 못한 채 뿔뿔이 흩어졌으며, 도처에서 각개 격파되므로서 이후로는 대병력에 의한 작전이 없었다.

이 전투에서 우리는 사살 178명(유기시체), 소총(99식, 39식, 칼빈등) 203정, 권총 4정, 기관총 2정, 일본도 3본 등 많은 전과를 올렸다.[145]

---

[145] 나종삼, 앞의 책 pp.317~318 에서 재인용

Ⅲ. 이덕구 이후의 유격대사령관 계보와 활동

가. 김이봉

(1) 김이봉은 조천면 와흘리 출신으로 일제 강점기 때 와흘리 청년회 단장으로 마을에서 신임을 쌓고 8·15 이후 와흘리장, 인민위원장을 역임하였으며 이덕구 뒤를 이어 인민유격대 사령관이 되었다.[146]

(2) 해병대의 제주 진주

독립대대가 철수함에 따라 1949년 12월 28일 해병대(사령관 신현준 대령)가 제주에 도착했다. 1,200명의 병력으로 편성된 해병대는 사령부만 제주읍에 두고, 제1대대와 제2대대는 모슬포에 주둔시켰다. 해병대사령부는 1950년 2월부터 6월까지 5개월 동안 산악지역 제1차 진압작전을 전개했다. 해병 전투사는 제1차 토벌전의 결과를 이렇게 소개했다.

---

146 제주4·3연구소, 이제서 말햄수다I, 도서출판 한울, 서울, 1989, p.243

△2월 5일과 6일, 돌오름 부근에서 수색 전을 벌여 8명을 사살하고 8명을
　생포
△3월 10일, 중문면 881고지 중턱에서 무장대 야전병원을 기습해 병원장
　등을 사살
△3월 하순경, 한대오름 부근에서 무장대 회합 장소를 기습해 7명을 사살
△3월 15일, 1394 고지에서 무장대 아지트를 기습해 1명 사살하고 3명을
　부상시킴
△3월 17일, 1394 고지와 오백장군 지대에서 무장대 아지트를 기습하여
　2명 사살
△3월 22일, 돌오름 서남쪽 500m 지점에서 무장대와 교전해 격퇴[147]

(3) 하원리 습격

한국 전쟁발발 1개월 후인 1950년 7월 25일 중문면 하원리를 습격해 민가 99동을 불태웠는데, 이것이 전쟁 발발후 무장대의 첫 공격이었다. 이에 대하여 좌파측 자료는 "1950년 6·25 한국 전쟁 발발후 잔존 인민유격대는 1950년 7월 하순부터 통일적인 작전계획 아래 적극적인 공격을 가하여 7월 25일에는 중문면 하원경찰지서를 습격하고 김의봉을 중심으로 한 부대는 조천면 농촌지대에 침투하여 주민들에게 조국해방전선에 단결투쟁하여 인민군 진격에 호응하자는 정치사업을 전개했다."고 기술하고 있다.[148]

유격대들은 하원마을 습격을 시발로 간헐적으로 지서나 마을을 습격하여 경찰에게 피해를 입히고 우익인사를 살해하며 필요한 식량을 획득했다. 또 20세 전후의 젊은이를 납치, 세력을 확장해 갔다. 경찰의 진압 작전으로 사살 자와 포로

147　제주4·3사건진상규명및희생자명예회복위원회, 앞의 책, p.336

148　위의 책 p.342

및 귀순자가 발생하면 유격대의 숫자가 줄어들어야 하지만, 계속적인 납치로 유격대의 숫자는 줄어들지 않았다.[149]

특히, 1946년 11월 경찰에 투신하여 4·3을 온 몸으로 직접 겪으시고, 14년 동안 근무하면서 느꼈던 점을 자신의 호를 딴 '사엄록' 이라는 회고록을 남기신 정남두 선생님께서는 무장대의 납치·살인 행태에 대해 다음의 충격적인 기록을 남기셨다.

특히 이들은(무장대) 젊은 청소년들을 납치하는데 혈안이 되었고 그 이유는 후계병력을 확보하는데 있고 그러므로 일단 납치한 청소년들을 하산 탈주하지 않도록 선동과 이념교육은 물론 특단의 분위기 조성과 방법을 강구했다. 그 예로서 마을을 습격하려면 사전에 전투조, 탈취조, 청소년 납치조를 편성하고 마을습격을 감행하면 납치조는 재빨리 가호를 수색하고 17세 전후의 소년들만을 붙잡아 폭박하고 입산한다. 입산하면 심문을 통하여 성분을 파악하고 한 두 사람을 선별해서 반동분자로 성토하고 그 납치 소년들로 하여금 철창을 주어 공동으로 살해케했다. 이렇게 공포분위기를 조성하여 하산 탈주할 엄두도 내지 못하도록 하고 아울러 탈주 하산하더라도 살인한 죄의식을 심어주어 탈주할 의사를 포기케했다. 그러므로 이들은 더욱 충성을 맹세하고 앞 다투어 열성분자가 되도록 한 것이다.[150]

(4) 인민군지원환영위원회

한라산의 유격대들은 남하하는 북한 인민군들이 곧 제주도에 상륙할 것이라는 희망 속에서 지속적인 습격을 하였고, 제주도 좌익계 민간인들은 7월에 들어서자 소규모이기는 하나 제주읍을 비롯하여 각 면 단위로 인민군지원환영회를

---

149 위의 책, 같은 면

150 정남두, 사엄록, 선진인쇄사, 제주시, 2011, pp.44-45

조직하여 유격대를 지원하는 운동을 전개하였다.[151]

(5) 6·25 전란중의 무장대 교전

중공군의 개입으로 전선이 급속히 남하하면서 1950년 12월부터 피난민이 제주도에 몰려들어 그 수가 격증하자 무장대는 종전의 소극적인 행동을 버리고 적극적으로 활동을 개시하였다. 제주도에 신병훈련소 등 군 시설이 설치되고 피난민이 몰려오는데 무장대가 자주 출몰함으로써 제주도 지역의 안정이 요망되자 군은 무장대 토벌목적으로 1개 중대 규모의 해병대를 제주도에 파견하였다. 해병대와 경찰이 혼합 편성된 토벌대의 작전이 1951년 1월 17일을 기하여 시작되었다.

당시 한라산의 무장대는 약 80명으로 추산되었다. 토벌대는 한라산 남쪽인 서귀포를 근거지로 하고, 특히 한라산 동측 산악지대를 수색하였다. 토벌대의 제1소대는 1월 27일 어승생악에서 무장대 20명을 포착하여 40분간 교전하여 3명을 사살하고 많은 노획품을 얻었다. 제2소대는 1월 29일 사라악 부근에서 무장대 약 30명이 식량을 운반하는 것을 발견하고 기습하여 3명을 사살하였다. 그리고 2월 10일에는 사라악과 명도암 중간에서 무장대의 아지트를 발견, 기습하여 15명을 사살하였으나 무장대 60여 명에게 포위되었다. 해병 제2소대는 무장대와 격전을 벌였으며, 때마침 부근에서 수색 중이던 제1소대의 지원으로 협공하게 되자 그들은 도주하기 시작하였다. 이 치열한 교전에서 해병대는 무장대 20명을 사살하였으나 해병대도 일조(一曹) 서재윤 외 10명의 전사자를 내었다. 제3소대 역시 2월 22일, 북악 부근에서 무장대 40명과 조우하여 교전한

끝에 5명을 사살하였다. 해병대가 주도한 1개 중대 규모의 군·경 합동토벌대는 3월 말까지 작전을 계속하면서 50여 명의 무장대를 사살하고 다수의 무기를 노획함으로써 무장대의 세력이 상당히 약화 되었다.[152]

나. 허영삼

한라산의 유격대 60여 명은 전쟁 발발 소식을 듣고 7월 어느 날에 앞으로의 진로에 대한 토론을 하였다고 한다. 이때 고승옥, 백창원, 송원병 등 지도부에 있던 3명은 '인민군이 목포까지 왔으니 제주도에 상륙한 이후에 나가야 한다'고 주장했으나 젊은이들은 '4·3을 일으킨 영웅적 전통을 소극적으로 해서는 안된다'고 주장했다. 결국 그 날 밤에 허영삼, 김성규 등이 주동이 되어 고승옥 등 세 사람을 포박했고, 이튿날에는 인민재판에 부쳐 살해하였다. 그런 연후에 김성규가 무장세력을 몰고 중문에 들어왔다는 게 경찰 출신자의 증언이다.[153] 허영삼이 그날로 유격대 사령관이 되었다고 한다.

1951년 3월의 무장대 조직은 사령관 허영삼(남로당 제주도 당책 겸임, 안덕 출신), 유격대 부대책 김태길(가명 문호철), 작전참모 유모씨(이름미상, 대구 출신), 훈련관 모씨(성명 미상) 등과 제11지대(김영찬, 14명으로 3개조), 제50지대(고인수, 가명은 소형삼, 18명으로 3개조), 제1지대(김만옥, 14명으로 3개조), 제7지대(문도공, 14명으로 3개조) 등 총 64명으로서 지휘부와 4개 지대로 편성되었다. 1951년 3월 16일자 육군정보국 기록에는 "3월 13일 24시에 제주읍

---

152 제주4·3사건진상규명및희생자명예회복위원회, 제주4·3사건진상조사보고서, p.354
153 위의 책, p.342

이호리에 공비 40명(무장20, 비무장 20)이 내습, 경찰대와 약 20분간 교전 후 입산·도주하였다. 민간인 12명이 살상되고, 12명이 납치당했으며, 소 7두, 말 3두, 의류, 식량 다수 약탈 당하였다"고 되어 있다. 무장대는 활발한 습격 및 납치 등으로 세력 확장에 힘썼지만, 경찰 등의 진압작전으로 그 수가 늘지는 않았다.[154]

다. 김성규

허영삼의 피살[155]후 인민유격대의 총책이 된 제9연대 탈주병인 김성규가 지휘하는 잔존 세력 80여 명이 1952년에도 지속적인 유격활동을 전개하였다.

(1) 함덕리 습격

1952년 3월 12일 하오 11시경 조천면 함덕리 속칭 '가시나물' 축성 비상 출입구로부터 6명의 무장공비가 침입하여 남자 1명과 여자 8명을 납치하여 도주하자, 함덕경찰 지서원이 출동하여 남녀 6명을 탈환하였으며, 같은 날 같은 시각에 외도지서에서 조금 떨어진 절물 부락에 무장 1명을 포함한 공비 3명이 침입하여 약간의 식량과 금품을 탈취하고 도주하였다.[156]

(2) 제주방송국 습격

1952년 9월 16일 제주시의 제주방송국을 침범한 사실은 매우 충격적이다. 1952년 9월 19일 자 평화신문은 '국군 가장한 공비 – 제주방송국 습격코, 국원을

---

154 위의 책, p.343

155 경찰에 의해 사살당한 것으로 알려졌으나 시간과 장소는 미상임

156 제주신보, 1952.3.14

납치'란 제하에 "한라산 잔비가 국군을 가장하고 제주읍에 침입하여 방송국을 습격하여 직원을 납치한 사건이 발생했다. 즉 16일 오전 1시 40분경 군인과 경찰관을 가장하고 제주읍의 외곽선을 돌파하고 읍내에 침입하여 방송국 방송과장 김두규씨외 18세의 기술 견습원과 소년 급사를 납치하고 국내에 걸렸던 시계와 전화기를 약탈 도주하였다. 또한 제주 읍내에 공비가 침입한 것은 이번이 처음이며, 이들은 M-1과 99식 다발총으로 무장하고 있었으며, 이등 상사의 계급장까지 달고 있는 자가 있었다고 한다"라고 보도하고 있다.[157]

이때 납치된 김두규 등 방송국 직원 3명은 살해되었다. 이와 관련하여, 제주신보사 기자 김오기의 공비토벌작전 종군기를 부만근편 「광복제주30년」에서는 다음과 같이 전재하고 있다.[158]

> 아침 정각 7시, 경찰 전투토벌부대는 적을 격멸시키겠다는 의기도 드높게 목적지를 향해 떠났다. 여섯 시간 후인 하오 1시쯤 이후악 서쪽에 위치한 편안 오름에 도착했다. 이 부근에 적의 본거지의 하나인 50지구 아지트가 있다. 몇 분후 드디어 아지트를 발견한 토벌대는 돌진에 들어갔다.
> ~중략~
> 여러 가지 정보를 종합한 결과 제주방송국 직원이 적의 본부와 얼마 떨어지지 않은 곳에서 살해됐을 것이라는 판단이 내려져 수색을 시작했다.
> ~중략~
> "여기가 이상한데~~"하며 걸음을 멈춘 許昌悔 경감이 손으로 가르키는 곳을 보니 무엇인가 피묻한 것이 틀림없다. 흙위에 여러 가지 야초와 나무가 심어져 위장한 것을 한눈에 알아 볼 수 있었다. 토벌대원들이 흙을 파기 시작했다. 과연 허경감의 판단대로 방송국 직원 3명의 시체가 겹친 채로

---

157 평화신문, 1950.9.19.

158 부만근편, 광복제주30년, 문조사, 서울, 1975, p.57

묻어 있었다. 6·25 동란후 1년여 동안 종군한 경험이 있어 스스로 대담한 성격이라고 생각하던 기자로서도 전율감에 가슴이 섬찍했다. 아직도 등에서 시커먼 피가 뚝뚝 떨어지며 흙에 뒤범벅이 된 시체, 며칠 전 까지도 웃음을 함께 나누던 방송과장 김 동지의 말없는 얼굴이 나타났다. 전신이 발가벗겨진 채 가슴 등 얼굴 할 것 없이 10여 군데를 칼과 죽창으로 찔러 비명에 간 세 떨기의 무궁화, 살점을 찢기는 고통 속에서도 끝까지「대한민국 만세」를 외쳤을 김 동지의 최후를 생각할 때 기자는 묵묵히 머리 굽혀 명복만을 빌었다.(후략)

(3) 중문 습격

1953년 1월 24일에 중문에 20여 명의 무장대가 침입하여 소와 말 등을 약탈하여 도주하였다. 100사령부는 중문에 침입한 무장대를 추격하여 25일에는 하라사 서북방에서 김종화 중대가 30명 이상의 무장대와 3시간 여의 교전 끝에 5명을 사살하고, 26일에는 101부대가 붉은오름과 새오름 사이에서 50여 명의 무장대와 4시간 동안의 치열한 교전 끝에 4명을 사살하고 1명을 생포하는 등 25일과 26일 등 양일간에 두 차례의 치열한 교전 끝에 9명을 사살하고 1명을 생포하였다.[159]

(4) 무장대 세력의 감소

1953년 11월 말에는 무장대의 숫자가 11명으로 줄어들었고, 1954년 1월 15일까지는 6명으로 줄어들었다. 경찰이 밝힌 53년 12월~54년 1월 15일까지 전과는 다음과 같다.

△인명 : 사살 1명, 시체 1명(자체 숙청으로 인정), 귀순 3명, 계 5명

---

[159] 제주4·3사건진상규명및희생자명예회복위원회, 제주4·3사건진상조사보고서, p.351

△무기 및 기타 : 소총 13정, 식량, 불온문서, 일용품 등 다수

△잔존무장대 : 6명(남 4명, 여 2명)

△기타첩보 : 이들은 4명(남 3, 여 1)과 2명(남 1, 여 1) 등 2개조로 갈라져 상호연락이 두절되어 있으며, 이중 남비 2명(김성규, 정권수)이 총상 중임

1954년 2월 13일에 조화옥(여, 당19세)이 귀순함으로써 무장대 세력은 5명(남4, 여1)과 무기 3정이 남아 있는 것으로 파악되었다. 경찰은 비록 잔여 무장대 5명이 있으나 크게 문제 될 것이 없다고 판단하여 4월 1일을 기하여 산간부락 입주 및 복귀를 허용함으로써 한라산의 일부를 개방하는 조치를 취하였다.[160]

---

160 위의 책, p.353

IV. 4·3의 종기(終期) 관련 문제점

가. 한라산 금족지역 개방 기준

1954년 8월 28일에 이경진 국장 후임으로 신상묵 경무관이 제주도경찰국장에 취임하였다. 신상묵 국장은 상당기간 동안 잔존 무장대 5명의 행적이 포착되지 않자 1954년 9월 21일을 기하여 금족령을 해제, 한라산을 전면 개방하고 주민들의 성곽경비도 철폐하는 조치를 취하였다.[161]

이를 근거로 2003년 제주 4·3 사건 진상규명 및 희생자 명예회복위원회가 펴낸 제주 4·3 사건 진상 조사보고서와 제주4·3사건 진상규명 및 희생자 명예회복에 관한 특별법에 의하면, '1954년 9월 21일 한라산 금족지역이 전면 개방될 때'를 4·3의 종기로 보고 있다.[162]

그런데 아직도 5명의 무장대가 한라산의 어디인가는 있을 것이기 때문에 한라산의

---

161 제주도경찰국, 앞의 책, pp318~319

162 제주4·3사건진상규명및희생자명예회복위원회, 제주4·3사건진상조사보고서, p.536

금족령이 해제되었다고 해서 경찰의 진압작전이 완전히 종결된 것은 아니었다. 경찰은 오랫동안 무장대의 흔적을 찾지 못하자 1955년 2월 9일에는 신국장이 직접 5명의 잔존 무장대 가족을 방문하여 "자수하면 생명은 절대 보호한다"고 하는등 조속한 자수를 권고하도록 가족들을 설득하기도 하였다.[163]

1954년 9월 21일을 기해 한라산 금족령을 해제한 것은 맞지만, 정부에서 펴낸 4·3사건진상조사보고서에서도, 그 시점까지'경찰의 진압작전이 완전히 종결된 것은 아니다'라고 밝히고 있다.[164] 한라산에서 총성이 멈춘 것은 1957년 4월 2일인 것이다.

나. 1954년 9월 21일 이후의 무장대 활동

잔존 인민유격대원들은 1954년 11월에는 성산면 시흥리를 그리고 55년 가을에는 오원권의 지도를 받는 여대원을 포함한 게릴라 전사가 한경면 신창지서를 습격한 바 있다.[165]

그리고 1955년 11월 22일자 제주신보는, '월동에 허덕이는 잔비/귀덕리에 4명이 출현'제하의 기사를 보도하고 있다.[166]

---

163 · 위의 책, p.357

164 · 위의 책, 같은 면

165 · 김봉현, 제주도 피의 역사 - 4·3무장투쟁의 기록, 도서협회, 동경, 1978. p.320

166 · 제주신보, 1955.11.22

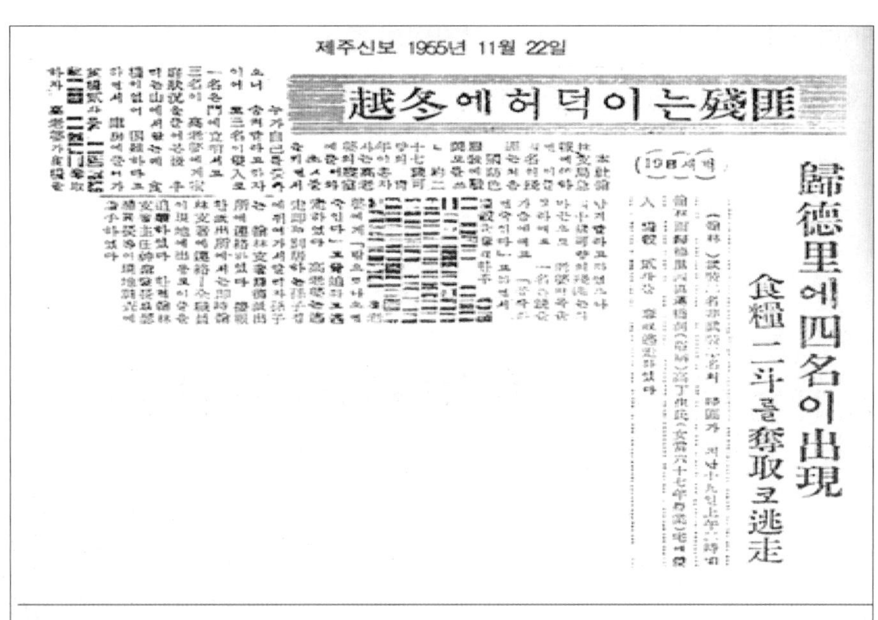

(한림) 무장 2명, 비무장 2명의 잔비가 지난 19일 상오 2시경 한림면 귀덕리 4구 한교동(속칭) 고정생(高丁生·여·당67년·농업)씨 댁에 침입, 양곡 2두를 탈취 도두하였다.

본사 한림지국 급보에 의하면 이들 4명의 잔비는 처음 국방색 복장에 전투모를 쓴 약 27세 가량의 청년이 혼자 사는 고(高) 노파의 침실에 들어와 촛불을 켜면서 누가 자기를 쫓아오니 숨겨달라고 하자 이어 또 3명이 침입하여 1명은 문에 입초서고 3명이 고 노파에게 가정상황을 들어본 후 '우리는 산에서 왔는데 식량이 없어 곤란하다'고 하면서 고방(庫房)에 들어가 식량 2두를(2줄 독해불능) 탈취하자 고 노파가 식량을 남겨달라고 하였으나 40세 가량의 잔비는 치마끈으로 노파의 목을 잘라매고 1명은 총을 가슴에 대고 「꼼짝하면 죽인다」고 하면서 양곡을 탈취한 후(7줄 독해불능) 고 노파에게 「밖으로 나오면 죽인다」 협박하고 도주하였다. 고 노파는 도주 즉시 별거하는 손자집에 뛰어가서 알리자 손자는 한림지서 귀덕파출소에 연락하였다. 접보한 파출소에서는 즉시 한림지서에 연락, 전직원이 현지에 출동하고 이들을 추격하였다. 한편 한림지서 주임, 신선대장, 모슬포서장 등이 현지조사에 착수하였다.

1956년 9월 15일자 제주신보는 '재산잔비의 준동? 연동에 괴한 4명, 식량 8두 탈취 도주' 제하의 기사를 보도하고 있다.[167]

제주신보 1956년 9월 15일

재산잔비로 보이는 4명의 괴한이 14일 상오 1시 20분경 시내 연동에 침입, 식량 8두 가량을 탈취 도주하였다. 경찰은 접보 즉시 추격을 개시하였는데 동일 하오 4시 현재 완전한 적정을 확인치 못한 것으로 보인다. 전기 괴한들 가운데는 여자 1명과 무장배가 끼어 있었는데 이들은 촌락에서 산 쪽으로 얼마 떨어져 있는 한 농가에 암야(暗夜)를 노려 침입, 취침중에 있는 가주를 협박, 식량을 탈취하고 그 집에 있는 소(1두)에 싣고 가려다 소가 순종치

<hr>

167 제주신보, 1956.9.15

않음에 괴한들은 당황한 나머지 식량만 가지고 도주하여 버렸다고 한다.

피해농가에는 어머니와 어린이들이 살고 있었는데 행위를 막으려다 괴한들에게 구타를 당하여 부상을 입었다 한다. 피해자는 괴한들이 도주한 후 진상을 경찰에 연락하였으며 이에 접한 제주서에서는 즉각 무장경찰관을 현지에 급파하고 추격하였으나 계속 적정의 수색에 당하고 있다.

현재 잔비는 1명의 여비(한순애=조천면 와산리 · 25세)를 포함한 4명의 잔비(△두목 김성규=중문면 색달리 · 36세 △오원권=구좌면 송당리 · 39세 △변창희=제주시 이호동 · 22세)가 있는데 이들 중에는 소총 2정을 소지하고 있는 것으로 경찰은 보고 있다. 14일 현(玄)경찰국장은 연동사건에 언급, 잔비의 행위로 보여진다고 말하였다.

1956년 4월 3일, 사찰 유격중대가 구좌면 송당리의 체오름에서 무장대 3명과 교전 끝에 무장대 부책임자 정권수를 사살하였다. 이번 전과는 지난 1954년 2월 중순이래 2년 2개월 만에 얻은 전과로서 이제 무장대는 4명으로 술어들었다. 1957년 3월 21일, 제주경찰서 사찰유격대가 월평동 견월악 지경에서 식량 확보차 하산한 무장대를 포착하고 도주하는 이들을 추격하다가 대열에서 뒤떨어진 여자무장대 한순애를 생포하였다.[168] 3월 27일에 경찰국 사찰 유격대가 한라산 중복 평안악 밀림지대에서 무장대 3명과 교전 끝에 총책 김성규등 2명을 사살하였다.[169]

다. 마지막 무장대원 생포

마지막 무장대 오원권도 4월 2일에 성산포 경찰서 유격대가 구좌면 송당리에서 생포하였다. 이로써 한라산에서 총성이 멈추게 되었다. 관련기사가 1957년 4월 3일자

---

168 제주신보, 1957.3.23

169 조선일보, 1957.3.29

제주신보에 실려있다. [170]

제주신보 1957년 4월 3일

討伐戰에 終止符!

九年만에 平和찾은 漢拏山

最後의 殘匪『吳』를 生捕

遊擊隊 二日 松堂里 場基洞서

---

170 제주신보, 1957.4.3

토벌전에 종지부/9년 만에 평화 찾은 한라산/최후의 잔비 「오」를 생포

경찰은 2일 상오 10시 1명의 잔비 오원권(吳元權, 구좌면 송당리, 39세)를 마지막으로 생포하는 한편 카빈총 1정, 동 실탄 14발을 노획함으로써 제주도 폭동사건의 발단일인 인연의 4월 3일을 하루 앞둔 이날 헤아려서 만 9년 만에 한라산 잔비 토벌전에 마침내 종지부를 찍었다. 1948년 이래 계속 출몰하면서 부락을 습격하고 살인 방화 약탈 그리고 양민의 납치 학살을 일삼아 한 때 전도민을 암흑과 불안 속에 몰아넣은 4·3사건의 여진은 이제 완전히 사라진 것이다.

전기(前記) 오는 성산포 경찰서 유격대에 의하여 구좌면 송당리 산간부락 장기동에서 그가 소지하고 있었던 무기와 함께 생포한 것이다. 그런데 작년 4월 잔비의 부두목인 정권수(鄭權洙)를 사살한 후 잠잠하였던 잔비소탕은 만 1년이 경과한 지난 3월 21일 여비 한순애의 생포를 계기로 막 고비에 들어서서 급진전, 두목 김성규와 변창희를 사살하고 이어 마지막으로 오를 생포하는데 성공한 것이다. 이제 한라산에는 평화의 봄이 찾아왔으며 보고(寶庫)의 개발에 힘찬 박차를 가하게 되었다.

~중략~

토벌전에는 경찰의 자체 인원만도 연164만 9,471명이 동원되었으며 경찰전문학교 1·2기생을 비롯한 각도 경찰국 특별응원부대 5,000명 가량이 투입되었다. 9년간의 토벌전에서 120명의 경찰관과 89명의 군인이 순직하였으며 경찰관 137명, 군인 9명이 부상을 입었다. 그리고 어간에 경찰이 올린 전과는 공비의 사살, 생포, 귀순공작 외에 M-1, 카빈, 다발총 BAR, 99식총 등 무려 326정과 수류탄 1,023개, 의류 7,850매, 식량 3,200두, 가축 300여두를 탈환하였다. 또한 공비의 만행으로 인하여 일반공무원을 포함한 농민 등 양민이 납치 참살 당한 인원은 1,300여 명이다.

라. 소결

이상에서 살펴보았듯이 제주 4·3의 종기를 1954년 9월 21로 보는 것은 잘못된 것이다. 최후의 무장대원 오원권이 생포된 1957년 4월 2일이 종료일이다. 만 9년 만에 끝이 난 것이다. 제주4·3사건 진상조사보고서나 4·3특별법에 1954년 9월 21일 한라산 금족구역 해제를 4·3의 끝으로 보는 것은 일방적이다. 한라산이 개방된 후에도 무장대의 습격으로 인명과 재산피해가 있었다. 오원권을 생포했을 때 그에게는 칼빈총 1정과 실탄 14발을 갖고 있었다. 그렇기 때문에 현행 4·3특별법이나 정부의 4·3사건진상조사보고서는 '1957년 4월 2일을 4·3의 종료일'로 다음과 같이 수정되어야 할 것이다.

제주4·3사건 진상규명 및 희생자 명예회복에 관한 특별법 제2조
(현행) 제주4·3사건 이란 1947년 3월 1일을 기점으로 1948년 4월 3일 발생한 소요사태 및 1954년 9월 21일까지 제주도에서 발생한 무력충돌과 그 진압과정에서 주민들이 희생당한 사건

(수정안) 제주4·3사건 이란 1947년 3월 1일을 기점으로 1948년 4월 3일 발생한 소요사태 및 <u>1957년 4월 2일까지</u> 제주도에서 발생한 **무장대의 인명살상**, 무력충돌과 그 진압과정에서 주민들이 희생당한 사건

제주4·3사건 진상조사보고서
(현행) 제주 4·3사건은 1947년 3월 1일 경찰의 발포사건을 기점으로 하여, 경찰·서북청년단의 탄압에 대한 저항과 단선·단정 반대를 기치로 1948년 4월 3일 남로당 제주도당 무장대가 무장 봉기한 이래 1954년 9월 21일 한라산 금족지역이 전면 개방될 때까지 제주도에서 발생한 무장대와 토벌대 간의 무력 충돌과 토벌대의 진압과정에서 수 많은 주민들이 희생당한 사건

(수정안) 제주 4·3사건은 1947년 3월 1일 경찰의 발포사건을 기점으로 하여,

경찰·서북청년단의 탄압에 대한 저항과 단선·단정 반대를 기치로 1948년 4월 3일 남로당 제주도당 무장대가 무장 봉기한 이래 <u>1957년 4월 2일까지</u> 제주도에서 발생한 **무장대의 인명살상**, 무장대와 토벌대 간의 무력 충돌과 토벌대의 진압과정에서 수 많은 주민들이 희생당한 사건

제5장

박진경 연대장의 '제주도민 30만명 희생'설 검토

I. '바로 세운 진실' 안내판

제주도는 2025년 12월 15일 오후 제주시 연동 중산간에 위치한 박진경 대령 추도비 옆에 제주 4·3의 진실을 담은 4·3 역사 왜곡 대응 안내판, 이른바 '바로 세운 진실' 안내판을 설치했다. 4·3 당시 도민에 대한 강경 진압을 주도한 인물로 거론돼 온 박진경 대령이 '24년 11월 국가유공자로 지정된 것이 알려지면서 논란이 커지자, 제주도는 박 대령의 행적에 대한 역사적 사실관계를 도민과 후대에 알리기 위해 추도비 옆에 안내판을 설치했다. 안내판 '바로 세운 진실'은 정부가 발간한 제주4·3사건 진상조사보고서 등을 토대로 작성됐다고 한다.

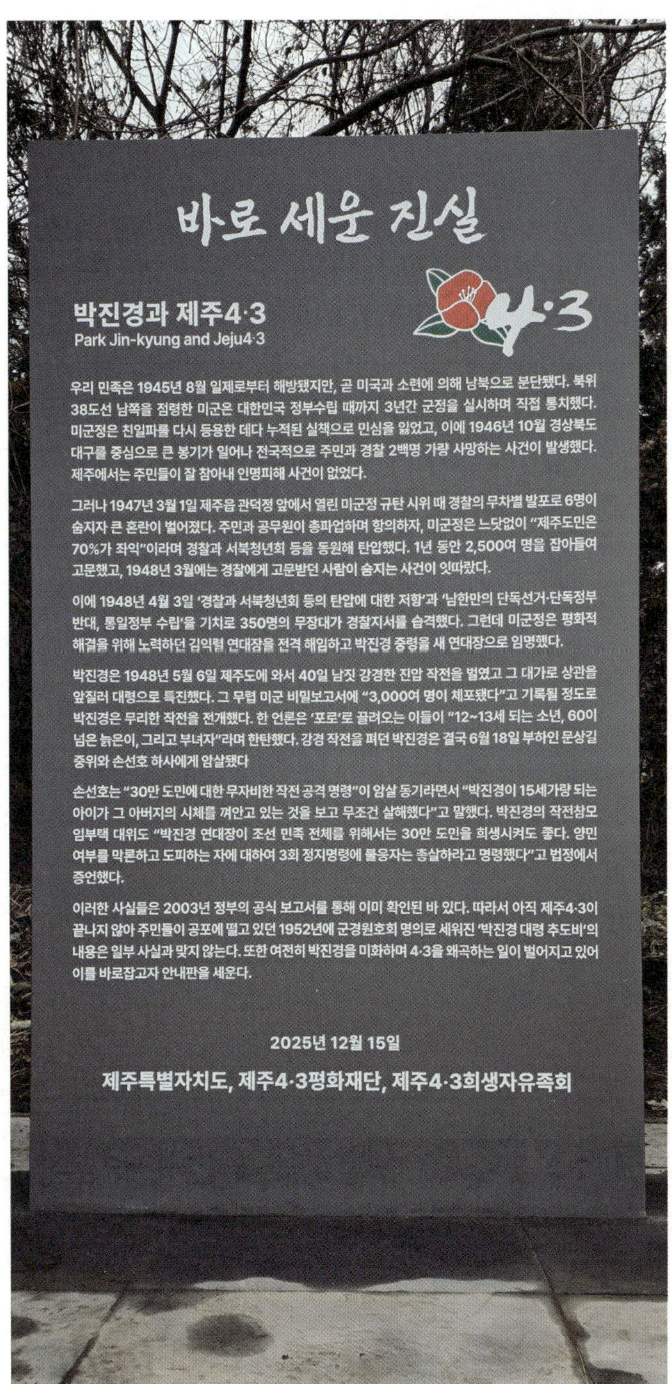

바로 세운 진실 안내판

바로 세운 진실

박진경과 제주4·3(Park Jin-kyung and Jeju 4·3)

우리 민족은 1945년 8월 일제로부터 해방됐지만, 곧 미국과 소련에 의해 남북으로 분단됐다. 북위 38도선 남쪽을 점령한 미군은 대한민국 정부수립 때까지 3년간 군정을 실시하며 직접 통치했다. 미군정은 친일파를 다시 등용한 데다 누적된 실책으로 민심을 잃었고, 이에 1946년 10월 경상북도 대구를 중심으로 큰 봉기가 일어나 전국적으로 주민과 경찰 2백 명가량이 사망하는 사건이 발생했다. 제주에서는 주민들이 잘 참아내 인명피해 사건이 없었다.

그러나 1947년 3월 1일 제주읍 관덕정 앞에서 열린 미군정 규탄 시위 때 경찰의 무차별 발포로 6명이 숨지자 큰 혼란이 벌어졌다. 주민과 공무원이 총파업하며 항의하자, 미군정은 느닷없이 "제주도민은 70%가 좌익"이라며 경찰과 서북청년회 등을 동원해 탄압했다. 1년 동안 2,500여 명을 잡아들여 고문했고, 1948년 3월에는 경찰에게 고문받던 사람이 숨지는 사건이 잇따랐다.

이에 1948년 4월 3일 '경찰과 서북청년회 등의 탄압에 대한 저항'과 '남한만의 단독선거·단독정부 반대, 통일정부 수립'을 기치로 350명의 무장대가 경찰지서를 습격했다. 그런데 미군정은 평화적 해결을 위해 노력하던 김익렬 연대장을 전격 해임하고 박진경 중령을 새 연대장으로 임명했다.

박진경은 1948년 5월 6일 제주도에 와서 40일 남짓 강경한 진압 작전을 벌였고 그 대가로 상관을 앞질러 대령으로 특진했다. 그 무렵 미군 비밀보고서에 "3,000여 명이 체포됐다"고 기록될 정도로 박진경은 무리한 작전을 전개했다. 한 언론은 '포로'로 끌려오는 이들이 "12~13세 되는 소년이며 60이 넘은 늙은이며 부녀자"라며 한탄했다. 강경 작전을 펴던 박진경은 결국 6월 18일 부하인 문상길 중위와 손선호 하사에게 암살됐다.

손선호는 "30만 도민에 대한 무자비한 작전 공격 명령"이 암살 동기라면서 "박진경이 15세가량 되는 아이가 그 아버지의 시체를 껴안고 있는 것을 보고 무조건 살해했다"고 말했다. 박진경의 작전참모 임부택 대위도 "박진경 연대장이 조선 민족 전체를 위해서는 30만 도민을 희생시켜도 좋다. 양민 여부를 막론하고 도피하는 자에 대하여 3회 정지명령에 불응자는 총살하라고 명령했다"고 법정에서 증언했다.

이러한 사실들은 2003년 정부의 공식 보고서를 통해 이미 확인된 바 있다. 따라서 아직 제주4·3이 끝나지 않아 주민들이 공포에 떨고 있던 1952년에 군경원호회 명의로 세워진 '박진경 대령 추도비'의 내용은 일부 사실과 맞지 않는다. 또한 여전히 박진경을 미화하며 4·3을 왜곡하는 일이 벌어지고 있어 이를 바로잡고자 안내판을 세운다.

2025년 12월 15일

제주특별자치도, 제주4·3평화재단, 제주4·3희생자유족회

Ⅱ. 박진경 연대장의 작전

가. 제주4·3사건진상조사보고서의 관련 내용

(1) 박진경 연대장이 벌인 작전의 모습은 제주지역 미군사령관 브라운 대령의 보고서를 통해 일부 엿볼 수 있다. 제주도 진압작전의 최고 정점에 브라운 대령이 있었기 때문에 박진경 연대장의 작전은 곧 브라운 대령이 진두지휘하는 작전 속에 포함되기 때문이다. 6월 16일 쓰여진 한 미군 비밀보고서는 그 무렵 전개된 진압작전에 대해 다음과 같이 적었다.

> 로스웰 브라운 대령은 다음과 같이 작전을 수행하고 있다.
> a). 국방경비대 4개 대대가 제주도의 동서남북에 각각 주둔하고 있다. 이들 대대는 전투지역 휘하에 약 2개 중대로 구성됐다. 경찰은 해안지역 치안에 책임을 맡고 국방경비대는 해안지역을 제외한 모든 지역을 맡고 있다.
> b). 모든 대대가 동시에 공동 목표로써 산간 고지대를 향해 내륙으로 작전을 전개하는 경비대 지역의 수색은 완료될 예정이며 군인들은 오늘 자신들의 부대로 돌아갈 예정이다.(6월 16일)
> c). 이 작전에서 약3,000여 명이 체포됐고 심사를 받았다. 현재 여성 2명을 포함해 575명이 제주의 포로수용소에 있으며 4개 심문팀의 심사를 받고 있다[170].

---

(2) 한 미군보고서는 "11연대는 6주간의 제주도 작전에서 약4,000명을 체포하여 심문 끝에 약 500명을 구속했다. 작전중 경비대 사상자는 사망 3명, 중상 2명이었다."고 밝혔다

(3) 이처럼 경비대는 '양민과 폭도의 구별이 곤란'하다는 이유로 중산간 마을주민들을 무조건 연행했다.

(4) 그러나 무장대가 경찰만을 상대하고 경비대를 피하고 있는 상황 속에서 벌어진 이러한 작전은 무장대를 잡지 못한 채 애꿎은 주민들의 피해만 양산해 냈다.[171]

나. 김익렬 연대장 회고록상의 관련 내용

김익렬 연대장은 자신의 회고록[172]에서, 다음과 같이 기술하고 있다.

> 내가 제주도를 떠난 후 박진경 연대장은 '소신껏' 폭도 토벌작전을 전개하였다. 그 토벌방법은 과거 일본군이 만주·중국 등지의 점령지에서 유격대를 토벌했던 것처럼 양민과 폭도를 구분하지 않고 폭도 출현지역 내에 거주하는 주민은 무차별 토벌하는 것이었다. 그러나 작전의 결과는 여의치 않았다. 경비대는 많은 사상자를 내는 반면에 폭도 측에 가담하는 도민들이 날로 늘어서 폭도의 수는 급격히 증가해 갔다.[173]

---

[171] 위의 책, p.220

[172] 4·3당시 국방경비대 제9연대장으로 근무하던 그는 1948년 5월 5일 고위급 대책회의에서 당시 조병옥 경무부장과 몸싸움을 벌여, 다음날 해임되었고, 1988년 세상을 떠나기전 4·3에 대한 소회를 기록한 「4·3의 진실」이라는 수기를 남겼다. 제민일보 4·3취재반, 4·3은 말한다2, pp.271~357에 수록되어 있다.

[173] 제민일보 4·3취재반, 4·3은 말한다2, p.347에서 재인용

다. 제주도인민유격대투쟁보고서에 기록된 박진경 연대장 작전

제주도인민유격대투쟁보고서[174]에는 다음과 같이 기록되어 있다.

5·10 단선(單選) 직전 미군정과 통위부는 김익렬 제9연대장과 오일균 제
5연대 대대장을 육지부로 보낸 후 악질 반동 장교 박진경 중령을 11연대장
으로 임명, 병력을 2연대 500명, 3연대 300명, 4연대 200명, 9연대 800
명, 5연대 1,500명, 6연대 500명 계 3,800명을 증가, 이를 15개 중대로 편
성하여 포위 토벌 작전을 개시

제1차 공격 – 5월 27일, 8일 2일간 산록(山麓) 습격
제2차 공격 – 5월 30일부터 6월 2일까지의 4일간 제주도를 4개 지대로
나누어 제1지대는 한림면 금릉리로부터 출발 구좌면 종달
리에 도착, 제2지대는 한림면 음부동으로부터 출발 성산포
에 도착, 세3시는 한림민 금악을 출빌 싱산면 온평리에 도
착, 제4지대는 대정으로부터 온평리에 도착
제3차 공격 – 6월 3일부터 각 지구별로 각 부락 주둔
제4차 공격 – 6월 13일부터 동 17일까지 5일간 한라산 백록담을 중심으로
포위 토벌 공격

라. 평가

(1) 제주4·3사건진상조사보고서에는 조셉 제이콥스 미 국무부 고문관의 브라운 대
령 작전에 관한 보고서(Memorandum)중 일부만을 인용하여 박진경 연대의 무차별
양민 체포의 논거로 제시하고 있다.

---

[174]　본서 제3장 四항 국경과의 관계, (5)항 국경의 토벌작전과 이로인한 군의 피해(본서 p.143, pp192~193, pp.240~241) 참조

그러나 제이콥스 보고서 중에서 다음의 중요한 부분을 누락하고 있다.

c).이 작전에서 약3,000여 명이 체포됐고 심사를 받았다. 현재 여성 2명을 포함해 575명이 제주의 포로수용소에 있으며 4개 심문팀의 심사를 받고 있다.

상기내용 부분 뒤에 있는 〈누락된 내용〉[175] 은 다음과 같다.

이번 수색에서 몇몇 중간 지도책들이 체포됐고, 그들을 통해 산간지대의 동굴 은닉처의 위치를 파악했다. 50만 엔과 무기, 식량, 장비 등이 압수됐다.

d). 작전으로 폭도들은 소규모 무리로 흩어져 도주하고 숨어 지내고 있다. 두 번째 작전은 며칠 안으로 폭도들을 기습하고 더 많이 체포하기 위해 대대들을 인접시켜 섬의 북쪽과 남쪽을 역으로 수색하기로 예정돼 있다.

2. 상황

b) 공산훈련을 받은 요원들이 제주도에 고도로 조직돼 있다. 브라운 대령은 전체 주민의 80%가 이들과 관련돼 있거나 두려움 때문에 공산주의자들과 연계돼 있는 것으로 추정했다. 각 마을에는 공산주의 세포가 있으며 명령받은 대로 행동하지 않으면 주민들은 총살이나 폭행당하거나 주택방화가 이루어진다. 브라운 대령은 제주도의 조직이 남로당에 의해 영향을 받고 있다는 견해를 갖고 있다.

c) 주민들은 끊임없는 공포속에 살고 있으며 그런 공포감 때문에 공산주의자들에게 협력하고 있다. 6개 읍면의 초등학교는 다시 문을 열었으나 휴교 중에 있고 학교로 돌아가기를 거부하고 있다. 좌익성향이 이들 학생들 사이에 충분히 보여지며, 그들은 지령에 따라 행동하고 있다.

d) 경찰의 가혹행위와 제주도의 경제상황이 공산주의자들의 활동에 엄청

---

175 Disturbances on Cheju Island," Despatch No. 199, dated July 2, 1948, from American Political Advisor Joseph Jacobs to State Department 제주4·3사건진상규명및희생자명예회복위원회, 제주4·3사건자료집9 p.457에서 원문확인. 같은 책, pp.213-215 한글본 수록

나게 기여했으며 장기적이고 철저한 처방이 요구된다.

위에서 누락된 내용을 종합적으로 검토해 보면 당시 박진경 연대장은 도민중 상당수가 각 마을에 있는 남로당 세포들의 영향으로 무장대에 협조하고 있는 상황으로 판단하고, 이를 분리하기 위한 수색과 검거, 심사, 석방(또는 처벌) 등의 절차를 밟는 등 매우 효과적인 작전 전개를 한 것으로 보인다.

존 메릴 박사에 의하면, 박진경 대령은 제주로 오기 전에 딘 장군으로부터, 최소한의 물리력을 동원하여 진압하도록 지시를 받았으며, 제주 도착후 그는 3단계의 작전을 전개했다. 제1단계는 돌담으로 성벽을 쌓고, 자경단을 훈련시켜 전략적인 마을들을 건설하는 것이었다. 해안마을은 경찰에 의해 치안이 유지되고, 국방경비대는 한라산 지대의 치안을 담당하였다. 2단계에는 경찰과 우익 청년단의 지원을 받는 국방경비대가 섬 내부를 샅샅이 훑어 보는 대규모 수색작전을 전개했다. 토벌대가 50야드 간격을 두고 빗질하듯이 수색하는 동안 상공에서는 정찰기가 동원되어 무장대의 밀집 지역을 색출하였다. 중산간의 마을들은 불태워졌고, 거주하던 주민들은 해안가 마을로 이사하도록 했다. 3단계에서는 의심스러운 무장대원들을 가려내기 위한 심문센터들이 세워졌고, 그 결과 여름 무렵까지 약 600명의 남로당원들이 체포되었다.[176]

(2) 국방경비대 9연대의 6주 동안의 작전 결과에 대하여 미군정 자료는, "제주도에서 제9연대가 6주 동안에 걸친 작전으로 체포한 폭도혐의자 약 4,000명을 심사한 요약보고서가 나왔다. 이 가운데 약 500명은 경찰과 경비대, 미군 심문자들에 의해 심문을 받은 뒤 구금됐다. 폭도 22명이 사살된 것으로 보고됐으며 약 50정의 소총과 카빈총, 칼, 권총 등이 압수됐다. 상당한 양의 보급품이 오름에서 발견됐다. 물건 중

176　John Merrill, The Cheju-do rebellion, The Journal of Korean Studies, Vol.2(1980), p.175

일부는 파괴되거나 경비대용으로 전용되었고, 일부는 제주도내 경제계에 배분되었다. 현재 날씨가 좋지 않아 작전이 중단되었으며 경비대 4개 대대가 순찰 임무를 띠고 섬 주위에 배치됐다".[177] 라고 기술하고 있다.

(3) 김익렬 연대장의 평가에 대한 비판

김익렬 연대장은 박진경 연대장에게 일명 '초토화'의 책임이 있는 것처럼 주장한다. 그러나 4·3사건진상조사보고서에서도 인정했듯이, 초토화가 이루어진 시기는 1948년 11월 중순 이후이다.

1) 초토화 시기 살상[178]

1948년 11월 중순께, 강경 진압작전이 전개됐다. 중산간 마을 거주자에게 통행금지를 포고하면서 이를 위반하는 자에 대해서는 그 이유 여하를 불구하고 총살에 처하겠다는 작전이었다. 1948년 11월 중순께부터 1949년 2월까지 약 4개월간 진압군은 중산간 마을에 불을 지르고 주민들을 집단으로 살상했다. 4·3사건 전개과정에서 가장 참혹한 상황이 벌어진 것이었다. 이 기간 동안 가장 많은 제주도민들이 희생됐고 대부분의 중산간 마을이 불에 타는 등 글자 그대로 '초토화'됐다.

따라서, 박진경 연대장은 1948년 5월 6일에 제주도에 부임하여, 같은 해 6월 18일 암살당하였으므로, 김익렬 연대장의 회고록 내용은 박진경 연대장에 대한 악의적인 허위 평가라 하지 않을 수 없다. 아울러, 박진경 연대장 재임 때의 인명 피해는 그 해 겨울 대규모 집단 총살극으로 벌어진 강경 진압작전 때와 비교하면 많은 수가

177　HQ USAFIK, G-2 주간보고서, 1948.7.2(no.146) 제주4·3사건진상규명및희생자명예회복위원회, 제주4·3사건자료집7, 금성문화사, 서울, 2003 p.187 영어원문은 같은 책 p.423 참조

178　제주4·3사건진상규명및희생자명예회복위원회, 제주4·3사건진상조사보고서, p.378

아니었음을 4·3사건진상조사보고서에서도 확인하고 있다.[179] 박진경 연대장이 43일간 제주도에서 근무하면서 그가 지휘한 병력은 4개 대대 15개 중대 3,800명이었으며, 기간중 국방경비대가 유격대를 사살한 전과는 25명에 불과하고, 그중 11명은 경찰과의 합동작전으로 거둔 전과이고, 4명은 포로로 잡힌 상태에서 도주하기에 사살한 것이다.[180]

(4) 인민유격대투쟁보고서에 나타난 9연대의 작전 전개과정은 제이콥스 고문관의 보고서 내용과 매우 유사하다고 할 수 있겠다. 이러한 효과적인 9연대의 작전으로 무장대는 상당한 피해를 입었음을 스스로 고백하고 있다.

즉, 제주도인민유격대투쟁보고서에는 다음과 같이 기록하고 있다.[181]

---

179 위의 책, p.220

180 제민일보4·3취재반, 4·3은말한다3, pp419~428 참조

181 문창송의 「한라산은 알고있다. 묻혀진 4·3의 진상」, pp. 99~146에는 「제주도인민유격대투쟁보고서」 영인본이 편철되어 있으며 해당 기록은 p.137에 있다. 본서 p.108, p. 160 참조

⑤ 제5차 작전(5월 27일부터 6월 18일까지)약 4000명의 병력으로써 국경
과의 충돌을 피하며 그들의 포위 토벌전을 수포로도라가게 하는 동시에 일면
으로는 국경 내부의 충돌 특히 대내 최고 악질 반동인 박진경 연대장 암살과
탈출병 공작을 추진 그 동안 쓰라린 퇴격전술 에 의하여 상당한 우리 쪽의 피
해도 이썼으나 6월 18일 오전 3시경을 기하여 대내에서 박연대장이 암살되자
적은 결정적인 타격을 입어 6월 17일까지의 제4차 공격을 최후로 산 공격을
단념 이후 주로 중산촌 부락을 습격하면서 그들이 퇴격하게 됨에 따라 우리
의 전술은 여기에 성공을 보게 되였음.

아울러 주목해야 할 것은, 박진경 연대장 재임기간 동안 총 6 차례에 걸쳐, 검거되었던 남로당 연락원, 정보부원 심지어 도사령부 간부까지 조사 後에 석방하였음을 제주도 인민유격대투쟁보고서는 다음과 같이 기록하고 있다.

③. 5월 24일 애월 군 레포 2명이 두모에서 피검되었다가 후일 석방

⑤. 5월 27일 선흘리에서 국경에게 포위 당하여 지대 간부 2명을 포로 당하다(그 중 1명은 후일 석방되고 1명은 경찰에게 인계 당하다)

⑦. 6월 7일 도사령(島司令) 정보부원 1명 제1지대 경리책 1명 국경 탈출병 1명 계 3명이 오등리에서 피검, 이 중 정보부원은 경찰에 넘어갔다가 후일 석방됨

⑨. 6월14일 도사(島司) 레포 2명이 월평리 위에서 피검되었다가 후일 석방

⑯. 6월 16일 월평리 위에서 지대원 2명이 피검되었다가 후일 석방되다

⑰. 6월 18일 노사령부(島司令部) 간부 1명 조천면 신흘리에시 피검되었디가 후일 석방되다.[182]

위의 기록에서도 보듯이, 남로당의 간부까지도 불법을 저질렀다는 증거가 발견되지 않으면 석방했던 것이 박진경 연대장의 방침이었음에도, 그에게 무차별적인 양민학살의 굴레를 덮어씌운다는 것은 너무나 비이성적이고 무책임하다.

(5) 또한 당시 박진경 연대장 밑에서 소대장으로 근무했던 채명신(蔡命新)은 다음과 같이 증언했다.

한쪽에서는 박진경 대령이 양민을 학살했다고 하는데 그는 양민을 학살한 게 아니라 죽음에서 구출하려고 했습니다. 4·3 초기에 경찰이 처리를 잘못해

서 많은 주민들이 입산했습니다. 그런데 박 대령은 폭도들의 토벌보다는 입산한 주민들의 하산에 작전의 중점을 두었습니다. 이러한 민간인 보호작전은 인도적이면서 전략적 차원의 행동입니다. 이 짧은 기간에 그는 주민들을 선무공작으로 입산 무장대로부터 분리시키는 데에 주력하였습니다. 유격전에서 유격대와 주민은 물과 물고기입니다. 이는 모택동의 이론입니다. 따라서 물고기는 물이 없으면 살 수가 없으므로 유격대를 섬멸하려면 우선 주민들을 유격대와 분리시켜야 합니다. 폭도들과 주민들의 분리 작전이 암살결정에 치명적으로 작용했다고 봅니다.[183]

채명신 소위는 훗날 주월사령관으로 월남전을 지휘할 때 "100명의 폭도를 놓치는 한이 있더라도 한 사람의 양민이 다쳐서는 안된다"라는 박진경 대령의 지휘방침에 영감을 얻어 "100명의 베트콩을 놓치더라도 한 사람의 양민이 다쳐서는 안된다"라는 지휘방침을 정했다고 증언한 바 있다.[184]

183 채명신(당시 9연대·11연대 소대장, 2001. 4. 17) 채록. 나종삼·박철균, 앞의 책, pp.450~451 에서 재인용

184 위의 책, p275

Ⅲ. 박진경 연대장 암살의 동기

가. 박진경 연대장 피살

1948년 6월 18일 새벽 제11연대장 박진경 대령이 그의 숙소에서 부하들에 의해 암살 당하는 사건이 발생했다. 박 연대장은 6월 17일 대령 진급 축하연에 참석해 술을 마신 뒤 숙소로 돌아와 잠을 자던 중 이튿날 새벽 3시 15분경 M-1 소총 총탄에 맞아 피살되었다. 즉 1948년 5월 6일 제9연대장의 자격으로 제주도에 온 박진경 중령은 5월 15일 자로 제11연대장으로 보직이 변경됐고, 6월 18일까지 43일 동안 제주도에 머물며 진압 작전을 지휘하다가 연대 내의 남로당 프락치 부하들에 의해 암살되어 29세의 꽃다운 나이에 사랑하는 아내와 뱃속의 아기를 세상에 남겨두고 순직하게 된다.

사건 즉시 군 경은 물론 미군 CIC(방첩대), CID(범죄수사대) 요원들이 투입돼 조사를 벌였다.[185] 수사는 한 장의 투서에 의해 실마리가 풀렸다고 한다. 투서는 '문상길 중위와 연대정보과 선임하사를 잡아보면 암살사건 전모를 밝힐 수 있을 것'이라는

---

185   HQ 6th Inf Div, USAFIK, G-2 일일보고서, 1948.6.18(no.973)

내용을 담고 있었다. 육사 3기인 문상길 중위는 모슬포 제9연대 창설 초기부터 소대장을 거쳐 중대장으로 근무하고 있었다. 문상길 중위를 시작으로 암살사건 연루자들이 속속 체포됐다. 그들은 문상길 중위, 손선호 하사, 배경용 하사, 양회천 이등상사, 이정우 하사[186], 신상우 하사, 강승규 하사, 황주복 하사, 김정도 하사 등 모두 9명이었다. 직접 총을 쏘아 박진경 연대장을 암살한 사람은 부산 5연대에서 파견되어온 손선호 하사인 것으로 밝혀졌다.[187]

당시의 언론 보도를 종합해보면, 암살의 모의와 진행 과정이 매우 치밀하게 진행되었음을 알 수 있다.

문상길 중위는 4월 20일경 연대근무 고승옥의 연락으로 제주도 폭도대장(인민해방군) 김달삼과 만나 경비대원 40명을 도주케하고, 5월 중순에는 제2차로 박 대령을 살해하라는 지령을 받았다. 6월 17일 밤, 박 대장이 중령에서 대령으로 진급한 것을 축하고저 제주읍내 옥성정이라는 요리집에서 잔치를 벌렸을 때 죽이려다가, 술이 취하여 잠든 그를 동 18일 새벽에 같은 대원 손선호는 사수가 되고 배경용은 전지를 켜들고 신상우, 이정우, 양회천 등은 현장주위를 지키는 가운데 거침없이 박 대령을 향하여 M-1 라이플 총알은 발사되어[188], 그를 즉사케 한 것으로 총탄은 좌견에서 넓적다리로 관통하였다고 한다.[189]

당시의 9연대 병력 800명중 400명 가량이 남로당 프락치 세력하에 놓여 있었기

186　제주도인민유격대투쟁보고서에는 "6연대 이정우(李禎雨)동무는 오전 3시 박진경 11연대장을 암살한 후 M1 소총 1정을 갖이고 상산(上山) 인민군에 입대"라고 기술

187　제주4·3사건진상규명및희생자명예회복위원회, 제주4·3사건진상조사보고서, p.226

188　새한일보, 1948년 10월 상순(2권 16호), "동란 제주의 새 비극-박대령 살해범 재판기(정동태)", 신상준 앞의 책 IV, p.61 에서 재인용

189　서울신문, 1948.7.20.

때문에 가능한 일이었다.

나. 제주4·3사건진상조사보고서상의 관련 내용

다른 피고인들도 한결같이 김익렬 전 연대장과 박진경 연대장의 작전을 비교하면서 무모한 토벌전을 막기 위한 것이 암살의 동기라고 밝혔다.[190]

(1) 특히 박진경 연대장을 직접 저격했던 손선호는 재판정에서 박진경 연대장을 이렇게 비판했다.[191]

> 박 대령의 30만 도민에 대한 무자비한 작전공격은 전 연대장 김익렬 중령의 선무삭선에 비하여 볼 때 그의 삭선에 대하여 불만을 갖지 않을 수 없었다. 그러한 그릇된 결과로 다음과 같은 사태가 빚어졌다. 우리가 화북이란 부락을 갔을 때 15세 가량 되는 아이가 그 아버지의 시체를 껴안고 있는 것을 보고 무조건 살해하였다. (중략) 사격연습을 한다 하고 부락의 소(牛) 기타 가축을 난살(亂殺)하였으며 폭도의 있는 곳을 안다고 안내한 양민을 안내처에 폭도가 없으면 총살하고 말았다. 또 매일 한 사람이 한 사람의 폭도를 체포해야 한다는 등 부하에 대한 애정도 전연 없었다.
> 박 대령을 암살하고 도망할 기회도 있었으나 30만 도민을 위한 일이므로 그럴 필요도 없었다. 나 하나의 생명이 30만의 도민을 위한 것이며 3천만 민족을 위한 것인 만큼 달게 처벌을 받겠다.

(2) 특히 직접 박진경 연대장을 저격한 손선호 하사는 "3천만을 위해서는 30만 제주도민을 다 희생시켜도 좋다, 민족상잔은 해야 한다고 역설하여 실제 행동에

---

190 제주4·3사건진상규명및희생자명예회복위원회, 앞의 책, p.227

191 위의 책, pp.218~219

있어 무고한 양민을 압박하고 학살하게 한 박 대령은 확실히 반민족적이며 동포를 구하고 성스러운 우리 국방경비대를 건설하기 위하여는 박 대령을 희생시키는 수밖에 없다고 생각하였다”고 진술했다.[192]

(3) 이 같은 손선호의 주장은 박진경 연대장의 참모였던 임부택(林富澤) 대위의 증언과도 비슷하다. 임 대위는 재판정에서 ‘①조선민족 전체를 위해서는 30만 도민을 희생시켜도 좋다 ②양민 여부를 막론하고 도피하는 자에 대하여 3회 정지 명령에 불응자는 총살하라’는 박진경 연대장의 명령에 대해 진술했다.[193]

(4) 박진경 연대장이 무모한 강공작전을 폈다는 주장은 그가 연대장 취임식 때 “폭동사건을 진압하기 위해서는 제주도민 30만을 희생시키더라도 무방하다”고 발언했다는 전임 연대장의 증언과 맞물려 더욱 증폭되고 있다.[194]

다. 김익렬 연대장 회고록의 관련 내용

김익렬 연대장의 회고록에 따르면, “연대장 이취임식 자리에서 박진경 연대장은 취임인사중 결정적인 실수를 저질렀다”고 기술하고 있다. 실언의 내용은 대략 다음과 같은 것이었다.[195]

---

192 위의 책, p.227

193 위의 책, p.219

194 위의 책, p.218

195 제민일보 4·3취재반, 4·3은 말한다2, pp.345~346에서 재인용

우리나라 독립을 방해하는 제주도 폭동사건을 진압하기 위해서는 제주도민 30만명을 희생시키더라도 무방하다. 이것은 목적을 위해서는 수단과 방법을 가리지 않겠다. 다시 말해서 초토작전을 감행하겠다는 의지의 발표였다.

라. 제주도인민유격대투쟁보고서에 기록된 박진경 암살 관련 기록

(1) 제주도인민유격대투쟁보고서에 따르면[196],

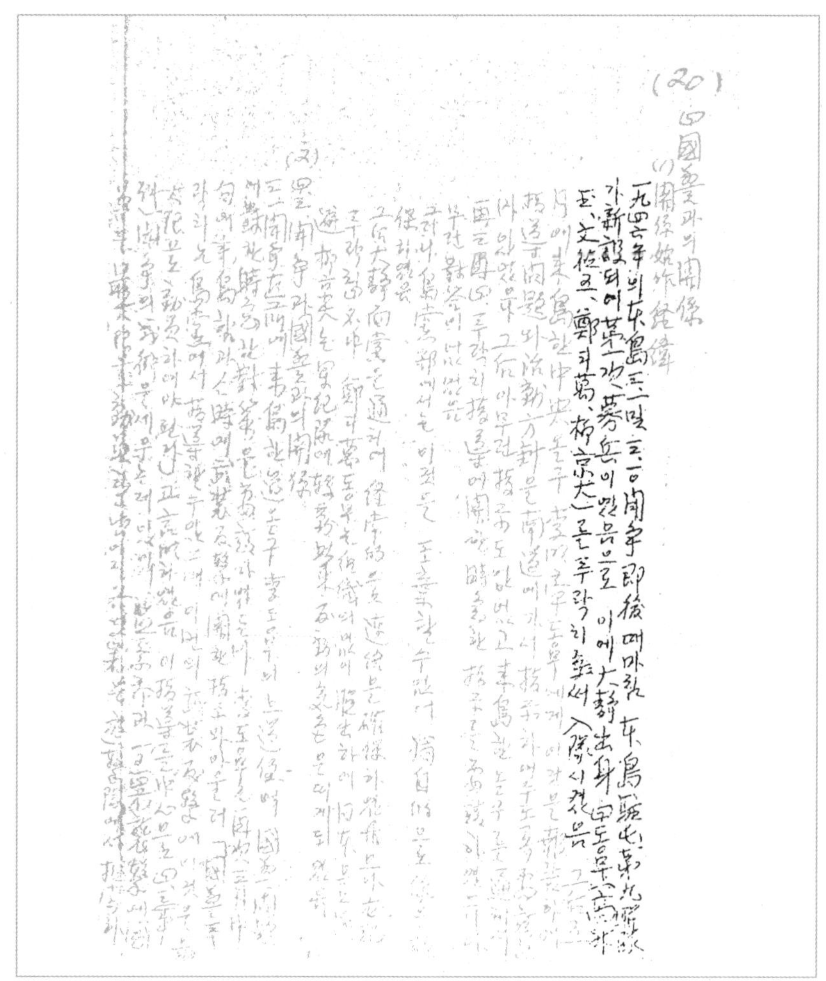

---

196 문창송, 앞의 책, 제주도인민유격대투쟁보고서 영인본 p.108, 본서 p.137, p.187 참조

"1946년의 본도 3·1투 직후 때마침 본도 주둔 제9연대가 신설되어 제1차 모병이 있음으로 이에 대정 출신 4동무(고승옥, 문덕오, 정두만, 류경대)를 프락치로써 입대시켰음"이라고 가록하고 있다.

(2) 제주도인민유격대투쟁보고서[197], 에는

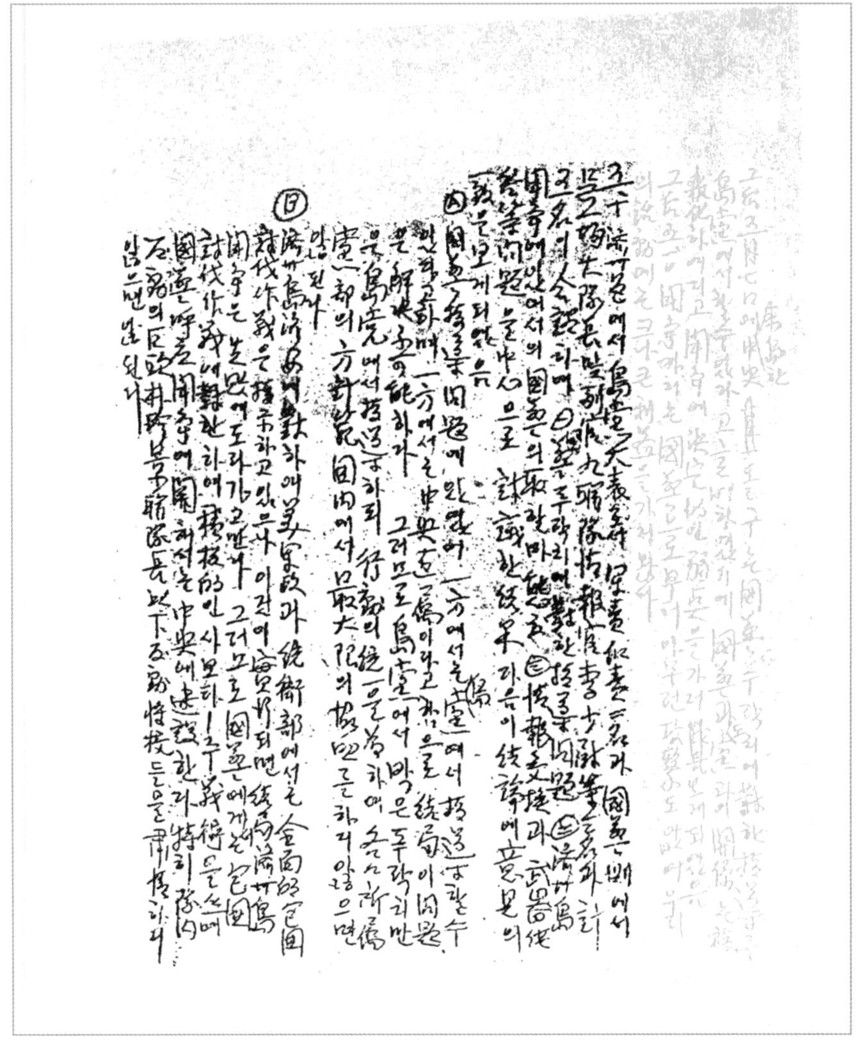

197 위의 책, p.105, 본서 p.140, pp.189~190 참조

5·10 제주읍에서 도당(島黨) 대표로서 군책(軍責), 조책(組責) 2명과 국경측 에서 오일균대대장 및 부관(副官) 9연대 정보관 이소위 등 3명 외 계 5명이 회담하여

㉠. 국경 프락치에 대한 지도 문제

㉡. 제주도 투쟁에 있어서의 국경이 취할 바 태도

㉢. 정보 교환과 무기 공급 등 문제을 중심으로 토의한 결과 다음이 결론에 의견의 일치을 보게 되었음.

Ⓑ. 제주도 치안에 대하여 미군정과 통위부(統衛部)에서는 전면적 포위 토벌 작전을 지시하고 있으나 이것이 실행되면 결국 제주도 투쟁은 실패에 돌아가고 만다. 그러므로 국경에게서는 포위 토벌 작전에 대한하여 적극적인 사보타-주 전술을 쓰며 국경 호응 투쟁에 관해서는 중앙에 건의한다. 특히 대내(隊內) 반동의 거두 박진경 연대장 이하 반동 장교들을 숙청하지 않으면 안 된다.

라고 기록하고 있다.

(3) 제주도인민유격대투쟁보고서[198] 에는

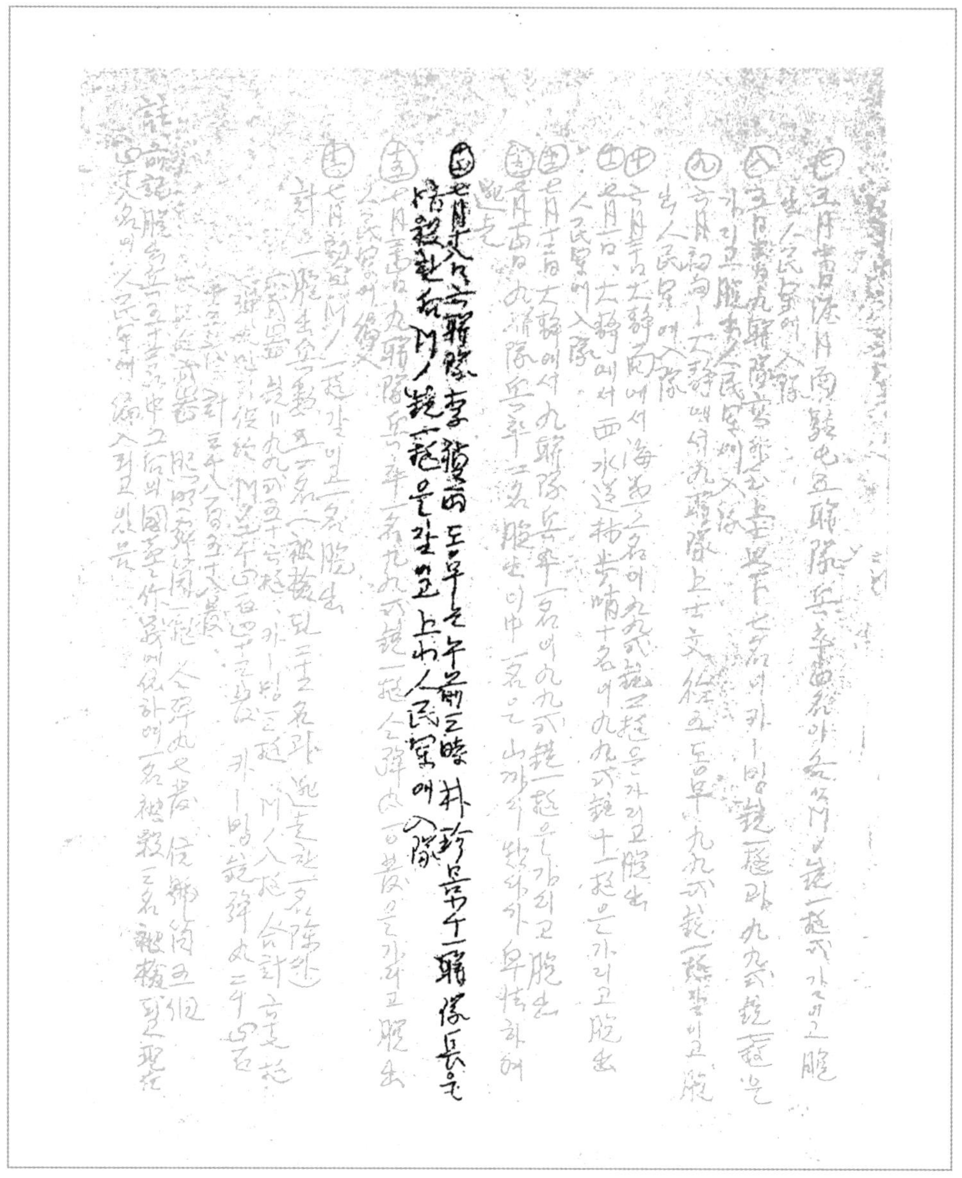

---

198 위의 책, p.103, 본서 p.142, p.191 참조

⑭. 7월 18일 6연대 이정우(李禎雨)동무는 오전 3시 박진경 11연대장을 암살한 후 M1 소총 1정을 갖이고 상산(上山) 인민군에 입대하였다. 라고 기록하고 있다.

(4) 제주도인민유격대투쟁보고서[199] 에는

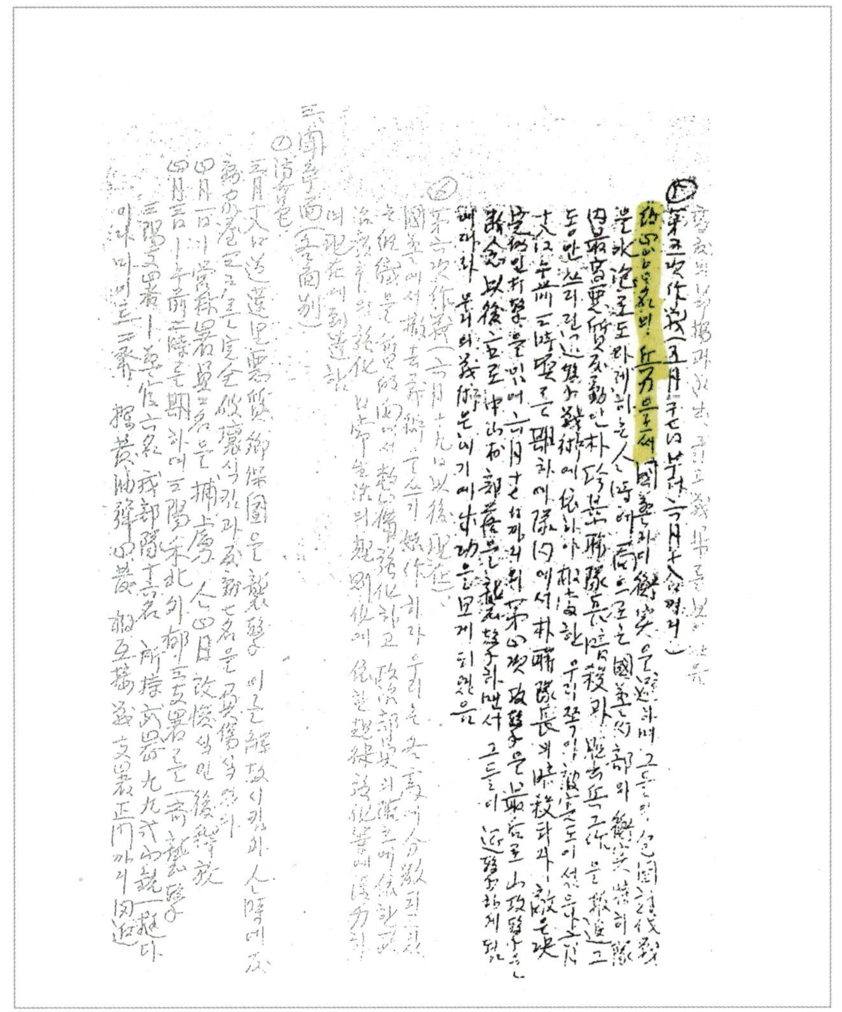

---

⑤ 제5차 작전(5월 27일부터 6월 18일까지)약 4000명의 병력으로써 국경과의 충돌을 피하며 그들의 포위 토벌전을 수포로도라가게 하는 동시에 일면으로는 국경 내부의 충돌 특히 대내 최고 악질 반동인 박진경 연대장 암살과 탈출병 공작을 추진 그 동안 쓰라린 퇴격전술 에 의하여 상당한 우리 쪽의 피해도 이썼으나 6월 18일 오전 3시경을 기하여 대내에서 박연대장이 암살되자 적은 결정적인 타격을 입어 6월 17일까지의 제4차 공격을 최후로 산 공격을 단념 이후 주로 중산촌 부락을 습격하면서 그들이 퇴격하게 됨에 따라 우리의 전술은 여기에 성공을 보게 되었다.

라고 기록하고 있다.

마. 평가

(1) 제주4·3사건진상조사보고서는 박진경 연대장 암살범 손선호를 두 번이나 등장시켜서 비교적 상세하게 암살이유를 대변하고 있다. 손선호는 대구폭동에 가담했다가 경찰의 추적을 피하여 대구 6연대에 제3기로 입대하였다. 위생병 교육을 받기 위해 1948년 3월 부산 5연대에 파견되었다가 4월 20일 2대대의 제주도 출동시 위생병으로 편입되어 제주도에 왔다.[200]암살후 현장을 은밀하게 이탈했던 손선호는 이후 사건 수사가 시작되자 범행 현장에 위생병으로 나타나 시체를 매만지며 애절하게 눈물을 흘렸다고 한다.[201]

그의 법정 진술 내용을 보면,

---

200   나종삼·박철균, 앞의 책, p.304
201   조남수, 4·3진상, 월간관광제주, 제주, 1989. p.72

우리가 화북이란 부락에 갔을 때 15세 가량 되는 아이가 그 아버지의 시체
를 껴안고 있는 것을 본 박대령은 무조건하고 그 아이를 쏘아 넘어트리었다.
5월 1일은 오라리라는 부락에 출동하였을 때, 수많은 남녀노소의 시체를 보
았는데, 조사해본 결과 나는 경찰의 비행에서 나온 것을 알았다~~ 후략.[202]

위 진술내용은 1948년 8월 14일 진행된 재판에서 손선호가 진술한 내용으로서, 제
주4·3사건진상조사보고서에서는 누락된 내용이다. 그런데 박진경 연대장은 1948년 5
월 6일 연대장으로 부임하였으므로, 5월 1일은 박진경 연대장이 제주에 부임하기 이전
이다. 손선호는 사실관계에 대한 기억도 명확하지 않은 것으로 판단된다. 그리고 대개
의 형사사건에서 피의자가 하는 변명을 온전히 신뢰하기는 어렵다고 보는 것이 평균적
인 사람들의 생각일 것이다. 군인으로서 상관을 살해한 피의자의 주장을 4·3사건진상
조사보고서에서는 두 번씩이나 장황하게 인용하는 저의가 의심스럽다.

그리고 이는 제주도인민유격대투쟁보고서 상에서 박진경 연대장 제주도 부임 직후
인 1948년 5월 10일부터 암살모의가 있었고, 그 배경에는 박 연대장의 '무장대에 대한
전면적 포위 토벌작전을 지시'한 때문이며, 6월 18일 암살 이후에는 국방경비대를 퇴
격하게 되어 전술적으로 성공하였다고 기술하고 있는 부문과 완전히 배치된다.

(2) 김익렬 회고록에는, 소위 연대장 취임식에서 제주도민 30만명 희생설을 주장하
고 있고, 범인에 대해서는 "만취하여 취침 중인 그를 연대장 숙소 근무병(당번병)이
M-1 소총으로 사살하고 자수하였다"고 기록하고 있다.[203]

---

202 신상준, 제주4·3사건4, p.62

203 김익렬, 실록유고 4·3의 진실, (제민일보 4·3취재반, 4·3은 말한다2, p348)에서 인용

연대장에게 총격을 가한 손선호는 당번병이 아닌 위생병이었고, 9연대내 남로당 프락치 9명이 모의하여 실행한 범행이었으며, 사건직후 군·경은 물론 미군 CIC(방첩대), CID(범죄수사대) 요원들이 투입되어 정밀한 수사 끝에 사건전모를 밝혀낸 것이지, 자수에 의해 범인이 검거된 것이 아니다.

그리고 1947년 9연대에 입대하여 근무하였던 한성택 예비역 소령은 다음과 같이 증언하고 있다.

> "그 당시에 워낙 바빠서 장병들 모아놓고 취임식 할 겨를도 없었습니다.
> 그리고 박진경 연대장님은 정말 인격자이셨어요. 사병인 우리들 한테도 절대
> 로 반말을 쓰는 법이 없었습니다"[204]

따라서 박진경 연대장과 교체후 즉시 제주도를 떠났고, 그후 5년간 제주도를 방문하지 않았던 김익렬 연대장의 '박진경 연대장 제주도민 30만명 희생설'관련 주장은 근거가 매우 희박하다.

(3) 임부택 대위 증언의 진위
　　제주4·3사건진상조사보고서에 의하면,

> 이같은 손선호의 주장은 박진경 연대장의 참모였던 임부택(林富澤) 대위의
> 증언과도 비슷하다. 임 대위는 재판정에서 '①조선민족 전체를 위해서는 30만
> 도민을 희생시켜도 좋다 ②양민 여부를 막론하고 도피하는 자에 대하여 3회
> 정지명령에 불응자는 총살하라'는 박진경 연대장의 명령에 대해 진술했다.[205]

204　한성택 예비역 소령, 서귀포시 동홍동 거주, 2025. 12.28 필자와의 면담

205　제주4·3사건진상규명및희생자명예회복위원회, 제주4·3사건진상조사보고서, p.219

　　라고 주장함으로써, 소위 '30만명 희생설'을 임부택 대위가 직접 재판정에서 주장한 것처럼 설명하고 있다.

　　그러나 당시 한성일보 보도내용[206]을 보면

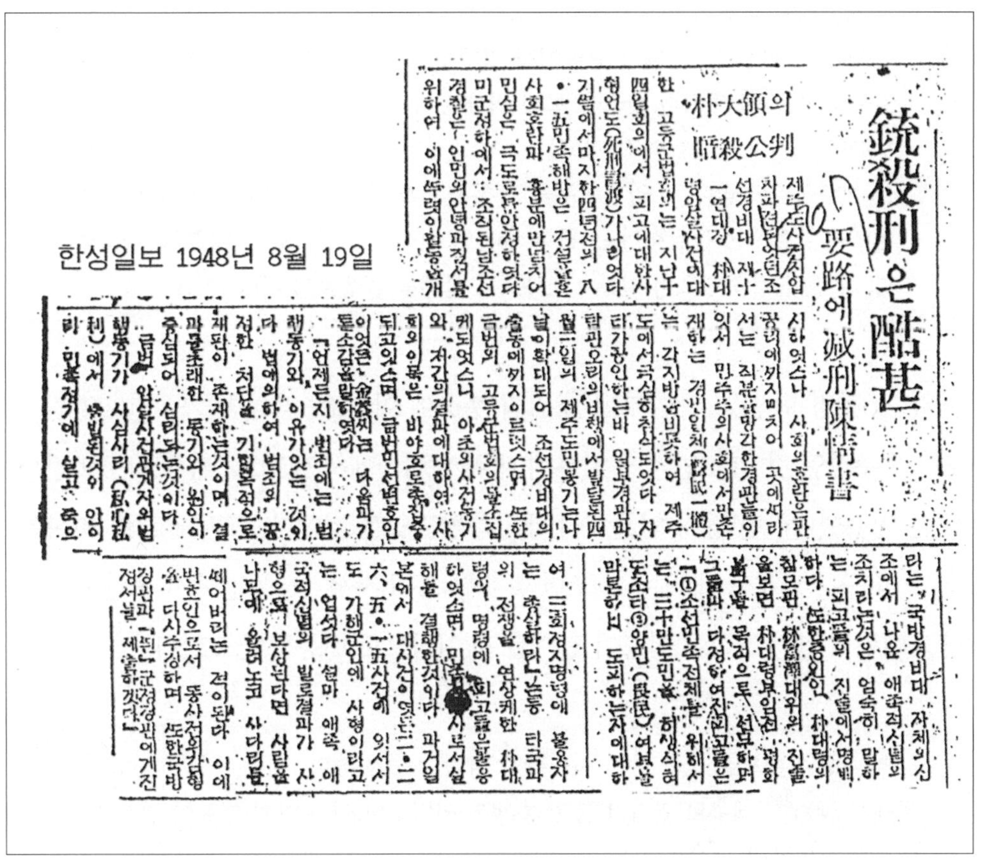

총살형은 혹심/요로에 감형 진정서/박대령의 암살공판 : 제주도사건 진압

206　한성일보, 1948.8.19 제주4·3사건진상규명및희생자명예회복위원회, 제주4·3사건료집2, 금성문화사, 서울, 2003. p.196, p.433

차 파견되었던 조선경비대 제11연대장 박대령 암살사건에 대한 고등군법회의
는 지난 14일 피고에 대한 사형언도가 내리었다. ~중략~

　애초의 사건 동기와 저간의 결과에 대하여 사회의 이목은 바야흐로 총집
중되고 있으며 금번 민선변호인이었던 김양(金養)씨는 다음과 같이 소감을
말하였다.

　"언제든지 범죄에는 범행동기와 이유가 있는 것이다. 금번 암살사건 관계
자의 범행동기가 사심사리(私心私利)에서 출발된 것이 아니라 민족정기에 살
고 죽으라는 국방경비대 자체의 신조에서 나온 애족적 신념의 조치라는 것은
엄숙히 말하는 피고인들의 진술에서 명백하다. 또한 증인인 박대령의 참모인
임부택(林富澤) 대위의 진술을 보면 박대령 부임 전 평화복구를 목적으로 선
무하며 그들과 다정하여진 피고들은 '①조선민족전체를 위해서는 30만 도민
을 희생시켜도 좋다. ②양민여부를 막론하고 도피하는 자에 대하여 3회 정지
명령에 불응자는 총살하라'는 등 타국과의 전쟁을 연상케한 박대령의 명령에
피고들은 불응하였으며 민족□·□사로서 살해를 결행한 것이다"

　소위 '30만명 희생설'은 임부택 대위의 주장이 아니고, 암살범들의 변호인인 김양
변호사의 주장인 것이다. 만약에 임부택 대위가 법정에서 실제로 '제주도민 30만명 희
생설'을 인정했더라면 당시 언론에서 대서특필되었을 것이다. 그러나 그런 기록은 전
혀 없다. 더구나 임부택 대위는 1996년 발행한 그의 저서, 「낙동강에서 초산까지」에서
박진경 대령의 암살 소식에 친형이 전사한 것 이상으로 비통했다고 한다.

　박대령의 비보를 들은 나는 비통함을 형언할 수 없었다. 제주 폭동을 진압하기
위해서 함께[207] 제주로 왔다가 불귀의 객이 되었으니 이는 마치 친형이 전사한 것
이상으로 비통했다.[208]

207　박진경 대령과 임부택 대위는 1948년 5월 6일부로 제주도에 부임했다.

208　임부택, 낙동강에서 초산까지, 그루터기, 서울, 1996, p.40

더군다나 김양 변호사는 포고령 2호 위반으로 구속되었던 경력[209]이 있고, 당시 신문 보도에 의하면, "1950년(단기 4283년) 11월 20일 서울지방변호사회에서 부역혐의 또는 행방불명을 이유로 제명처분을 받은 것"으로 확인되고 있다.[210] 이는 김양 변호사가 북한 인민군이 서울 점령 당시에, 인민군에 부역을 하였거나 인민군이 서울에서 퇴각할 때 자진 월북했음을 의미하는 것으로서 김양 변호사는 남로당과 깊은 관계를 맺고 있었음을 시사하는 대목이다.

---

[209] 조선일보, 1948.9.22

[210] 조선일보, 단기 4283.11.22

단기 4283년 11월 22일 자 조선일보는 다음과 같이 보도하고 있다.

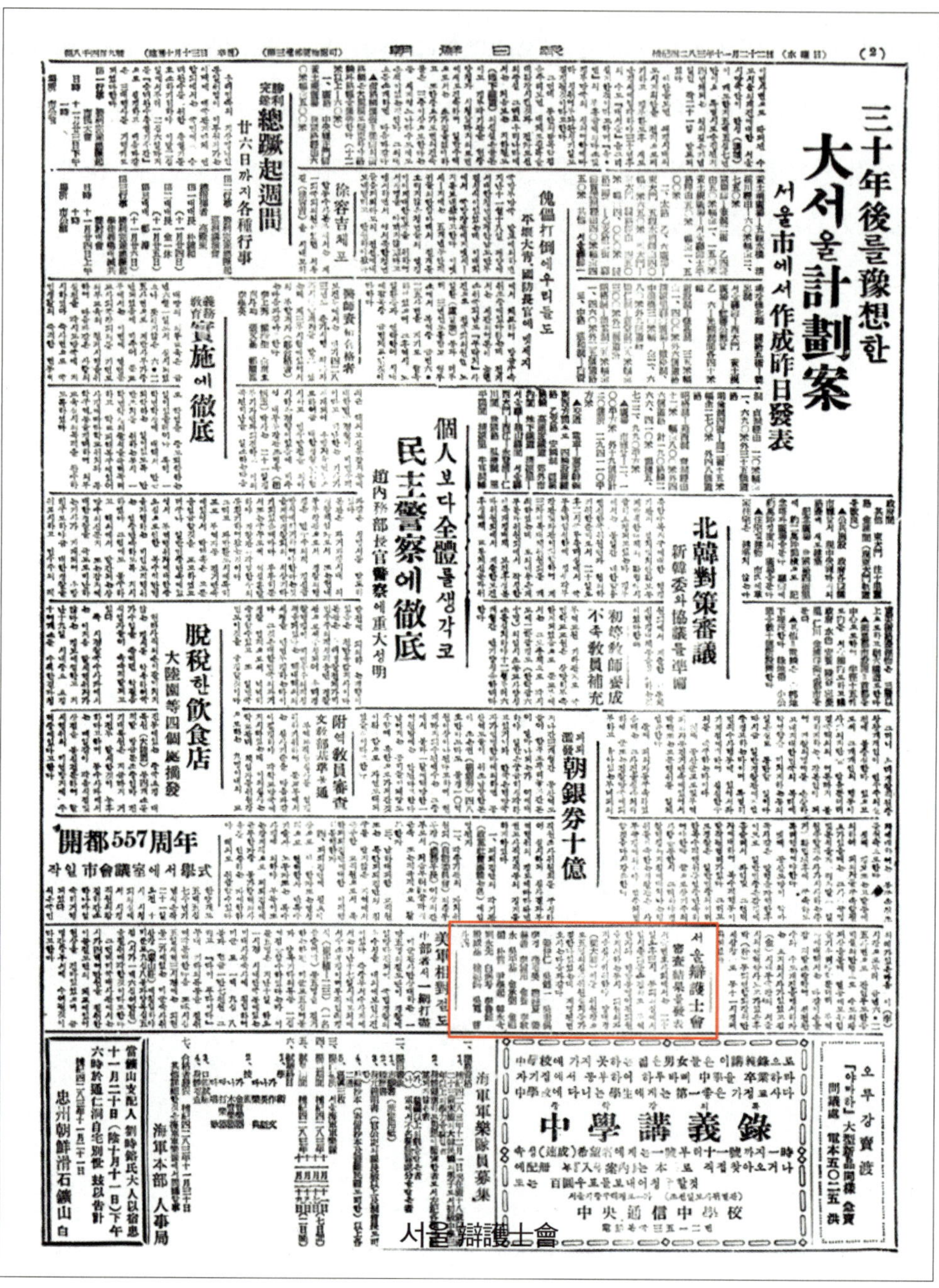

審査結果를 發表

서울 변호사회에서는 二十日 오후 三시 동회의실에서 임시총회를 소집하고 부역한 자와 행방불명이 된 자를 제외하는 동시 회원의 자격을 심사키 위하야 양대경(梁大卿)씨를 위원장으로 5명의 심사위원 설치를 가결한 바 있었는데 제명된 변호사는 다음과 같다.

姜仲仁, 吳健一, 吳圭錫, 李경, 張진昊, 趙健夏, 姜赫善, 李鍾用, **金養**, 李敎永, 吳平基, 金承弼, 金相權, 朴哲, 尹學起, 韓永욱, 劉永先, 白錫황, 李魯鉉, 殷成基, 徐範錫, 吳寬, 曹斗錫

Ⅳ. 결론

박진경 대령 추모비 옆에 세운, 소위 바로 세운 진실 안내판은 2003년 제주 4·3사건 진상규명및희생자명예회복위원회가 펴낸 제주 4·3사건진상조사보고서를 토대로 작성되었다.

김익렬 연대장의 해임 후, 후임으로 부임한 당시 박진경 제9연대장은 1948년 5월 15일 자로 총 4개 대대, 15개 중대로 확대 개편된 제11연대장으로 보직변경 되었으며, 도민중 상당수가 각 마을에 있는 남로당 세포들의 영향으로 무장대에 협조하고 있는 상황으로 판단하고, 이를 분리하기 위한 수색과 검거, 심사, 석방(또는 처벌) 등의 절차를 밟는 등 매우 효과적인 작전 전개를 한 것으로 보인다. 그가 제주에서 연대장으로 재임한 기간은 1948년 5월 6일부터 6월 18일까지 고작 43일에 불과하며, 기간중 국방경비대의 작전으로 희생된 사람은 25명으로 파악된다.

암살의 동기가 되었다고 주장하는 소위 '제주도민 30만 명 희생설'은 위에서 살펴본 여러 증거나 증언들을 종합적으로 검토해 볼 때 설득력이 떨어진다. 박진경 연대장에 씌워진 '제주도민 30만명 희생설'의 프레임은 삼인성호(三人成虎)의 고사성어를 떠올리게 한다. 하루빨리 수정되어야 할 것이다.

특히, 필자는 다음의 제주4·3사건진상조사보고서 내용에서 한없는 분노가 치밀어 오름을 금할 수 없다. 도대체 이게 어느 나라에서 만든 정부의 공식문서인가?

> 이처럼 중산간 마을을 누비고 다니면서 불과 한 달 사이에 수 천명의 '포로'를 양산해 낸 박진경 연대장의 작전은 주민들을 더욱 산으로 도망치게 했고, 자신은 암살당함으로써 사태 해결에 도움을 주기는커녕 더욱 악화시키는 계기가 되었다.[211]

박진경 연대장을 암살한 사람은 마치 민족의 영웅이라도 된 듯, 살해의 동기를 두 번씩이나 장황하게 소개하여 변명케 하고, 억울하게 순국하신 분에 대하여는 '암살당함으로써 사태를 더욱 악화시켰다'니 이 무슨 해괴한 억지 논리란 말인가?

거기다가 제주도는 박진경 연대장 추도비 옆에 전혀 진실되지 않은, 잘못된 정보를 바탕으로 작성된 「바로 세운 진실 안내판」을 세우고 있으니, 현대판 부관참시나 다름없는 행태라 할 것이다.

---

[211] 제주4·3사건진상규명및희생자명예회복위원회, 제주4·3사건진상조사보고서, p.221

제6장

평화회담과 오라리 방화사건

I. 제주4·3사건진상조사보고서와 김익렬 회고록 내용

4·3사건진상조사보고서에는 "4월 28일 김익렬 연대장과 무장대 총책 김달삼 간의 평화협상은 이런 과정을 겪으며 추진되었다. 이 평화협상은 제주 4·3사건의 전개 과정에 있어서 매우 중요한 갈림길이었다. 협상이 실패로 돌아감에 따라 유혈사태가 벌어졌고, 후에 김익렬 연대장이 곤욕을 치르기도 했다"[212]라고 소개하고 있다.

김익렬 회고록을 통해 본 협상의 전말은 다음과 같다[213]. 김익렬 연대장은 1948년 4월 28일 정오 대정면 모슬포 연대본부를 떠나 회담장소인 대정면 구억리로 가서 김달삼을 만났다. 김익렬은 우선 김달삼에게 "제9연대가 지금까지는 전투를 개시하지 않았지만, 군대는 개인의 뜻에 관계 없이 명령만 내리면 복종하고 전투를 한다"며 회담이 결렬되면 곧 전투가 벌어질 것임을 알렸다. 김익렬과 김달삼은 우여곡절 끝에 다음과 같은 합의를 보았다. 그것은 ①72시간 내에 전투를 완전히 중지하되 산발적으로 충돌이 있으면 연락미달로 간주하고, 5일 이후의 전투는 배신행위로 본다. ②무장해제는 점차적으로 하되 약속을 위반하면 즉각 전투를 재개한다. ③무장해제와 하산이 원만히 이뤄지면 주모자들의 신병을 보장한다는 것이었다. 김익렬 연대장은 4시간에 걸친 협

---

212 위의 책, p.192

213 제민일보 4·3취재반, 4·3은 말한다2, pp.345-346에서 재인용

상을 성공적으로 끝내고 밤늦게 제주읍으로 건너와 맨스필드에게 보고하자 맨스필드는 큰 만족감을 표했으며, 자신이 요청한 대로 전경찰에 대해 지서 밖 외부에서의 활동을 일체 금하도록 명령을 내렸다고 밝혔다.

이어서 김익렬 회고록에서는 다음과 같이 기술한다[214].

> 폭도들은 약속대로 대정·중문면 일대에서는 그날로 즉각 전투중지하고 점차적으로 서귀포·한림·제주읍에 이르는 일대에서도 전투를 완전히 중지해 나갔다. 다만 조천면 관내 몇 곳에서 소규모의 전투가 있었으나 그것도 곧 중지되어 오래간만에 제주도는 총소리가 그치고 평온을 되찾았다.

그러나 협상 사흘 만인 5월 1일 우익청년단이 제주읍 오라리 마을을 방화하는 세칭 '오라리 사건'이 벌어지고, 5월 3일에는 미군이 경비대에게 총공격을 명령함에 따라 협상은 깨어졌고, 이후 제주 4·3사건은 걷잡을 수 없는 유혈충돌로 치닫게 되었다.[215]

이 사건은 제주읍 중심에서 약 2㎞가량 떨어진 오라리 연미 마을에 우익청년단원들이 대낮에 들이닥쳐 10여 채의 민가를 태우면서 시작됐다. 오라리에서는 4·3 무장봉기 이래 무장대와 경찰로부터 각각 죽임을 당하는 인명 희생사건이 몇 차례 발생했다. 4월 29일에는 오라리 마을의 대동청년단 부단장과 단원이 납치된 후 행방불명 되었고, 4월 30일에는 동서간인 대청단원의 부인 2명이 납치됐는데 두 여인 중 한 명은 맞아 죽고 한 명은 가까스로 탈출해 이 사실을 경찰에 알렸다.

---

214 위의 책, p.331
215 제주4·3사건진상규명및희생자명예회복위원회, 제주4·3사건진상조사보고서 p.198

　오라리 방화사건은 5월 1일 벌어졌다. 오전 9시경 전날 무장대에게 살해된 여인의 장례식이 열렸다. 마을 부근에서 열린 장례식에는 경찰 3~4명과 서청·대청단원 30여 명이 참여했다. 매장이 끝나자 트럭은 경찰관 만을 태운 채 돌아갔고 청년단원들은 그대로 남았다. 그중에는 오라리 출신 대청단원도 포함돼 있었다. 이들은 오라리 마을에 진입하면서 좌파활동을 한 것으로 알려지고 있는 사람들의 집들을 찾아다니며 5세대 12채의 민가를 불태웠다. 우익 청년단원들이 민가에 불을 지르고 마을을 벗어 날 무렵인 오후 1시경, 무장대 20명 가량이 총과 죽창을 들고 청년들을 추격했다. 청년단이 급히 피해 이 과정에서 인명피해는 없었지만, 이 시각을 전후해 마을 어귀에서 이 마을 출신 경찰관의 어머니가 피살 되었다.[216]

　그런데 이 오라리 방화사건은 미군 촬영반에 의해 입체적으로 촬영됐다. 미군 비행기에 의해 불타는 오라리 마을이 공중에서 찍혔는가 하면, 지상에서는 오라리로 진입하는 경찰기동대의 모습이 함께 촬영되었다. 긴박하게 돌아간 당시의 상황들이 촬영됐다는 것은 미리 준비하고 있었음을 말해준다. 이 무성영화의 필름은 미국립문서기록관리청(NARA)에 보관돼 있는데 제주 4·3 사건의 초기상황을 다룬 유일한 영상기록으로 알려져 있다. 필름의 제목은 '제주도의 메이 데이(May Day on Cheju-Do)'로서 존 메릴의 논문 제주도 반란에도 그 내용이 소개되어 있다. 미군은 이 영화를 통해 오라리 방화사건이 무장대 측에 의해 저질러진 것처럼 편집해 놓았다. 따라서 이 영화는 강경 진압의 명분을 얻기 위한 목적에서 제작된 것으로 보인다. 이는 이미 그 시점에 미군의 강경책이 결정돼 있었다는 점을 시사해준다.[217]

216　위의 책, p.199
217　위의 책, p.200

Ⅱ. 제주도인민유격대 투쟁보고서의 관련 내용

제주도인민유격대투쟁보고서에 의하면,[218]

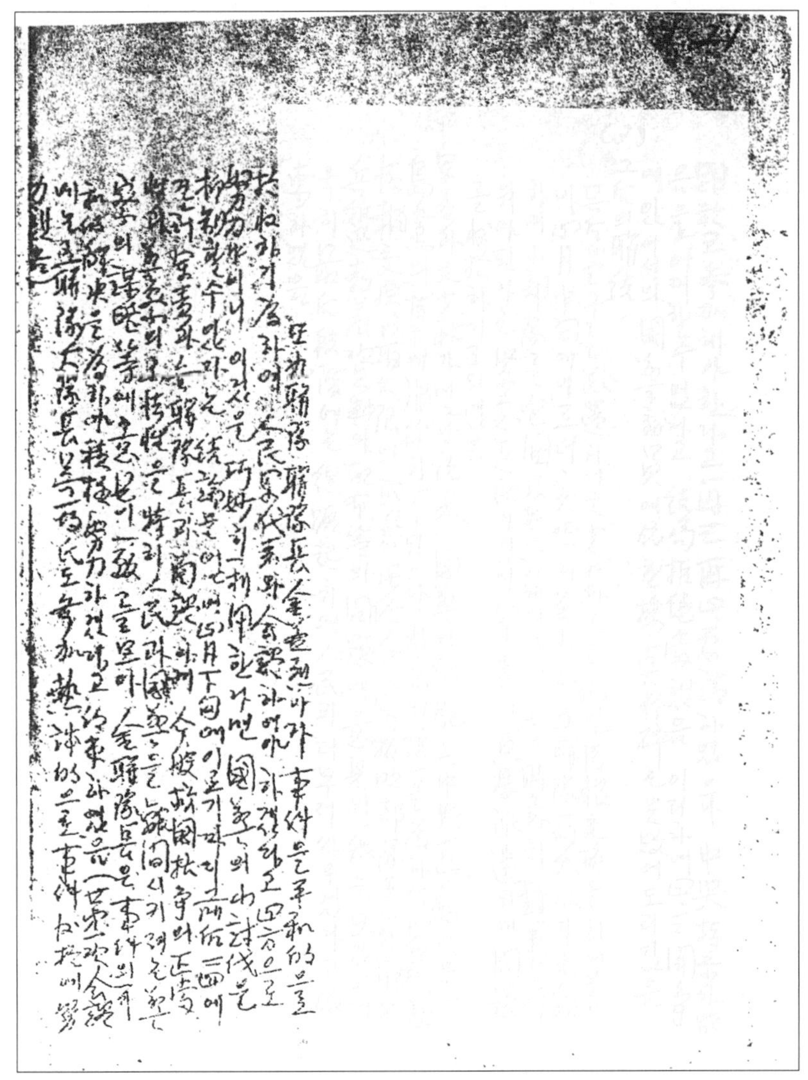

---

218 문창송, 앞의 책 p.106, 본서 p.139, p.189 참조

(한문) 九聯隊 聯隊長 金益烈이가 事件을 平和的으로 收拾하기 爲하여 人民軍代表와 會談하여야 하겠다고 四方으로 努力 中이니 이것을 巧妙히 利用한다면 國警의 山討伐을 抑制할 수 있다는 結論을 얻어 四月 下旬에 이르기까지 前后 二回에 걸쳐 軍責과 金聯隊長과 面談하여 今般 救國抗爭의 正當性과 警察의 不法性을 特히 人民과 國警을 離間시키려는 警察의 謀略 等에 意見이 一致를 보아 金聯隊長은 事件의 平和的 解決을 爲하여 積極 努力하겠다고 約束하였음(第一次 會談에는 五聯隊 大隊長 吳一均氏도 參加 熱誠的으로 事件 收拾에 努力했음)

(한글) 9연대 연대장 김익렬이가 사건을 평화적으로 수습하기 위하여 인민군대표와 회담하여야 하겠다고 사방으로 노력 중이니 이것을 교묘히 이용한다면 국경의 산 토벌을 억제할 수 있다는 결론을 얻어 4월 하순에 이르기까지 전후 2회에 걸쳐 군책과 김연대장과 면담하여 금반 구국항쟁의 정당성과 경찰의 불법성을 특히 인민과 국경을 이간시키려는 경찰의 모략 등에 의견이 일치를 보아 김 연대장은 사건의 평화적 해결을 위하여 적극 노력하겠다고 약속하였음(제1차 회담에는 5연대 대대장 오일균씨도 참가 열성적으로 사건 수습에 노력했음)

이라고 기록하고 있다

Ⅲ. 미군 정보보고서 내용

가. 미 육군 6사단 정기보고서[219]

1. 사보타주

제주읍 - 1948년 5월 1일 오전 제주읍과 하귀리를 연결하는 전화선이 절단됐다.

2. 테러리즘

토평리 - 1948년 5월 1일 오후 1시 마을 선거관리 위원장이 신원미명의 기습자들에게 칼에 찔려 죽었다. 경찰이 사건을 조사중이다.

3. 민간인 소요

오라리 - 1948년 5월 1일 오후 3시 30분 경찰이 도착하자 마을을 기습하던 폭도들이 도주했다. 경찰은 마을에서 살해된 남자 2명과 목이 매인 채 숨져있는 여자 1명, 칼에 찔려 죽은 여자 1명의 시신을 발견했다.

나. 주한미육군 사령부 주간보고서[220]

(중략)

1948년 4월, 5월, 6월의 정보요약

4월 3일 - 제주도에서 심각한 폭동 발생

4월 8일 - 제주도 폭동으로 3일 이래 19명(경찰 4명, 우익인사 12명, 공산주의자 3명)이 살해되고, 21명(경찰 5명, 우익인사 16명)이 부상 당했으며, 경찰 3명, 우익인사 4명이 행방불명됨

5월 1일 - 미군 가족 8명이 새로운 기습이 시작되자 제주도를 탈출

5월 2일 - 제주도에서 메이데이 폭력으로 6명 사망

(후략)

---

219 6TH Infantry Division, USAFIK, G-2 정기보고서, 1948.5.1(no.925)

220 HQ USAFIK, G-2 주간보고서,1948.7.16(no.148)

Ⅳ. 분석

가. 김익렬 기고문과의 비교 분석

김익렬 전 9연대장은 1948년 8월 6~8일 국제신문(당시 산업신문) 기고를 통해 반란군 지휘자 김달삼과의 회견 과정을 기록했다. 8월 8일 자 기고내용은 다음과 같다.

> 내가 경비대에 돌아온 것은 오후 4시가 지난 다음이었다. 대원들은 내가 살아 돌아옴을 기뻐하는 것은 말할 것도 없지만은 내 자신도 기쁘기 한량 없었다. 그러나 그날 밤부터 시작한 작전회의와 최고부의 명령은 놀랄만한 것이었다. 이제는 반란군의 근거지를 알았으니 곧 총공격을 개시하라는 것이었다. 나와 김달삼과의 회견은 하나의 전략적인 것이라고 최고부에서는 말하였다. 나는 그 의도는 전략적이었으나 이 사건의 평화로운 해결을 위하여 또한 유일한 방법이라는 것을 주장하였으나 나의 의견은 통과를 보지 못하고 그날 밤부터 총공격은 개시되었고 반란군도 상당한 기세로 대전하여 왔으며 모슬포에 있는 나의 가정에는 이날 밤부터 폭탄이 들어오기 시작하였으며 누구인지는 모르지만은 동네 부녀자로 생각되는 여인들은 물동이에다 '다이나마이트'를 넣어가지고 돌담 너머로 던지곤하는 것이다.[221]

---

[221] 김익렬 전연대장의 국제신문 기고
https://www.kookje.co.kr/news2011/asp/newsbody.asp?code=0300&key=20190405.99099002182

전술하듯이 김익렬 회고록에서는 협상이 성공하여 제주에 평화가 찾아왔다고 기술하고 있으나, 기고문에서는 "나의 의견은 통과를 보지 못하고 그날 밤부터 총격은 개시되었다"고 밝히고 있다. 기고문과 회고록 중에 어느 쪽이 정확한가를 따지자면 김달삼과 면담 후 3개월도 안 된 시점에 작성된 기고문이 훨씬 신빙성이 높다고 보아야 할 것이다. 반면에 회고록은 김달삼과 면담 후 30여 년 만에 쓰여진 것이다. 정부보고서는 신빙성이 높은 기고문 대신에 신빙성이 훨씬 떨어지는 회고록을 바탕으로 작성된 것이다.

나. 제주도인민유격대투쟁보고서에 나타난 유격대의 의도

전항에서 기술하였듯이[222],

김익렬 연대장은 평화회담이란 목적을 가지고 무장대와의 회담에 임하였는지 모르겠지만, 무장대 측은 '김익렬과의 만남을 이용하여 토벌을 억제하는 데에 목적을 가지고 있었음'이 드러나고 있다.

다. 평화결렬의 원인

4·3사건진상조사보고서에는 "①김익렬 연대장과 김달삼의 4·28 평화회담의 성공으로 평화가 찾아왔으나, ②4·28협상이 실패로 돌아감에 따라 유혈사태가 벌어졌고, ③이는 5월 1일 오라리 방화사건 때문이며, ④미군은 이 영화(May Day in Korea: Cheju-do)를 통해 오라리 방화사건이 무장대 측에 의해 저질러진 것처럼 편집해 놓았다"고 기술하고 있다.

---

222 본서 pp.401~402 참조

(1) 4·28 평화협상의 성공으로 평화가 찾아왔는가?

전술했듯이, 김익렬의 1948년 8월 국제신문 기고문에서는 "나의 의견은 통과를 보지 못하고 그날 밤부터 총격은 개시되었다"고 밝힘으로써 평화협상은 실패였고, 따라서 평화협상의 결과 평화가 찾아왔다는 4·3사건진상조사보고서의 내용은 수정되어야 할 것이다.

(2) 4·28 평화협상이 이전에는 유혈사태가 없었는가?

우선 4·3사건진상조사보고서를 보면, 제주에서는 선거일이 가까워 지면서 선거관리사무소가 습격을 당하거나 선관위원들이 피살당하는 사건이 잇따라 벌어졌다. 4월 중순경에 이르자 선거사무소 습격사건이 시작됐다. 미군보고서는 4월 21일 밤부터 집중적으로 벌어진 선거관련 사건을 이렇게 기록하고 있다.[223]

> ○ 이호리– 48년 4월21~22일의 밤중에 숫자 미상의 사람들이 선거등록 사무소를 기습해 모든 선거기록을 탈취했다.
> ○ 내도리– 48년 4월21~22일의 밤중에 지역구 사무소의 모든 등록기록이 탈취 당했다.
> ○ 동일리– 48년 4월 21일 밤 10시 30분, 정체불명의 사람들이 등록사무소를 기습해 선관위원을 사살하고 모든 선거기록을 탈취해갔다.
> ○ 모슬포– 48년 4월 21일 밤11시, 경찰복장을 한 규모를 알 수 없는 무리들이 경찰지서와 면사무소를 공격했다. 공격자들은 부근 캠프에 있던 경비대에 의해 격퇴됐다. 우익 1명이 죽었다.
> ○ 대 정– 48년 4월 22일, 아마도 앞서 모슬포에서 사건을 저지른 자들과 같은 집단으로 보이는, 경찰복장을 한 무리들이 선관위원을 공격해 죽이고 등록 기록을 탈취했다.[224]

---

223 제주4·3사건진상규명및희생자명예회복위원회, 제주4·3사건진상조사보고서, p.206

224 6TH Infantry Division, USAFIK, G-2 정기보고서, 1948.4.22(no.916)

아울러, 무장대는 4월 3일 새벽 2시경 도내 24개 경찰지서 가운데 제1구(제주)경찰서 관내 삼양 함덕 세화 신엄 애월 외도 조천 한림 화북지서와 제2구(서귀포) 경찰서 관내 남원 대정 성산지서등 12개 지서를 일제히 공격했으며[225], 우익인사 뿐만 아니라 그 가족들까지도 공격, 살해했음은 주지의 사실이다.[226]

이날 하루 동안에만 △경찰=사망 4명, 부상 6명, 행방불명 2명△우익인사등 민간인 =사망 8명, 부상 19명 △무장대=사망 2명, 생포 1명의 인명피해가 발생했다.[227]

이상에서 보듯이 1948년 4월 3일 이래 무장대에 의한 유혈사태가 지속되어 왔고, 이러한 상황은 자신들의 기록인 제주도인민유격대투쟁보고서에서도 자세히 기록되어 있다.

"협상이 실패로 돌아감에 따라 유혈사태가 벌어졌다"[228]는 4·3사건진상조사보고서의 평가는 도대체 무엇을 근거로 작성된 것인가?

(3) 5월 1일 오라리 방화사건으로 평화가 결렬되었는가?

4·3사건진상조사보고서에서는 오라리에서 방화가 있기 직전인 1948년 4월 29일과 30일 무장대에 의해 저질러진 대청단원과 여성들에 대한 납치, 살해 사건에 대해 기술하고 있다. 이 사건들은 미군정이나 국방경비대가 또는 경찰이 무장대를 사주하여 일으킨 사건이 아니다. 그리고 1948년 5월 1일 거행된 장례식을 치르고 나서 울분에 찬

225　제주4·3사건진상규명및희생자명예회복위원회, 앞의 책, p.169

226　위의 책, p.171

227　위의 책, p.173

228　위의 책, p.192

우익 청년들이, 가해자들의 집을 찾아 분풀이 방화를 한 행동에는 상당한 이유가 있다고 보여진다.

그런데 4·3사건진상조사보고서는 4월 28일 평화회담을 한 후 이를 어기고 오라리에서만 4월 29일 과 30일 4명을 납치하여 3명을 살해한 무장대의 잔혹성에 대해서는 애써 외면하고, 5월 1일 분풀이 방화에 대해서는 평화결렬의 원인으로 지목하고 있다. 무장대의 납치와 살인은 평화결렬의 원인이 아니고, 우익 청년단의 방화만이 평화결렬의 원인으로 보는 4·3사건진상조사보고서의 시각을 어떻게 이해할 수 있을까?

(4) 미군은 이 영화(May Day in Korea: Cheju-do)를 통해 오라리 방화사건이 무장대 측에 의해 저질러진 것처럼 편집해 놓았나?

존 메릴 박사의 논문에 의하면 다음과 같이 설명한다.

국방경비대의 탈영사건 이틀 후 윌리엄 딘 장군은 민심을 안정시키고 제주도의 상황을 직접 점검하기 위해 제주도로 날아갔다. '제주도의 메이데이'라는 무성영화는 딘 장군의 방문 당시 제주도의 상황에 대하여 생생하게 전달하고 있다. 본 영화는 불타는 마을의 뒷 편에서 피어오르는 연기가 보이는 섬을 선회하는 비행기의 장면으로 시작한다. 다음 장면에는 무장대의 공격을 가장하여(simulated attack) 들판을 가로질러 진격하는 경찰관들 모습이 나온다. 딘 장군이 미군정 본부, 항구 시설 등을 시찰하는 모습이 이어진다. 카메라는 슬픔에 가득한 여인이 그녀의 마을이 어떻게 무장대에게 공격을 받았는지 국방경비대원들에게 설명하는 모습과 불타는 집들을 비추어준다. 장례용 목관을 짜는 목수를 클로즈업 하기 전에 카메라는 공산주의자들에게 살해당한 남자와 여자의 시체를 보여준다. 그래도 생업은 활발하게 이어진다. 영화는 다른 상공촬영 장면, 이번에는 오라리 마을이 불타는 장면, 국방경비대원들이 불타는 마을로 진격하는 장면 등을 보여주고, 마지막으로 경찰의 강

력한 도로 차단 장면을 보여준다.[229] 딘 장군의 방문 결과, 5월 5일 국방경비
대 추가 대대가 9연대에 증강되어 총 3개 대대의 병력을 갖추게 되었다.

해당 영화에 대한 존 메릴 박사의 설명 그대로, 해당 영화는 딘 장군의 제주도 시찰
에 미군정 당국의 홍보팀이 동행하여 당시의 행적과 상황을 기록한 무성영화에 불과하
다. 4·3사건진상조사보고서는 무엇을 근거로 방화사건이 무장대 측에 의해 저질러진
것처럼 편집하였다고 주장하는 것인가?

⑸ 1948년 4월 28일 평화회담이 성공하여, 무장대에서는 평화를 유지하려고 하였
으나, 5월 1일 오라리 방화사건으로 인하여 평화가 결렬되고 이후 걷잡을 수 없는 유혈
충돌로 이어졌다는 것이 사실이라면, 과연 무장대에서는 평화유지를 위하여 어떤 노력
을 기울었나?

그런데, 제주도인민유격대투쟁보고서의 기록을 보면, 다음과 같이 1948년 5월 1일
제주읍, 대정면, 조천면 등지에서 인명을 살상한 기록들이 있다.

---

229 John Merrill, The Cheju-do Rebellion, pp.169~170 본 무성영화는 4·3평화재단 아카이브에서도 확인가능
(https://www.youtube.com/watch?v=wH7kBkr0Ok4)

5월 1일 – 개 7명, 반동 2명이 화북리 3구에 침입하여 탄압하려는 것을 아
부대원 20명이 포위 도주하는 개들을 추격, 반동 1명 숙청[230]

5월 1일 – 신평리와 영락리에서 각각 반동 1명식 숙청[231]

5월 초순 – 조천리 반동 1명에 부상, 와산 반동 1명 숙청, 그 가옥 1호 소각[232]

(Ⅲ)항에서 기술한 미군측의 정보보고서에 의해서도, 1948년 5월 1일 ①제주~하귀 간 전화선 절단 ②토평리 선관위원장 살해 등이 무장대에 의해 자행되었으며, ③상황의 심각성을 인지한 제주도 거주 미군 가족 8명이 육지부로 피신하고 있음을 볼 때 무장대의 평화 실천 의지에 많은 의문을 던져주고 있다.

무장대가 4·3을 일으킨 이유중 하나는 남한만의 단독정부 수립을 반대하고, 정부수립을 위한 준비절차인 5·10선거를 방해하기 위해서였음은 명백하다.[233] 1948년 5월 10일로 예정된 선거일이 다가오면서 전국의 상황은 혼란 속으로 빠져 들었고, 전국적으로 5·10선거 반대자들에 의한 경찰서 선거사무소 습격이 줄을 이었다.

다른 미군 보고서[234]에 의하면, 5월 7일부터 10일 까지 나흘 동안 제주도에서 모두 29명의 사망자가 발생했는데 이들의 성분을 보면 '△경찰=사망 1명, 부상9명, 실종4명

---

230 본서, p. 211 참조

231 본서, p. 220 참조

232 본서, p. 228 참조

233 2003년 제주 4·3사건진상규명및희생자명예회복위원회가 펴낸 제주 4·3사건진상조사보고서에는, "제주 4·3사건은 1947년 3월 1일 경찰의 발포사건을 기점으로 하여, 경찰·서북청년단의 탄압에 대한 저항과 단선·단정 반대를 기치로 1948년 4월 3일 남로당 제주도당 무장대가 무장 봉기한 이래 1954년 9월 21일 한라산 금족지역이 전면 개방될 때까지 제주도에서 발생한 무장대와 토벌대 간의 무력 충돌과 토벌대의 진압과정에서 수 많은 주민들이 희생당한 사건"이라고 정의되어 있다

234 HQ USAFIK, G-2 일일보고서, 1948.5.10(no.830)

△우익=사망 7명, 부상 3명 △폭도=사망 21명'으로 분류되고 있다.

특히, 미6사단 일일보고서는 5월 10일 하루 동안의 긴박했던 상황을 이렇게 기록했다.

△중문면-48년 5월 10일, 투표소가 기습당해 모든 투표용지가 파괴됐다
△성산면-48년 5월 10일, 투표소가 60명의 집단에 의해 방화됐다.
△제주읍-48년 5월 10일, 다이너마이트 2개가 제주읍사무소 부근에서 폭
　발 했다. 보고된 사상자는 없다.
△제주공항-48년 5월 10일 오전 11시 40분, 약 250명과 50명의 두 집단이
　각각 공 항 남쪽 200야드 지점에서 총격전을 벌였다. 큰 집단은 평범한
　백색깃발을 들고 있었다. 경비대 1개 소대가 그곳에 파견됐으나 큰 집단
　은 노형리쪽으로 사라졌다. 보고된 사상자는 없다.
△표선면-48년 5월 10일, 투표소 1곳이 습격받았다. 2명이 죽고 모든 투
　표용지가 파손됐다.
△구좌면 송당리-48년 5월 10일 오선 11시, 2명이 죽고 1명이 부상 당했으
　며, 가옥7채가 불에 탔다. 자세한 내용은 조사중이다.
△조천면-48년 5월 10일, 14곳의 모든 투표소가 제 기능을 못했다.
△조천면 북촌리-48년 5월 10일 오후 4시, 투표소가 불에 탔다. 모든 투
　표용지가 파손 됐다.
△표선면 가시리-48년 5월 10일, 투표소 피습 때 이장과 학교교장이 피살
　됐다. 교장부인은 부상을 당했다.
△성산면-48년 5월 10일, 투표소 피습 때 4명이 피살됐다. 자세한 내용은
　조사중이다.
△조천면 조천리-48년 5월 10일, 경비대는 심문받던중 탈출을 시도하던
　한 사람을 죽였다. (B-2)
△애월면 신엄리-48년 5월 10일 오후 6시, 한 군정관리는 신엄리 교외에
　서 경비대원 5명을 만났다. 그 경비대원들은 16명의 유격대에 의해 신엄
　리에서 축출당했다고 진술했다. 그 후 밤중에 조사한 결과, 그런 사건은
　발생하지 않았고 유격대가 그 마을에 있지도 않았으며, 그 경비대원 5명
　은 근무이탈했었음이 밝혀졌다. 그 미군고문관은 그 경비대원들을 직위
　해제시킬 것이라고 보고했다.[235]

235　6TH Infantry Division, USAFIK, G-2 정기보고서, 1948.5.10(no.934) 6TH Infantry Division, USAFIK, G-2 정
기보고서, 1948.5.11(no.935)

미군정은 미군과 경비대, 경찰, 향보단까지 총동원하여 선거를 독려했지만 경계가 삼엄했던 제주읍내 중심지를 제외하고는 선거를 제대로 치르지 못했다. 결국, 딘 군정 장관은 5월 26일 '제주도 2개선거구에 대한 선거가 무효임을 선언했다.[236]

라. 소결

김익렬 기고와의 비교 분석으로, '4·28 평화회담의 결과 평화가 찾아왔다'는 4·3진 상조사보고서의 내용은 논리적 타당성이 희박하며, 제주도인민유격대투쟁보고서에서 는 '무장대가 김익렬 연대장과의 회담을 국방경비대의 공격억제를 위해 활용했음'을 스스로 고백하고 있다. 4·3 유혈사태 이후 무장대의 살상 파괴 행위는 지속되었고, 특 히, 4월 28일, 29일의 오라리 납치 살해행위 및 5월 1일 여러 지역에서의 살해, 테러 행 위[237]가 확인되고 있으며, 무엇보다 무장대의 봉기 원인 중의 하나는 '단독선거를 저지' 하는 데 있었으므로, 4·28 평화회담의 성공으로 제주도에서 5·10 총선거가 자유롭게 실시될 수 있도록 과연 무장대가 평화상태를 유지할 수 있었을까 하는 의문이 든다.

48년 4월 10일 인민해방군 제5연대가 발표한 포고령[238]을 보면, 남로당 제주도당은 단독선거를 죽음으로써 반대하고 있기 때문이다.

◎ 布告令(원문)
우리 人民解放軍은 人民의 自由와 權利를 完全히 保障하고 人民의 意思를
代表하는 人民의 나라를 創達하기 爲하야 單選單政을 죽엄으로써 反對하고

---

236 제주4·3사건진상규명및희생자명예회복위원회, 앞의 책, p.212

237 제주도인민유격대투쟁보고서나 미군정보보고서에서 확인되고 있다.

238 월간관광제주, 1989.10, p.194

賣國的인 極惡反動을 完全히 肅淸함으로써 UN 朝鮮委員團을 國外로 모라내고 兩軍을 同時 撤收시켜 外國의 干涉없는 南北統一의 自主的 民主主義 政權인 朝鮮民主主義 人民共和國이 樹立될 때까지 鬪爭한다.

一. 人民解放軍의 目的達成에 全的으로 反抗하고 또 反抗할여는 極惡反動 分子는 嚴罰에 處한다.

一. 人民解放軍의 活動을 妨害하기 爲하야 賣國的인 單選單政을 協力하고 또 極惡反 動을 協力하는 分子는 反動과 같이 取扱함

一. 親日派 民族反逆徒輩의 謀略에 빠진 良心的인 警察官, 大靑員은 急速히 反省하면 生命과 財産을 絕對的으로 保障함

一. 全人民은 人民의 利益을 代表하는 人民解放軍을 積極 協力하라

右와 如히 全人民에게 布告함

四二八一年 四月 十日

解放地區完全地帶에서

人民解放軍第五聯隊

단기 4281년(1948년) 4월 10일 인민해방군제5연대가 살포한 삐라(포고문)

◎ 布告令(한글해석)

우리 인민해방군은 인민의 자유와 권리를 완전히 보장하고 인민의 의사를
대표하는 인민의 나라를 창달하기 위하야 단선단정을 죽엄으로써 반대하고
매국적인 극악반동을 반동을 완전히 숙청함으로써 UN 조선위원회 국외로
모라내고 양군을 동시 철수시켜 외국의 간섭없는 남북통일의 자주적 민주주
의 정권인 조선민주주의 인민공화국이 수립될 때까지 투쟁한다.

    一. 인민해방군의 목적달성에 전적으로 반항하고 또 반항할여는 극악반동
        분자는 엄벌에 처한다.
    一. 인민해방군의 활동을 방해하기 위하야 매국적인 단선단정을 협력하고
        또 극악반동을 협력하는 분자는 반동과 같이 취급함
    一. 친일파 민족반역도배의 모략에 빠진 양심적인 경찰관, 대청원은 급속
        히 반성하면 생명과 재산을 절대적으로 보장함
    一. 전인민은 인민의 이익을 대표하는 인민해방군을 적극 협력하라

우와 여히 전인민에게 포고함

4281년 4월 10일

해방지구완전지대에서

인민해방군제5연대

따라서 1948년 5월 1일 오라리 방화사건으로 평화가 깨지고, 유혈 사태를 불러일으
켰다는 제주4·3사건진상조사보고서의 인식은 너무 나이브한 견해로 보인다.

제7장

맺음말과 제언

I. 4·3 특별법 및 진상조사보고서의 개정방향

제주4·3사건 진상규명 및 희생자 명예회복에 관한 특별법과 제주 4·3사건진상규명 및희생자명예회복위원회가 펴낸 제주 4·3사건진상조사보고서 등에서 정의한 4·3 사건에는 '무장대의 인명살상'이 포함되도록 개정되어야 한다. 4·3의 종기와 관련해서도 최후의 무장대원 오원권이 생포된 1957년 4월 2일이 종료일이 될 수 있도록 개정되어야 할 것이다.

지금까지 살펴본 여러 가지 증거자료와 증언을 통해, 박진경 연대장은 1948년 5월 6일 제주도에 부임하여 같은 해 6월 18일 암살당하기까지 43일 동안 인격적으로 부대원들을 통솔하고, 매우 합리적이고 효율적으로 작전을 전개하였음이 명확해진다. 잘못된 정보에 기초하여 그분에게 '제주도민 30만명 희생설'이라는 프레임을 씌우고 있는 4·3사건진상조사보고서의 내용은 하루 빨리 수정되어야 한다. 그리고 수정되어야 할 4·3사건진상조사보고서의 내용을 바탕으로 작성되어 박진경 대령 추도비 옆에 설치된 '바로 세운 진실' 안내판 역시 조속히 철거되어야 할 것이다.

진상조사보고서를 관통하고 있는 4·28 평화회담과 오라리 방화사건 및 미군측의 방화사건 조작설 등 일련의 비논리적이고 비과학적인 기술 역시 수정되어야 할 것이다.

2019년 12월 발간된 「제주 4·3사건 추가진상 조사 보고서 I」 서문에서 당시 양조훈 평화재단 이사장이, "2003년 정부의 진상조사보고서는 4·3을 '국가 공권력에 의한 인권유린'으로 규정하고 진상규명과 명예회복을 위한 교두보가 되었다"[239]라고 평가한 이래, 문재인 대통령의 제72주년 4·3 추념사에도 그대로 반영되었고, 이후의 유명 역사 유튜버들에 의해서도 4·3은 '국가 공권력에 의한 인권유린', 또는 '국가 공권력에 의한 민간인 희생'이라는 내용으로 국민들 사이에서 확대 재생산되어 일종의 역사적 사실의 지위에까지 이르고 있는 듯하다.

그러나 이는 무장대에 의해 희생된 1,764명과 유가족들의 명예를 다시 한번 짓밟는 일이다. 양조훈 이사장은 추가진상조사보고서 발간이 "4·3의 진실을 알리는 밑거름이 되어 4·3희생자와 유족분들에게 조그마한 위로가 되기를 바랍니다. 나아가, 이 보고서가 미래세대에게 인권과 평화, 화해와 상생의 4·3가치를 공감할 수 있는 산교육의 장이 되기를 소망합니다"[240]라고 피력하고 있다. 무장대에 의해 희생된 1,764명의 희생자와 유가족들에게 어떤 위로가 되는지 필자는 이해할 수가 없다. 그리고 그들의 인권은 안중에도 없는 보고서가 인권과 평화, 화해와 상생의 가치를 설파하는 것은 공허한 메아리에 지나지 않을 것이다.

그리고 4·3에 대해 강의하시는 분들께는 반드시 4·3의 주체가 남긴 기록물 즉, 김달삼의 해주연설문, 제주도인민유격대투쟁보고서, 구좌면 투쟁위원회의 호소문, 인민해방군 제5연대의 포고문을 비롯한 각종 삐라 등을 일독하시기를 권유한다. 내 생각과 다른 관점의 정보를 의도적으로 찾고 검증하는 노력이 필요하기 때문이다. 나 또한 확증

---

239 제주4·3사건진상규명및희생자명예회복위원회, 제주4·3사건 추가진상조사보고서I, 2019, p.2

240 위의 책, p.3

편향에 빠질 수 있다는 사실을 인지하는 것에서 출발해야 한다. 아울러 정보의 사실 여부를 먼저 따져보고, 감정적으로 민감한 이슈일수록 냉정하게 검토하는 습관이 중요하다. 확증편향이 심화됨으로써, 서로 다른 정보 환경에 갇힌 개인들은 대화나 타협이 불가능한 '극단적 집단'으로 나뉘어진다. 자신의 믿음을 뒷받침하지 않는 객관적 보도나 전문가의 의견을 거짓이나 편파적인 것으로 치부하며, 언론과 사회적 기관에 대한 불신을 키우게 된다. 결국 내 편은 옳고 상대 편은 틀렸다는 확신은 배후설, 자작극 등 허위 정보를 확산시키고 사회적 증오를 부추긴다. 이는 민주주의 위기를 초래한다. 합리적 토론 대신 '나만 옳다'는 태도가 도를 넘으며, 사회 성원 간의 기초적인 신뢰가 사라지기 때문이다.

Ⅱ. 소위 제주4·3왜곡처벌법안 발의와 문제점

지난 2024년 6월 17일 오후, 제주 출신 조국혁신당 원내수석부대표인 정춘생 의원이 국회 소통관에서 기자회견을 열고 '제주4·3왜곡처벌법'을 '1호 법안'으로 발의했다.[241]

정 의원이 발의한 '제주4·3왜곡처벌법'은 '제주4·3사건 진상규명 및 희생자 명예회복에 관한 특별법 일부개정법률안'이라는 명칭으로 돼 있는데, 그 주요 내용에는 제주4·3 사건에 관한 허위사실 유포 행위 처벌을 비롯해 △법 조항 내 부정적 의미가 담긴 '소요 사태' 문구 삭제 △4·3 희생자 범위 확대 △피해신고 접수 상시화 △4·3 국가 책무 강화 등이 담겨 있다.

정 의원은 기자회견에서 "역사왜곡 처벌은 국제상식이다. 유럽의 '홀로코스트 부인 처벌법'과 같이 나치 범죄를 부인하는 이들을 처벌하는 것은 당연한 일"이라며 "5·18 민주화운동법에도 허위사실 유포 처벌 조항이 있지만, 4·3 특별법에는 관련 조항이 없다. 관련 처벌 근거 규정을 신설해 유족과 제주도민의 명예가 훼손되는 일이 없도록 하

---

241 https://www.headlinejeju.co.kr/news/articleView.html?idxno=546232

겠다”고 강조했다.

현행 4·3특별법 제13조(희생자 및 유족의 권익 보호)는 ‘누구든지 공공연하게 희생자나 유족을 비방할 목적으로 제주4·3사건의 진상조사 결과 및 제주4·3사건에 관한 허위의 사실을 유포하여 희생자, 유족 또는 유족회 등 제주4·3사건 관련 단체의 명예를 훼손하여서는 아니 된다’고 명시하고 있다.

기존의 법안에는 ‘명예를 훼손하여서는 아니 된다’라고만 규정돼 있어 강제성이 없다 보니 이를 ‘각 호의 방법으로 유포한 자는 5년 이하의 징역 또는 5천만원 이하의 벌금에 처한다’고 개정, 못 박았다. 명예훼손에 유형에 대해서도 △신문·잡지·방송·그 밖에 출판물·정보통신망 △전시물 또는 공연물의 전시·게시 상영 △공연히 진행한 토론회·간담회·기자회견·집회·가두연설 등에서의 발언 등을 포함시켜 구체화했다.

그리고 2024년 9월 22일 더불어민주당 위성곤 국회의원(서귀포시)도 ‘제주4·3사건 진상규명 및 희생자 명예회복에 관한 특별법’ 일부 개정안을 대표 발의했다. 새롭게 발의된 더불어민주당 위성곤 의원(서귀포시)의 개정안은 4·3왜곡에 대한 처벌 규정이라는 목적은 같지만, 방법을 달리했다. 우선 벌칙 조항은 ‘7년 이하의 징역 또는 7천만원 이하의 벌금’으로, 5·18특별법을 준용한 정춘생 의원 안의 ‘5년 이하의 징역 5천만원 이하의 벌금’보다 더 강화시켰다. 단순 허위사실 유포 행위에 더해 역사적 사실을 부인·왜곡·날조하는 행위까지 벌칙 대상에 포함했다.

특히 다르게 접근한 점은 4·3특별법 제13조 문항의 ‘누구든지 공공연하게 희생자나 유족을 비방할 목적으로’ 문구를 삭제했다는 점이다. 즉, 고의성을 떠나 4·3과 관련한 허위사실 유포 행위에 대해 처벌이 가능하도록 개정한 것으로, 실제 5·18특별법에도

이와 유사한 문구는 포함되지 않았다.[242]

　상기 두 법안 모두 제주4·3사건진상규명및희생자명예회복위원회에 의해 작성된 제주4·3사건진상조사보고서를 준거로 하여 사실의 진위 여부를 가리려 할 것이고[243], 4·3사건의 성격은 '토벌대의 진압과정에서 수많은 주민들이 희생당한 사건'이나 '국가 공권력에 의한 인권유린' 또는 '국가 공권력에 의한 민간인 희생'으로 한정시켜놓고, 그 범위 내에서 희생자의 명예를 보호하려고 할 것임은 명약관화하다.

　그러나 필자는 본서에서 4·3사건진상조사보고서의 일부 내용에서 논리적 타당성을 결여한 부분들을 지적한 바 있다. 무엇이 옳고, 무엇이 허위사실 인지에 대한 개념 정립을 다시 하고 나서, 왜곡이나 명예훼손 등의 문제를 다루는 것이 순서라 생각한다.

242　https://www.jejusori.net/news/articleView.html?idxno=430365

243　제주특별자치도 4·3역사왜곡대응법률지원등에 관한 조례 제1조는, "이 조례는 제주 4·3사건진상규명및희생자명예회복에관한 특별법에 따른 진상조사 결과와 다른 허위사실 등을 유포하는 4·3역사 왜곡행위에 대응하고 이를 방지하는데 필요한 법률 및 행정적 지원절차를 마련함으로써 제주 4·3의 정명과 희생자 및 유족의 명예회복 등 권익을 보호하는데 기여함을 목적으로 한다"라고 규정하고 있다.

Ⅲ. 4·3의 세계화

　　4·3평화재단에 따르면, 2025년 4월 10일, 약 7년간의 노력 끝에 제주4·3기록물의 유네스코 세계기록유산 등재가 확정되었다고 밝혔다. 제주 4·3 사건 기록물 14,600여 건이 유네스코 세계기록유산으로 등재된 것이다. 1948년과 1949년의 군사재판 기록인 수형인 명부와 육지 형무소에서 보낸 엽서(27건), 희생자와 유족들의 증언(1만4601건), 시민사회단체의 진상규명 및 명예회복운동 기록(42건), 정부의 공식 진상조사보고서(3건) 등이 포함됐다.[244]

　　제주4·3평화재단에서는 제주4·3으로 인한 아픔과, 이를 극복해 나가는 진상규명운동의 과정을 증언하는 기록물을 보존하여 제주4·3의 세계화에 앞장서고 있다고 평가하고 있다.

　　등재가 확정된 기록물의 목록을 보다 보니 다음과 같은 의문이 생겨난다. 4·3의 주체들이 남긴 문서들 즉 김달삼의 해주연설문, 제주도인민유격대투쟁보고서, 구좌면투쟁위원회의 호소문, 인민해방군 제5연대의 포고문 등 을 입수하기 위하여 관계 당

244　https://jeju43peace.or.kr/kor/sub03_02_12.do

국이 어떠한 노력을 하였고, 하고 있는지?

　나아가 이들 문서를 유네스코 세계기록유산으로 등재하기 위하여 노력할 것인지를 저자는 묻지 않을 수 없다. 아울러 제주도인민유격대 측에 의해 희생된 1,764명의 유가족이나 사건 목격자 등에 대한 증언록 등도 수집하여 체계적으로 관리하고, 세계기록유산으로 등재하려는 노력을 기울여야 마땅할 것이다.

참고문헌

【도서 및 보고서】

곽지마을지 편찬위원회, 곽지향토지, 제주콤, 2025

국가발전미래교육협의회제주지회, 제주도의 4월 3일은?, 디딤돌, 제주, 2010

김관후, 4·3과 인물, 제주문화원, 제주, 2018

김봉현, 제주도피의역사-4·3무장투쟁의기록, 도서간행회, 동경, 1978

김봉현·김민주, 제주도인민들의 4·3무장투쟁사, 문우사, 오사카, 1963

나종삼, 제주4·3사건의 진상, 아성사, 서울, 2013

나종삼·박철균, 제주4·3사건과박진경대령, 프리덤칼리지장학회출판사, 서울, 2024

노민영, 잠들지 않는 남도, 온누리, 서울, 1988

대한민국해병대3·4기전우회, 출정60주년기념:인천상륙·서울수복의 작전의 주역, 디딤돌, 제주, 2010

문창송, 한라산은 알고 있다. 묻혀진 4·3의 진상, 대림인쇄사, 제주, 1995

문국주, 조선사회운동사 사전, 논평사, 동경, 1981

부만근, 광복제주30년, 문조사, 서울, 1975

신상준, 제주도 4·3 사건 IV, 도서출판 제주문화, 제주, 2010

양조훈, 4·3진실을 찾아서, 도서출판 선인, 서울, 2021

임부택, 낙동강에서 초산까지, 그루터기, 서울, 1996

정남두, 사엄록, 선진인쇄사, 제주시, 2011,

조남수, 4·3진상, 월간관광제주, 제주, 1989

제민일보4·3취재반, 4·3은 말한다2, 전예원, 서울, 1994

제민일보4·3취재반, 4·3은 말한다3, 전예원, 서울, 1995

제민일보4·3취재반, 4·3은 말한다4, 전예원, 서울, 1997

제민일보4·3취재반, 4·3은 말한다5, 전예원, 서울, 1998

제주고등학교총동창회, 제주고 백년사, 미오미디어, 서울, 2011

제주도경찰국, 제주경찰사, 일신옵셋인쇄사, 제주, 1990

제주4·3사건진상규명및희생자명예회복위원회, 제주4·3사건자료집2, 금성문화사, 서울, 2003

제주4·3사건진상규명및희생자명예회복위원회, 제주4·3사건자료집3, 금성문화사, 서울, 2003

제주4·3사건진상규명및희생자명예회복위원회, 제주4·3사건자료집7, 금성문화사, 서울, 2003

제주4·3사건진상규명및희생자명예회복위원회, 제주4·3사건자료집8, 금성문화사, 서울, 2003

제주4·3사건진상규명및희생자명예회복위원회, 제주4·3사건자료집9, 금성문화사,서울, 2003

제주4·3사건진상규명및희생자명예회복위원회, 제주4·3사건진상조사보고서, 2003

제주4·3사건진상규명및희생자명예회복위원회, 제주4·3사건추가진상조사보고서I, 2019

제주4·3연구소, 이제서 말햄수다I, 도서출판 한울, 서울, 1989

제주자유수호협의회, 제주도의 4월3일은? 5집, 열림문화, 제주, 2012

현길언, 정치권력과 역사왜곡, 태학사, 서울, 2016

【논문】

장윤식, 제주4·3사건 초기 무장대의 조직과 활동-제주도인민유격대 투쟁보고서의 분석-, 제주
    대학교대학원 석사학위논문, 2005.12

John Merrill, The Cheju-do rebellion, The Journal of Korean Studies, Vol.2(1980)

【신문】

서울신문, 1948.7.20

조선일보, 1948.9.22

조선일보, 단기4283(1950).11.22

조선일보, 1957.3.29

제주신보, 1952.3.14

제주신보, 1955. 11. 22

제주신보, 1956. 9. 15

제주신보, 1957.3.23

제주신보 1957.4.3

https://www.jejusori.net/news/articleView.html?idxno=53(2003.10.31)

평화신문, 1950.9.19

【미군자료】

HQ USAFIK, G-2 일일보고서, 1948.5.10(no.830)

HQ USAFIK, G-2 일일보고서, 1948.8.10(no.907)

HQ USAFIK, G-2 일일보고서, 1948.8.13(no.910)

HQ USAFIK, G-2 일일보고서, 1948.8.20(no.916)

HQ USAFIK, G-2 일일보고서, 1948.8.25(no.920)

HQ USAFIK, G-2 일일보고서, 1948.8.28(no.923)

HQ USAFIK, G-2 일일보고서, 1948. 9.28(no.948)

HQ USAFIK, G-2 일일보고서, 1948. 9.30(no.950)

HQ USAFIK, G-2 일일보고서, 1948.10.2(no.952)

HQ USAFIK, G-2 일일보고서,1948.11.6(no.982)

HQ USAFIK, G-2 일일보고서,1948.11.30(no.1000)

HQ USAFIK, G-2 일일보고서, 1948.12.20(no.1018)

HQ USAFIK, G-2 일일보고서, 1949.2.11(no.1061)

HQ USAFIK, G-2주간보고서, 1948.7.2(no.146)

HQ USAFIK, G-2 주간보고서,1948.7.16(no.148)

Chief, PMAG, Gen Roberts File (1948.10.30)

6TH Infantry Division, USAFIK, G-2 정기보고서, 1948.4.22(no.916)

6TH Infantry Division, USAFIK, G-2 정기보고서, 1948.5.1(no.925)

6TH Infantry Division, USAFIK, G-2 정기보고서, 1948.5.10(no.934)

6TH Infantry Division, USAFIK, G-2 정기보고서, 1948.5.11(no.935)

6TH Infantry Division, USAFIK, G-2 정기보고서, 1948.6.18(no.973)

American Political Advisor Joseph Jacobs to State Department

Rothwell H. Brown, "Report of activities on Cheju-do island from 22 May 1948, to 30 June 1948", 1948.7.1

R. Hungar, "South Korean Labor Party, Cheju-do", 1948.6.20

【기타】

헌법재판소 2001.9.27. 선고 2000헌마238, 302전원재판부결정

김익렬 전 연대장의 국제신문기고

https://www.kookje.co.kr/news2011/asp/newsbody.asp?code=0300&key=20190405.99099002182

남조선인민대표자대회중요문헌집

문재인 전대통령, 제72주년4·3추념식 추념사(2020)

월간관광제주, 1989.10

조덕송, "현지보고 유혈의 제주도" 1948.7. https://www.minjok.or.kr/archives/132711

https://jeju43peace.or.kr/kor/sub03_02_12.do

https://www.minjok.or.kr/archives/132711

https://www.youtube.com/watch?v=9nHV38_ozjk

https://www.youtube.com/watch?v=iDv2CQXBp2E

https://www.youtube.com/watch?v=l_zGh8roI3g

https://www.headlinejeju.co.kr/news/articleView.html?idxno=546232

신태익, 제주시 애월읍 곽지리 거주(1938년생)면담 2026. 1.10

한성택 예비역 소령(서귀포시 동홍동 거주)면담, 2025. 12.28

제주도특별자치도 4·3역사왜곡대응법률지원등에 관한 조례

4·3사건과 제주도인민유격대, 1764

지은이 박기남

1판 1쇄 인쇄 2026년 3월 30일
1판 1쇄 발행 2026년 4월 3일
1판 2쇄 발행 2026년 4월 23일

발행인 윤선경
발행처 도서출판 오색필
등록 제2021-000012호
주소 서울시 중구 필동로 42-1 상원빌딩 2층
전화 02) 720-1694

디자인/인쇄 아름원 02-2264-3334
기획총괄 차도경
책임편집 문자현
편집팀 문선기 김장미

copyright ©2026

ISBN 979-11-998534-0-9 (03340)
값 30,000원